国家文化产业资金支持媒体融合重大项目

省级精品课程教材

21世纪新概念教材："多元整合型一体化"系列

高职高专教育旅游与饭店管理专业精品课程教材新系

旅游市场营销与策划

——理论、实务、案例、实训

（第三版）

李学芝　宋素红　主编

沈春美　李永臣　副主编

东北财经大学出版社
Dongbei University of Finance & Economics Press

大连

图书在版编目（CIP）数据

旅游市场营销与策划——理论、实务、案例、实训 / 李学芝，宋素红主编. —3版. —大连：东北财经大学出版社，2018.9
（高职高专教育旅游与饭店管理专业精品课程教材新系）
ISBN 978-7-5654-3320-7

Ⅰ．旅…　Ⅱ．①李…②宋…　Ⅲ．旅游市场–营销策划　Ⅳ．F590.8

中国版本图书馆CIP数据核字（2018）第198959号

东北财经大学出版社出版
（大连市黑石礁尖山街217号　邮政编码　116025）
网　址：http://www.dufep.cn
读者信箱：dufep@dufe.edu.cn

大连图腾彩色印刷有限公司印刷　东北财经大学出版社发行
幅面尺寸：185mm×260mm　　字数：399千字　　印张：18.5
2018年9月第3版　　　　　　　　　2018年9月第7次印刷
责任编辑：许景行　宋雪凌　　　　　　　责任校对：贺　荔
封面设计：冀贵收　　　　　　　　　　　版式设计：钟福建
定价：38.00元

总序："多元整合型"课程与教材建设的新探索

"多元整合型"课程是反映当代世界职业教育课程观发展的综合化趋势，通过"博采当代多种课程观之长"而"避其所短"产生的一种新型职业教育课程模式。在我国，职教界近年推广的"宽基础、活模块"课程，是将基础课的"学科结构"与专业课的"模块结构"整合起来的一种尝试。专业课程自身领域的"多元整合"及其教材建设，则是继此之后的进一步探索，这种探索有着深刻的历史与逻辑反思背景。

一、职业课程改革历史回眸

近半个世纪以来，国外职业课程改革浪潮此起彼伏，"关注职业活动，培养企业急需人才"，是这些浪潮发出的一致呼声。世界劳工组织的 MES 课程要求"从职业工作需要出发"；加拿大等北美国家的 CBE 课程要求"从包括知识、技能和态度的职业分析出发"；澳大利亚的 TAFE 课程要求"以作为'职业资格标准'的'培训包'为依据"；英国的 BTEC 课程将"职业核心能力"与"专业能力"一并置于"教学目标"中；德国的"学习领域"课程提出"以工作过程为导向"；如此等等。

世纪之交的我国，职教界通过借鉴国外职业课程的改革经验，也相继提出了有中国特色的"模块课程"、"项目课程"和"工作过程系统课程"。

此等课程改革以曲折的方式展现了职业课程理论与实践的提升。称之为"提升"，是因为这些课程模式的推出，在克服传统"学科导向课程"的片面性上有所建树；称之为"曲折"，是因为它们都以"学科导向课程"的"反题"自居，都认定"学科导向课程"在自己的领域不适用，都想极力摆脱"学科导向课程"的束缚，都以"工作过程导向课程"的"横向串行结构"与"学科导向课程"的"纵向并行结构"相对峙。

两种课程改革浪潮之间也存在显著差别，即：发达国家职业课程开发的立足点是"职业培训"；我国职业课程开发的立足点是"职业教育"，包括中等职业教育和高等职业教育。

二、"工作过程导向课程"模式的所长与所短

"工作过程导向课程"系借鉴德国"学习领域课程"而来，代表我国职业教育课程改革此前试点的主流。职业教育课程改革的一切再探索，都应以对它的逻辑反思为前提。

1."工作过程导向课程"模式的可取之处

进行以"学科导向课程"为"正题"的"反题"探索，深入、系统地发掘那些被"学科导向课程"所忽视的"职业工作要素"，据以建构完全不同于"学科体系"的"基于工作过程"的职教课程体系，是数十年来世界职业课程改革的战略取向。它要求人们关注"职业活动领域"，以实现专业课程设计与企业岗位群工作对接为己任，

将"工作过程系统"作为职业教育课程的"参照系"，关注职业教育课程中的"横向组织结构要素"，提出不同于"知识本位"的"能力本位"教育——这一切作为对"学科导向课程"的"矫枉"都功不可没，是我们在高等职业教育课程与教材建设的新探索中应当借鉴的。

2. "工作过程导向课程"模式的局限性

任何课程模式都有它的局限性。从"问题思维"的视角看，"工作过程导向课程"模式的主要局限性何在呢？

1) "工作过程导向课程"对"学科导向课程"矫枉过正

"工作过程导向课程"模式的局限性根源于其对"学科导向课程"的矫枉过正。一方面，"工作过程导向课程"拒斥"知识本位"，独尊"能力本位"，从而将"知识本位"与"能力本位"对立起来；另一方面，它将"学科导向课程"诉诸的"纵向组织结构"这个"婴儿"当作无用的东西，连同"洗澡水"一同泼了出去。这种做法忽略了两个基本事实：其一，高等应用型职场不仅需要基于"职业能力"的"技能操作"，也需要基于"职业知识"的"职业认知"；其二，一切"发生学"意义上的事物，其主导性的组织结构都是纵向组织结构。

2) "工作过程导向课程"是"非发生学"意义上的课程

"工作过程导向课程"以"职业成体"的"工作过程系统"为参照系，以"横向串行组织结构"为主框架，属于"非发生学"课程体系。然而，高等职业技术教育的对象不是"高等职业成体"，而是"发生中的高等职业个体"；为"发生中的高等职业个体"开设"非发生学"意义上的高等职业教育课程，总体上是一种自相矛盾。

直面"工作的现实具体性"（即工作过程）的课程也许适用于两种学员：一种是作为"继续教育对象"的在职"高等职业成体"，其任务是顺应新的"工作过程"以调整自我的原格局，无须重新经历"发生学"意义上的"高等职业教育课程"铺垫；另一种是面向最基层、从事简单技能操作的未来从业者，他们作为"职业培训"的对象，其未来岗位是企业急需的经验层面的简单操作，没有必要进行"发生学"意义上的"高等职业教育课程"铺垫，授之以直面简单"工作过程"的课程就可以了。

3) "工作过程系统"不宜作为课程的"过程模式"

"工作过程系统"不宜作为高等职业教育课程的"过程模式"。高职院校学生"认知结构"的建构程序与高等职业"工作过程"的展开程序是不同的。要求"将每门课程都设计成一个完整的工作过程"，要求"每门课程的内容序化都以工作过程为参照"，亦即要求将"工作过程系统"作为课程的"过程模式"，其做法不仅违背认知规律和学习过程规律，而且有"预成论"课程观之嫌。

4) "工作过程系统"不宜作为课程的"目标模式"

在"工作过程系统课程"中，学生只扮演"工具理性"的角色，重"功利"而轻"人本"。不仅如此，将"工作过程系统"作为"目标模式"，让学生围绕"工作过程"旋转，还会导致主体的缺失。高等职业技术教育的"课程目标"应当与其"人才培养目标"相一致，亦即应依据专业的"人才培养目标"来确立"课程目标"。相对于"人才培养目标"，"工作过程"只能作为活动中介、桥梁和手段，而建构更为充实、更具稳定性、兼顾"功利"与"人本"的"职业学力"才是根本。

5）“工作过程系统”只有短期时效性

“工作流程”具有较强的个别性、相对性与可变性。在校期间以之为参照的专业“工作过程系统”，到了学生毕业走向工作岗位的时候，可能已经面目全非。届时，经历过该“工作过程系统”的“主体自我”中除了“结构相对固定”的“具有普适性的思维过程”，即“资讯、决策、计划、实施、检查、评价”六步骤外再没有别的，即便加上“社会能力”和“方法能力”，其“职业学力结构”也还是单薄了点。由于没有“纵向结构知识的系统铺垫”，学生的“职业认知”缺乏渐进性和系统性，可迁移性差；由于知识面过窄，学生的发展后劲不足；由于作为参照系的“工作过程系统”只有短期时效性，学生无法应对今后的职场变化。

6）关于“工作过程导向课程”的研发团队

“工作过程导向课程”和作为其源头的“学习领域课程”，其研发团队仅限于教育界和企业界专家，该模式的“所长和所短”莫不与此相关。今天看来，如果此种研发能同时邀请其他领域的成员，特别是发生认识论、认知心理学和教育心理学等领域的专家介入，或者充分借鉴其优秀代表的相关理论，情况会大不相同。

三、高等职业教育课程改革的未来取向

高等职业学历教育既不同于“高等职业成体”的“继续教育”，也不同于培养“简单技能操作者”的“职业培训”，影响其课程改革取向的因素要复杂得多。

1.区别两类“职业个体”

在高等职业教育课程改革的探索中，有必要区分两类“职业个体”，即“发生中的职业个体”与“职业成体”。前者指高等职业学历教育的在校学生；后者指企业现实工作岗位的高等从业人员。高等职业学历教育的对象不是“高等职业成体”，而是“发生中的高等职业个体”。

2.不是“预成的”，而是“渐成的”

“发生中的高等职业个体”在高等职业教育中不是“预成的”，而是“渐成的”。如皮亚杰所说：人的认知结构既不是在客体中预先形成了的，也不是在主体中预先形成了的，每一个结构都是“‘文化—心理’发生”的结果[①]。人的“技能结构”和“道德行为结构”也是如此。应当将“渐成论”的课程观，作为高等职业教育课程研发的一个指导性理念。

3.关注“高等职业个体发生”机制

高等职业教育课程改革应关注“高等职业个体发生”的机制。高等职业教育课程（包括职业公共课程、职业大类核心课程和专业课程）设计为之服务的“高等职业个体发生”，是一个以高中阶段的“基础学力结构”为原格局，通过“职业知识”、“职业能力”和“职业道德”等“职业学力”的全面建构，向“职业胜任力”目标发展的完整过程。在这个过程中，“发生中的高等职业个体”通过“高等职业课程”的“教学”、“训练”与“考核”，借助于“同化”、“调节”、“适应”等发生机制，以循环渐进的方式不断从较低水平的“职业学力”平衡状态过渡到较高水平的“职业学力”平衡状态，直至达到“职业胜任力”水平的平衡状态。

---

①　皮亚杰.发生认识论原理［M］.王宪钿，等，译.北京：商务印书馆，1981：16.

4.在"学科体系"与"工作体系"之间做"亦此亦彼"的选择

高等职业教育课程的组织结构既不应等同于单纯"学科导向课程"的"纵向并行结构",因为它的"目标模式"不适合于"应用性职业需求";也不应等同于单纯"工作过程导向课程"的"横向串行结构",因为它的"过程模式"不适用于"发生中的高等职业个体"。另一方面,高等职业教育的课程结构既不能缺少"纵向结构",因为无论是"渐成论"课程观的"发生学原则",还是布鲁纳"学科结构"的"过程模式",都一致地指向它;也不能缺少"横向结构",因为没有它,就无法融入"职业工作要素"。既然如此,高等职业教育课程改革的未来取向就不应当在"学科体系"与"工作体系"之间作"非此即彼"的选择。沿着"'学科—工作'体系"的方向,围绕以"健全职业人格"为整合框架的"'职业胜任力'建构"这个中心,将"多元整合型课程"作为"你中有我、我中有你"的课程来探索,将是更明智的选择。

5.课程组织应"以纵向为主、横向为辅",收官课程可以例外

在高等职业教育专业课程体系中,前期和中期课程的组织结构应"以纵向为主、横向为辅"。之所以应"以纵向为主",是因为以"发生中的"职业个体为对象的课程组织,其"主导结构"应符合"发生学"原则,而符合"发生学"原则的课程结构即是"纵向结构";之所以应"以横向为辅",是因为需要将上文提及的"职业工作要素"同步穿插到"主导结构"中。至于"收官课程可以例外",是因为要将先前课程建构的诸多"职业学力"整合为"职业成体"的"职业胜任力",需要以"工作过程系统"为"主导结构"的课程中介。

四、高等职业教育专业课程教材建设的新探索

1.将"健全职业人格导向课程"作为"合题"

自我国迈入"十二五"之际起,一批对上述"历史回眸"、"逻辑反思"和"课程改革未来取向"持有同感的高等职业院校省级以上精品课程负责人,用他们最新奉献的教学用书,在专业课程教材建设上进行了新探索。在这种探索中,传统的"学科导向课程"被当作"正题",目前流行的"工作过程导向课程"被当作"反题"加以扬弃;"健全职业人格导向课程"被当作"合题"推到前台,与之相应的课程设计理念或模式被冠以"多元整合型一体化"。

2."'合题'探索"依据的基本共识

高等职业教育专业课程教材建设的这种"合题"探索,是基于以下共识:

1)扬弃两种各有侧重的"导向"

"学科导向课程"所指向的"职业知识体系",偏重人类职业行动历史结晶中的"知识结构",而轻其"业务结构";"工作过程导向课程"所指向的"职业行动体系",偏重人类职业行动历史结晶中的"业务结构",而轻其"知识结构"。"健全职业人格导向课程"应以某种方式扬弃并整合两者,借以传递可表达为人类职业行动最佳现实状态的全方位"职业胜任力'结构—建构'"信息。

2)"教育过程"不同于"工作过程"

高等职业"教育过程"是以高中阶段的"基础学力结构"为"原格局"的"发生中的高等职业个体"到"高等职业成体"的一系列有序的变化发展过程。就像生物个体的"发育过程"不同于其成体组织的"活动过程"一样,"发生中的高等职业个体"的"教育过程"也不同于高等职业成体的"工作过程"。将"高等职业成体"的"工作过程"作为高等职业教育课程的"过程模式"，让"发生中的高等职业个体"直接去做"高等职业成体"的事，无异于将生物个体的"发育过程"混同于其成体组织的"活动过程"。

3）"学习迁移"有赖于"纵向组织"

在变动不居的职场中，"高等职业成体"赖以应变的一个有效机制是"学习迁移"。"学习迁移"包括"认知结构的迁移"（陈述性知识的迁移）和"技能结构的迁移"（程序性知识的迁移）。"认知结构的迁移"依赖两方面的基础：一是E.L.桑代克和C.H.贾德的研究所指向的"共同要素"和"经验类化"；二是J.S.布鲁纳和D.P.奥苏贝尔的研究所指向的"学科基本结构"和"个体的认知结构"。"技能结构的迁移"也依赖两方面的基础：一是J.安德森的行动理论研究所指向的"产生式规则"；二是弗拉威尔的"认知策略迁移"研究所指向的"反省认知"①。

鉴于"产生式规则"的获得必须先经历一个"陈述性阶段"，而"反省认知过程"是在新的情境下使用"认知过程"的前提，可以说无论是"共同要素"和"经验类化"、"学科的基本结构"和"个体的认知结构"，还是"产生式规则"和"反省认知"，都指向"过程模式"所诉诸的"纵向组织"。这个"纵向组织"的建构，是"合题探索"中应予借鉴的"学科导向课程"的"强项"。

4）"渐成论"课程观更为可取

高等职业教育课程理论中的"渐成论"课程观要比"预成论"课程观更可取。"渐成论"的课程观将职业教育课程教材视为类似于"生物基因链"（DNA）的人类职业行动的"文化觅母链"——一种用人类职业行动历史结晶中的"知识结构"、"业务结构"和"职业道德与企业伦理结构"等信息（类似于波普尔的"世界3"）编织起来的东西，认为"教育过程"就是在必要的教学环境中，在教师的"诱导"下，借助于种种教育技术与手段，通过教学活动，将设计在教材中的人类职业行动的"知识结构"、"业务结构"和"职业道德与企业伦理结构"等信息（其中包括可引起"突变"或"创新"的"文化觅母"）"转录"到学生的头脑（相当于"文化RNA"）中，并通过全方位的训练（特别是实训）与考核环节（相当于"中心法则"中的"翻译"机制），促成学生"职业胜任力"结构的发生。在这里，"文化觅母"是借用R.道金斯的表述；"基因"、"转录"、"翻译"与"中心法则"等，是借用分子生物学的术语；"职业胜任力"是指在真实的职业工作环境中，按照最新行业准则、规范、标准和要求，承担并胜任专业岗位群各种工作角色，并在跨行业的职业流动中具有可持续发展后劲的职业成体的"职业知识"、"职业能力"和"职业道德"的统一②。

5）作为课程模式的"健全职业人格"

"健全职业人格导向"是整合"学科导向"和"工作导向"的课程模式，也是整合"职业学力"三种基本内涵——"职业知识"、"职业能力"和"职业道德"——的更具包容性的框架。

---

① Thomdike E L, 1903; Judd C H, 1908; Bruner J S, 1960; Ausubrl D P, 1968; Anderson J, 1990; Flavell, 1976.
② McClelland, 1973; Richard Boyatzis, 1982; Nordhaug & Gronhaug, 1994; Lewis, 2002; Bueno & Tubbs, 2004; Ricciardi, 2005; Morrison, 2007.

在高等职业教育的课程体系中，"健全职业人格"既可作为"目标模式"，又可作为"过程模式"：作为"目标模式"，它指向既作为"职业分析"的出发点，又作为系列课程建构目标的"高等职业成体"的广义"职业胜任力"；作为"过程模式"，它着眼于高等职业教育对象的"职业胜任力结构发生"，要求课程内容（既包括R.M.加涅称之为"智慧技能"、"认知策略"和"言语信息"的学习内容，也包括其称之为"态度"和"动作技能"的学习内容）的序化要遵循"从抽象到具体"的发生学原则（马克思称之为"科学上正确的方法"，将其运用于《资本论》的建构；J.皮亚杰称之为"由一个比较初级的结构过渡到不那么初级（或较复杂的）结构"的原则，将其运用于发生认识论的建构），要求在"发生过程"中随时关注"职业工作要素"的"同步渗透"或"横向穿插"。

6）"职业胜任力"的建构

在"多元整合型一体化"的高等职业教育专业课程体系中，学生"职业胜任力"的建构应分三步走：第一，从该专业"高等职业成体"的"职业胜任力"分析入手，将相同的"职业胜任力要素"归类划分为不同的"职业学力领域"，以此为基础确定互相区别并呈梯度衔接的各门课程的"职业学力"建构任务；第二，在各门课程内，以各领域"高等职业知识的纵向铺垫"为经线，以"业务要素"的"同步链接"或"横向穿插"为纬线，依照"从抽象到具体的方法"，建构各侧面（或各层次）的"职业学力结构"；第三，将各门课程建构起来的各侧面（或层次）的"职业学力结构"，通过带有"岗位业务"和"综合业务"性质的后期课程，整合为可与企业岗位群现实"工作过程系统"相对接的最具体的"职业胜任力结构"。

为有效应对全球新技术革命导致的行业内乃至跨行业的职业流动性，"职业学力"各基本内涵——无论是"职业知识"、"职业能力"还是"职业道德"——的建构，都要坚持"整合论"原则，即兼顾"特殊的"（或专业的）、"通用的"（或行业大类的）和"核心的"（或跨行业的）三个层面，借以超越先前时代适应职业岗位相对稳定的"还原论"原则。

7）"人才目标"的转型

高等职业教育的人才目标不应局限于"培养能够与'工作过程系统'对接的职业人"，而应定位于"培养具有'健全职业人格'，既能适应又能扬弃'既定工作过程系统'的富有创造力和人文精神的'职业人'"。后者就业后，能够通过"继续教育"及其与"职业环境"的交互作用，使其现有水平的"职业胜任力结构"不断转化为更高水平的"职业胜任力结构"，从而永远不会陷于"主体缺失"的境地。

3.体现"基本共识"的教材特色

依据上述"基本共识"，全部由省级以上精品课程负责人主持编写，由东北财经大学出版社出版，从2010年起陆续推出，涵盖高职高专教育财经类各主要专业的"21世纪新概念教材：'多元整合型一体化'系列"具有如下特色：

（1）倡导先进的高等职业教育课程理念，依照"多元整合型一体化"的代型模式设计专业教材。

（2）关注"工学结合型"教育所要求的"双证沟通"与"互补"。在把职业资格融入课程标准的同时，着眼于高等职业学历教育与职业培训的重要区别，强化了对学生"职业学力"特别是"学习迁移能力"和"可持续发展能力"的全方位训练，提出了建构以"职业知识"、"职业能力"和"职业道德"为基本内涵，以多维"整合论"的"健全职业人格"为最高整合框架的教材赋型机制的更高要求。

（3）兼顾专业课程教材的"纵"与"横"两个组织结构维度，依照"原理先行、实务跟进、案例同步、实训到位"和"从抽象到具体"的原则，循序渐进地展开教材内容。

（4）将兼顾特殊的、通用的与核心的"职业知识"、"职业能力"和"职业道德"规范与标准导入学生"职业胜任力"的实践操练，克服了传统实训架构中的"还原论"倾向和非标准化的主观随意性。

（5）教学、训练与考核环环相扣，并围绕"职业学力"三大基本内涵全面展开，超越了"知识本位"和"能力本位"的传统教材设计。

（6）突出贯穿全书的"问题思维"与"创新意识"，探索"创新型"高等职业教育的课程教材建设。

（7）阶段性落实关教育部关于"进一步推进职业教育信息化发展"，"推广…移动学习等信息化教学模式"（教职成〔2017〕4号）和"推进教育教学与信息技术深度融合"（《教育部高教司2018年工作要点》等文件要求精神，增加二维码教学资源，解决传统教材所缺少的"互联网+"移动学习，即纸质教材与二维码数字资源融合的问题。

4.内容结构的统一布局

在内容结构上，"'多元整合型一体化'系列"的主教材实施了如下统一设计布局：

各章"学习目标"列示出"单元教学"与"基本训练"的目标体系，包括"理论目标"、"实务目标"、"案例目标"和"实训目标"这四个子目标。

作为每章正文部分的"单元教学"，为章后"基本训练"提供了较为系统的知识铺垫和业务示范。其中：篇首"引例"提供了"学习情境"；"理论"、"实务"与"案例"等教学环节系统展开"专业陈述性知识"、"专业程序性知识"和"专业策略性知识"；"同步案例"、"职业道德与企业伦理"、"业务链接"等栏目，提供了"职业工作要素"的同步穿插，并带有示范与引导性质。

"本章概要"包括"内容提要与结构"、"主要概念和观念"、"重点实务和操作"。其中："内容提要与结构"是对"单元教学"内容的简短回顾；"主要概念和观念"、"重点实务和操作"列示了"单元教学"和"基本训练"中要求学生重点把握的专业知识与业务操作内容。

"基本训练"通过各类题型——包括"理论题"、"实务题"、"案例题"和"实训题"——的操练，复习与巩固"单元教学"的各种习得，并促进其"学习迁移"，借以强化学生"职业知识"、"职业能力"和"职业道德"等"学力结构"的阶段性建构。

"单元考核"是对"单元教学"和"基本训练"成果的全面验收，旨在评估学生在"职业知识"、"职业能力"和"职业道德"的建构中达到的阶段性水平，并通过反馈进一步强化其阶段性建构。

"综合训练与考核"带有教材"收官"性质，是各门课程中最接近"职业胜任力"的训练与考核。

结构决定功能。了解教材内容结构设计的所述布局，有助于发挥其相应的功能和作用，为充分理解和使用教材创造条件。

五、结束语

1. 关注课程与教材建设模式转型，服务新时期高等职业教育人才培养

高等职业教育课程和教材建设的全部新探索，都是为新时期迫在眉睫的高等职业教育人才培养目标模式转型服务的。

改革开放三十多年来，我国高等职业教育人才培养目标模式经历了由计划经济时期"培养国家经济各部门需要的，具有通用型高等专业知识人才"，向"培养以制造业为主体的企业生产和经营管理需要的，具有高等专业知识与专业技能的应用型人才"的转型；高等职业教育课程和教学资源建设模式经历了由计划经济时期的"学科导向"向"工作导向"的转型。如今，我国高等职业教育人才培养目标、课程和教学资源建设模式正处于一种新的、更具全球化时代竞争意义的转型过程中。

在"后金融危机时期"，中国在应对世界范围重新抬头的贸易保护主义的同时，又面临"刘易斯转折点"（即人口红利逐渐消失），其经济转型要求比以往任何时候都更加迫切。与此相应，中国高职院校的人才培养目标需要从"培养能够与'世界工厂'既定工作岗位对接的高等应用型人才"，向"培养既能与'世界工厂'既定工作岗位对接，又能适应产业结构升级和工作岗位变换，并具有与'世界实验室'和'世界创新中心'工作岗位对接潜力的高等应用型人才"转型的能力。

高等职业教育课程与教学资源建设的转型应当与其人才培养目标模式的转型同步。

2. 避免两种逆反倾向

在"转型"问题上，要避免两种逆反倾向，即回避"复杂性"和满足"既定模式"。

1）关于回避"复杂性"

说到"复杂性"，人们很容易与相反的选择，即奥卡姆称之为"经济性剃刀原则"的"简单性原则"相对比。"简单性原则"是一种"还原论"思想方法，它有一个众所周知的说教，就是"不要把简单的事情搞复杂了"。说教者往往因为"把本来复杂的事情搞简单了"而事后汗颜。如果相关情境下"简单性原则"确实管用，谁会舍易求难呢?!有个例子很说明问题：2010年足球世界杯比赛期间，一位电视台名嘴在导视西班牙队的头几场比赛时，面对西班牙队高超的整体战术配合，即兴说出了一句符合"简单性原则"的名言，即"他们把本来简单的足球踢得复杂了"。这位名嘴所讲的"复杂"，是指西班牙球队的整体战术配合。后来的事实表明，本次世界杯西班牙队夺了冠，他们赢就赢在了这个"复杂性"上。因为有这个"复杂性"，他们才会有出色的整体控球能力，即便是德国队威力强大的冲锋，也因为抵挡不了这个"复杂性"而败北。这个例子值得对"简单性原则"情有独钟的人们深思。

2）关于满足"既定模式"

至于"既定模式"，如果指的是在"学科导向"和"工作导向"之间做"非此即

彼"的选择，那就是一种片面性。倾心于此等"既定模式"的人通常只看到事情的积极方面，而忽视其消极方面。一位伟人说过："谁要是把抽象的思想生硬地应用于现实，就是破坏了现实。"在高等职业教育课程和教学资源建设上，现实事物是具有一定"复杂性"的整体。如果你在"理论的态度"中只看到其中某一侧面，发表了某些抽象看法，这也许无关紧要；可是当你在"实践的态度"中将片面的认识"生硬地"应用于现实，致力于改造现实事物的全面性和具体性的时候，问题就严重了，在这种情况下，你在建构现存的同时"生硬地"破坏了现实。

　　3）历史教训

　　世界高等职业教育的历史表明：人们先是在"理论的态度"中认识到"人类职业行动"的"知识结晶"，在"实践的态度"中"生硬地"实施了"知识本位"教育；随后又在"理论的态度"中认识到"人类职业行动"的"业务结晶"，在"实践的态度"中"生硬地"实施了"能力本位"教育。两者都是在建构职业教育现存的同时破坏了职业教育现实：建构的是片面性，破坏的是全面性。这两种片面认识与做法都是在不自觉的情况下出现的，尚属情有可原。如果意识到两种片面性之后仍然执意而为，去重蹈历史覆辙，就说不过去了。

　　在全球化遍及一切领域的今天，各国都面临愈演愈烈的产品竞争、技术竞争、管理竞争、商业模式竞争、教育竞争和人才竞争，产品创新、技术创新、管理创新、商业模式创新、教育创新和人才培养模式创新势在必行，为之服务的高等职业教育课程和教学资源建设的模式转型大势所趋。在这种情况下，有多少教育工作者还会心甘情愿地把"回避'复杂性'"和"满足'既定模式'"作为选项呢！

　　3.本项目参与者们的尝试

　　"前事不忘，后事之师。"参与"多元整合型一体化系列"项目的众多省级以上精品课程团队所尝试的，是面对高等职业教育现实的"复杂性"知难而进：在"理论的态度"中致力于克服片面性认识，在"实践的态度"中尽可能避免破坏现实的"生硬"做法。

　　列入本系列高职高专精品课程教材的作者们，出于"后精品课程时期"专业课程持续发展的内在需要，纷纷探索课程模式转型之路，将培养中国产业结构升级所需要的"'职业知识、职业能力和职业道德'兼备"，"'问题思维'和'革新创新'能力突出"的新型高等职业经济管理人才视为己任，其高度责任感和锐意进取精神令我们钦佩！

　　早在20世纪末，东北财经大学出版社就在国内高校众多知名专业带头人的参与下，率先推出了涵盖财经类各专业的"21世纪新概念教材"。如果说在21世纪的头十年，"21世纪新概念教材"的"'换代型'系列"曾通过"用'反题'弥补'正题'之不足"，为培养适应"中国制造"之经济管理人才的高校课程建设服务，那么在21世纪的第二个十年，"21世纪新概念教材"的"'多元整合型'系列"将通过"用'合题'扬弃'正题'与'反题'"，为培养适应"中国创造"之经济管理人才的高校课程建设服务。

　　就未来十年的战略取向而言，一套好的高等职业教育专业教材应当既体现国内外先进的专业技术水平和教育教学理念，又适应中国经济转型所需要的"创新型高等职业人才培养"，从而将《国家中长期教育改革和发展规划纲要（2010—2020年）》提出的相关要求落到实处。本系列教材的作者们是否在此方面开了个好头，应留给专家、学者和广大师生去评判。

在高等职业教育课程教材建设的道路上，向前探索的开端总是不尽完善的，期待专家、学者和使用本系列教材的师生不吝赐教，以便通过修订不断改进，使之与我国的产业需求和课程改革发展始终保持同步。

许景行

于东北财经大学烛光园

第三版前言

《旅游市场营销与策划——理论、实务、案例、实训》自第一版和第二版出版以来，得到了广大读者的认可，普遍认为该教材内容丰富，设计新颖，贴近实际，融通俗性、可读性、应用性为一体，能体现"'教、学、做、评'合一"和"以学生为主体、以教师为引导"的高职高专教育教学改革新思路。然而，随着旅游市场的变化和为顺应精品在线开放课程时期"旅游市场营销与策划"精品课程持续发展的内在需要，"旅游市场营销与策划"的研究内容与方式也应不断地变革与创新，为此，我们在坚持"原理先行、实务跟进、案例同步、实训到位"原则的基础上，结合最新的前沿知识对原教材进行第二次修订。

本教材第三版主要内容包括：旅游市场营销与策划概述，旅游市场营销环境分析与营销调研，旅游消费者购买行为分析，旅游市场细分、目标市场选择与市场定位，旅游市场营销策略，旅游目的地营销与策划，旅游景区营销与营销策划，旅游酒店营销与营销策划，旅游交通营销与策划，旅行社营销与策划。我们围绕旅游市场营销与策划职业岗位群的要求，以旅游营销策划的工作过程为主线，以培养学生综合策划能力为目标，修订了教材的部分内容。

修订后的教材将旅游营销与策划前沿理论知识、鲜明典型的案例、切实可行的实训任务补充到教材中。同时，修订后的教材继续将"学导式教学法"、"互动式教学法"、"案例教学法"、"问题教学法"、"讨论教学法"、"项目教学法"和"工作导向教学法"等先进教学方法相辅相成地运用到教材的相关设计中，从而帮助旅游类、营销类专业的学生提高营销与策划的能力。

值得一提的是：为阶段性落实《教育部关于进一步推进职业教育信息化发展的指导意见》（教职成〔2017〕4号）和"推进教育教学与信息技术深度融合"（《教育部高教司2018年工作要点》）等文件要求，本书第三版增加了二维码教学资源，以满足广大高职院校对二维码教材的最新需求。

本教材第三版由河北旅游职业学院李学芝、宋素红主编，沈春美、李永臣为副主编。具体分工如下：第7、8章由李学芝编写；第3、6、9章由宋素红编写；第2、4、10章由沈春美编写；第1、5章由李永臣编写；全书最后由李学芝总纂定稿。"总序"和书后"附录"由东北财经大学出版社许景行撰写。

本书可作为高职高专院校旅游管理专业及相关专业的全国通用教材，也可供旅游企业在职人员培训使用。

在编写过程中，我们借鉴和参考了大量国内外的相关书籍、教材及网络资料；同时也得到了承德市盛华大酒店、承德鼎盛王朝、承德避暑山庄等单位的大力支持。在此，谨向所有相关作者与单位表示诚挚的感谢。由于作者水平有限，加上时间仓促，书中缺陷和错误在所难免，敬请读者朋友不吝赐教。

作　者

2018年6月

第二版前言

在"后金融危机"和"欧债危机"的世界经济背景下，为了培养中国经济转型所需要的高等应用型职业人才，进一步体现新时期国内外先进的专业技术水平和高等职业教育教学理念，更好地适应新时期职场既需要"职业认知"又需要"职业技能"和"行为自律"人才的需求现实，重构并优化以"职业知识"、"职业能力"和"职业道德"为三重本位，以健全职业人格为最高整合框架的高等职业教育"职业学力"教材赋型机制，继续着眼于新时期伴随着新技术革命而来的愈演愈烈的行业内与行业间跨专业的人才流动的现实，在此次教材的修订中，本着处理好"职业学力"建构中的"专业性"、"通用性"与"核心性"三重内涵，进一步摆正"高等职业个体发生机制"与"高等职业成体活动机制"、发展心理学规律与教育心理学规律、教材"纵向组织结构"与"横向组织结构"等辩证关系，依照"原理先行、实务跟进、案例同步、实训到位"的原则，来展开第二版教材的内容。

《旅游市场营销与策划——理论、实务、案例、实训》的修订，一方面旨在满足新时期我国高职高专教育教学改革对新型专业教材的需求，另一方面也出于顺应后精品课时期旅游市场营销与策划课程持续发展的内在需要。

本书第二版突出"问题思维"与"创新意识"，探索"创新型"高等职业教育专业课程设计。修订版教材的主要内容包括：旅游市场营销与策划概述、旅游市场营销环境分析与营销调研、旅游消费者购买行为分析、旅游市场细分与目标市场选择、旅游市场营销策略、旅游目的地营销与策划、旅游景区营销与策划、旅游酒店营销与策划、旅游交通营销与策划、旅行社营销与策划。全书内容简明，设计新颖，案例丰富，训练多样，考核全面，功能齐全，融通俗性、可读性、应用性于一体，力求体现"'教、学、做、评'合一"和"以学生为主体、以教师为引导"的高职高专教育教学改革新思路。本教材在修订过程中将"学导式教学法"、"互动式教学法"、"案例教学法"、"问题教学法"、"讨论教学法"、"项目教学法"和"工作导向教学法"等先进教学方法相辅相成地运用到修订版教材的相关设计中。

本教材的编写以"总序"中阐明的"共识"为基础，内容结构设计遵循了"多元整合型一体化系列（II型）"所要求的统一布局。阅读"总序"，借以了解所述"共识"与内容结构布局，有助于更好地把握与使用本教材。

本教材第二版由河北旅游职业学院李学芝、宋素红主编，河北旅游职业学院沈春美、李永臣为副主编。具体分工如下：第7、8章由李学芝编写；第3、6、9章由宋素红编写；第2、4、10章由沈春美编写；第1、5章由李永臣编写。"总序"和书后的"附录"由东北财经大学出版社许景行撰写，全书最后由李学芝总纂定稿。

　　本书可作为高职高专院校旅游管理专业及相关专业的全国通用教材，也可供企业在职人员培训使用。

　　在编写过程中，我们借鉴和参考了大量国内外的相关书籍、教材及网络资料；同时也得到了承德市盛华大酒店、承德鼎盛王朝、承德避暑山庄等单位的大力支持。在此，谨向所有相关作者与单位表示诚挚的感谢。由于作者水平有限，加上时间仓促，书中缺陷和错误在所难免，敬请读者朋友不吝赐教。

作　者

2015 年 1 月

目　录

第1章
旅游市场营销与策划概述

● 学习目标

引例　鄂尔多斯鄂托克旗冬季旅游营销

1.1　旅游市场营销

1.2　旅游市场营销策划

● 本章概要

● 基本训练

● 单元考核

学习目标

通过本章学习，应该达到以下目标：

理论目标：学习和把握市场与市场营销的概念、旅游市场的概念与特点、旅游市场营销的概念及特征、现代旅游市场营销观念、旅游市场营销策划的概念与特征、旅游营销策划书的结构与内容等陈述性知识；能用所学理论知识指导"旅游市场营销与策划概述"的相关认知活动。

实务目标：学习和把握旅游市场营销策划的要素与内容、旅游市场营销策划书的编写原则、相关"业务链接"等程序性知识；能用所学实务知识规范"旅游市场营销与策划概述"的相关技能活动。

案例目标：运用所学"旅游市场营销与策划概述"的理论与实务知识研究相关案例，培养和提高在特定业务情境中分析问题与决策设计的能力；能结合本章教学内容，依照"职业道德与营销伦理"的行业规范或标准，分析旅游企业行为的善恶，强化职业道德素质。

实训目标：参加"旅游市场营销与策划基础运作"业务胜任力和"职业工作站"模拟团队活动的实践训练。在了解和把握本实训所及"能力与道德领域"相关技能点"规范与标准"的基础上，通过切实体验各实训任务的完成，系列技能操作的实施，相关《实训报告》的准备、撰写、讨论与交流等有质量、有效率的活动，培养"旅游市场营销与策划基础运作"的专业能力，强化"自我学习"、"与人交流"、"与人合作"、"解决问题"和"革新创新"等职业核心能力（中级），并通过"认同级"践行"职业观念"、"职业态度"、"职业良心"、"职业作风"和"职业守则"等行为规范，促进健全职业人格的塑造。通过制订关于《旅游市场营销策划基础运作优化方案》的模拟职业团队活动，丰富本章"重点实务"知识，培养专业调研与业务拓展技能，强化相关职业核心能力。

引例　鄂尔多斯鄂托克旗冬季旅游营销

背景与情境： 冬季来临，草原旅游进入淡季，各大草原景区相应"入冬"，如何突破鄂托克旗旅游发展的季节性"冷清"，鄂托克旗冬季旅游亮出了新招。

1) 借船出海搞营销

鄂托克旗毗邻宁夏回族自治区，国家AAAA级景区布龙湖温泉度假区离宁夏回族自治区首府银川市仅150千米车程。宁夏回族自治区是鄂托克旗重要的客源市场，鄂托克旗一直以"走出去，请进来"的方式进行区域旅游营销合作。2015年，鄂托克旗旅游局不仅邀请了周边地区进行实地踩线，更是主动与银川体育旅游局合作，将鄂托克旗的旅游产品纳入银川冬季旅游线路里，形成了"冰雪温泉养生五日游"线路，并于11月19日—30日，配合银川市体育旅游局前往上海、南京、杭州以及汕头等城市进行冬季旅游线路推介。借助此次推介会，鄂托克旗旅游企业重点对冬季温泉产品进行了介绍，并在上海交通广播、汕头人民广播电台对鄂托克旗整体旅游资源进行宣传，同时与当地旅行社签订合作协议，并走访携程旅行网洽谈合作事宜。此次活动是鄂托克旗首次搭乘临近省区旅游宣传快车，参与区域旅游合作营销，共同打造冬季旅游精品线路。此外，鄂托克旗旅游局组织旅游企业参与鄂尔多斯市冬季旅游宣传促销活动，从12月9日开始陆续前往陕西榆林、宁夏银川、呼和浩特和包头等地进行周边宣传，力争让鄂托克旗冬季旅游先从周边火起来。

2) 推陈出新增人气

碧海阳光温泉旅游区和布龙湖温泉度假区，作为鄂托克旗的两个AAAA级景区，是鄂托克旗旅游的王牌企业，也是冬季旅游发展的主力军。随着周边温泉市场的竞争日益激烈，游客诉求不断提高，旅游企业加强自身建设和管理迫在眉睫，为此碧海阳光在12月初聘请了全新的管理团队，力求服务更专业、管理更优化、品质有提升；布龙湖在加强团队管理的同时，加大力度搞营销，先后推出"唱响冬季温泉恋，布龙湖11月我们一起约""暖暖的布龙湖，感恩大回馈"等主题活动，更是推出了多种套票，将泡温泉+滑冰+住宿+羊绒衫+宴会等产品打包销售，力求打造食、住、行、游、购、娱全产业链要素旅游产品。

3) 温泉游乡村游齐上阵

"泡温泉，赏冬景"是很多地方冬季温泉游的主题，想要与其他地方有所不同，就要有冬季旅游的亮点。经过多次调研，最终决定打"温泉游+乡村游"的组合牌，游客冬季来到鄂托克旗，不仅可以在布龙湖参与温泉养生游，还可以就近前往包日塔拉中心村的农家乐品尝农家菜，去顺富牧家乐品尝地道蒙餐。而在包日塔拉中心村——鄂托克旗"十个全覆盖"重点打造的乡村旅游片区，已经有越来越多的牧户选择"办起农牧家乐、做起农牧家饭，组织民间乐队，走上旅游富民之路"。让资源活起来，把营销搞上去，提升景区服务，发展特色旅游。2015年的鄂托克旗冬季旅游，奇招跌出，力争全方面地推进冬季旅游市场大发展。

资料来源　王秀丽. 鄂尔多斯鄂托克旗旅游亮新招　推进草原冬季游不"冷清"[EB/OL].(2015-12-11). http://travel.people.com.cn/n/2015/1211/c41570-27917568.html.

问题： 鄂尔多斯大草原景区是如何做到草原冬季游不"冷清"的？

我国北方的冬季由于气候寒冷，因此旅游市场进入"淡季"，如何做好"淡季"

营销，做到"淡季"不淡，北方许多旅游企业纷纷结合当地的旅游资源，制定适合的营销策略，鄂尔多斯鄂托克旗冬季旅游亮出的新招很值得借鉴。

1.1　旅游市场营销

要研究旅游市场营销，首先要正确理解市场、市场营销及旅游市场营销等概念。

1.1.1　市场与市场营销

市场是研究旅游市场营销首先遇到的一个概念。市场是商品经济的产物，起源于古代人们对在固定时段和地点进行交易的场所的称呼，是商品经济运行的载体或现实表现。

1）市场

市场是指某种产品的现实购买者与潜在购买者需求的总和。市场包含三个主要因素：

有某种需要的人、为满足这种需要的购买能力和购买欲望。用公式来表示：市场=人口+购买力+购买欲望。

市场的这三个因素是相互制约、缺一不可的。只有将三者结合起来才能构成现实的市场，才能决定市场的规模和容量。例如，一个国家或地区人口众多，但收入很低，购买力有限，则不能构成很大的市场；又如，虽然购买力很大，但人口很少，也不能成为很大的市场。只有人口多，且购买力高，才能成为一个有潜力的大市场。但是，如果产品不符合需求，也不能激发起人们的购买欲望，对销售者来说，仍然不能成为现实的市场。因此，市场是上述三个因素的统一。市场的大小，取决于那些有某种需求，并拥有使别人感兴趣的资源，同时愿意以这种资源来换取其所需要的东西的人。

2）市场营销

市场营销是个人和集体通过创造并同别人交换产品和价值以获得其所需所欲之物的一种社会过程，也就是从满足服务对象的需要出发合理配置自己的资源，通过满足对方需要来实现自己目标的活动过程。它主要包括以下活动：

（1）市场营销活动的出发点是满足消费者的需求和欲望，因此，必须调查、了解、研究和掌握消费者的需求。

（2）满足人们需求和欲望的是产品和服务，因此，企业就需要利用所了解和掌握的市场需求信息指导生产经营，以使其产品和服务适销对路。

（3）将企业提供的产品和服务信息以适当的方式和渠道传递给消费者，引导和促进消费者购买。

（4）建立并拓宽产品流通渠道，促进产品销售，使产品顺利地进入消费领域。

（5）搞好售后服务，搜集消费者对产品和服务的意见、建议和新的要求，以指导生产和经营，确保生产和经营的健康发展。

由此可见，**市场营销**是指与市场有关的人类活动，即以满足人类各种需要和欲望为目的，通过市场变潜在交换为现实交换的活动。

1.1.2 旅游市场

1）旅游市场的概念

旅游市场是社会经济发展到一定程度，旅游活动商品化、社会化的产物。市场营销学中的**旅游市场**是指在一定时期内，某一地区中存在的对旅游产品具有支付能力的现实和潜在的购买者。所谓现实购买者，是指既有支付能力又有购买兴趣的人；潜在购买者是指可能具有支付能力和购买兴趣的人。旅游市场是由旅游消费者、购买力、出游愿望和出游机会组成的。旅游市场是在一定时空条件下的旅游消费者群、购买力、出游愿望和出游机会的集合。

同步思考 1—1

影响旅游市场规模的因素有哪些？

理解要点： ①旅游市场的人口数量。人口越多，市场潜量就越大。②人们的支付能力。旅游产品的交换是以货币作为支付手段的，没有足够的支付能力，旅游行为便无法实现。这时，旅游只是一种主观愿望，而不能形成现实的需求。③人们的购买欲望。如果有人、有购买力，但人们缺乏旅游的内在动机，同样不能形成现实需求。④人们的出游机会。

2）旅游市场的特点

由于旅游活动本身的一些特殊性，导致与其他行业市场相比，旅游市场有如下特点：

（1）全球性。

旅游市场的全球性主要是由全球范围的旅游需求与旅游供给决定的，表现在两个方面：一是旅游消费者的旅游活动范围遍布世界各地，旅游需求遍布世界；二是世界各国或地区都在积极发展旅游业，旅游供给遍布世界。

（2）异地性。

旅游活动的完成通常伴随着旅游消费者地理位置的移动，旅游接待企业的客源（旅游消费者）主要是非当地居民，因而旅游市场通常是在旅游者向旅游目的地转移的过程中形成的。

（3）波动性。

旅游消费是非生活必需品消费，因此，旅游需求受外部环境的影响比较明显。例如，国际局势、突发事件、季节性、重大社会活动和节假日、汇率、通货膨胀率、物价、工资以及旅游者心态的变化等，都可能导致游客总数、构成、流向发生变化，出现波动。

（4）高度竞争性。

现代旅游市场是一个竞争十分激烈的市场。这是因为旅游资源的范围和分布非常广泛，行业的进入门槛较低，旅游产品易被模仿，最终使众多的旅游企业开发出许多相同或不同种类、特点的旅游产品，以满足旅游消费者的需求。因此，旅游市场的竞争越来越激烈。

1.1.3　旅游市场营销的概念及特征

旅游市场营销是在现代市场营销观念的指导下，为了谋求长期的生存与发展，根据外部环境与内部条件的变化，对旅游市场做出的具有长期性、全局性的计划与谋略，是旅游市场在一个相当长的时期内对市场营销发展的总体设想与规划。

1）旅游市场营销的概念

旅游市场营销是指旅游经济个体（个人和组织）对思想、产品和服务的构思、定价、促销和分销的计划与执行过程，以达到旅游经济个体目标的交换。它具有三层含义：

（1）旅游市场营销以交换为中心，以旅游消费者为导向，以此来协调各种旅游经济活动，力求通过提供有形产品和无形服务使游客满意，实现旅游企业的经济和社会目标。

（2）旅游市场营销是一个动态过程，包括分析、计划、执行、反馈和控制，更多地体现为旅游经济个体的管理功能，是对营销资源（如旅游市场营销中的人、财、物、时间、空间、信息等资源）的管理。

（3）旅游市场营销适用范围广泛。一方面体现在旅游市场营销的主体广泛（包括所有旅游经济个体）；另一方面体现在旅游市场营销的客体广泛（包括对有形实物的营销、无形服务的营销及旅游经济个体由此所产生的一系列经营行为）。

同步思考1-2

旅游市场营销就是卖山、卖水、卖人、卖文化。

理解要点：①旅游市场营销卖的是旅游目的地的地脉、人脉、文脉。②挖掘旅游目的地的文化底蕴、自然风光，靠山吃山，靠水吃水。③发掘旅游目的地最大的人性需求，符合人性、体验人情、聚集人气。

2）旅游市场营销的特征

（1）营销导向。

旅游企业的一切经营活动都必须以旅游市场需求作为出发点和归宿，以旅游消费者为核心，并通过满足旅游消费者的需求来获取利润。

（2）管理导向。

旅游企业的发展会受诸多营销环境因素的影响，而这些环境因素又会随着时间和空间的不断变化而变化。旅游市场营销的实质在于旅游企业对于动态环境的创造性的适应，即运用一切可利用的资源，通过产品、渠道、价格和促销等管理策略实现对环境的适应。

（3）信息导向。

旅游市场营销的最终目的是满足游客的需求，这就必须借助于信息的传导。一方面，旅游企业需对复杂、多样的旅游消费者需求进行深入、细致的调查。另一方面，旅游企业需对内外部环境进行调研和决策，以适应环境的变化。所有这些决定了信息在旅游企业市场营销中的重要地位。

（4）战略导向。

旅游市场营销对旅游企业的长远发展有着十分重要的影响，要求旅游企业具备对市场环境的长期适应性。在社会飞速发展的时代，旅游企业若想实现持续发展，必须依赖于对环境的适应，依赖于现代化市场营销的战略导向。

业务链接1-1

旅游市场营销的步骤

①对旅游企业外部环境的研究。其包括对现实和潜在旅游消费者的分析研究；对竞争对手的市场、产品、战略等的调查分析；对政府政策及有关战略导向的研究；对国际旅游业最新动态及未来发展趋势的分析研究等。

②对旅游企业自身的研究。其包括对企业自身的生产能力、科技水平的分析及未来应变能力的培育；对旅游产品的种类、特点、结构及价格等各种产品要素的分析；制订旅游产品进入目标市场的计划及各种突发事件的应急预案；对旅游新产品持续开发能力的培育等。

③营销策划。其包括制订旅游企业营销计划；选择和建立营销渠道；设计公关活动，提高产品知名度并收集营销信息，评估营销效果；根据一系列的促销活动树立企业和产品形象；选择合适的竞争策略等。

④新产品开发。其包括根据促销信息的反馈对现有旅游产品进行改进；根据内外部环境的变化，研究和开发新的旅游产品等。

⑤旅游产品的销售。其包括根据已有的企业形象确立相应的销售策略；履行对旅游消费者的承诺；收集销售过程中旅游消费者的信息反馈；妥善处理各种矛盾纠纷等。

⑥售后服务。其包括建立重要、有代表性的旅游消费者档案；对旅游消费者进行跟踪调查，收集分析旅游消费者消费后的反馈信息。

1.1.4　现代旅游市场营销观念

旅游市场营销观念是旅游企业进行旅游营销活动的指导思想和思维方式，不同的营销观念导致不同的营销行为。自市场营销学产生以来，营销观念经历了一个漫长的演进过程，先后出现了以生产者为导向的生产观念、产品观念、推销观念；以消费者为导向的市场营销观念、社会市场营销观念；以现代旅游市场为导向的绿色营销观念、生态营销观念、网络营销观念、文化营销观念、低碳营销观念等。下面重点介绍现代旅游市场营销观念。

1）绿色营销观念

绿色营销观念是以绿色文化为价值观，以绿色消费为出发点，力求满足旅游消费者的绿色需求，从而实现旅游企业、旅游消费者、社会与生态环境的健康、协调、统一和可持续发展，使旅游企业在生产经营活动的各个阶段减少或避免环境污染，在市场营销过程中注重生态环境的保护。

旅游绿色营销观念的提出和完善，对旅游行业有着重要的意义。它纠正了人们认为旅游业是"无烟产业"，不会造成环境污染的错误观念，使人们认识到旅游业同样会对环境产生负面影响。旅游业的无序发展，还会对环境造成破坏，带来不可挽回的损失。例如，游客进入生态旅游区后的随意践踏、采摘，食用国家保护的野生动、植物，因开发景区而造成资源的损毁，景区、度假区、饭店的生活垃圾对环境造成的污染等。因此，旅游企业必须进行绿色营销，绿色营销赋予旅游企业的是持久的活力。

教学互动1-1

2010年12月14日报道，从2011年开始，在您入住五星级酒店时，也许需要自带洗漱用品了。新版饭店星级标准于2011年1月1日起实施，牙膏、牙刷、拖鞋、沐浴液、洗发液、梳子等不再成为酒店的必备品。

新标准强调绿色环保，一至五星级饭店均要求制订相应的节能减排方案并付诸实施，取消了对牙膏、牙刷、拖鞋、沐浴液、洗发液、梳子等用品的硬性要求。酒店"六小件"曾经是考核酒店星级的标准之一，此次取消"六小件"并不是硬性要求，而是酒店根据自身情况免费配置洗漱用品，不再将"六小件"作为考核标准。

资料来源　吴亭. 酒店"六小件"明年可不配［N］. 北京晨报，2010-12-14（A02）.

问题：

①酒店"六小件"能否取消？为什么？

②你认为酒店应该如何树立绿色营销观念？

要求：

①请3位同学对上述两个问题给予回答，其他同学予以评论。

②教师对学生的回答和其他同学的评论进行最后点评。

2）生态营销观念

生态营销观念是以生态文化为价值观念，以环境保护为经营指导思想，以消费者生态消费为中心和出发点进行研究的营销观念。它要求旅游企业在生产经营过程中，将旅游企业自身利益、消费者利益和环境保护利益三者统一起来，并以此为中心，对旅游产品和服务进行构思、设计、制造和销售。

生态营销观念要求旅游企业必须从实际出发，善于把市场的需要和企业自身的资源与技术特长结合起来，扬长避短，生产既能满足市场需要，又是旅游企业自身擅长的旅游产品，以求得企业的生存与发展。生态营销是社会进步的产物，是在可持续发展战略思想的指导下对市场营销观念的新发展，又是企业参与市场竞争的一种策略与手段。

职业道德与营销伦理1-1

破坏性旅游开发危及古村落

背景与情境： 我国历史悠久、民族众多，形成了形态缤纷、风情各异的古村落文化。但近年来，由于重视和保护力度不够，加之一些地方为了经济效益，大肆进行破坏性旅游开发，古村落的境况岌岌可危。

国务院参事、中国民间文艺家协会主席冯骥才说，古村落的保护未受到足够的重视，古村落的数量正在减少。一些幸存下来的有特色的古村落也正在沦为当地政府的"摇钱树"，遭遇着破坏性的旅游开发。

　　冯骥才介绍说，现在的古村落开发已成套路。首先是去找有资本的开发商，在很多情况下，不经过专家论证也不向当地百姓公示，完全按照商业盈利的需要制订开发方案，把古迹当景点，把遗产当卖点，把无法当景点和卖点的文化遗产甩到一边。然后是"腾笼换鸟"，迁走甚至迁空原有居民，使古村落失去活的记忆和生命。沿街房屋全改成店铺招引商贩，导致所有旅游景区营销的工艺品全都像从一个仓库里批发出来的。最后是在街头屋角挂红灯笼、插彩旗。为了使收入翻倍，随心所欲地增加景点，甚至进行造假。

　　冯骥才认为，套路化的旅游带来的必然是粗鄙化的旅游，同时使各地古村落的原有文化遭到了彻底的破坏。

　　资料来源　周润健. 古村落成"摇钱树"保护不够致其境遇岌岌可危［N］. 合肥日报，2009-12-02.

　　问题： 在旅游市场的开发中应该怎样保护古村落？

　　分析提示： 少数民族古村落文化保护是重中之重。在开发的过程中，一方面要尊重少数民族的文化选择，另一方面要在重要的少数民族聚居地，像欧洲人那样建立乡村博物馆，以保存历史记忆，继承和传承民族文化。同时，无论是古村落的文化保护，还是旅游开发，都不能离开科学的指导和合理的规划。一定要邀请人文领域的专家学者参与其中，并充分听取古村落原住民的意见。

3）网络营销观念

　　网络营销观念是一种借助Internet网站服务、即时通信和交互数字多媒体系统等来实现旅游营销目标的观念，它实质上是以计算机互联网技术为基础，通过与潜在旅游消费者在网上直接接触的方式，向旅游消费者提供更好的旅游产品和服务的营销活动。

同步案例1-1

张家界借势《阿凡达》赢在网络

　　背景与情境： 当詹姆斯·卡梅隆这只"螳螂"捕捉了全世界影迷的心以后，张家界景区借着《阿凡达》巨大的号召力迅速火爆起来，成了卡梅隆背后的"黄雀"。旅游景点的网络推广，幕后推手功不可没。《阿凡达》上映后，张家界顺势将著名景点"乾坤柱"更名为"哈利路亚山"，两个外貌近乎不搭调的地方被联系起来。随后，一向风平浪静的张家界出现了老虎，两把火再浇一桶油——天门山索道走钢丝，三管齐下，张家界成了2009年年末、2010年年初，在中国网络和媒体上曝光度最高的景区之一。

　　张家界在"阿凡达"事件的营销方面，进行了多层次的深挖。首先悬赏10万元寻找悬浮山的"真身"，与黄山展开悬浮山的原型之争，然后，将悬浮山的原型"乾坤柱"更名为"哈利路亚山"，甚至还有后续的将黄龙洞一处表演场地命名为"哈利路亚音乐厅"的营销。这次营销影响深远，很多国外游客就是通过《阿凡达》这部影片，顺藤摸瓜，在互联网上搜到张家界的信息，网络让更多的人了解了张家界，张家界的境外旅游市场得到了有力的拓展。清华大学总裁培训班特聘营销专家刘东明表示，景区"挂靠"知名影视作品、明星是很好的"四两拨千斤"的方法。国内很多作为影视取景地的景区，应该通过网络放大此事件，并多加借鉴，才能得到高额的营销回报！

资料来源　佚名. 八大旅游网络营销案例［EB/OL］. (2011-05-27). http://www.caistv.com.

问题：张家界是如何借助网络开拓旅游市场的？旅游企业树立网络营销观念的意义何在？

分析提示：网络营销可以通过多种信息发布工具，将信息传播到世界任何一个地方，信息发布的效果较明显。同时，对于重塑品牌形象、提升品牌的核心竞争力、打造品牌资产和开拓旅游市场具有其他媒体不可比拟的效果和作用。从张家界借助《阿凡达》这部影片开展各种营销活动可以看出旅游企业树立网络营销观念的重要意义。

利用Internet进行营销活动，可使旅游产品以低廉的营销费用，实现全球营销；通过网络购物，旅游消费者能够根据自己所需获得旅游产品，这比传统的营销活动只能让旅游消费者大致满意的情形进步多了，虽然旅游网络营销是定制营销，但并没有因此而增加旅游成本，反而降低了旅游营销费用；利用网络营销方式，可提供全天候的广告及服务而无须额外增加开支，有利于增加旅游企业与旅游消费者的接触机会，从而增加潜在的销售机会。

4）文化营销观念

文化营销观念是指旅游企业成员共同默认并在行动上付诸实施，从而使旅游企业营销活动形成文化氛围的一种营销观念，它反映的是在现代旅游企业营销活动中，经济与文化的不可分割性。旅游企业的营销活动不可避免地包含着文化因素，因此，旅游企业应善于运用文化因素来实现市场制胜。

在旅游企业的整个营销活动过程中，文化渗透始终。第一，旅游产品中蕴含着文化。旅游产品不仅是有某种使用价值的物品，同时它还凝聚着审美、知识、社会等文化价值的内容。承德避暑山庄之所以备受游客的青睐，不仅在于它是我国现存的最大的皇家园林，而且在于它是中国清朝皇帝为了实现安抚、团结中国边疆少数民族，维护国家统一的政治目的而修建的一座夏宫，带有一份浓重的政治色彩。承德避暑山庄历史内涵丰富，是一座民族和宗教的历史博物馆，是一部用特殊资料编写的清朝历史。第二，经营中凝聚着文化。日本企业经营的成功得益于其企业内部全体职工共同信奉和遵从的价值观、思维方式和行为准则，即所谓的企业文化。营销活动中尊重人的价值、重视文化建设、重视管理哲学及求新、求变的精神，已成为当今企业经营发展的趋势。香格里拉的"以发自内心的待客之道，创造难以忘怀的美好经历，时刻令客人喜出望外"，希尔顿的"你今天对顾客微笑了没有"等，都充分说明了文化营销观念是企业在市场竞争中赢得优势的源泉和保证。

同步案例1-2

周村古商城暖冬之旅暨梅花节开幕仪式盛大启动

背景与情境：与你一枝梅，同结百年好，2016年12月21日，周村古商城"携手百年，周村暖冬之旅"与"踏雪寻梅游古镇，暖冬相约在周村"梅花节主题活动一同拉开帷幕。市、区相关领导及区作家协会、美术家协会、摄影家协会等会员相聚一堂，赏梅论诗，共享此次赏梅文化盛会。本次活动由周村古商城管委会、区文化新闻出版局、区旅游局主办，山东惟我传媒有限公司、淄博舜唐文化传播有限公司协办，淄博周村古镇旅游开发管理有限公司承办。

上午9：30，周村古商城暖冬之旅暨梅花节开幕仪式盛大启动。开幕式现场，周村古商城的特色节目精彩纷呈：旗袍秀穿越古今、《红梅赞》演绎经典、珐琅画再现精妙传统工艺、《梅花三弄》琴音绕梁。

岁月带来满头华发，却也带来日益坚定的相守。开幕当天，9对老年夫妻携手而来，状元府、杨家大院、瑞蚨祥，赏梅品画之余，景区票证博物馆特为这些夫妻举行纪念仪式，颁发仿古周年纪念证，来见证老一辈弥足珍贵的爱情。

暖人更暖心，周村古商城景区通过暖冬之旅系列活动，向各地游客展示景区特色旅游资源与深厚文化底蕴的同时，使广大游客在此能得到集吃、住、行、娱、购于一体的多重游玩体验。

冬至来袭，精彩不断。文人墨客看这里，梅花书画笔会、梅花主题摄影、梅花诗词歌赋摄影作品展，文化之旅由你开启；爱玩爱秀看这里，周年纪念、梅花妆及古装体验秀，畅游之旅乐享不停。参与梅花节线上秀照片，更有特色纪念品等你拿。相约周村古商城，这个冬天，"梅"玩"梅"了！

资料来源　王晓易. 周村古商城暖冬之旅暨梅花节开幕仪式盛大启动［EB/OL］.（2016-12-21）. http://news.163.com/16/1221/16/C8QSGFHJ00014SEH.html.

问题：周村古商城的文化营销给你的启示是什么？

分析提示：周村古商城的暖冬之旅暨梅花节，凭借历史悠久、内容丰富的周村文化，充分利用周村文化的魅力，让更多的人了解到周村文化的精髓，进一步提升了周村古商城的形象。

5）低碳营销观念

低碳营销是在环境保护形势日益严峻的状况下和低碳经济逐渐形成的驱动下产生的。低碳营销以满足低碳需求为出发点，为消费者提供能够有效降低环境污染、防止资源浪费的产品，力求实现人类行为与自然环境的和谐发展。

低碳营销观念是指围绕着低碳减排和环境保护这个中心，以企业和社会的可持续发展为导向的经营观念，表现在强化客户合理需求、强化可持续发展、强化低碳企业文化等方面。

在低碳经济时代，首先，要求旅游企业真正树立低碳营销观念，积极申请环境标志并逐步扩大环境标志产品的范围；其次，有针对性地实施低碳营销策略，加强对低碳消费市场的研究，根据低碳信息，积极开发低碳旅游产品，在旅游产品的设计、生产、包装和销售过程中，不仅要注意环保问题，更应有效地推动旅游产品设计的合理化，制定合理的低碳旅游产品价格，建立销售渠道以抢占低碳时代的话语权，同时凸显低碳品牌效应，开展绿色营销，形成真正意义上的低碳营销。

业务链接1-2

现代旅游市场营销的基本理念

①使旅游成为人的本能需求。

②使旅游产业成为制造快乐的产业。

③打造区域品牌旅游营销。

④使品牌成为现代旅游的核心动力。

⑤使注意力成为"印钞机"。

⑥旅游策划就是编故事，旅游营销就是卖故事。

⑦世间无弃物，关键在定位。

⑧"划"时代的旅游目的地营销。

学习微平台

延伸阅读1-1

1.2 旅游市场营销策划

1.2.1 旅游市场营销策划概述

策划是一种策略、筹划、谋划或计划。它是个人、企业、组织机构为了达到一定的目的，在充分调查市场环境及相关环境的基础上，遵循一定的方法或者规则对未来即将发生的事情，进行系统、周密、科学的预测并制订科学的可行性的策划方案，同时在发展中不断进行调整以适应环境的变化，从而制订切合实际情况的科学方案。

1）旅游市场营销策划的概念

旅游市场营销策划是旅游企业为了实现某一营销目标或解决营销活动中的某一难题而策划的活动过程，是对旅游企业将要发生的营销行为进行的超前决策。

旅游市场营销策划包含明确的主题目标、崭新的创意、可操作性和策划方案四个要素：

（1）明确的主题目标。

主题目标是指策划人所期望达到的预期结果，是策划人把策划的意图具体化后形成的具体行为目标。它既是策划的出发点和归宿，也是衡量和评价策划效果的标准。只有明确的主题目标，才能使策划具有较强的方向性和目的性。

（2）崭新的创意。

创意是与众不同的、新奇而又富有魅力的构思和设想。策划的关键是创意，创意是策划的核心和灵魂，是策划的第一要素。策划的内容要做到新颖、奇特、扣人心弦。

（3）可操作性。

策划不仅要有新颖的构思、具体的目标，还要具有很强的可操作性，就是在现有的人力、物力、财力及技术条件下能够实施、易于实施。任何策划活动都必须在充分考虑和合理运用企业现有资源的条件下实施才有意义，否则就是空谈。

（4）策划方案。

策划方案是策划人在策划目标的指导下，利用策划资源实施策划的结晶，是策划实施的具体行动方案。倘若没有策划方案，策划不过是过眼浮云。

旅游市场营销策划本质上是运用理性和心智激发创意的过程，不是空洞和抽象的，必须围绕某一具体的目标或问题进行；而具体的目标又是通过别出心裁的策略达到的；同时应该有可执行的具体操作方案。如果是不能操作的方案，无论创意多么杰出、巧妙，目标多么具体，也没有任何实际价值，只能是资源的浪费。

2）旅游市场营销策划的特征

（1）超前性。

策划是对未来环境的判断和对未来行为的安排，是一种超前行为。凭借现实的各种资料，运用抽象思维，通过一定的逻辑推理和创意，形成对未来的预测，同时对营销方案执行过程中可能遇到的障碍和难点有所预测并事先考虑好应变的对策。

（2）主观性。

虽然营销策划所依据的信息都是客观的、现实的，但只要经过人的思维操作，就必然打上主观的烙印。表现在：不同个体对同一信息的认识总带有个体差异，因此，对同一营销信息，不同的策划人可以提出不同的营销策划方案；同一个体对同一信息的认识，在不同情景下会产生差异，其处理的结果自然也不同。

（3）复杂性。

营销策划是一项系统工程，是一项非常复杂的智力工作。需要大量知识和直接经验的投入，需要经济学、管理学、市场营销学、心理学、策划学等多学科知识的综合运用和融会贯通，以及理论与实际策划工作的灵活结合，它是策划的基础，没有丰富的经验，策划只能是纸上谈兵。

（4）创造性。

策划过程就是创造性思维发挥的过程。创造性思维是策划的生命之源，它贯穿于策划活动的所有方面和策划过程的始终。一个营销策划需要具有鲜明的特色，要想在公众心目中留下深刻印象，就必须有出奇制胜的创造性技巧。主要表现在：思维积极的求异性、敏锐的洞察力、创造性的想象、独特的知识结构、活跃的灵感。

（5）可操作性。

营销策划不是空洞的理论说教，它要回答企业在现实的市场营销活动中提出的各种疑难问题，还要回答为什么会这样。

因此，市场营销策划就是在创新思维的指导下，为企业的市场营销拟订具有现实可操作性的方案，提出开拓和营造市场的时间、地点、步骤及系统性的策略和措施。

教学互动1-2

旅游市场定位是找故事，策划是编故事，营销是卖故事。

问题：

①如何理解上面这句话？

②有人说策划高于营销，你认为呢？

要求：

①请3位同学对上述两个问题予以回答，其他同学予以评论。

②教师对学生的回答和其他同学的评论进行最后点评。

3）旅游市场营销策划的内容

旅游市场营销策划的内容十分广泛，按照旅游营销工作的流程和细节，主要包括：

（1）旅游市场营销战略策划。

营销战略策划是旅游企业营销策划的核心，包括旅游企业基本战略策划、目标市场战略策划、市场竞争战略策划和旅游企业发展战略策划。

（2）旅游市场营销战术策划。

营销战术策划也是旅游企业营销策划的核心，它是依据营销战略策划的思路和方向，综合运用各种营销手段，进入目标市场，实现旅游企业战略意图的谋划，包括旅游产品策划、价格策划、分销策划和促销策划。

（3）旅游市场营销实施与控制策划。

营销实施与控制策划主要包括营销组织策划、执行策划和控制策划。

（4）旅游市场营销创新策划。

营销创新策划是指旅游企业在运用新的理念，依靠新的营销策略，满足新的旅游市场需求等诸多方面的重新设计、选择、实施和评价，主要包括营销理念创新、组织创新、策略创新和市场创新策划。

1.2.2　旅游市场营销策划书

市场营销策划活动的最后一个环节就是撰写营销策划书，将策划的思路、工作步骤等用策划书的形式体现出来。

1）营销策划书的结构及内容

营销策划书是实现策划目标的行动方案，是正确表达策划内容的载体，是市场营销策划成果的文字形式，是旅游企业未来进行营销操作的依据。

营销策划书没有固定的模式，依据旅游产品或营销活动的不同要求，在策划的内容与编制格式上也有所变化。但是，从营销活动的一般规律来看，策划书的结构与策划过程的顺序应该是一致的。一般来说，旅游企业营销策划书大致包括以下几个方面：

（1）封面。

一份完整的营销策划书文本应该有一个设计精美、要素齐备的封面，给阅读者以良好的第一印象，从而对策划内容的形象定位起到帮助作用。封面设计的原则是醒目、整洁，切忌花哨，至于字体、字号、颜色则根据视觉效果具体考虑。

策划书的封面应该提供如下信息：策划书的名称、委托方、策划机构或策划人的名称、策划完成日期、本策划适用的时间段和编号。

（2）前言。

前言是对策划内容的高度概括性表述，前言不能太长，一般不超过1页，字数应该控制在500字之内。前言的具体内容包括：策划的目的、宗旨、背景及策划的必要性等。

（3）目录。

策划书的目录涵盖了全书的主体内容和要点，读过后能使人对策划的全貌、策划人的思路、策划书的整体结构有一个大体的了解，并且为使用者查找相关内容提供了方便。目录实际上是策划书的简明提纲，策划者应该认真编写。

（4）概要提示。

概要是对营销策划书的总结性陈述，阅读者可以通过概要提示对营销策划内容和策划结论有一个非常清晰的了解，便于阅读者理解策划者的思路、意图和观点。通过概要提示可以大致理解策划内容的要点。概要提示的撰写同样要求简明扼要，篇幅不能过长，一般三四百字为宜。另外，概要提示不是简单地把策划内容予以列举，而是要使其自成系统，因此，遣词造句都要仔细斟酌，起到"一滴水中见大海"的效果。

（5）正文。

正文是营销策划书中最重要的部分，具体包括以下几方面的内容：

①营销策划的目的。主要是对本次策划活动所要实现的目标进行全面描述，这也是本次营销策划活动的原因和动力，这一部分使整个方案的目标、方向非常明确、突出。

②市场状况分析。主要有以下内容：

A.宏观环境分析：包括政治、经济、文化、法律、科技和自然等宏观环境分析。

B.产品分析：主要分析本企业旅游产品的优劣势、竞争力、在旅游消费者心目中的地位、在市场上的销售力和占有率等。

C.竞争者分析：分析本企业主要竞争者的有关情况，包括竞争产品的优劣势、竞争产品的营销状况、竞争企业的整体情况等。

D.旅游消费者分析：主要包括旅游消费者的年龄、性别、职业、消费习惯、文化层次等。

③市场机会与问题分析（SWOT分析）。主要是归纳上面市场状况分析的优势与劣势、机会与问题，对其进行具体深入分析，然后找出企业存在的真正问题和具备的潜力。只要找准了市场机会，策划就成功了一半。

④确定营销战略。清楚地表述旅游企业所要实行的具体战略，并进行全局性、方向性的部署，包括市场细分、目标市场和市场定位战略。

⑤确定营销组合策略。就是旅游企业根据自己的营销目标和资源状况，针对目标市场的需要对自己可控制的营销策略（产品、价格、渠道、促销）进行优化组合和合理的综合运用。

⑥确定具体的行销方案。针对营销中问题点和机会点的分析，提出达到营销目标的具体行销方案。行销方案需要确定以下内容：做什么？谁来做？建立什么样的组织机构？谁来负责？何时开始？何时完成？在何地？需要何种方式的协助？如何布置？实施怎样的奖励制度？需要哪些资源？预算是多少？

（6）预算。

这一部分记载的是整个营销方案推进过程中的费用投入，包括营销过程中的总费用、阶段费用、项目费用等，其原则是以较少的投入获得最佳的效果。预算费用是营销策划书必不可少的部分。预算费用应尽可能准确，能真实反映该策划案实施投入的大小。

（7）进度表。

把策划活动的全部起止过程列成时间表，具体到何日何时要做什么，把这些都标注清楚，在策划过程中进行控制与检查。要尽量简化进度表，在一张纸上列出。

（8）人员分配及场地。

此项应说明在具体营销策划活动中每个人负责的具体事项及所需物品和场地的落实情况。

（9）结束语。

结束语应与前言呼应，使策划书有一个圆满的结束，不至使人感到太突然。

（10）附录。

附录是策划书的附件，其作用在于提供客观的策划证明。因此，凡是有助于阅读者对策划内容理解、信任的资料都可以考虑列入附录。附录的另一种形式是提供原始资料，如旅游消费者问卷的样本、座谈会的原始照片等资料。附录也要标明顺序，以便于阅读者进行查找。

2）营销策划书的编写原则

为了提高策划书撰写的准确性与科学性，在撰写时应掌握以下原则：

（1）逻辑思维原则。

旅游市场营销策划主要是为了解决旅游企业营销中存在的问题，为此，必须按照逻辑性思维的构思来编制策划书。第一，设定情境，交代策划背景，分析旅游市场现状，明确策划目的；第二，详细阐述具体策划内容；第三，明确提出解决问题的对策。

（2）简洁原则。

在编写策划书的过程中要注意突出重点，抓住旅游企业营销中所要解决的核心问题，深入分析，提出可行性的对策。

（3）可操作原则。

编制的策划书要用于指导营销活动，其可操作性非常重要。不能操作的方案创意再好也无任何价值。

（4）创意新颖原则。

创意新颖原则要求策划的方案创意新、内容新、表现手法新，给人以全新的感受。新颖的创意是策划书的核心内容。

本章概要

□ 内容提要与结构

▲ 内容提要

●市场是指某种产品的现实购买者与潜在购买者需求的总和。市场包含三个主要因素：有某种需要的人、为满足这种需要的购买能力和购买欲望。

市场营销是指与市场有关的人类活动，即以满足人类的各种需要和欲望为目的，通过市场变潜在交换为现实交换的活动。

旅游市场是指一定时期内，某一地区中存在的对旅游产品具有支付能力的现实的和潜在的购买者。旅游市场是由旅游消费者、购买力、出游愿望和出游机会组成的。旅游市场是在一定的时空条件下的旅游消费者群、购买力、出游愿望、出游机会的集合。具有全球性、异地性、波动性和高度竞争性。

●旅游市场营销是指旅游经济个体（个人和组织）对思想、产品和服务的构思、

学习微平台

延伸阅读 1-2

定价、促销和分销的计划与执行过程，以达到旅游经济个体目标的交换。旅游市场营销的特征是：

营销导向、管理导向、信息导向和战略导向。

旅游市场营销观念是旅游企业进行旅游营销活动的指导思想和思维方式，不同的营销观念导致不同的营销行为。现代旅游市场观念包括：绿色营销观念、生态营销观念、网络营销观念、文化营销观念、低碳营销观念等。

● 旅游市场营销策划是旅游企业为了实现某一营销目标或解决营销活动中的某一难题而出谋划策的活动过程，是对旅游企业将要发生的营销行为进行的超前决策。旅游市场营销策划包含目标、创意、可操作性和策划方案四个要素。具有超前性、主观性、复杂性、创造性和可操作性的特征。

旅游市场营销策划的内容主要包括：旅游市场营销战略策划、旅游市场营销战术策划、市场营销实施与控制策划和市场营销创新策划。

旅游市场营销策划书大致包括：封面、前言、目录、概要提示、正文、预算、进度表、人员分配及场地、结束语和附录。

营销策划书的编写原则是：逻辑思维原则、简洁原则、可操作原则、创意新颖原则。

▲ 内容结构

本章内容结构如图1-1所示：

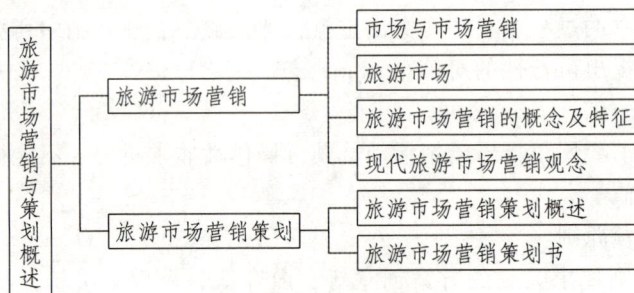

图1-1　本章内容结构

□ 主要概念和观念

▲ 主要概念

市场　市场营销　旅游市场　旅游市场营销　旅游市场营销策划

▲ 主要观念

现代旅游市场营销观念

□ 重点实务和操作

▲ 重点实务

旅游市场分析　撰写旅游市场营销策划方案　相关"业务链接"

▲ 重点操作

旅游市场营销与策划基础运作

━ **基本训练** ━▶

□ 理论题

▲ 简答题

1）旅游市场的特点有哪些？

2）简述旅游市场营销的特征。

3）简述旅游市场营销策划书的内容及结构。

▲ 讨论题

1）市场的构成要素是什么？

2）旅游企业为什么要树立现代旅游市场营销观念？

□ 实务题

▲ 规则复习

1）简述旅游市场营销的步骤。

2）简述旅游市场营销策划的程序。

3）简述旅游市场营销策划的内容。

▲ 业务解析

1）7月下旬，酷暑难耐。北京大学东门外，长长的队伍排出了近百米。家长为身边的孩子摇着扇子，一位等了40分钟的家长探身望着队伍的起点，无奈地说："进北大的排队时间都赶上进世博园了。"

许多参观的家长都抱着让孩子感受名校氛围的想法，而北大、清华两所名校几乎是所有学生旅游团的必到之处。他们或是散客游，或是跟团游，也有没有家长陪伴、独自参加夏令营的孩子。据统计，每日慕名而来的游客有1.6万余名。

家长们对清华、北大的那种憧憬，让旅行社很快发现了这个市场。市场被开发后，旅行社推出了"高校游"，用"清华""北大"等字眼去吸引游客。因为游客本身有意愿，加之北京又是高校比较集中的地方，"清华、北大游"就这样被加到了旅行社列出的北京游行程中。暑期游、校园游已成为一块金字招牌，招揽着来自全国各地的游客。

北大、清华校园游为何会受到如此追捧？如果你是旅游企业的营销人员，你将如何借"校园游"开拓企业的旅游市场？

2）2005年7月23日，一个大规模的"锐舞派对"在长城金山岭段举行，上千中外青年在长城上伴着电子音乐狂歌劲舞，并大量饮酒。次日早上6时许，派对结束，此时的长城内却是满地垃圾，微风吹来，空气中散发着呕吐物及小便的味道。据了解，金山岭长城上这样的派对一年举办一届，2005年已经是第八届了。前七届都是在长城的城楼上举行的，而这一届来的人是最多的，将近1 360人在这里彻夜狂欢。喝酒、抽烟，有人甚至吸食大麻，困了、累了，就在长城上支个小帐篷睡一觉。你认为在金山岭长城上举行这样大规模的"锐舞派对"合适吗？为什么？

□ 案例题

▲ 案例分析

"肯德基"如何打入中国市场

背景与情境： 肯德基是全球第二大的快餐连锁店，它以口味独特的家乡鸡和方便、快捷的服务享誉全球。自1987年肯德基分店在北京开业以来，仅一年的时间，其营业收入和利润总额便居各国肯德基分店之首，创造了世界饮食业历史上的又一个奇迹。而这个奇迹的产生主要归功于肯德基对中国市场的准确分析和预测。

首先，肯德基对中国市场环境进行了客观公正的评价和分析。在开业之前，相关人员就中国发展美式快餐的市场前景进行了可行性论证。他们在考察了变化中的中国社会经济背景和中国人饮食习惯文化背景的特质后认为，肯德基家乡鸡不同于其他西方食品。它在口味上非常接近中国食品，进餐时间和方式都符合当代中国人的要求，尤其是中国青年人追求现代意识的心态。因此，肯德基在中国市场上具有广阔的发展前景。

他们把第一家中国分店选在北京，一是因为北京是中国的政治、经济、文化和交通中心，最具现代意识，最能迎合新的潮流，也最易接受外来饮食文化；二是因为北京拥有1 000多万固定人口和上百万流动人口，市场容量极大；三是因为北京拥有众多的外国驻华办事机构和公务、商务旅游者，肯德基的开业可以慰藉他们对西方食品的思念之情。

在选址时，他们进行了大量的事前调查。在王府井、西单、前门等商业繁华中心地带进行了人流量的测定。此外，还进一步对人流结构进行了分析。经测定和分析，他们发现前门地区每天人流量约为80万，且大多是外地来京经商人员和旅游者，对在外就餐的需求量很大，客源充足。因此，一系列具有吸引力的数字促使他们选定前门作为肯德基的理想店址，为日后经营的成功奠定了基础。

开张第一天，北京的天空飘着雪花。尽管这家餐厅上下有三层，营业面积总计达1 500多平方米，是当时肯德基全球最大的一家连锁店。不过，由于有很多人拖家带口来品尝美国式的炸鸡，因而，需要2个小时才能等到一个座位。最后，门口排队的人快要把门给挤爆了，工作人员不得不打电话求助公安人员来帮忙维持秩序。餐厅一天最多接待了8 000人，销售炸鸡2 300只，座位周转率高达16次。

资料来源　赵西萍. 旅游市场营销学［M］. 北京：高等教育出版社，2002：45.

问题：

1）肯德基家乡鸡是如何打开中国市场的？

2）肯德基在进入中国市场之前都做了哪些工作？

3）如果你是肯德基的负责人，你会如何打开中国市场？

分析要求：

1）形成性要求

（1）学生分析案例提出的问题，拟出《案例分析提纲》；小组讨论，形成小组《案例分析报告》；班级交流、相互点评和修订各组的《案例分析报告》；在校园网的本课程平台上展示经过修订并附有教师点评的各组《案例分析报告》，供学生借鉴。

（2）了解本教材"附录二"的附表2中"形成性训练与考核"的"参照指标"与"参照内容"。

2）成果性要求

（1）课业要求：以经过班级交流和教师点评的《案例分析报告》为最终成果。

（2）课业结构、格式与体例要求：参照本教材"课业范例"的范例综-1。

（3）本教材"附录二"的附表2中"成果性训练与考核"的"参照指标"与"参照内容。"

▲ 善恶研判

善与美在危难中升华

背景与情境：23岁的文花枝是湖南湘潭新天地旅行社的导游。2005年8月28日下午2时35分，文花枝所带团队乘坐旅游大巴在陕西延安洛川境内与一辆拉煤的货车相撞，这是一次夺走6人生命，造成14人重伤、8人轻伤的重大交通事故。当可怕的瞬间过去，坐在前排的文花枝清醒过来时，发现和自己同坐前排的司机与西安本地导游已经罹难。她自己左腿胫骨断裂，骨头外露，腰部以下部位被卡在座位里不能动弹。

营救人员迅速赶来，他们想将坐在前排的文花枝抢救出来，她却平静地说："我是导游，后面都是我的游客，请你们先救游客！"她不停地为大家鼓劲、加油。在这起重大交通事故中，文花枝是伤得最重的一个，左腿9处骨折，右腿大腿处骨折，髋骨3处骨折，右胸第四、五、六、七根肋骨骨折。她在危险到来的时候，将生死置之度外，把生的希望让给别人，自己却最后一个被解救。因为延误了宝贵的救治时间，医生不得不为文花枝做了左腿高位截肢手术。游客称赞她是人品上的"导游"，是职业道德的"导游"。

资料来源 佚名."英雄导游"文枝花来海南省旅游局号召学习［EB/OL］.（2007-11-17）.http：//www.sina.com.cn.

问题：

1）本案例存在哪些道德伦理问题？

2）试对上述问题做出你的善恶研判。

3）通过网上或图书馆调研等途径搜集你做善恶研判依据的行业规范。

研判要求：

1）形成性要求

（1）学生分析案例提出的问题，拟出《善恶研判提纲》；小组讨论，形成小组《善恶研判报告》；班级交流、相互点评和修订各组的《善恶研判报告》；在校园网的本课程平台上展出经过修订并附有教师点评的各组《善恶研判报告》，供学生借鉴。

（2）了解本教材"附录二"的附表2中"形成性训练与考核"的"参照指标"与"参照内容"。

2）成果性要求

（1）课业要求：以经过班级交流和教师点评的《善恶研判报告》为最终成果。

（2）课业结构、格式与体例要求：参照本教材"课业范例"的范例综-2。

（3）本教材"附录二"的附表2中"成果性训练与考核"的"参照指标"与"参照内容。"

□ 实训题

▲ 实训操练

"旅游市场营销与策划基础运作"业务胜任力训练

【实训目的】

见本章"章名页"之"学习目标"中的"实训目标"。

【实训内容】

专业能力训练：其领域、技能点、名称和参照规范与标准见表1-1。

表1-1　　　　专业能力训练领域、技能点、名称和参照规范与标准

能力领域	技能点	名称	参照规范与标准
旅游市场营销与策划基础运作	技能1	旅游企业市场（规模和容量）分析技能	（1）能通过运用正确的调研方法，收集与旅游企业相关的一手资料和二手资料，并对该旅游企业的调研资料进行初步汇总和解析，按照规范格式写出调研分析 （2）能根据调研结果，分析该旅游企业的旅游消费者的总量、购买力、购买欲望及出游机会，并形成分析报告 （3）能根据分析报告，准确预测该旅游企业的市场规模和市场容量
	技能2	旅游市场营销策划书撰写技能	（1）能通过运用正确的调研方法，调查和收集营销策划案中所涉及的信息资料，并对其进行分析整理，形成分析报告 （2）能根据营销策划书的内容、步骤、结构和撰写原则实施策划，形成旅游企业营销策划方案 （3）能通过策划案的执行情况，进行效果评估 （4）能规范地撰写旅游企业市场营销策划书
	技能3	相应《实训报告》撰写技能	（1）能合理设计关于"旅游市场营销与策划基础运作"的相应《实训报告》，要求结构合理，层次分明 （2）能依照财经应用文的规范撰写所述《实训报告》 （3）本教程网络教学资源包中"学生考核手册"考核表1-2所列各项"考核指标"和"考核标准"

职业核心能力和职业道德训练：其内容、种类、等级与选项见表1-2；各选项的"规范与标准"分别参见本教材"附录三"的附表3和"附录四"的附表4。

表1-2　　　　职业核心能力与职业道德训练的内容、种类、等级与选项表

内容	职业核心能力							职业道德						
种类	自我学习	信息处理	数字应用	与人交流	与人合作	解决问题	革新创新	职业观念	职业情感	职业理想	职业态度	职业良心	职业作风	职业守则
等级	中级	中级	中级	中级	中级	中级	中级	认同级	认同级	认同级	认同级	认同级	认同级	认同级
选项	√			√	√	√	√				√	√	√	√

【实训任务】

（1）对表1-1所列专业能力领域各技能点，依照其"参照规范与标准"实施阶段性基本训练。

（2）对表1-2所列职业核心能力选项，依照本教材"附录三"中附表3的"参照规范与标准"实施"中级"强化训练。

（3）对表1-2所列职业道德选项，依照本教材"附录四"中附表4的"参照规范与标准"实施"认同级"相关训练。

【组织形式】

将班级学生分成若干实训小组，根据实训内容和项目需要进行角色划分，确保组织合理和每位成员的积极参与。

【实训要求】

（1）实训前学生要了解并熟记本实训的"实训目的"、"能力与道德领域"、"实训任务"与"实训要求"，了解并熟记本教材网络教学资源包中"学生考核手册"考核表1-1、考核表1-2中的"考核指标"与"考核标准"的内涵，将其作为本实训的操练点和考核点来准备。

（2）通过"实训步骤"，将"实训任务"所列三种训练整合并落实到本实训的"活动过程"和"成果形式"中。

【情境设计】

将学生分成若干实训组，每个实训组在作为实训"成果形式"的"实训课业"所列题目中任选一题，并结合所选课业题目，分别选择一家旅游企业（或本校专业实训基地）进行实训。各实训组通过全过程地参与和体验所选题目所要求的实际训练，完成其各项实训任务，在此基础上撰写并交流关于"旅游市场营销与策划基础运作"的相应《实训报告》。

【指导准备】

知识准备：

（1）市场营销知识。

（2）"旅游市场营销策划与策划概述"的理论与实务知识。

（3）本教材"附录一"的附表1中，与本章"职业核心能力'强化训练项'"各技能点相关的"'知识准备'参照范围"。

（4）本教材"附录三"的附表3和"附录四"的附表4中，涉及本章"职业核心能力领域'强化训练项'"各技能点和"职业道德领域'相关训练项'"各素质点的"规范与标准"知识。

操作指导：

（1）教师向学生阐明"实训目的"、"能力与道德领域"和"知识准备"。

（2）教师就"知识准备"中的（3）和（4），对学生进行培训。

（3）教师指导学生就某旅游企业的市场规模及容量进行分析。

（4）教师指导学生撰写旅游企业市场营销策划书。

（5）教师指导学生撰写关于"旅游市场营销与策划基础运作"的相应《实训报告》。

【实训时间】

本章课堂教学内容讲授中、后的双休日和课余时间，为期两周。

【实训步骤】

（1）将学生组成若干个实训组，每8~10位同学分成一组，每组确定1~2人负责。

（2）各实训组从"实训课业"中分别任选一题。

（3）对学生进行旅游市场营销及策划培训，选择几类不同旅游企业（或校实训基地）作为市场分析的范围。

（4）各实训组分别选择正在实施"旅游市场营销与策划基础运作"的旅游企业（或校实训基地），在重点参与和体验其"旅游企业市场分析"、"撰写旅游市场营销策划书"的过程中，按照"实训要求"完成各项实训任务。

（5）各实训组在实施上述专业训练的过程中，融入对表1-1所列职业核心能力选项各技能点的"中级"强化训练和对表1-2所列职业道德选项各素质点的"认同级"相关训练。

（6）在此基础上，各实训组撰写、讨论、交流和修订各自关于"旅游市场营销与策划基础运作"的相应《实训报告》。

【成果形式】

实训课业（任选一题）：

（1）撰写《旅游企业市场分析实训报告》。

（2）撰写《旅游市场营销策划书实训报告》。

课业要求：

（1）"实训课业"的结构与体例参照本教材"课业范例"中的范例综-3。

（2）将《旅游市场营销策划书》以"附件"的形式附于《实训报告》之后。

（3）各组《实训报告》初稿须经小组讨论，再提交班级交流。

（4）经过班级交流的《实训报告》由各小组修改与完善。

（5）在校园网的本课程平台上展示经过教师点评的班级优秀《实训报告》，供相互借鉴。

▲ 创新工作站

编制《优化方案》

【工作目的】

见本章"章名页"中"学习目标"中的"实训目标"。

【工作任务】

编制《关于旅游市场营销与策划基础运作相关业务规范的优化方案》。

步骤及内容：

（1）策划的目的。

（2）市场状况分析。

（3）主要竞争对手分析。

（4）确定营销策略。

（5）确定营销组合策略。

（6）确定具体行销方案。

【待优化对象】

（1）旅游市场分析。

（2）旅游市场营销策划方案。

【情境设计】

某企业先前将列入"优化对象"中的那些规则性知识作为相应业务的既定规范。为强化管理，提高企业竞争力，需要对这些既定规范进行优化。企业管理层要求其研发部门组成若干团队，通过网上调研或其他途径，研究制订关于这些业务规范的《优化方案》。

【工作要求】

（1）在搜集、整理和研究最新相关文献资料的基础上，制订所选业务既定规范的《优化方案》。

（2）所制订的《优化方案》具有明显的创新性、优越性和可操作性。

（3）对体现在《优化方案》中的创新不求全责备。

【工作步骤】

（1）将班级同学分成若干组，模拟某企业的不同研发团队，每个团队确定1人负责。各团队从"待优化对象"中任选其一。

（2）各团队进行角色分工，通过网上调研等途径，围绕所选"待优化对象"的相关业务，搜集最新研究成果与企业先进管理举措。

（3）各团队整理搜集到的资料，分析比较其与所选"待优化对象"的异同及长短。

（4）各团队以"扬长避短"为宗旨，通过讨论，研究制订所选"待优化对象"的《优化方案》。

（5）在班级交流和修订各团队的《优化方案》，使之各具特色。

（6）在校园网的本课程教学平台上展示经过教师点评的各团队《优化方案》，作为本章"重点实务"的补充教学资料。

【成果形式】

工作课业：《〈关于旅游市场营销策划基础运作相关业务规范的优化方案〉实训报告》。

课业要求：

（1）"实训课业"的结构、格式与体例参照本教材"课业范例"的范例综-4。

（2）将《关于旅游市场营销策划基础运作相关业务规范的优化方案》以"附件"的形式附于《实训报告》之后。

（3）在校园网的本课程平台上展示经过教师点评的班级优秀《优化方案》，供相互借鉴。

=== 单元考核 ===

"考核模式""考核目的""考核种类""考核方式、内容与成绩核定"及考核表等规范要求，见本教材网络教学资源包中的"学生考核手册"。

第2章
旅游市场营销环境分析与营销调研

学习目标

通过本章学习，应该达到以下目标：

理论目标：学习和把握旅游市场营销环境分析的相关概念、特点以及对营销活动的影响，旅游市场调研的概念与类型等陈述性知识；能用所学理论知识指导"旅游市场营销环境分析与市场调研"的相关认知活动。

实务目标：学习和把握旅游企业营销环境（SWOT）分析、旅游市场营销调研的基本程序与方法、相关"业务链接"等程序性知识；能用所学实务知识规范"旅游市场营销环境分析与市场调研"的相关技能活动。

案例目标：运用所学"旅游市场营销环境分析与市场调研"的理论与实务知识研究相关案例，培养和提高在特定业务情境中分析问题与决策设计的能力；能结合本章教学内容，依照"职业道德与营销伦理"的行业规范或标准，分析旅游企业行为的善恶，强化职业道德素质。

实训目标：参加"旅游市场营销环境分析与市场调研"业务胜任力和"职业工作站"模拟团队活动的实践训练。在了解和把握本实训所及"能力与道德领域"相关技能点的"规范与标准"的基础上，通过切实体验各实训任务的完成，系列技能操作的实施，相关《实训报告》的准备、撰写、讨论与交流等有质量、有效率的活动，培养"旅游市场营销环境分析与市场调研"的专业能力，强化"信息处理"、"数字应用"、"与人合作"、"与人交流"、"解决问题"和"革新创新"等职业核心能力（中级），并通过"认同级"践行"职业观念"、"职业态度"、"职业良心"、"职业作风"和"职业守则"等行为规范，促进健全职业人格的塑造。通过制订关于旅游市场营销环境分析和营销调研《优化方案》的模拟职业团队活动，丰富本章"重点实务"知识，培养专业调研与业务拓展的技能，强化相关职业核心能力。

引例 北京人"扎堆"张家口"洗肺"滑雪

背景与情境：2016年进入12月以来，华北地区一片雾霾，但张家口崇礼县的蓝天可谓"晶莹剔透"，数据显示，张家口的崇礼县、康保县、沽源县、赤城县、张北县、阳原县、蔚县、尚义县等地的空气质量基本都是优良，其中崇礼县空气质量最好。这样的好天气吸引了不少躲避北京雾霾的家庭，人们可以在户外尽情玩耍，大口呼吸——北京市民称之为"洗肺"，"扎堆儿"去张家口"洗肺"成了近期朋友圈里被反复刷屏的热点话题，总会引来围观者的美慕和热议。

有的北京人还索性在崇礼租房做起了生意，躲雾霾和赚钱两不误。陈女士的老北京火锅店最近生意红火，热气腾腾的火锅是北京游客的首选，北京雾霾天气为她带来更多的客源。北京海淀区的一家雪具用品店也在崇礼开起了分店，店里的员工把到崇礼出差当作"洗肺"之旅，享受到了工作的乐趣。

崇礼各大雪场自11月中旬开门迎客以来，吸引了众多京城滑雪爱好者前来。记者采访发现，不少京城人组团来滑雪，停车场九成左右为京牌汽车。周六早上刚过八点半，崇礼万龙雪场的停车场就已经停了近10辆大巴车和数十辆私家车，私家车基本都挂着京牌。停车场工作人员告诉记者："北京人开车来滑雪的，周末最多。室内停车场满员，室外停车场目前还可以停。"不到9时，购票大厅和雪具大厅内也聚集了上百人。滑雪场雪道外面，一大帮滑雪装备齐全的人在集体合影留念，滑雪者李先生介绍说："我们这次组团来了30多人。组团滑雪有优惠，价格还是很实惠的。"

资料来源 高薇. 北京人"扎堆"张家口"洗肺"滑雪［EB/OL］.（2016-12-26）. http://hebei.hebnews.cn/2016-12/26/content_6177773.htm.

问题：2016年12月突发雾霾对张家口旅游市场有什么影响？

华北地区的雾霾给当地居民的生活造成了严重的影响，北京深陷其中，而离北京不远的张家口则是蓝天白云、空气质量优良，为此，北京居民纷纷到张家口"洗肺"滑雪。所以，旅游企业要发展，就必须分析市场营销环境，寻找机遇、规避危机，时刻关注市场营销环境的变化。

2.1 旅游市场营销环境分析

2.1.1 旅游市场营销环境概述

旅游市场营销环境是指与旅游企业市场营销活动相关的一切外部因素与条件。旅游市场营销环境由微观环境和宏观环境构成。旅游市场营销环境具有客观性、差异性、相关性、动态性和不可控性。

1）旅游市场营销微观环境

旅游市场营销微观环境是指与旅游企业的营销活动直接相关的各种参与者，它直接影响和制约旅游企业的市场营销活动，也被称为直接营销环境。它包括旅游企业内部环境、旅游供应商、旅游中介企业、旅游消费者、竞争者和公众。

（1）旅游企业内部环境。

旅游企业内部环境是旅游市场营销的可控环境，旅游企业中的各种活动和部门构成了旅游企业营销环境的第一微观要素。所有旅游企业在进行正常的经营活动时，都必须有一个完整的管理系统来执行各项管理职能。这个管理系统由市场营销管理部门、各职能部门及最高管理层组成。这个系统要求旅游企业各部门必须处理好企业内部环境问题，工作协调一致、相互沟通，这有助于满足旅游消费者的需求，取得旅游企业市场营销的成功，实现旅游企业的总体目标。

（2）旅游供应商。

旅游供应商是指向旅游企业提供生产旅游产品或旅游服务所需的各种旅游资源的企业或个人。例如，旅行社的商品供应者有旅游风景管理区、交通部门、宾馆饭店和娱乐场所等。旅游企业应选择那些信誉良好、货源充足、价格合理、交货及时、经营规范的供应商，与它们建立和保持良好的合作关系。

（3）旅游中介企业。

旅游中介企业是指协助旅游企业促销、销售和经销其产品给最终购买者的机构，包括旅游中间商、旅游营销服务商以及金融中介组织等。旅游企业应在其经营过程中与这些营销中介建立起相对稳定的协作关系，以提高企业的营销能力。

①旅游中间商。旅游中间商是指在旅游生产者与旅游消费者之间，参与旅游产品的销售业务，促使买卖行为发生的集体和个人，包括旅游经销商、旅游代理商、旅游批发商、旅游零售商、旅游交通运输公司、营销服务机构和金融中间商等。在选择过程中，要注意中间商的人员素质、劳务费用、履行职业效果和对中间商的可控制程度。

②旅游营销服务商。营销服务商是指为旅游企业提供营销服务的各种机构，包括广告公司、营销调研公司、营销咨询公司、传播媒介公司等。

③金融中介组织。金融中介组织是指协助企业融资或分担货物购销储运风险的机构，包括银行、信托投资公司、保险公司、证券公司等。旅游企业应与金融中介机构保持良好的关系，保障融资信贷业务的稳定和渠道的通畅。

同步案例2-1

中小旅游企业融资困境的原因分析

背景与情境：中小企业是当今世界经济中最具活力的主体。在我国，中小企业不仅是推动国民经济持续健康发展的一支重要力量，还是科技创新的重要源泉。近年来，我国旅游业发展迅速，已成为大多数省、市、自治区的支柱产业、先导产业。随着新的消费高峰的到来，中小旅游企业面临着巨大的市场需求和发展机遇，但是长期以来，融资难一直是中小旅游企业发展的瓶颈。外部环境因素如下：

金融机构因素。商业银行在信贷支持上过多强调安全性，面对存在较大不确定性的中小旅游企业，银行通常拒绝它们的贷款要求。另外，中小旅游企业的审批手续复杂、效率低、关卡多，缺乏健全的财务制度，这些都使得银行的信贷支持向大企业集中。

信用担保体系因素。中小企业信用担保体系还不完善，为中小企业提供贷款担保的机构少，担保的风险分散与损失分担及补偿制度尚未形成。

外部融资因素。银行是中小旅游企业主要的外部融资渠道，但是中小旅游企业很难达到银行的信贷条件。在股权融资上，绝大多数中小旅游企业达不到上市标准。

资料来源　佚名．中小旅游企业融资困境的原因分析．[EB/OL]．(2014-10-17)．http：//www.gsfs.com.cn/News/Comprehensive/2231.html.

问题： 金融中介组织对旅游企业有哪些影响？

分析提示： 旅游中介组织对旅游企业的经营发展有着重要的影响，尤其是金融中介组织严重制约着旅游企业的发展。旅游企业应与金融中介机构保持良好的关系，保证融资信贷业务的稳定和渠道的通畅。旅游中介企业对旅游企业的影响体现了旅游市场营销微观环境对企业的影响。

（4）旅游消费者。

旅游消费者是旅游企业的目标市场，也是营销活动的出发点和归宿。旅游企业的一切营销活动都应以满足旅游消费者的需要为中心。旅游消费者是旅游营销活动最基本、最直接的环境因素。我国旅游企业面对的旅游消费市场主要有团体旅游者市场、个体旅游者市场、旅游中间商市场、非营利组织市场、政府市场和国际旅游客源市场。

（5）竞争者。

在竞争激烈的旅游行业中，旅游企业只有准确认识竞争者，才能做到知己知彼、百战不殆。从消费需求的角度分析，可将旅游企业的竞争者划分为愿望竞争者、一般竞争者、产品形式竞争者和品牌竞争者四种类型。

①愿望竞争者。愿望竞争者是指为满足旅游消费者当前的各种愿望而提供不同产品的竞争者，是最广义的竞争者。如旅游消费者有带薪假期，他们想游山玩水，或在家休息。他们目前的愿望对于旅游企业来说，就叫"愿望竞争者"。如何使旅游消费者选择出游而不是在家待着，这就是一种竞争关系。

②一般竞争者。一般竞争者是指为满足同一需求而提供不同产品的竞争者。例如，飞机、火车、汽车都可作为出游工具，这三种交通工具的经营者之间必定存在着竞争，它们相互间也就成了竞争关系。

③产品形式竞争者。产品形式竞争者是指为满足同一需要而提供同种类别不同形式产品的竞争者，即生产不同规格、档次产品的竞争者，如旅游消费者选择豪华档次还是标准档次的旅游团队。

④品牌竞争者。品牌竞争者是指旅游产品的规格、档次相同，但品牌不同的竞争者。例如，旅游消费者选择入住的宾馆是王府井饭店还是长城饭店。

（6）旅游市场营销公众。

旅游市场营销公众是指对旅游企业目标实现有现实或潜在影响的群体和个人，旅游企业的生存和发展依赖于良好的公众关系和社会环境。主要包括政府公众、金融公众、媒介公众、群众团体、地方公众、内部公众和一般公众等。

同步思考2-1

请结合实例思考旅游市场营销公众对旅游企业的发展有怎样的影响。

理解要点： 旅游市场营销公众包含哪些方面？举例说明。

2）旅游市场营销宏观环境

旅游市场营销宏观环境是指影响和制约旅游企业市场营销活动的社会性力量与因素。宏观环境一般以微观环境为媒介，间接影响和制约旅游企业的营销活动，因此，也称为间接营销环境，主要包括人口、经济、政治法律、自然、科技、社会文化六大环境因素。

（1）人口环境。

人口环境决定旅游市场的规模和企业的经营方向，对人口环境的考察是旅游企业把握需求动态的关键。人口环境包括人口数量、人口结构和人口分布等方面的内容。

①人口数量。在经济条件一定的情况下，人口数量决定着旅游市场的规模和容量，人口数量与市场容量和消费需求通常成正比。

②人口结构。人口结构决定着产品结构、消费结构和产品需求状况。人口结构主要可以从自然结构和社会结构两个方面来分析。自然结构包括人的性别、年龄等因素；社会结构主要包括人的文化素质、职业、民族和家庭等因素。

③人口分布。人口分布是指人口在不同地区的密集程度。人口分布不均导致市场位置、市场大小、消费者的消费习惯和市场需求特性的不同，从而导致旅游动机和旅游行为的差异。

（2）经济环境。

一个国家或地区的经济条件、经济运行状况和发展趋势会直接或间接地影响旅游者的收入水平和社会购买力，进而影响人们对外出旅游、餐饮、娱乐、购物、住宿等产品和服务的消费，导致现实市场中购买力水平的差异。经济环境因素主要包括经济发展阶段、国民经济运行状况、收入及消费结构等。

①经济发展阶段。美国经济学家罗斯托认为，一国经济发展的阶段可以划分为：传统社会阶段、经济起飞前阶段、经济起飞阶段、经济成熟阶段、生活高消费阶段、追求高质量生活阶段。每个阶段的经济发展状况都会对社会旅游需求起到直接或间接的制约作用，进而对旅游企业的营销活动产生很大影响。

②国民经济运行状况。客源国国民经济运行状况既会影响该国国民收入的高低，还会影响客源国的经济政策，任何经济政策的变动都将客观地影响旅游企业的各种营销活动。

③收入及消费结构。社会购买力是构成旅游市场需求和影响旅游市场规模的重要因素，它主要受居民的收入、货币汇率、旅游消费者的储蓄和信用、旅游消费者支出模式等因素的影响。

业务链接2-1

恩格尔系数

德国统计学家恩格尔的著名理论——恩格尔定律指出：随着家庭收入的增加，用于食物的支出在总支出中的比重会下降，用于住房和家庭日常费用的比重基本保持不变，而用于娱乐、保健、教育和旅游等方面的支出比重则会上升。

恩格尔系数=食物的支出金额÷消费的总支出金额×100%

恩格尔系数是指根据恩格尔定律得出来的比例数。一般地，国际上用恩格尔系数来确定一个国家居民的富裕程度，恩格尔系数越小，表明人们的生活越富裕。同时，也可用恩格尔系数来反映一个国家所处的经济状态，并以此为依据来判断当地居民潜在购买力的大小。联合国确定的标准为：

恩格尔系数≥59%，为贫困状态；50%～59%，为度日状态；40%～50%，为小康状态；20%～40%，为富裕状态；20%以下，为最富裕状态。

旅游企业根据恩格尔系数的大小可以了解到旅游市场的发展潜力，预估旅游消费者的消费水平和变化趋势等。

（3）政治法律环境。

①政治环境。政治环境是指旅游企业市场营销活动的外部政治形势和状况，主要包括一个国家（或地区）的政治制度、政治体制、政治局势、政府在旅游企业营销方面的方针政策等因素。旅游企业在开展旅游市场营销活动时，一定要认真考察目标市场的政治稳定性、政权更迭的频繁性和政策的连续性，种族、民族、文化的冲突以及暴力恐怖活动，示威事件的多少等多方面因素，求稳、避险、灵活应变。

②法律环境。法律环境是指国家或地方政府颁布的各项法律、法规和条例等。旅游企业既要保证自身严格依法管理和经营，也要运用法律手段维护自身的权益。

（4）自然环境。

自然环境是人类最基本的活动空间和物质来源，自然环境对旅游企业营销的影响主要反映在自然资源日趋短缺、环境污染日益严重和许多国家对自然资源管理的干预日益加强三个方面。为了使整个社会平衡、健康、稳定地向前发展，旅游企业在开展营销活动时要注重"绿色旅游""生态旅游""永续旅游"等，树立现代营销观念，保护自然环境。

🔑 职业道德与营销伦理 2-1

杜绝盲目模仿，沿承历史风貌——陕西31个文化旅游名镇全面启动建设

背景与情境：为了让陕西的文化旅游名镇走向全国、扮美陕西，全省文化旅游名镇规划建设工作会议在西安召开，全面动员和部署陕西省31个文化旅游名镇今后5年的建设目标和任务。从2013年起，陕西省将用5年时间，通过对31个文化旅游名镇（街区）基础旅游设施的建设，达到年旅游人数增至3 100万人次、吸纳就业人口15万、旅游收入突破150亿元的总体目标，让文化旅游成为带动全省小城镇发展的重要引导力量。

文化旅游古镇要避免建设性破坏，要杜绝盲目模仿大中城市的风格，不顾历史城区的空间格局、尺度和当地文化传统特色，简单生硬地建广场、盖高楼、修宽马路、造绿地，防止破坏千年以来形成的传统格局和历史风貌。要制定具体的保护措施，严格保护名镇的历史风貌、整体空间格局和自然生态环境。31个文化旅游名镇建设的总体指导思想是"规划引领、保护修复、完善功能、开发利用、产业支撑、打造特色"。

资料来源　梁新星. 杜绝盲目模仿，沿承历史风貌——陕西31个文化旅游名镇全面启动建设[EB/OL]. (2013-08-10). http://www.shaanxijs.gov.cn/zixun/shtml?t=21.

问题：发展文化旅游应如何处理好与环境的关系？

分析提示：文化旅游业是一种特殊的综合性业态，关联性高、涉及面广、辐射性强，能带来巨大的经济效益。在快速发展旅游业的同时，应积极探索加强环境保护的途径，使文化旅游业向集约、节约和环境友好的方向转型。各景区、企业在开发和项目建设中，应采取"开发与保护"并举的措施，最大限度地减少对当地生态资源的破坏，保护好自然环境有赖于政府、企业、游客的共同努力。

（5）科技环境。

知识经济的出现，既是工业文明以来技术发展积累的结果，也是人类社会达到的一个新的发展阶段。科学技术是现代生产力中最活跃和最具决定性的因素，它直接影响着旅游企业的产品开发、设计、销售、服务和管理，以及旅游者的消费方式、消费结构和涉足的地理范围。

（6）社会文化环境。

社会文化环境是指一定社会范围内的民族特征、语言文字、风俗习惯、宗教信仰、教育水平、行为规范、伦理道德、社会活动等因素的总和。

①文化环境。文化环境是由一些影响社会的基本价值观、认知、偏好及行为的机构和其他社会组织构成的，具体包括一定的态度和看法、价值观念、道德规范、行为方式及世代相传的风俗习惯等。文化作为一种社会氛围和意识形态，时刻影响着人们的思想和行为，也强烈地影响着旅游消费者的消费喜好、消费行为和购买行为。旅游本身就是一种文化活动，旅游企业开展旅游营销活动要以文化为先导，在旅游产品设计、营销广告创意、营销方案制订和实施等方面都要适应当地的文化传统和宗教信仰。

业务链接2-2

关注文化环境，尊重宗教信仰

旅游消费者在游览寺庙时要注意以下禁忌：

一忌称呼不当。对寺庙的僧人应尊称为"大师""法师"，对道士应尊称为"道长"，对住持僧人应尊称为"长老""方丈""禅师"，对喇嘛庙中的僧人应尊称为"喇嘛"，即"上师"之意。

二忌礼节失当。与僧人见面的行礼方式为双手合十、微微低头，或单手竖掌于胸前、头略低，忌用握手、拥抱、摸僧人头部等不当礼节。

三忌谈吐不当。与僧人、道人交谈，不应提及杀戮之词、婚配之事以及食用腥荤之言，以免引起僧人的反感。

四忌行为举止失当。游览寺庙时不可大声喧哗、指点议论、妄加嘲讽或随便乱走，不可乱动寺庙之物，切忌乱摸、乱刻神像及随意拍照。如遇佛事活动，应静立默视或悄然离开。同时，也要照看好自己的孩子，以免因孩子无知而做出失礼的事。

资料来源　佚名. 关注文化环境，尊重宗教信仰 [EB/OL]. (2009-08-29). http://www.kszk.com.cn.

②社会环境。社会因素对旅游者的购买行为具有广泛、持久和深远的影响。社会因素除了国家、地区、阶级、阶层、种族、民族以外，还有参照群体、家庭、社会角色等因素。这些因素会影响人们的消费行为和购买行为。

教学互动 2-1

问题：

①在旅游企业的发展过程中，如何协调与营销宏观环境之间的关系？

②当政治局势动荡冲击旅游业的发展时，当事国家应如何挽回游客重振旅游业？

要求：

①请 3 位同学对上述两个问题给予回答，其他同学予以评论。

②教师对学生的回答和其他同学的评论做最后点评。

2.1.2　旅游企业营销环境（SWOT）分析

同步案例 2-2

希尔顿的危机与机遇

背景与情境：希尔顿先生是美国希尔顿饭店集团的创始人，20 世纪 20 年代，他用 5 000 美元创业，最终把希尔顿饭店发展成庞大的饭店连锁集团。希尔顿先生很好地把握了经济危机周期的不同阶段，在危机和萧条时，低价收购有增值潜力的饭店，用自己的模式加以经营管理，再在景气和高涨阶段以高价出售。希尔顿先生正是通过把环境威胁转化为环境机会并通过资本运营做大公司的。

资料来源　陆朋. 旅游市场营销策划［M］. 北京：中国物资出版社，2011：34.

问题：分析环境因素对旅游企业的影响？

分析提示：处在复杂多变环境中的旅游企业应重点关注营销环境因素，正确分析这些因素对企业营销活动产生的影响，避免市场风险，把握市场机遇，以市场为导向，制定相应的产品、价格、服务等营销政策，满足市场的需要，这样才能在激烈的竞争中立于不败之地。

1）SWOT 分析法

SWOT 分析法是被广泛运用的一种"机会–风险"分析法。SWOT 是英语单词 Strength（优势）、Weakness（劣势）、Opportunity（机会）和 Threat（威胁）的首字母缩写。优势是指企业所拥有的市场或产品以及其他在市场竞争中所具有的内在强项，劣势则指不如竞争对手的那些方面，SW 是指旅游企业本身所具有的优势和劣势。机会一般是指有利于本企业快速发展的外部因素，威胁则指不利于企业经营的外部风险，OT 是指来自旅游企业外部的机会和威胁。

2）SWOT 战略分析及选择

在对旅游企业进行 SWOT 分析时，应分析企业的内部环境，列出企业目前所具有的长处和弱点；分析企业外部环境，列出对于旅游企业来说，外部环境中存在的发展机会和威胁，最后进行组合分析。根据每一种外部环境和企业内部条件的组合，制定出相应的应对策略，如图 2-1 所示。

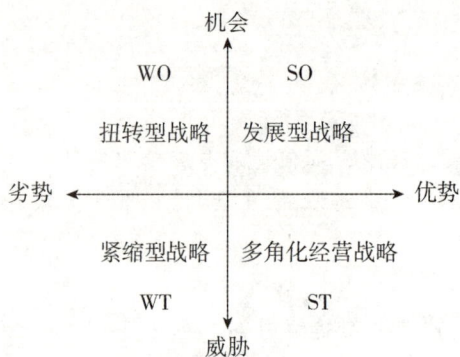

图 2-1　SWOT 分析图

（1）优势–机会（SO）组合。

处于该环境下的旅游企业，说明外部环境为其提供了良好的发展机会，自身也具备强大的内部优势，这时旅游企业可以凭借自身的长处和资源来最大限度地利用这个机会，可采取发展型战略。

（2）劣势–机会（WO）组合。

处于该环境下的旅游企业，说明外部有机会，而内部条件不佳。在这种情况下，企业应采用的策略原则是通过外在的方式来弥补企业的弱点，扭转内部劣势，以最大限度地利用外部环境中的机会，宜采取先稳定后发展的扭转型战略。

（3）劣势–威胁（WT）组合。

处于该环境下的旅游企业，说明外部有威胁，内部状况又不佳，营销环境非常困难，应设法避开威胁、消除劣势，可采取紧缩型战略。

（4）优势–威胁（ST）组合。

处于该环境下的旅游企业，说明拥有内部优势而外部存在威胁，应采用多角化经营战略分散风险，寻求新的机会。

教学互动 2-2

问题：

①在你所居住的城市中任选一家著名的旅游企业，讨论影响该企业发展的营销环境因素有哪些。

②运用正确的 SWOT 分析方法，分析该旅游企业有哪些发展的优势、劣势、机会和威胁。

要求：

①请 3 位同学对上述两个问题给予回答，其他同学予以评论。

②教师对学生的回答和其他同学的评论做最后点评。

学习微平台

延伸阅读 2-1

2.2　旅游市场营销调研

2.2.1　旅游市场调研的概念

旅游市场调研是指运用科学的方法，有目的、有计划、有步骤、系统地收集、记录、整理和分析有关市场营销方面的信息，了解旅游营销环境与市场状况，为旅游企业管理人员进行经营决策提供重要的依据。调研内容具体包括：旅游企业经营环境调研、旅游市场需求调研、旅游市场供给调研、旅游企业经营效果调研、旅游企业经营潜力调研。

根据旅游市场营销过程中出现问题的性质、调查所要达到的目的、收集资料的方法以及市场营销调查在决策中所起作用的不同，旅游市场调研分为以下几种类型：

1）探测性调研

探测性调研是当旅游市场营销人员对所调查的问题或范围不太明确，无法确定究竟应调查什么问题时所采用的调研形式，也称非正式调研。

2）描述性调研

描述性调研是旅游企业的营销人员对要探讨的问题已经较清楚时采用的一种方法。它是对客观事物或现象进行的如实描述，主要通过掌握其过去和现在的资料来进行研究，多数市场调研为描述性调研。

3）因果性调研

因果性调研是旅游企业为了搞清楚旅游市场中某种现象的原因和结果之间的数量关系而进行的专项调研，是建立在描述性调研所收集的数据资料的基础上，并运用逻辑推理和统计分析方法，找出它们之间的因果关系，得出两个变量之间的数学逻辑。

4）预测性调研

预测性调研的目的在于对市场的发展趋势及其变动幅度做出科学的推断。

2.2.2　旅游市场营销调研的方法

1）旅游市场营销调研的基本程序

为保证旅游市场营销调研的系统性与准确性，营销调研活动应根据一定的科学程序进行。一般来说，旅游市场营销调研的程序可以分为五个步骤，即确定调研目的和内容、制订调研计划、实施调研计划、编写调研报告、跟踪调研。

（1）确定调研目的和内容。

旅游企业对进行调研需要解决的问题、调研的原因、调研要了解的问题等必须要明确。

（2）制订调研计划。

调研计划是旅游市场营销调研的行动纲领，一般包括调研目标、调研项目、调研对象、调研地点、调研时间、调研方法、经费预算、调研人员的安排及分工等。

（3）实施调研计划。

调研计划的实施包括收集数据资料，加工、整理、分析和提出结论三个阶段。搜集的数据资料可以是二手资料，也可以是一手资料。旅游企业要精心整理、筛选，保证资料的系统性、完整性和真实性，最终得出正确的调查结论。

（4）编写调研报告。

旅游市场营销调研的最终结果就是根据调查资料和分析研究结论写出调研报告，报告的编写要求内容客观、文字简练、重点突出、层次清晰、结论正确。

调研报告一般分为三大部分：

①引言。引言简述调研目的、调研主体、调研的对象和过程。

②正文。其包括调研的内容、方法、步骤、调研结果及分析。

③附录。其是给报告使用者应用时所需的信息和必要的附加信息，包括样本的分配、图标及附录。

（5）跟踪调研。

将调研的结论进行实际应用，并对市场反应进行跟踪，以便总结经验，修正调研结论，提高决策的准确性。

2）旅游市场营销调研的方法

根据不同标准，可把市场调研方法分为以下几种：

（1）按调查的范围划分。

①全面调研法。全面调研法也称为市场普查法，是对旅游市场营销调研的所有有关对象无一例外地进行普遍调查，以获得全面、可靠和准确的资料。

②典型调研法。典型调研法也称为重点调研法，是通过对个别有代表性的单位或消费者的调查，以达到对全部消费状况或市场变化趋势的认识。

③抽样调研法。抽样调研法是从全部调研对象中选出一部分作为样本，根据样本的调研结果来推断全体消费者的情况。

（2）按调查方式划分。

按调查方式分为观察法、询问调研法、试验法、网上调研法。

3）旅游市场营销调研技术

进行旅游市场营销调研不仅要制订周密的调查计划、选择合适的调查方法，而且要善于运用各种调查技术，才能获得完整、准确、有用的资料。最常用的调研技术有调查问卷设计技术、抽样调查技术。

（1）调查问卷设计技术。

调查问卷也称为调查表，是指以书面问答的形式了解调查对象的反应和看法，由此获得资料和信息的一种调查方式。

①问卷设计的主要步骤。确定主题→确定提问方式→确定每个问题的措辞→确定每个问题的顺序→总体设计问卷结构→送审与修改→试查→定稿。

②问卷的格式。调查问卷一般包括以下几个部分：

A.问卷说明。用精练的语言向被调查者说明此次调查的意图、填表须知、交表时间、地点及酬谢方式等。

B.调查的问题。

C.被调查者的情况。如性别、年龄、职业、受教育程度、收入、宗教信仰、民族、居住地等。

D.问卷编号。

E.调查者的情况。在问卷最后，附上调查人员的姓名、所属组织、访问日期等，以核实调查人员的情况。

③问题设计的形式。根据具体情况不同，问卷上的问题可以采用不同的形式，主要有以下几种：

A.开放式问题。旅游调研人员提出问题，不准备答案，由被调查者自由回答问题，不受任何限制。例如，"您为什么选择到旅行社报名参加团体旅游活动？"

B.封闭式问题。与开放式问题相反，封闭式问题是旅游调研人员事先设计好所有可能的答案，被调查对象只要在备选答案中选择合适的答案即可。

④问卷设计应注意的问题。在问卷中，问题部分的设计要非常灵活，设计问卷应注意避免多意性问题、一般性问题、引导性问题、困窘性问题和假设性问题等。

同步思考2-2

问卷设计还应注意哪些问题？

理解要点：问卷开头要亲切，问题应简明易懂，语言表达要清晰准确。在问句的排列上，一般要由易到难，由简单到复杂，保持问题的流畅、连贯，开放性的问题放在后面。

（2）抽样调查技术。

旅游市场营销调研经常会用到抽样调查法来获得有关信息。这种方法一般从调查单位总体中抽取一部分单位作为样本，以对样本进行调查的结果来推断总体。根据抽样机会是否相等的原则，抽样调查可分为随机抽样和非随机抽样，见表2-1。

表2-1　　　　　　　　　　　　　　抽样调查分类

抽样调查	随机抽样	简单随机抽样
		分层随机抽样
		分群随机抽样
		等距随机抽样
		多阶段随机抽样
	非随机抽样	计划抽样
		判断抽样
		便利抽样
		配额抽样

本章概要

□ 内容提要与结构

▲ 内容提要

● 旅游市场营销环境是指与旅游企业市场营销活动相关的一切外部因素与条件。旅游市场营销环境由微观环境和宏观环境构成。

微观环境是指与旅游企业的营销活动直接相关的各种参与者，直接影响和制约旅游企业的市场营销活动，包括企业的内部环境、旅游供应商、旅游中介企业、旅游消费者、竞争者和公众。宏观环境是影响和制约旅游企业市场营销活动的社会性力量与因素，主要以微观营销环境为媒介间接影响和制约企业的市场营销活动，包括人口、经济、政治法律、自然、科技、社会文化环境等。

　　SWOT分析法是被广泛运用的一种"机会-风险"分析法。SWOT是英语单词Strength（优势）、Weakness（劣势）、Opportunity（机会）和Threat（威胁）的首字母组合。优势是指企业所拥有的市场或产品以及其他在市场竞争中所具有的内在强项，劣势则指企业不如竞争对手的那些方面。机会一般是指有利于本企业快速发展的外部因素，威胁则指不利于企业经营的外部风险。在对旅游企业进行SWOT分析时，根据每一种外部环境和企业内部条件的组合制定了四种相应的策略，SO采取发展型战略，WO采取扭转型战略，WT采取紧缩型战略，ST采取多角化经营战略。

　　● 旅游市场调研是指运用科学的方法，有目的、有计划、有步骤、系统地收集、记录、整理和分析有关市场营销方面的信息，了解旅游营销环境与市场状况，为旅游企业管理人员进行经营决策提供重要的依据。

　　具体调研内容包括旅游企业经营环境调研、旅游市场需求调研、旅游市场供给调研、旅游企业经营效果调研、旅游企业经营潜力调研。市场调研可分为探测性调研、描述性调研、因果关系调研、预测性调研四种类型。

　　市场调研的基本程序可以分为五个步骤，即确定调研目的和内容、制订调研计划、实施调研计划、编写调研报告、跟踪调研结果。

　　按调查范围划分，市场调研方法有全面调研法、典型调研法、抽样调研法。按调查方式划分，旅游市场调研的方法包括观察法、询问调研法、试验法、网上调研法。

　　▲ 内容结构
　　本章内容结构如图2-2所示：

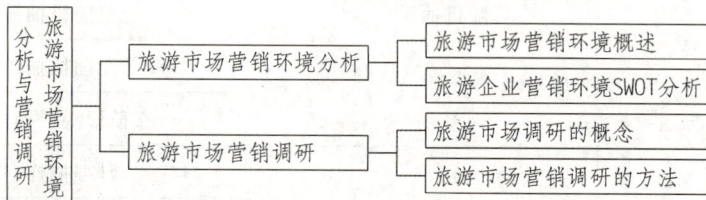

图2-2　本章内容结构

　　□ 主要概念和观念
　　▲ 主要概念
　　旅游市场营销环境　旅游市场营销微观环境　旅游供应商　旅游中介企业　旅游市场营销宏观环境　旅游市场调研
　　▲ 主要观念
　　旅游市场营销环境分析　旅游市场营销调研
　　□ 重点实务和操作
　　▲ 重点实务
　　营销环境分析　旅游市场调研的程序　旅游市场营销调研的方法　相关"业务链接"
　　▲ 重点操作
　　旅游企业市场营销微观环境与宏观环境变化趋势分析　旅游企业SWOT分析　旅游市场营销调研

— 基本训练 →

□ 理论题

▲ 简答题

1）科学技术环境给旅游企业的市场营销活动带来哪些变化？

2）对旅游企业而言，作为微观环境的公众包括哪些？

3）简述旅游市场调研的类型。

▲ 讨论题

1）旅游企业对市场营销宏观环境并无任何控制能力，为什么还要关注它？

2）如何正确理解旅游市场营销宏观环境与微观环境之间的关系？

□ 实务题

▲ 规则复习

1）举例说明旅游市场调研的程序。

2）设计旅游市场调查问卷时，应注意哪些问题？

3）一份完整的旅游市场营销调查问卷应包括哪些内容？

4）简述 SWOT 分析方法，并说明如何运用。

5）简述 SWOT 战略选择。

▲ 业务解析

1）下面是一些问卷中挑出的不恰当的问句，请指出其错误之处，并改正。

（1）您每年差不多都外出旅游吗？

（2）您是否不赞成商店打折促销活动？您不赞成商店实行打折促销活动，是吗？

（3）您为何喜欢爬山而不是游泳？

（4）消费者普遍认为××景区风光优美，您觉得如何？

（5）您是否离过婚？离过几次？谁的责任？您是否向银行抵押借款购买股票？

2）我们如何利用社会媒体机制衡量供应商的信誉？大众点评的信誉和网络真的可以消除对旅游第三方分销商的需求吗？

□ 案例题

▲ 案例分析

英媒：泰国和越南局势动荡　严重影响旅游业

背景与情境：据英国《金融时报》2014 年 7 月 30 日报道，泰国和越南国内动荡导致游客数量暴跌，对两国的旅游业造成了很大影响。仅中国赴泰游客就从 2013 年 6 月的逾 20 万人降至 2014 年 6 月的不足 8 万人。

一方面，泰国官员全力招徕被泰国军事政变吓跑的游客重回昔日的旅游胜地，泰国旅游局也在网站发布口号吸引游客；而另一方面，两个月前成立的泰国政权发布新宪法，赋予了自身无条件逮捕和镇压的权力。

泰国军事政变和越南的反华暴乱事件使当地游客数量暴跌，昔日的旅游胜地只得绞尽脑汁吸引游客。在越南，由中越岛屿争端问题引发的 5 月暴徒动乱致使几百家国外企业被焚毁或遭抢掠后，2014 年游客量的增长陷入停滞期。而泰国在 6 月份，仅曼谷索万那普机场境外游客量较同期相比就下降了 37%。

　　旅游统计数据显示，自中国取消如岘港市等一些旅游名胜地的航班后，越南6月份境外游客量仅为54万人，同比下降近5%，环比下降近20%。而中国禁止旅行社通过泰国旅游商店牟利，使得组团赴泰国旅游的费用有所增加也进一步导致了游客数量的减少。

　　泰国以及越南问题的乐观者称，如果两国保持现在的稳定状况，游客数量很快就会回升。但在这个竞争激烈的时代，尽管其邻国柬埔寨和缅甸的游客量较少，但是却在近期迎来了迅猛增长的势头。同时，柬、缅两国也在努力发展独立的旅游业，摆脱对曼谷和胡志明等中心城市的依赖。因此，泰国和越南不能有丝毫的放松。

　　资料来源　赵小侠. 英媒：泰国和越南局势动荡　严重影响旅游业［EB/OL］.（2014-07-31）. http://finance.huanqiu.com/view/html.

　　问题：

　　1）政治法律环境对旅游业有哪些影响？

　　2）要开展营销活动，如何改善政治经济环境？

　　分析要求：

　　1）形成性要求

　　（1）学生分析案例提出的问题，拟出《案例分析提纲》；小组讨论，形成小组《案例分析报告》；班级交流、相互点评和修订各组的《案例分析报告》；在校园网的本课程平台上展示经过修订并附有教师点评的各组《案例分析报告》，供学生借鉴。

　　（2）了解本教材"附录二"的附表2中"形成性训练与考核"的"参照指标"与"参照内容"。

　　2）成果性要求

　　（1）课业要求：以经过班级交流和教师点评的《案例分析报告》为最终成果。

　　（2）课业结构、格式与体例要求：参照本教材"课业范例"的范例综-1。

　　（3）本教材"附录二"的附表2中"成果性训练与考核"的"参照指标"与"参照内容。"

　　▲善恶研判

惠州要求旅行社规范出境游　行前说明会强化文明旅游意识

　　背景与情境：2013年，我国出境旅游人数达9 400万人次，同比增长15%，中国成为世界上出境旅游增长最快的国家。2014年第1、2季度，惠州有1.3万人次参加了旅行社的组团出境游。在众多出境旅游者中，除少部分游客是自由行外，多数是通过旅行社参团出游的。也就是说，旅行社是把好惠州游客文明旅游的关键关口。

　　（1）出境组团社须规范行前文明旅游提示

　　惠州市旅游局局长黄细花告诉记者，按照规定，出境游组团社都要召开团队出境游行前说明会。旅行团行前说明会一般包括以下内容：出发时间及集合地点、介绍领队，前往目的地国家（地区）的历史、天气、币种、特产、风俗习惯等基本情况。行前文明旅游提示能够减少出境旅游不文明行为的发生，因此旅行社出境游的行前说明会便显得至关重要。市旅游局要求，出境游行前说明会要由经验丰富的领队主讲，提前向游客说明目的地国家（地区）的法律法规、文化差异等，提醒游客要尊重当地的民风民俗，拍照时要注意旅游目的地的禁忌以及需要了解的旅游安全避险措施等。

（2）借助媒体宣传文明出游典型事迹和人物

惠州市旅游局质量规范与管理科科长赖成伟介绍，为倡导市民文明旅游，积极发挥"文明旅游"启动仪式上聘请的政务导游、旅游讲解员、志愿者、惠州旅游形象大使等人员的宣传和引导作用，督促旅游行业、企业遵守"守法旅游、健康旅游、文明旅游"的倡议，共同营造文明和谐的旅游氛围，该局将联合市委宣传部等职能部门，借助《惠州日报》《东江时报》等主流媒体，积极宣传一批重信守诺的旅行社，一批履职尽责的领队、导游，一批讲文明守公德的游客以及其他"文明出游"的典型事迹、人物，在媒体上进行广泛宣传、树立榜样，通过身边的人和事去感染其他游客。同时，邀请专家、学者、游客，以访谈、讨论、建议等形式，大力普及出境游知识，选择有警示性的不文明出游行为进行曝光，树立文明出游的良好风气。

资料来源　王子轩. 惠州要求旅行社规范出境游行前说明会强化文明旅游意识［EB/OL］. (2014-08-18). http://finance.huanqiu.com/view/2014-07/5092610.html.

问题：

1）本案例中存在哪些道德伦理问题？

2）试对上述问题做出你的善恶研判。

3）通过网上或图书馆调研等途径搜集你做善恶研判所依据的行业规范。

研判要求：

1）形成性要求

（1）学生分析案例提出的问题，拟出《善恶研判提纲》；小组讨论，形成小组《善恶研判报告》；班级交流、相互点评和修订各组的《善恶研判报告》；在校园网的本课程平台上展示经过修订并附有教师点评的各组《善恶研判报告》，供学生借鉴。

（2）了解本教材"附录二"的附表2中"形成性训练与考核"的"参照指标"与"参照内容"。

2）成果性要求

（1）课业要求：以经过班级交流和教师点评的《善恶研判报告》为最终成果。

（2）课业结构、格式与体例要求：参照本教材"课业范例"的范例综-2。

（3）本教材"附录二"的附表2中"成果性训练与考核"的"参照指标"与"参照内容。"

□ 实训题

▲ 实训操练

"旅游市场环境分析与营销调研"业务胜任力训练

【实训目的】

见本章"章名页"之"学习目标"中的"实训目标"。

【实训内容】

专业能力训练：其领域、技能点、名称和参照规范与标准见表2-2。

表 2-2　　　　　　专业能力训练领域、技能点、名称和参照规范与标准

能力领域	技能点	名称	参照规范与标准
旅游市场环境分析与营销调研	技能 1	旅游企业市场营销微观环境及宏观环境变化趋势分析技能	（1）能通过科学的方法收集旅游企业开展营销活动所面临的微观及宏观环境因素的信息，并对旅游企业市场营销微观环境及宏观环境变化趋势进行分析，按规定格式写出调研分析 （2）能根据调研的结果制定相应的对策，以实现企业的营销目标
	技能 2	旅游企业 SWOT 分析技能	（1）能通过运用正确的 SWOT 分析方法，搜集自己所在城市的某家旅游企业营销环境因素的相关资料，并对旅游企业市场营销微观环境及宏观环境变化趋势进行分析 （2）能根据分析结果，总结出企业的优势、劣势、机会和威胁，并按照规范格式写出调研分析报告 （3）能根据调研分析结果，运用 SWOT 分析方法，采取正确的营销策略
	技能 3	旅游市场调研技能	（1）能按照旅游市场调研的程序进行项目调研 （2）能运用市场调研的相关知识和方法正确设计旅游市场调查问卷，制订市场调研计划，并应用调研技术进行市场调研 （3）能根据对旅游企业进行市场调研的结果，按照规范要求撰写调研报告
	技能 4	撰写与"旅游市场环境分析与营销调研"相关的《实训报告》的技能	（1）能合理设计关于"旅游市场环境分析与营销调研"的相应《实训报告》，要求结构合理，层次分明 （2）能依照财经应用文的规范撰写所述《实训报告》 （3）网络教学资源包中《学生考核手册》考核表 2-2 所列各项"考核指标"和"考核标准"

职业核心能力和职业道德训练：其内容、种类、等级与选项见表 2-3；各选项的操作"规范与标准"见本教材"附录三"的附表 3 和"附录四"的附表 4。

表 2-3　　　　职业核心能力与职业道德训练的内容、种类、等级与选项表

内容	职业核心能力							职业道德						
种类	自我学习	信息处理	数字应用	与人交流	与人合作	解决问题	革新创新	职业观念	职业情感	职业理想	职业态度	职业良心	职业作风	职业守则
等级	中级	中级	中级	中级	中级	中级	中级	认同级	认同级	认同级	认同级	认同级	认同级	认同级
选项	√	√	√	√	√	√		√		√		√	√	√

【实训任务】

（1）对表 2-2 所列专业能力领域各技能点，依照其"参照规范与标准"实施阶段性基本训练。

（2）对表 2-3 所列职业核心能力选项，依照本教材"附录三"中附表 3 的"参照

规范与标准"实施"中级"强化训练。

（3）对表2-3所列职业道德选项，依照本教材"附录四"中附表4的"规范与标准"实施"认同级"相关训练。

【组织形式】

将班级学生分成若干实训小组，根据实训内容和项目需要进行角色划分。

【实训要求】

（1）实训前学生要了解并熟记本实训的"实训目的"、"能力与道德领域"、"实训任务"与"实训要求"，了解并熟记本教材网络教学资源包中"学生考核手册"考核表2-1、考核表2-2中的"考核指标"与"考核标准"的内涵，将其作为本实训的操练点和考核点来准备。

（2）通过"实训步骤"，将"实训任务"所列三种训练整合并落实到本实训的"活动过程"和"成果形式"中。

【情境设计】

将学生分成若干实训组，每个实训组在实训【成果形式】的"实训课业"所列题目中任选一题，并结合所选课业题目，分别选择一家旅游企业（或本校专业实训基地）进行实训。各实训组通过全过程参与和体验所选题目所要求的实际训练，完成其各项实训任务，在此基础上撰写并交流关于"旅游市场环境分析与营销调研"的相应《实训报告》。

【指导准备】

知识准备：

（1）市场营销知识。

（2）"旅游市场营销环境分析与营销调研"的理论与实务知识。

（3）本教材"附录一"的附表1中，与本章"职业核心能力'强化训练项'"各技能点相关的"'知识准备'参照范围"。

（4）本教材"附录三"的附表3和"附录四"的附表4中，涉及本章"职业核心能力领域'强化训练项'"各技能点和"职业道德领域'相关训练项'"各素质点的"规范与标准"知识。

操作指导：

（1）教师向学生阐明"实训目的"、"能力与道德领域"和"知识准备"。

（2）教师就"知识准备"中的第（3）、（4）项，对学生进行培训。

（3）教师指导学生就某旅游企业的营销变化趋势进行分析。

（4）教师指导学生对某旅游企业的营销环境运用SWOT方法进行分析。

（5）教师指导学生对某旅游企业开展市场调研活动。

（6）教师指导学生撰写关于"旅游市场营销环境分析与营销调研"的相应《实训报告》。

【实训时间】

本章课堂教学内容讲授中、后的双休日和课余时间，为期一周。

【实训步骤】

（1）将学生组成若干个实训组，每8~10位同学分成一组，每组确定1~2人负责。

（2）各实训组从"实训课业"中分别任选一题。

（3）对学生进行"旅游市场营销环境分析与营销调研"培训，选择几类不同的旅游企业（或校实训基地）作为市场分析的范围。

（4）各实训组分别选择正在实施"旅游市场营销环境分析与营销调研"实训任务的旅游企业（或校实训基地），在重点参与和体验其"旅游企业市场营销微观环境及宏观环境变化趋势分析""旅游企业SWOT分析""旅游市场调研"的过程中，按照"实训要求"完成各项实训任务。

（5）各实训组在实施上述专业训练的过程中，融入对表2-3中职业核心能力各"技能点"的"中级"强化训练和对表2-3中职业道德各"素质点"的"认同级"相关训练。

（6）在此基础上，各实训组撰写、讨论、交流和修订各自关于"旅游市场环境分析与营销调研"的相应《实训报告》。

【成果形式】

实训课业（任选一题）：

（1）《旅游企业市场营销微观环境及宏观环境变化趋势分析实训报告》。

（2）《旅游企业SWOT分析实训报告》。

（3）《旅游市场调研实训报告》。

课业要求：

（1）"实训课业"的结构与体例参照本教材"课业范例"中的范例综-3。

（2）将《调研报告》以"附件"的形式附于《实训报告》之后。

（3）各组《实训报告》初稿须经小组讨论，再提交班级交流。

（4）经过班级交流的《实训报告》由各小组修改与完善。

（5）在校园网的本课程平台上展示经过教师点评的班级优秀《实训报告》，供相互借鉴。

▲ 创新工作站

编制《优化方案》

【工作目的】

见本章"章名页"中"学习目标"中的"实训目标"。

【工作任务】

编制《关于旅游市场营销环境分析与营销调研相关业务规范的优化方案》。

步骤及内容：

（1）旅游市场营销环境分析，包括旅游市场营销微观环境分析、旅游市场营销宏观环境分析和旅游企业营销环境SWOT分析。

（2）旅游市场营销调研，包括旅游市场营销调研程序和旅游市场营销调研方法。

【待优化对象】

（1）旅游市场营销环境分析。

（2）旅游市场营销调研。

【情境设计】

某企业先前将列入"优化对象"中的那些规则性知识作为相应业务的既定规范。为强化管理、提高企业竞争力，需要对这些既定规范进行优化。企业管理层要求其研发部门组成若干团队，通过网上调研或其他途径，研究制订关于这些业务规范的《优化方案》。

【工作要求】

（1）在搜集、整理和研究最新相关文献资料的基础上，制订所选业务既定规范的《优化方案》。

（2）所制订的《优化方案》具有明显的创新性、优越性和可操作性。

（3）对体现在《优化方案》中的创新不求全责备。

【工作步骤】

（1）将班级同学分成若干组，模拟某企业的不同研发团队，每个团队确定 1 人负责。各团队从"待优化对象"中任选其一。

（2）各团队进行角色分工，通过网上调研等途径，围绕所选"待优化对象"的相关业务，搜集最新研究成果与企业先进管理举措。

（3）各团队整理搜集到的资料，分析比较其与所选"待优化对象"的异同。

（4）各团队以"扬长避短"为宗旨，通过讨论，研究制订所选"待优化对象"的《优化方案》。

（5）在班级交流和修订各团队的《优化方案》，使之各具特色。

（6）在校园网的本课程教学平台上展示经过教师点评的各团队《优化方案》，作为本章"重点实务"的补充教学资料。

【成果形式】

工作课业：《〈关于旅游市场营销环境分析与营销调研相关业务规范的优化方案〉实训报告》。

课业要求：

（1）"实训课业"的结构、格式与体例参照本教材"课业范例"的范例综-4。

（2）将《关于旅游市场营销环境分析与营销调研相关业务规范的优化方案》以"附件"的形式附于《实训报告》之后。

（3）在校园网的本课程平台上展示经过教师点评的班级优秀《实训报告》，供相互借鉴。

═══ 单元考核 ═══➤

"考核模式""考核目的""考核种类""考核方式、内容与成绩核定"及考核表等规范要求，见本教材网络教学资源包中的"学生考核手册"。

第 **3** 章
旅游消费者购买
行为分析

学习目标

通过本章学习，应该达到以下目标：

理论目标：学习和把握旅游消费者购买行为的概念，旅游消费者购买旅游产品动机的类型，分析旅游消费者购买行为的意义、旅游消费者购买行为的类型、旅游产品购买决策的主要参与者等陈述性知识；能用所学理论知识指导"旅游消费者购买行为分析"的相关认知活动。

实务目标：学习和把握旅游消费者的购买动机过程、影响旅游消费者购买行为的因素、旅游消费者购买决策过程、相关"业务链接"等程序性知识；能用所学实务知识规范"旅游消费者购买行为分析"的相关技能活动。

案例目标：运用所学"旅游消费者购买行为分析"的理论与实务知识研究相关案例，培养和提高在特定业务情境中分析问题与决策设计能力；能结合本章教学内容，依照"职业道德与营销伦理"的行业规范或标准，分析旅游企业行为的善恶，强化职业道德素质。

实训目标：参加"旅游消费者购买行为分析"业务胜任力和"'职业工作站'模拟团队活动"的实践训练。在了解和把握本实训所及"能力与道德领域"相关技能点的"规范与标准"基础上，通过切实体验各实训任务的完成，系列技能操作的实施，相关《实训报告》的准备、撰写、讨论与交流等有质量、有效率的活动，培养"分析旅游消费者购买行为"的专业能力，强化"信息处理"、"自我学习"、"与人合作"、"与人交流"、"解决问题"和"革新创新"等职业核心能力（中级），并通过"认同级"践行"职业观念"、"职业态度"、"职业良心"、"职业作风"和"职业守则"等行为规范，促进健全职业人格的塑造。通过制订关于旅游消费者购买行为分析《优化方案》的模拟职业团队活动，丰富本章"重点实务"知识，培养专业调研与业务拓展技能，强化相关职业核心能力。

引例　黑龙江——故事带入和活力创新的艺术

背景与情境： 黑龙江旅游局在自媒体的广告首秀《这里不仅有冰天雪地》中，并没有主推冰雪风景，而是运用了"温情讲故事"的情感套路，这条旅游营销界第一个"讲故事"的朋友圈广告，向全国8个省市的1 700万旅游爱好者的微信朋友圈发出，凭借920万次的转发量，迅速席卷旅游圈。《这里不仅有冰天雪地》同名微博话题——听黑龙江讲故事，也荣登微博热门话题榜第四位。

黑龙江旅游局不仅准备了寒冷冬日的温暖情感营销，还借势大热的"葛优瘫"，让更多的用户主动参与到浓浓的黑龙江人与景的故事中，在与消费者拉近距离的同时，把"黑龙江"给推了出去。黑龙江旅游局现身说法《如何完成一次优雅的"葛优瘫"》，仅在自媒体发布，就华丽丽地引来了近8 000人点赞，跻身10万+阅读队伍。

一心想走"奇"招的黑龙江旅游局，为了吸引年轻人的眼球，抓住年轻人的市场，还在形式、技术、体验感上做足了文章。先是瞄准了7月的痛点"热"推出互动H5《我要25℃的夏天》，又联合直播平台举办了"万人直播五花山"的营销活动，还携手网易新闻客户端、百度旅游跨界营销，共同打造"壮游黑龙江，做有态度的年轻人"活动。

H5取得了2万点击量的好成绩，360度航拍直播开创了"所见即所得"体验式传播，跨界营销的年轻人活动使黑龙江作为国内最适宜夏季出游目的地之一走入了年轻人的视野中。

资料来源　waikatolabrary. 14个旅游营销经典案例　黑龙江——故事带入和活力创新的艺术［EB/OL］.（2017-05-31）. http：//www.360doc.com/content/17/0531/08/12102060_658617889.shtml.

问题： 黑龙江"温情讲故事"的情感营销对旅游消费者的影响？

由引例可见，由于旅游者的购买行为各具特点，因此其购买行为及决策过程各不相同，影响其购买行为的因素也复杂多样。作为营销主体的旅游产品生产商、旅游目的地政府等只有深入分析旅游者的购买行为，才能据以制定有针对性的营销策略。不难看出，分析旅游者购买行为是成功实现旅游营销的基础和前提条件。

3.1　旅游消费者购买行为概述

旅游消费者是指旅游产品的最终消费者，包括购买旅游产品的个人或家庭，如观光旅游者、度假旅游者、商务旅游者、会议旅游者等。旅游消费者购买旅游产品是为了满足个人物质和精神的需要，无牟利目的的。

3.1.1　旅游消费者购买行为及购买动机

1）旅游消费者购买行为

旅游消费者购买行为是指旅游消费者个体在收集有关旅游产品的信息进行决策和在购买、消费、评估、处理旅游产品时的行为表现。它是指旅游消费者购买旅游产品的活动及与这种活动有关的决策过程。旅游消费者购买行为是旅游消费者个人特征、社会影响因素及环境影响因素共同作用的结果。

旅游消费者个人特征包括个人客观条件（如年龄、职业、经济状况、生活方式、自我观念和个性等）和主观心理特性（如感觉、动机、学习过程、信念和态度等）。社会及环境影响因素包括参与团体、家庭、社会阶层、组织及文化因素等。

旅游企业营销人员了解并研究旅游者购买行为，就是为了清楚地回答在既定的营销环境和营销活动作用下有关市场的下列问题：旅游消费者为什么购买？他们要购买什么样的旅游产品和服务？他们如何购买？何时购买？在何地购买？与谁一起购买？由谁来购买以及购买多少？同时，旅游营销人员还应该了解旅游消费者的购买决策过程。

2）旅游消费者的购买动机分析

动机可以看作是需要获得满足的过程。需要是一种内心状态，它使某种结果具有吸引力。当需要未被满足时，就会产生紧张，进而激发个体的内驱力，这种内驱力导致了寻求特定目标的行为。如果目标实现，则需要得到满足，紧张得以解除。动机过程如图3-1所示。

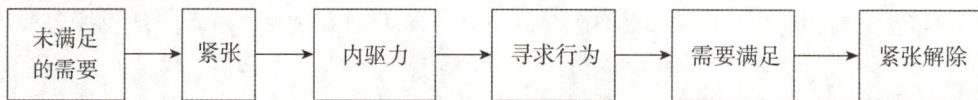

未满足的需要 → 紧张 → 内驱力 → 寻求行为 → 需要满足 → 紧张解除

图3-1　动机过程

旅游动机是多种多样的，由于旅游消费者的国家、民族、职业、性别、年龄、文化程度的不同，旅游消费者旅游的动机和目的也各不相同。有的是为了消遣娱乐，有的是为了追新猎奇，有的想了解异国文化，有的重在探亲访友等。就是同一旅游者，在不同时间或条件下，其旅游动机也会发生变化。

旅游动机是推动人们进行旅游活动的心理因素。正是由于旅游者有不同的旅游动机和旅游动机的变化，才促使旅游的形式不断翻新和多样，旅游的内容也不断丰富多彩。

美国学者罗伯特·W.麦金托什把人的基本旅游动机分为四类：

（1）身体健康方面的动机。身体健康方面的动机包括休息、运动、消遣、娱乐以及其他与身体健康直接有关的动机。紧张繁忙的工作、繁杂的家务、生活的压力使得人们的身体和精神都感到疲惫，为了放松身心、缓解压力、摆脱日常事务的干扰，人们产生了旅游动机，如观光，度假，疗养，参加保健、健身和娱乐活动，参加打高尔夫球、散步、游泳、滑雪等室内外运动等。

（2）文化方面的动机。文化方面的动机是指为了解异国他乡的文化、丰富知识、扩大视野而产生的动机。如了解异国异地历史文化传统、风俗习惯、音乐、艺术、舞蹈、绘画和宗教等，参观宗教圣地、历史遗迹，寻访名胜，参加学术和艺术交流活动。

（3）人际方面的动机。人际方面的动机即社会交往交际方面的动机，包括接触其他民族、结交新朋友、探亲访友、寻根、回国及家庭联系等。这类动机是为了社会交往，与社会保持经常性接触。

（4）地位和声望方面的动机。这类动机与自我需要和个人发展有关。出于这类动机的旅游包括事务旅游、会议旅游、考察旅游，以及实现个人兴趣爱好的旅游、求学旅游等。这类旅游可以使旅游者被注意、被承认、被赏识、被尊重，获得良好的声望。

学习微平台

延伸阅读 3-1

同步案例3-1

比尔一家的假期

背景与情境： 在一个明媚的春天，比尔夫人和比尔先生结为夫妇，在法国的一个小镇度过了他们浪漫的新婚蜜月。他们二人都非常热衷于帆船运动，之所以选择这个旅游目的地，就是因为他们想要每天都一起航海。他们享受着甜蜜的爱情，深深地爱着彼此，每天晚上都要选择最浪漫的地方享用烛光晚餐，并不在乎整个假期里面要不要和其他人交谈。这两个爱好冒险的年轻人还参与了一些其他的活动，例如，攀岩和热气球。比尔夫人也比较喜欢参观艺术博物馆，但是她的丈夫对此并不感兴趣，所以她选择了放弃，因为她不想让她的丈夫不高兴。

他们结婚十年后，情况发生了变化。比尔夫妇有了两个女儿，他们之间的关系愈来愈恶化。比尔先生仍沉迷于帆船运动，但是比尔夫人已经放弃了。有一次，他们一家和朋友们一起到希腊一个小岛上的农庄度假，他们说这是因为很久没有见这些朋友了。然而，他们此次出行的真正动机是为了夫妻之间更好地沟通，一起来分担照顾孩子的义务，减少他们夫妻之间长久以来的隔阂。整个假期都围绕着让孩子们高兴这个目的来设计安排，因为他们知道如果孩子们沮丧，前来度假的每一个人都将度过一个糟糕的假期。比尔夫人暗暗希望在旅途中能够有一场"艳遇"，而比尔先生则想通过航海来放松自己。在一天晚上，他们采纳了朋友的建议，去几年前曾经到过的一家餐厅享用烛光晚餐，一起欣赏海港的美丽夜景。然而这天晚上实在是糟糕，双方在一种非常冷淡的氛围中度过了一个夜晚，甚至没有和对方说几句话。

比尔夫人几乎将她大部分时间用于她的新爱好——骑马。在一年前，她在西班牙的马略卡岛度假时第一次尝试骑马，一下子就喜欢上了这项运动。比尔夫人选择农庄的原因是那里有一个游泳池，可以使孩子们高兴，而且厨房里所有的现代化设备一应俱全，这样可以减轻做饭洗碗的工作。同时，由于比尔先生这些天很少来厨房帮厨，所以也产生了一些问题。

资料来源　斯沃布鲁克，霍纳. 旅游消费者行为学［M］. 俞慧君，张鸥，译. 北京：电子工业出版社，2004：46.

问题： 比尔一家度假的动机有哪些？能够清晰表达的动机（显性动机）是什么？其真正的动机（隐性动机）又是什么？

分析提示： 通过本案例的分析，我们发现，旅游消费者的旅游动机是多种多样的，既有显性动机，即消费者意识到并承认的动机，例如，比尔一家好久没有和朋友们一起聚聚了；也有隐性动机，即消费者没有意识到或者不愿意承认的动机，例如，比尔夫妇为了改善夫妻关系、消除隔阂等。总之，比尔一家选择的度假产品，每一个人都有不同的动机，包括孩子们及比尔夫妇。消费者的购买行为都是在动机的作用下实现的。

3.1.2　旅游消费者购买行为分析的意义

1）旅游消费者购买行为分析是了解市场的重要内容

旅游企业的营销活动首先是从市场调研、搜集市场信息开始的，其中一项重要内容即进行旅游消费者购买行为分析，弄清影响购买者购买决策的各种角色，针对购买者或市场的各个方面分别搜集有关信息。

2）制订营销计划的基础是对旅游消费者购买行为的分析

旅游消费者受旅游营销环境、旅游营销活动以及自身因素的影响决定购买旅游产品。所以，对于旅游营销活动而言，旅游营销人员只有在适应营销环境、符合旅游者购买行为特征的基础上制订营销计划，才能产生良好的营销效果。

3）旅游消费者行为分析对企业经营战略层面的意义

旅游营销人员可以通过对旅游消费者购买行为的调研和市场的调查进行具体深入的分析，使营销计划达到一个高的层次，这样不仅可以牢牢抓住旅游消费者的购买心理，也可以使自身的实力不断增强，使旅游企业处于不败的位置。

4）可以更加有效地利用旅游企业的营销资源，实现企业的营销目的

旅游企业的营销资源应该围绕各个方面进行整合利用，这样才能使企业的旅游营销战略更具有针对性和可操作性，才能最终实现企业的旅游营销目标。

3.2　影响旅游消费者购买行为的因素

旅游消费者的购买行为是指旅游者购买旅游产品的活动及与这种活动有关的决策过程。旅游者的旅游消费活动受到个人、社会和环境等因素的影响，呈现出复杂性和多样性。这些因素中，有些可以为营销管理人员所掌握和控制，也有一部分是旅游营销活动难以控制但必须重视的。对这些因素进行分析，对旅游企业进行市场细分、市场定位及旅游产品的开发都有十分重要的意义。旅游消费者购买行为影响因素如图3-2所示。

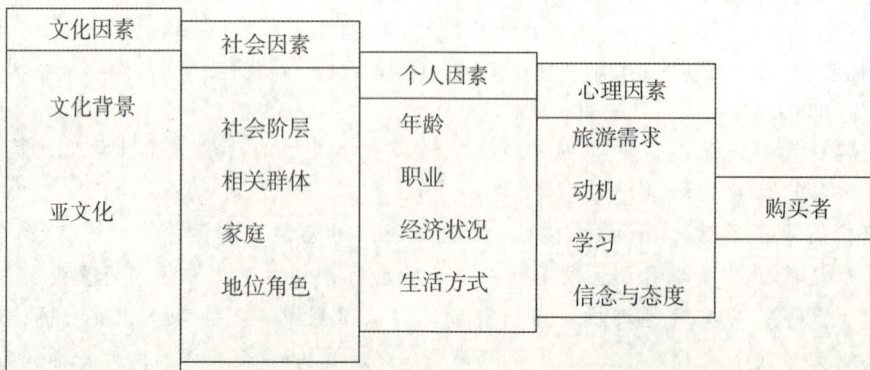

图3-2　影响旅游消费者购买行为的因素

同步案例3-2

2014年中国消费者旅游意愿和消费水平持续增长

背景与情境： 国内最大的在线旅游公司携程旅行网发布的《2014年旅游者调查报告》显示，2014年国民旅游意愿强烈，超过99%的被调查者将进行旅游消费，约半数（51%）选择出游3次或以上；95%的消费者会增加旅游预算或保持不变，1/3的消费者计划支出1万元以上。

报告显示，假期不够最影响旅游意愿，80%的消费者将带薪休假旅游；春节、国庆和小长假旅游依然是热门选择；自由行将成为主要出游方式，81%的游客选择这种方式；旅游网站是国民主要的信息查询和预订渠道，有九成以上旅游者选择，手机客户端使用比例迅猛增长，近四成（39%）游客在2014年使用手机客户端预订，相比一年前增长10倍。

携程旅游专家认为，此次调查结果说明，2014年中国消费者的旅游意愿和消费水平保持持续增长，并且出现四大新趋势：带薪休假错峰旅游的比例进一步加大；自由行成为最主流的旅游方式，《旅游法》的实施将进一步推动自由行市场；旅游网站是国民主要的预订渠道，预订的产品类型从机票、酒店加速向团队游、门票、租车、火车票等领域渗透；旅游移动端APP使用比例将呈爆发式增长，成为旅游业发展的最大亮点，2014年全面掀起旅游业的"移动革命"。

资料来源　佚名. 2014年中国旅游者调查报告发布［EB/OL］.［2014-12-16］. http://money.163.com/14/0106/16/9HTVCFS000254TI5.html.

问题：

（1）谈谈旅游消费者的意愿趋势及购买方式的改变。

（2）旅游企业在营销活动策划上应如何适应旅游消费者的意愿及购买方式的改变？

分析提示： 未来旅游消费者出游的意愿会普遍增强，出游的比例及平均消费额都会有大幅度的提升。带薪休假及节日、小长假依然是消费者的热门出游时间段。自由行将成为更多消费者的选择，网络是旅游消费者获取旅游信息的主要渠道，大部分旅游产品通过网络来预订，尤其不能忽视移动网络对旅游消费者的影响。旅游企业必须敏锐地捕捉到市场的变化，营销措施也应该适应环境的变化。

3.2.1　文化因素

文化因素主要是指文化和亚文化。**文化**是指人类在社会发展过程中所创造的物质财富和精神财富的总和。这里的文化主要指精神文化，包括思想、道德、哲学、艺术、宗教、价值观、审美观、信仰、风俗习惯等方面的内容。不同国家、不同地区在文化上往往存在着较大差异，人们在不同的社会中成长，受到不同文化的影响，必然会形成不同的价值观念、行为习惯和对待事物的方法，影响着人们的生活方式和行为方式。例如，中华民族在消费性格上是重计划、重积蓄、重实际、重耐用；在审美情趣上比较喜欢含蓄，喜欢朴素典雅、庄重大方；求同心理较强，愿意与群体保持一致。每种文化都由亚文化构成，每个社会都包含着亚文化。**亚文化**是因具有共同的生活或共同的生活环境而具有共同价值体系的人群所遵循的文化标准。在一个社会中，主要有四种亚文化群体，即民族群体、宗教群体、种族群体和地理区域群体。如中国的南方与北方、东部与西部、沿海与内地都有不同的地域亚文化特征。又如岭南文化有重商的传统，以商为百业之首，中原文化则重农轻商。岭南受儒家文化影响和束缚较少，受海外文化影响较多，是一种兼容的文化。岭南人喜欢冒险和探奇，旅游中有较强的求新求异的心理。

社会文化作为一种适合本民族、本地区、本阶层的是非观念，强烈地影响着消费者的旅游购买行为。生活在同一社会文化环境下的各成员的个性具有相同的方面，不同文化环境下的人们个性不同，购买行为习惯也不同。比如春节是中国人的传统节日，也是最重要的节日，一般中国人习惯年底消费。

业务链接3-1

传统文化影响下的中国人的旅游消费心理和行为特点

中国传统文化博大精深，源远流长。在这种文化背景中繁衍生息的中华民族，其价值观念、思维方式、生活方式、消费观念等都有其独特性。中国传统文化对中国人的旅游消费心理与行为的影响也是多方面的，并使中国的旅游消费者形成了其特有的旅游消费心理和行为特点。正确地认识和科学地分析我国传统文化影响下的旅游消费心理与行为特点，对旅游企业在新产品设计与开发、服务的推广以及制定营销策略等方面都具有重要的现实意义。一般来说，中国人的旅游消费心理和行为具有以下特点：

①注重人情和求同的旅游消费动机；

②勤俭节约的旅游消费观念；

③含蓄的民族性格和谦逊的旅游消费行为；

④以家庭为主的旅游消费准则；

⑤注重知觉判断的旅游产品购买决策方式。

3.2.2　社会因素

旅游消费者的购买行为也受到一系列社会因素的影响，这些因素主要是社会阶层、相关群体、家庭、角色与地位。

1）社会阶层

社会阶层是根据职业、收入、财产、受教育程度等可变因素对人们进行的群体划分，是指一个社会中具有相对的同质性和持久性的群体。社会阶层是按等级排列的，处于同社会阶层的人，在经济地位、价值观、生活方式、兴趣、消费偏好、消费行为等方面往往存在相似之处，处于不同社会阶层的人在上述方面会存在较大差别。

对一个旅游消费者而言，处于怎样的社会阶层之中将直接影响着他们对旅游产品的选择，影响着他们的旅游购买行为。不同社会阶层的价值观、兴趣、偏好会有所不同，如在旅游动机上，上层旅游者愿意享受富裕的生活方式，对身份和自我形象比较注重，常常会选择著名的海滩、温泉、大海中的群岛去度假。中等阶层喜欢寻求新的经历，爱冒险，愿意参加旅游团体。对下层的旅游者来说，到遥远的地方旅游是轻率和费钱的，他们会选择附近的度假村去度假，或选择国内的旅游区去旅游。一些企业的营销人员正是在分析了各社会阶层的旅游需求之后，定位了自己的服务目标，如新加坡香格里拉饭店的香宫就是专门为上层消费者服务的，汽车旅馆则是面向中低层消费者。在中国，大众消费的工薪阶层是国内旅游市场的主体。

2）相关群体

相关群体是指以一定方式结合在一起，具有共同目的，彼此相互影响、相互作用，心理上有共同感并具有情感联系的人群。相关群体对旅游消费者的态度和行为有直接或间接影响，可分为首属群体和次属群体两类。首属群体是个人直接生活在其中，与群体成员有直接交往和亲密人际关系的、消费者经常受其影响的群体。首属群体往往是非正式组织，如家庭、邻居、朋友、同事等，群体与成员之间保持着经常性的互动关系。次属群体是按照一定规范建立起来的、有明确社会结构的群体，如工会、学生会、各种宗教组织、各类专业协会等。次属群体是消费者不经常受其影响的群体，多为正式组织，群体与成员之间的相互影响较少。

相关群体会对旅游消费者的行为产生如下影响：为消费者个人提供新的生活方式和行为方式；影响消费者个人的态度、价值观、审美观、消费需求、消费偏好；影响消费者对产品、服务、品牌等的评价和选择；产生一种压力，迫使或促使人们的消费行为趋于一致。

3）家庭

家庭是社会的基本单位，人的生活习惯、行为方式首先是从家庭习得的，在家庭的影响下，家庭成员形成了一定的价值观、审美情趣、爱好、生活习惯，学会了一定的消费技能。家庭是消费者重要的相关群体，也是旅游消费市场上重要的购买单位，家庭的结构、家庭生命周期、家庭的社会地位、家庭的经济收入、家庭对消费的态度等都会对旅游消费行为产生直接而深刻的影响。如父母的饮食消费习惯会直接影响到子女。

近几年来，全家出游是市场发展较快的一种形式。据北京市的相关调查，北京游客外出时与家人同行者占的比例最大。家庭对旅游消费者的影响还在于，每个家庭成员对购买决策起着不同的作用，家庭购买决策类型有丈夫决定型、妻子决定型、共同决定型、子女决定型和独立支配型。例如，旅游产品对于已婚成立家庭的人而言，一般属于夫妻共同决定型。麦当劳将 17 岁以下的未成年人定为目标消费者，其产品配方、店堂布置、广告宣传等直接围绕他们展开，在是否在麦当劳就餐的决策中，子女的影响力起着决定性的作用。

此外，家庭所处的生命周期的不同发展阶段也会对旅游活动产生重要影响。美国的瓦格纳和汉娜（Wagner & Hanna）将现代家庭生命周期分为八个阶段：单身阶段、新婚阶段、满巢一期、满巢二期、满巢三期、空巢一期、空巢二期、鳏寡期。家庭的发展变化，意味着家庭消费的变化，对旅游的需求会有很大的不同。例如，无子女的新婚期家庭有时间、有金钱、无子女、无负担，对旅游往往十分感兴趣。空巢期的老年人，经济和身体状况较好的，常会结伴外出旅游。随着我国人口逐渐老龄化，空巢家庭将成为老人家庭的主要形式，老年人闲暇时间多，有的老年人有退休金，还有积蓄，"银发市场"将是旅游市场中一个潜力很大的细分市场。

4）角色与地位

角色是期望个人所承担的活动。个人在一个群体中的位置可以以其所扮演的角色和所处的地位来表明。如一个人在父母眼里是儿子，在自己的家里是丈夫，在公司则是一名职员。每种角色都有相应的社会地位。如CEO比公司职员的地位要高。人们往往选择与自己的角色与地位相符合的产品，一些产品和品牌有可能成为身份和地位的象征。如大公司的CEO在商务旅行时会选择五星级酒店入住。而五星级酒店总统套房也是为了显示旅游者的特殊身份与地位、满足旅游者的一定心理需要而设立的。

3.2.3 个人因素

旅游消费者的购买行为还会受到个人因素的影响，包括个性与自我形象、经济状况、生活方式、职业、年龄和人生阶段等。

1）个性与自我形象

个性即人格特质，是个人带有一定倾向性的、本质的、较稳定的心理特征。个性一般包括对现实的态度、意志、情绪和理智四个主要特征。如自信、大胆、自卑、谨慎、独立或依赖、孤独或合群、急躁或冷静等可以表达不同的个性特征。著名心理学家C.G.莱格将人的个性分为外倾型和内倾型。一般而言，外倾型的人性格开朗、活泼，独立性强，善于表达自己的感情；内倾型的人不爱交际、沉稳安静，做事谨慎保守。

个性会使一个人对周围环境做出相对独立的、一贯和持久的反应。在旅游消费中，外倾型旅游消费者大都喜欢新奇的体验，求异心理比较强，喜欢前往特色鲜明的旅游场所，乐于接触和感受异国他乡的文化，旅游过程中强调自主性和灵活性。内倾型旅游者往往喜欢前往熟悉的或非常流行的旅游目的地，愿意将旅游活动日程事先安排妥当，愿意参加旅行社组织的团队出游，喜欢按出游计划、预定线路按部就班地参加旅游活动。

每个旅游消费者对自己都有一个综合认识，即自我形象。这个综合认识包括实际的自我观念（自己怎样看待自己）、他人自我观念（别人怎样看待自己），以及理想的自我观念（自己渴望追求的理想形象）。消费者总是希望保持和改善自我形象，进行旅游消费也是消费者表现自我、塑造自我形象的一种手段。

2）经济状况

经济状况是决定一个人消费能力大小的主要因素，旅游消费需求的实现取决于一定的可随意支配收入、储蓄和资产，不同收入阶层表现在消费观念、消费方式、消费偏好及需求模式上是不相同的。如随着中国经济的发展，居民可随意支配收入的增加，旅游消费支出在越来越多的家庭中所占比例呈上升趋势，在经济相对发达的地区和大城市，旅游已成为人们日常生活的一部分。

业务链接3-2

低出游倾向特征与高出游倾向特征对照表见表3-1。

表3-1   出游倾向表

低出游倾向特征	高出游倾向特征
家庭收入低	家庭收入高
单亲家庭	双亲（有工作）家庭
农村居民	大城市居民
仅接受最低水平教育	具有较高任职资格
年龄较大（75岁以上）	年龄较小
无私人交通工具	家中有2辆或多辆汽车
带薪假期少于3周	带薪假期在6周以上

注：出游倾向指一年中外出度假的人在一国人口中所占的比例。

3）生活方式

生活方式就是在人的活动、兴趣和意见上表现出的生活模式。具有不同生活方式的人，在个人偏好、需求特征、购买行为等方面具有许多不一样的特点。生活方式是对影响个人行为的心理、社会、文化、经济等各种因素的综合反映。如有些消费者把大量时间和精力投入工作和学习中，期望在事业上取得成绩，他们属于事业型。有些消费者富有生活情趣，讲求生活质量，希望生活丰富多彩，乐于在这方面花费时间、精力和金钱，他们则属于享乐型。生活方式会呈现出多种多样的类型，一般用消费者AIO方面的主要变量来衡量，即活动（Activity）——工作、爱好、购物、运动、社会活动等；兴趣（Interest）——食物、时尚、家庭、娱乐等；观念（Opinion）——有关自我、社会问题、商业及产品等。营销人员可以根据上述变量对生活方式做出分类。生活方式的变化会对消费者购买行为产生重要影响，营销人员可以通过了解人们生活方式的变化来理解消费者消费行为的特征。

4）职业

在旅游购买行为中，旅游者的职业差异使旅游需求存在很大差别。职业在很大程度上决定收入水平、闲暇时间，决定人的社会地位，从而影响旅游购买行为。例如，2002年中国国内游客中，技术文教人员所占比重为13.2%，人均旅游花费为998.3元；公务员所占比重为5.6%，人均旅游花费为1 387.6元；企事业单位管理人员所占比重为14.2%，人均旅游花费为1 077.1元。

5）年龄和人生阶段

在人的一生中，随着年龄的变化，人们不断改变着生理和心理状态，收入水平、消费需求也会随之相应地发生改变。按年龄标志，一般将旅游消费者分为未成年消费者（1～18岁）、青年消费者（19～30岁）、中年消费者（36～55岁）和老年消费者（56岁以上）四个群体。不同年龄阶段的人对旅游需求和偏好是不同的，而且随着年龄的增长，还会不断改变其需求及购买行为。

营销人员应根据每一阶段消费者的行为特点制定适当的营销策略。此外，年龄还

会影响到婚姻、家庭状况，使家庭也具有生命周期。旅游购买行为还会因为处于家庭生命周期的不同阶段而呈现出不同特点，受到家庭生命周期阶段的影响。

3.2.4　心理因素

旅游消费者的购买决策受到四种心理因素的影响：动机、知觉、学习、信念和态度。

1）动机

每个人在任何时刻都有很多需要，这些需要有生理上的，有心理上的，当需要强烈到一定程度时就会变为动机，动机就是强烈得能驱使人采取行动的需要。人类的需要是多种多样的，是有层次性的。美国心理学家亚伯拉罕·马斯洛的"需要层次论"将人类需要分为五个层次：生理需要、安全需要、社会需要、尊重需要和自我实现需要。

马斯洛认为人的最低层次的需要是生理需要，这是人类最基本的需要，当低层次的需要得到满足后，人们才会产生高层次的需要。旅游需要是在人的基本生存需要得到满足后，才会产生的较高层次的需要。随着生活水平的提高、消费观念的更新、社会时尚的变迁、文化艺术的熏陶、广告宣传的引导，人们对旅游消费的需要也处于不断变化之中，典型的旅游需要主要体现为两个方面：对文化的需求和对变换生活环境、放松身心的需求。

旅游需求源于人们不同层次的需要，如对需要度假疗养、保健康复、体育健身的旅游者而言，生理和安全需要是产生旅游需求的主要原因。旅游消费者的旅游需求也会受心理因素的驱使，主要有求名心理、求廉心理、求美心理、求新心理、求便心理、社交心理等。旅游需求受内外因素的诱发而产生，由于收入水平的提高、社会交往活动的增加、工作和生活节奏的加快、消费者文化素质的提高，越来越多的人把旅游作为调节生活的重要手段，他们要放松身心、减缓压力、增长知识、丰富阅历。此外，旅游景观的独特性和观赏性、旅游者的参与程度、旅游设施的安全方便和舒适程度、旅游服务水平等也会对旅游需求产生重要影响。

同步思考 3-1

马斯洛需要层次理论与旅游动机之间有什么关系？

理解要点：马斯洛需要层次理论认为当人们低层次的需要得到满足后，人们就会产生更高层次的需要，从而不断产生新的动机和行为。其所导致的旅游者动机产生的因素为社交需要、受尊重的需要和自我实现的需要，此外还包括探新求异的需要和逃避紧张现实、调节身心的需要。旅游者的需要在时间、经济、社会条件的影响下产生旅游动机，包括身心方面的动机、文化方面的动机、商务人际方面的动机、地位和声望方面的动机等。不同的动机产生了不同的旅游行为。

2）知觉

知觉是人们为了解世界而收集、整理和解释信息的过程。旅游动机会引发消费者的旅游行为，而怎样行动则受知觉的影响。知觉是人的视觉、听觉、嗅觉、触觉、味觉接受旅游信息、组织并解释这些信息的过程。人们通过知觉感受外界刺激并做出反应。消费者的知觉不但取决于外界刺激的性质和特点，而且取决于消费者个人的内在情况。知觉有直接知觉、间接知觉之分。间接知觉主要是通过广告、宣传、媒体、互联网、展销会、旅游手册等获得的有关旅游目的地的知觉印象；直接知觉则取决于亲身的旅游体验，取决于旅游景观的独特性、观赏性，旅游设施的方便性、安全性、舒适性及旅游服务的质量与水平等。知觉就是旅游消费者对旅游企业、旅游市场、旅游信息的了解、认识及反应。对旅游目的地的知觉印象是旅游消费者决定是否去旅游的重要依据。

3）学习

学习是由经验而引起的个人行为上的变化。人类的有些行为是与生俱来的，但大多数行为是后天从经验中习得的。人们在社会实践中由于受后天经验的影响而引起的行为变化过程就是学习。人类的大多数行为都是习得的，消费者消费某种产品的过程，也是他学习的过程。如一个人去麦当劳就餐，在用餐的同时他在观察感受员工态度是否友好，环境是否清洁，服务是否热情周到，食品质量是否令人满意。用餐的体验会让消费者对餐厅形成满意或不满意的评价，从而在内心建立起对该店形象的评判，进而直接影响其是否再去消费或推荐他人前去消费。

4）信念和态度

信念和态度是指一个人对某些事物的看法、评价、知觉和倾向。消费者通过行动和学习建立自己对某事物的信念和态度，信念和态度反过来又会影响该消费者的购买行为。旅游者对某种旅游产品的态度越肯定、越积极，发生这种旅游消费行为的可能性就越大。

通常人们会把对事物的各种态度归纳为心理上喜欢或不喜欢两大类，从而偏好程度大为不同。对于喜欢的，就会采取追求的行动，不喜欢的则采取避开的行动。这种偏好大多来自直接或间接的个人经验，经验所形成的偏好强化了消费者的购买目标，主导了其购买行为，对他人也产生了影响和推动作用。平均来说，满意的顾客会向 3 个人讲述买了件好产品，而不满意的顾客会向 11 个人抱怨。

人们对产品或服务所持有的信念和态度有可能来源于实践经验，也有可能源于个人见解和主观感受，有时还可能带有个人感情色彩。信念和态度一旦形成，就会具有长期性和稳定性，短期内往往难以改变。所以，旅游市场营销人员应在如何采取营销措施，影响旅游消费者对本企业的态度和信念方面做出努力。

迪士尼和麦当劳均把儿童作为自己的毕生顾客，它们的经营理念是要让儿童在长成少年、成为父母、成为祖父母时还回来光顾，把他们当作能保证未来生意的人来对待。因为它们知道，态度会影响人的消费行为，态度具有持久性，儿童时期培养起来的态度会影响成年后的购买行为。

综上所述，影响旅游购买行为的因素是多方面的，消费者做出的消费选择是文化、社会、个人、心理等诸多因素共同作用的结果，进而使消费者的行为呈现出一定的、不同的特征。对旅游企业营销工作来说，可以根据旅游者消费心理与消费行为的不同特征，采取适当的营销措施对旅游消费者的购买决策产生影响，这对于企业开展营销工作具有重要意义。

3.3　旅游消费者购买决策过程

3.3.1　旅游产品购买决策的主要参与者

旅游产品购买决策在许多情况下并不是由一个人单独做出的，必须有其他成员的参与，是一种群体决策过程。因此，了解哪些人参与了购买决策，他们各自在购买决策过程中扮演怎样的角色，对于旅游营销主体的营销活动是很重要的。一般来说，在一项旅游产品购买决策中发挥作用的有五种角色：

1）发起者

发起者即购买行为的建议人，首先提出要购买某种旅游产品的人。

2）影响者

影响者即对发起者的建议表示支持或者反对的人，这些人不能对购买行为本身进行最终决策，但是他们的意见会对购买决策者产生影响。

3）决策者

决策者即对是否购买、怎样购买有权进行最终决策的人。

4）购买者

购买者即执行具体购买任务的人。购买者会对旅游产品的价格、质量、购买地点进行比较选择，并同卖主进行谈判和成交。

5）使用者

旅游产品的实际使用人决定了对旅游产品的满意程度，会影响购后的行为和再次购买的决策。

同步思考3-2

在购买决策中，购买者一定是使用者吗？据此旅游企业应该如何有针对性地开展营销活动？

理解要点：产品的使用者并不一定就是产品的购买者，作为一名企业营销人员必须清楚这一点。适合老年人的旅游产品，其购买者可能是老年人自己，也可能是老年人的子女。因此，旅游企业在营销过程中，诉求对象除了是老年人自己以外，更应该注重对老年人子女的诉求，以关爱父母、尽孝心为营销主题。

在购买决策中，这五种角色相辅相成，共同促成了购买行为，是旅游营销主体营销的主要对象。需要注意的是，五种角色的存在并不意味着每一项购买决策都必须要五人以上才能做出，在实际购买行为中有些角色可能一个人兼而有之，如使用者可能也是发起者，决策者可能也是购买者。

认识购买决策的群体参与性，对旅游企业的市场营销活动具有十分重要的意义。一方面可根据各种不同角色在购买决策过程中的作用，有的放矢地按一定的程序分别进行营销宣传活动；另一方面也必须注意到有些时候在购买决策中角色的错位，如夕阳红旅游产品的购买者不一定是老年人自己，也可能是老年人的子女。

教学互动 3-1

　　问题：旅游消费者的购买决策是一个复杂过程。结合本章内容及你的购买经验，请问旅游消费者在进行旅游产品购买决策时，需要考虑哪些方面的问题？探究问题的营销意义是什么？

　　要求：

　　①课堂上以小组为单位进行讨论，然后进行小组交流。

　　②教师对学生的回答进行点评。

3.3.2　旅游消费者购买决策的过程

　　美国著名的消费者行为专家维尔科把消费者行为定义为：人们进行选择、购买和使用产品及服务以满足需要和愿望的一系列活动，这些活动除了涉及人们的身体活动，还涉及精神和情感过程。旅游消费者个体在进行旅游决策及旅游产品购买、消费、评估、处理时的各种行为表现，统称为旅游者购买行为。旅游消费者对旅游产品的购买活动是通过一定的购买过程来完成的，这个过程在实际购买之前就开始，一直延续到实际购买之后。西方学者提出过不少消费者购买决策过程的模式，但目前较完整、较系统、一般采用的是五个阶段的模式，即认识需要、收集信息、评价方案、购买决策、购后行为五个阶段，如图 3-3 所示。

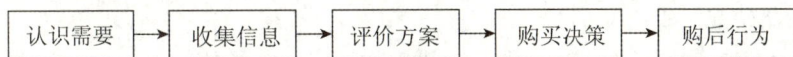

认识需要 → 收集信息 → 评价方案 → 购买决策 → 购后行为

图 3-3　购买决策过程

教学互动 3-2

一次旅游产品购买决策过程

　　近年来，随着人们收入水平的提高，旅游消费人群不断扩大。大学生假期旅游已成为时尚。李晓、王明、周梁是某高校大三学生，他们平时关系甚好。在李晓的提议下，三人经过与其家长反复沟通、商议，并在家长那里获取足够的旅游资金后，决定 2010 年暑期在国内选择一家旅行社进行他们人生中第一次旅游消费活动。

　　旅游消费活动对三人来讲毕竟是第一次，由于旅游花销较大，各个旅行社的知名度、服务水准差异也大，旅游产品购买风险显而易见。三人开始分头了解、搜集相关旅行社的信息。经过看广告、网上查询，与有经历、有经验的同学交流，去学校附近的旅行社咨询等调研后，他们决定选择 A 旅行社推出的"国内某一大城市经典游"项目。

　　A 旅行社为改变旅游"产品"无法满足人们的多样化、个性化需求，暑假根据大学生的旅游需求特点，在不增加该项目费用的前提下突出了该项目的特色。比如在原旅游项目中增加郊外运动游（爬山、漂流）。在促销方面，推出有奖旅游销售，特等奖获得者可免费获得重大体育赛事门票两张（在此期间，该城市有国内足球甲 A 比赛），但该旅行社的定价并不比其他旅行社的同类旅游产品高。

　　三人暑期如期随团进行了旅游，旅行社按合同约定圆满地提供了相应的服务。回校后李晓逢人便兴致勃勃地讲该次旅游的轶事，将该次旅游总结为一个字——"爽"，俨然像该旅行社的一个推销员。

资料来源　2010年4月高等教育自学考试市场营销学试题.

问题：

①说明案例中该次旅游购买决策中的三个主要角色。

②站在李晓的角度，简要写出购后行为分析。

③企业营销人员为什么应该重视消费者的购后行为？

要求：

①课堂上以小组为单位进行讨论，然后进行小组交流。

②教师对学生的回答进行点评。

1) 认识需要

这是购买决策形成的第一步，旅游消费者的购买过程是从问题识别、引起需要开始的。旅游消费者面对的实际状态与欲求状态的不平衡使其产生需要，一般地，旅游需要来自两个方面：一是内在刺激，来自消费者自身，是引起需要的内驱力。如某人连续加班工作数月，感到身心俱疲，想要休息放松，这是需求的内在刺激。二是外在刺激，即来自外部环境的刺激。如某人在电视中看到了避暑山庄的历史和风光介绍，手中有关于避暑山庄及外八庙的旅游宣传册，于是决定选择去承德旅游，这是广告宣传对需求者购买欲望的刺激，是外在刺激。

2) 收集信息

消费者形成了旅游消费的动机后，就要收集旅游市场的有关信息，旅游消费者的信息主要有四个来源：个人来源（从家庭、朋友、邻居、同事、熟人等处获得）；商业来源（从广告、营销人员、经销商、展览、旅游产品介绍、宣传品等渠道获得）；公共来源（从广播、电影、电视、报刊等大众传播媒介或社会组织获得）；经验来源（从以往的旅游产品消费中获得）。

旅游消费者在动机形成后，总是在收集有关的信息并对其做出分析判断后才会做出购买决定，进而实施购买行为的，此时旅游消费者加强了对相关信息的关注，对信息收集的积极程度与信息的强度有着正相关关系。因此，旅游企业应了解旅游消费者获得信息的主要来源及不同来源的信息对消费者的影响程度，以便有针对性地向目标市场传递有效的信息，影响消费者的购买行为，更好地开展本企业的营销活动。

3) 评价方案

旅游消费者在收集有关自己所需要的旅游产品信息的基础上，会自觉或不自觉地建立起对产品的评价标准，这些标准总括起来有两种：理想产品标准和期望值标准。理想产品标准是消费者根据个人需要构想出一种"理想产品"，这种理想产品是多种属性的组合，如价格、品质、服务、可用性等，具备某些消费者所需的主要属性和特性，消费者为其确定出理想水平或可接受的水平值，然后将待选择的实际产品与理想产品作比较，确定自己的购买方案。期望值标准是消费者对待选择产品的不同属性和特性进行心理评价，以打分的形式评定其重要性程度，再用每一属性的权数与分数值的乘积之和作为产品的期望值，最后将期望值最高的某一产品作为购买对象。实际上，消费者极少运用如此复杂的数量分析方法来评价和选择旅游产品，多数运用的是理想产品标准。

4）购买决策（决定购买）

旅游消费者获知旅游产品信息，比较了可供选择的产品后，就会形成购买意向，在购买意向与购买决策之间，还会受到他人态度、意外事件、"知觉风险"的影响。如听到对所选产品的反对意见、企业产品出现重大质量问题、政治经济形势发生了骤变等，这些因素都可能使消费者改变或放弃旅游购买意向。在众多可行方案中，消费者真正选择何种产品，还会受到"知觉风险"的影响，因消费者不能确切地知晓购买后的结果，所以购买行动或多或少地会冒一定风险，这也会影响消费者的购买行为。

5）购后行为

旅游消费者购买和消费了旅游产品后，其消费经历会让他产生两种感受：满意和不满意。当消费者所做出的购买选择满足了自己的需要，达到了预期标准，与他的信念、态度相一致时，就会产生满足感，他就会对企业、产品或品牌感到满意，形成认同或赞赏，并将这个购买经验储存到记忆中，进行自我强化，影响日后的购买决策，在可能情况下会出现重复旅游和动员他人来旅游的购后行为。如果消费者体验没有达到预期的标准，与其购买前的信念、态度不一致，则会让他感到不满足、失望，甚至产生抱怨情绪，这种经验也会存储于记忆之中，影响其日后的信念和态度。不仅如此，消费者还会通过口碑宣传，把他的经历及满意与不满意的感受、对企业和产品的评价传播给周围的人，而这种口碑宣传有时比企业的广告宣传更能起到推荐或劝阻的作用。因此，消费者的购后感觉与行为对旅游企业极为重要，企业的营销部门应注意采取有效措施提高顾客购买后的满意度。

职业道德与营销伦理3-1

赴港游客应警惕影音店购物陷阱

背景与情境： 一名深圳游客赴香港旅游，行经九龙尖沙咀弥敦道"××数码"店铺时，被门外的某日本名牌巨型标志所吸引，误以为该店是此名牌的专营店，遂欲花2 800元港币购买一台投影机。付款时，店员游说其购买另一部"更好"的投影机。经双方议价，该游客另加付1 950元港币购买了新投影机。返回深圳后，上网查核有关此产品的详情，却无法找到任何信息，再按该店铺提供的联络方法，致电内地售后服务部，对方答复没有相关产品的资料。最后，该游客在网站发现一台包装与其所购入的投影机完全相同的产品，但却属另一品牌，且售价只有2 400元人民币。

资料来源　国家旅游局质量规范与管理司. 2011旅游服务警示第8号：请赴港游客警惕影音店购物陷阱［R］，2011-08-17.

问题： 这位游客在港购物被骗后的心情与感受是怎样的？在这种情形下，该游客会有怎样的行为？作为香港旅游政府部门或旅游商品生产、经销企业应该注意什么？

分析提示： 游客上当受骗后，心情一定郁闷、气愤，如果不能得到妥善的解决，游客就会把这种感受及经历告知周围的朋友，从而形成口口相传的局面，这势必有损香港旅游形象及店家声誉。因此，旅游目的地政府应该加强管理，尽可能减少这类事件的发生；旅游商品经销企业应该守法经营，及时处理顾客抱怨及投诉，把充满抱怨的顾客变为满意顾客，直至成为忠诚顾客。

综上所述，旅游购买决策过程是由认识问题、收集信息、评价方案、购买决策、购后行为等五个阶段构成的，了解旅游消费者购买决策的过程，可以帮助营销部门和营销人员针对不同购买阶段消费者行为的特点，制订更有效的营销计划，采取更有效的营销措施。所以，研究旅游消费者的购买过程是成功营销的基础。

本章概要

□ 内容提要与结构

▲ 内容提要

● 旅游消费者是指旅游产品的最终消费者，包括购买旅游产品的个人或家庭。旅游者购买行为是指旅游者个体在收集有关旅游产品的信息进行决策和在购买、消费、评估、处理旅游产品时的行为表现。人的基本旅游动机主要有四类：健身动机、文化动机、人际交往动机、地位和声望动机。

● 旅游者购买行为主要受以下四个因素影响：文化因素、社会因素、个人因素、心理因素。

● 旅游者购买决策过程的主要参与者有发起者、影响者、决策者、购买者、使用者。在购买决策中，这五种角色相辅相成，共同促成了购买行为。旅游购买决策过程是由认识需要、收集信息、评价方案、购买决策、购后行为五个阶段构成的。

▲ 内容结构

本章内容结构如图3-4所示。

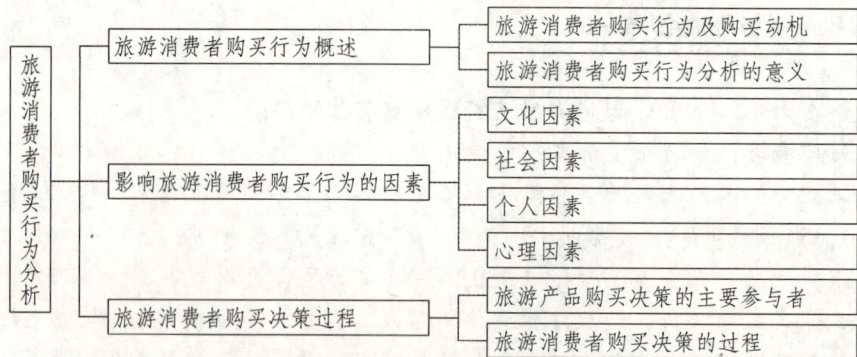

图3-4　本章内容结构

□ 主要概念和观念

▲ 主要概念

旅游消费者　旅游消费者购买行为文化　亚文化　社会阶层　相关群体　个性生活方式　知觉学习　信念和态度

▲ 主要观念

旅游者购买动机　文化因素对旅游者行为的影响　社会因素对旅游者行为的影响　个人因素对旅游者行为的影响　心理因素对旅游者行为的影响　旅游者购买决策

中的不同角色

　　□ 重点实务和操作

　　▲ 重点实务

　　旅游消费者购买动机过程　旅游消费者购买决策过程　相关"业务链接"

　　▲ 重点操作

　　旅游消费者旅游动机分析　旅游消费者购买行为分析　旅游消费者购买决策过程分析

⫸ 基本训练 ⫸

　　□ 理论题

　　▲ 简答题

　　1）影响旅游消费者购买行为的社会因素有哪些？

　　2）简述分析旅游消费者购买行为的意义。

　　3）旅游消费者购买旅游产品的动机有哪些？

　　▲ 讨论题

　　1）试进行中老年群体旅游购买心理与购买行为分析。

　　2）谈谈心理因素对旅游消费者购买行为的影响。

　　□ 实务题

　　▲ 规则复习

　　1）简述旅游消费者购买动机的过程。

　　2）简述文化因素、社会因素、个人因素和心理因素是如何影响旅游消费者购买决策过程的。

　　3）旅游消费者购买决策过程有哪些？

　　▲ 业务解析

　　1）旅游其实是一种异质性活动，人们旅游是想尝试与自己日常生活状态不一样的生活方式。都市人钟情山水，既有减轻压力方面的原因，也有求异的心理作用。越来越多的都市人选择远离城市的喧嚣，去青山绿水之间放松身心。湖北省武汉市多家旅行社共同组建旅游合作集团公司，推出"汉之旅"活动品牌，在黄金周推出"山水游"旅游线路。旅行社在推荐线路之时以自然风光为重，精选的线路几乎都是山水景点。这其中固然有旅行社的炒作原因，但也从侧面反映出了市民想亲近山水的念头。"神农架之旅"在武汉旅游市场刮起旅游旋风，去神农架旅游的出游人数占出游总人数的三至四成。在网络上查阅有关神农架旅游区的相关信息，综合考虑旅游者在购买决策时的内外部影响因素，分析旅游者实际购买决策过程。

　　2）酷讯旅游网推出新的旅游社区产品，帮助旅游爱好者做好旅游计划，以及提供分享旅游智慧的互动平台。草根旅游体验师将现身其中，草根旅游体验师将会是所有用户都能够参与的角色，只要制订好自己的旅游计划，都可以申请成为该旅游过程的旅游体验师。他们要对旅途过程中的真实感受进行实时反馈，结束之后根据其他用户对信息价值的评估，将有机会获得酷讯旅游网提供的旅游基金。同时酷讯也会提供每个月一定数量的免费跟团游的机会，从用户中选取最了解这个旅行方向的人进行免费旅游体验。

　　草根旅游体验师将突破跟团游的体验范畴，可以自己设计行程，将行程在社区中晒出，然后通过在线直播、发照片等方式反馈给更多的用户，成为指导大家旅游的最可靠的参考信息。一个旅游过程一般由景区景点、酒店、旅游服务商等环节共同组成。草根体验师可以反馈最真实的景区的风景人文、周边酒店的设施和服务质量以及当地旅行社或者导游的服务品质。这些内容也能够帮助旅游行业获得最平凡的旅游用户的真实反馈，从而帮助旅游服务商提高服务质量。试根据"旅游者购买行为分析"的有关理论知识分析酷讯旅游网推出草根旅游体验师的作用。

　　□ 案例题
　　▲ 案例分析

苏珊的度假决策

　　背景与情境：苏珊是一家电子公司前途远大的经理，长时间繁重的出差计划使她倍感疲惫。一天晚上她在看电视的时候，注意到了 Med 俱乐部的广告，它描述了乡村的休闲生活。这个广告使她产生了休闲这一行为动机，以满足她减轻疲惫的需要，但她还没准备给旅行社打电话。在随后的几周内，她收到了这个俱乐部的一些直邮材料，让她决定是否来此度假，并说明了时间、地点等。在一次商业会议上，她跟另外两位经理谈到度假这一话题，结果发现这两人曾去过这个乡村俱乐部，并且很喜欢那里。而后苏珊又碰到以前大学联谊会的一位姐妹，由于户外运动，她的皮肤微黑，而且还穿着 Med 俱乐部的 T 恤衫。信息提示有了累积的功效，所以苏珊拜访了旅行社，并预订了去墨西哥 Med 乡村俱乐部一周的旅程。

　　苏珊用了很长时间去度假，回来时得到了很好的休整和放松的感觉。在以后激烈的竞争中再度感到疲惫时，苏珊就又飞到了位于加勒比海的 Med 乡村俱乐部。这一次，她又度过了一段美妙的时光，并强化了她第一次去墨西哥游乐的正面感受，这样就又完成了一次领会的过程。

　　资料来源　刘德光. 旅游市场营销学［M］. 北京：旅游教育出版社，2004：48.

　　问题：

　　1）苏珊的旅游动机是如何产生的？对你有什么启发？

　　2）谈谈苏珊的购买决策过程。其购买决策过程各阶段是怎样的？

　　3）苏珊度假回来后的感受是什么？作为营销人员，为什么要重视购后感受阶段的营销？

　　分析要求：

　　1）形成性要求

　　（1）学生分析案例提出的问题，拟出《案例分析提纲》；小组讨论，形成小组《案例分析报告》；班级交流、相互点评和修订各组的《案例分析报告》；在校园网的本课程平台上展出经过修订并附有教师点评的各组《案例分析报告》，供学生借鉴。

　　（2）了解本教材"附录二"的附表 2 中"形成性训练与考核"的"参照指标"与"参照内容"。

2）成果性要求

（1）课业要求：以经过班级交流和教师点评的《案例分析报告》为最终成果。

（2）课业结构、格式与体例要求：参照本教材"课业范例"的范例综-1。

（3）本教材"附录二"的附表2中"成果性训练与考核"的"参照指标"与"参照内容。"

▲ 善恶研判

旅游欺诈可双倍索赔

背景与情境： 2010年6月，12名湖南游客联名写信，投诉海南某旅行社及导游向他们收取所谓的"老人费"。旅行社方面自称收取"老人费"的理由是：由于海南省是旅游目的地，有些旅行社在实际操作过程中，采取不正当竞争的做法以低于成本的价格接待团队，导致在接待过程中要增加部分消费项目才能有利润，而老人的消费能力相对较低，所以要求增收100元/人的"老人费"。

问题：

1）本案例中存在哪些道德伦理问题？

2）试对上述问题做出你的善恶研判。

3）通过网上或图书馆调研等途径搜集你做善恶研判所依据的行业规范。

研判要求：

1）形成性要求

（1）学生分析案例提出的问题，拟出《善恶研判提纲》；小组讨论，形成小组《善恶研判报告》；班级交流、相互点评和修订各组的《善恶研判报告》；在校园网的本课程平台上展出经过修订并附有教师点评的各组《善恶研判报告》，供学生借鉴。

（2）了解本教材"附录二"的附表2中"形成性训练与考核"的"参照指标"与"参照内容"。

2）成果性要求

（1）课业要求：以经过班级交流和教师点评的《善恶研判报告》为最终成果。

（2）课业结构、格式与体例要求：参照本教材"课业范例"的范例综-2。

（3）本教材"附录二"的附表2中"成果性训练与考核"的"参照指标"与"参照内容。"

□ 实训题

▲ 实训操作

"旅游消费者购买行为分析"业务胜任力训练

【实训目的】

见本章"章名页"之"学习目标"中的"实训目标"。

【实训内容】

专业能力训练：其领域、技能点、名称和参照规范与标准见表3-2。

职业核心能力和职业道德训练：其内容、种类、等级与选项见表3-3；各选项的"规范与标准"分别参见本教材附录三的附表3和附录四的附表4。

表 3-2　　　　　　专业能力训练领域、技能点内容及其参照规范与标准

能力领域	技能点	名称	参考规范与标准
旅游消费者购买行为分析	技能 1	旅游消费者旅游动机分析技能	(1) 能运用正确的调研方法，对旅游消费者进行调研，了解其旅游动机，并对调研资料进行整理和分析，按照规范格式写出调研分析报告 (2) 根据调研分析结果，设计相应的旅游产品，并制定有针对性的、行之有效的营销策略 (3) 能根据旅游消费者动机分析，撰写规范的实训报告
	技能 2	旅游消费者购买行为分析技能	(1) 能运用正确的调研方法，对所选择的旅游消费者进行必要的调研活动，分析旅游消费者的购买动机、购买行为的类型及影响旅游消费者购买行为的因素，并对调研资料进行整理和分析，按照规范格式写出调研分析报告 (2) 能根据旅游消费者行为分析内容，制定相应的营销策略 (3) 能根据旅游消费者行为分析，撰写规范的实训报告
	技能 3	旅游消费者购买决策过程分析技能	(1) 能运用恰当的调研方法，调查了解旅游消费者一次购买的整个决策过程 (2) 能运用旅游消费者购买决策中的角色理论分析在该旅游者购买决策中起作用的各种角色 (3) 能够恰当地描述该旅游消费者的购买决策过程各阶段的特点 (4) 能够根据旅游消费者购买决策过程中不同阶段的特点开展适当的营销活动 (5) 能够写出规范的分析报告
	技能 4	撰写关于"旅游消费者购买行为分析"的相应《实训报告》技能	(1) 能合理设计关于"旅游消费者购买行为分析"的相应《实训报告》，其结构合理，层次分明 (2) 能依照财经应用文的规范撰写所述《实训报告》 (3) 网络教学资源包中《学生考核手册》考核表 3-2 所列各项"考核指标"和"考核标准"

表 3-3　　　　职业核心能力与职业道德训练的内容、种类、等级与选项表

内容	职业核心能力							职业道德						
种类	自我学习	信息处理	数字应用	与人交流	与人合作	解决问题	革新创新	职业观念	职业情感	职业理想	职业态度	职业良心	职业作风	职业守则
等级	中级	中级	中级	中级	中级	中级	中级	认同级	认同级	认同级	认同级	认同级	认同级	认同级
选项	√	√		√	√	√	√	√		√	√	√	√	√

【实训任务】

（1）对表3-2所列专业能力领域各技能点，依照其"参照规范与标准"实施阶段性基本训练。

（2）对表3-3所列职业核心能力选项，依照本教材附录三附表3的"参照规范与标准"实施"中级"强化训练。

（3）对表3-3所列职业道德选项，依照本教材附录四的附表4的"规范与标准"实施"认同级"相关训练。

【组织形式】

将班级学生分成若干实训小组，根据实训内容和项目需要进行角色划分。

【实训要求】

（1）实训前学生要了解并熟记本实训的"实训目标"、"能力与道德领域"、"实训任务"与"实训要求"，了解并熟记"网络教学资源包"《学生考核手册》考核表3-1、考核表3-2中的"考核指标"与"考核标准"内涵，将其作为本实训的操练点和考核点来准备。

（2）通过"实训步骤"，将"实训任务"所列三种训练整合并落实到本实训的"活动过程"和"成果形式"中。

【情境设计】

将学生分成若干实训组，每个实训组在作为实训"成果形式"的"实训课业"所列题目中任选一题，并结合所选课业题目，分别选择一个消费者群体进行实训。各实训组通过全过程参与所选题目要求的实际训练，完成其各项实训任务，在此基础上撰写并交流关于"旅游消费者购买行为分析"的相应《实训报告》。

【指导准备】

知识准备：

（1）市场营销知识。

（2）"旅游消费者购买行为分析"的理论与实务知识。

（3）本教材"附录一"的附表1中，与本章"职业核心能力'强化训练项'"各技能点相关的"'知识准备'参照范围"。

（4）本教材"附录三"的附表3和"附录四"的附表4中，涉及本章"职业核心能力领域'强化训练项'"各技能点和"职业道德领域'相关训练项'"的"规范与标准"知识。

操作指导：

（1）教师向学生阐明"实训目的"、"能力与道德领域"和"知识准备"。

（2）教师就"知识准备"中的第（3）、（4），对学生进行培训。

（3）教师指导学生就旅游消费者旅游动机进行分析。

（4）教师指导学生就旅游消费者购买行为进行分析。

（5）教师指导学生就旅游消费者购买决策过程进行分析。

（6）教师指导学生撰写关于"旅游消费者购买行为分析"的相应《实训报告》。

【实训时间】

本章课堂教学内容结束后，为期一周。

【实训步骤】

（1）将学生组成若干个实训组，每8~10位同学分成一组，每组确定1~2人负责。

（2）各实训组从"实训课业"中分别任选一题。

（3）对学生进行旅游消费者购买行为分析培训，选择几类不同消费者群作为旅游消费者购买行为分析的范围。

（4）各实训组分别选择正在实施"旅游消费者购买行为分析"实训任务的旅游消费者群，在重点参与和体验其"旅游消费者旅游动机分析"、"旅游消费者购买行为分析"和"旅游消费者购买决策过程分析"的过程中，按照"实训要求"完成各项实训任务。

（5）各实训组在实施上述专业训练的过程中，融入对表3-2所列职业核心能力选项各"技能点"的"中级"强化训练和对表3-3所列职业道德选项各"素质点"的"认同级"相关训练。

（6）在此基础上，各实训组撰写、讨论、交流和修订各自的关于"旅游消费者购买行为分析"的相应《实训报告》。

【成果形式】

实训课业（任选一题）：

（1）《旅游消费者旅游动机分析实训报告》。

（2）《旅游消费者购买行为分析实训报告》。

（3）《旅游消费者购买决策过程分析实训报告》。

课业要求：

（1）"实训课业"的结构与体例参照本教材"课业范例"中的范例综-3。

（2）将实训课业相应的营销策划方案以"附件"形式附于《实训报告》之后。

（3）各组实训报告初稿须经小组讨论，再提交班级交流。

（4）经过班级交流的实训报告由各小组修改与完善。

（5）在校园网的本课程平台上展示经过教师点评的班级优秀《实训报告》，供相互借鉴。

▲ 创新工作站

编制《优化方案》

【工作目的】

见本章"章名页"中"学习目标"中的"实训目标"。

【工作任务】

制订《关于旅游消费者购买行为分析相关业务规范的优化方案》。

步骤及内容：

（1）旅游消费者购买行为分析。

（2）影响旅游消费者购买行为的因素分析，包括文化因素、社会因素、个人因素和心理因素。

（3）旅游消费者购买决策过程，包括认识需要、收集信息、评价方案、购买决策和购后行为。

【待优化对象】

（1）旅游消费者购买动机过程。

（2）旅游消费者购买决策过程。

【情境设计】

某企业先前将列入"优化对象"中的那些规则性知识作为相应业务的既定规范。为强化管理，提高企业竞争力，需要对这些既定规范进行优化。企业管理层要求其研发部门组成若干团队，通过网上调研或其他途径，研究制订关于这些业务规范的《优化方案》。

【工作要求】

（1）在搜集、整理和研究最新相关文献资料的基础上，制订所选业务既定规范的《优化方案》。

（2）所制订的《优化方案》具有明显的创新性、优越性和可操作性。

（3）对体现在《优化方案》中的创新不求全责备。

【工作步骤】

（1）将班级同学分成若干组，模拟某企业的不同研发团队，每个团队确定1人负责。各团队从"待优化对象"中任选其一。

（2）各团队进行角色分工，通过网上调研等途径，围绕所选"待优化对象"的相关业务，搜集最新研究成果与企业先进管理举措。

（3）各团队整理搜集到的资料，分析比较其与所选"待优化对象"的异同及长短。

（4）各团队以"扬长避短"为宗旨，通过讨论，研究制订所选"待优化对象"的《优化方案》。

（5）在班级交流和修订各团队的《优化方案》，使之各具特色。

（6）在校园网的本课程教学平台上展出经过教师点评的各团队《优化方案》，作为本章"重点实务"的补充教学资料。

【成果形式】

工作课业：《〈关于旅游消费者购买行为分析相关业务规范的优化方案〉实训报告》。

课业要求：

（1）"实训课业"的结构、格式与体例参照本教材"课业范例"的范例综-4。

（2）将《关于旅游消费者购买行为分析相关业务规范的优化方案》以"附件"形式附于《实训报告》之后。

（3）在校园网的本课程平台上展示经过教师点评的班级优秀《实训报告》，供相互借鉴。

单元考核

"考核模式""考核目的""考核种类""考核方式、内容与成绩核定"及考核表等规范要求，见本教材"网络教学资源包"中的《学生考核手册》。

第**4**章
旅游市场细分、目标市场选择与市场定位

学习目标

通过本章学习，应该达到以下目标：

理论目标：学习和把握旅游市场细分的概念与作用、旅游目标市场的概念、旅游市场定位的概念与意义等陈述性知识；能用所学理论知识指导"旅游市场细分与目标市场选择"的相关认知活动。

实务目标：学习和把握旅游市场细分的标准与程序、旅游目标市场的模式与策略、旅游市场定位的程序与方法、相关"业务链接"等程序性知识；能用所学实务知识规范"旅游市场细分与目标市场选择"的相关技能活动。

案例目标：运用所学"旅游市场细分与目标市场选择"的理论与实务知识研究相关案例，培养和提高在特定业务情境中分析问题与决策设计能力；能结合本章教学内容，依照"职业道德与营销伦理"的行业规范或标准，分析旅游企业行为的善恶，强化职业道德素质。

实训目标：参加"旅游市场细分与目标市场选择"业务胜任力和"职业工作站"模拟团队活动的实践训练。在了解和把握本实训所及"能力与道德领域"相关技能点的"规范与标准"基础上，通过切实体验各实训任务的完成，系列技能操作的实施，相关《实训报告》的准备、撰写、讨论与交流等有质量、有效率的活动，培养"旅游市场细分与目标市场选择"的专业能力，强化"自我学习"、"信息处理"、"与人交流"、"与人合作"、"解决问题"和"革新创新"等职业核心能力（中级），并通过"认同级"践行"职业观念"、"职业态度"、"职业作风"和"职业守则"等行为规范，促进健全职业人格的塑造。通过制订关于旅游市场细分及目标市场选择《优化方案》的模拟职业团队活动，丰富本章"重点实务"知识，培养专业调研与业务拓展技能，强化相关职业核心能力。

引例 白鹿仓景区的市场定位

背景与情境：白鹿仓景区是集旅游观光、美食娱乐、文化演艺、民俗风情、文博展览、热气球嘉年华、房车营地、城市观光索道、现代生态农业体验等于一体的大型综合性文化旅游景区。

斥资 35 亿元人民币打造建设的白鹿原·白鹿仓民俗文化旅游景区项目，以其丰厚而独特的文化内涵、领先的文化创意理念和演艺运营模式，精彩亮相此次盛会。200 多位文化演艺产业投融资大亨、70 多个优选项目企业和位居行业前沿的 30 多家文化演艺投资机构代表，近距离地了解感受了白鹿仓景区的发展前景和文化魅力。

白鹿仓民俗文化旅游景区率先提出国内首创的景区文化演艺四大理念，成为本次盛会的亮点，也引起了多家投融资机构和新闻媒体的兴趣。资深导演、音乐人，景区演艺影视部负责人吕鹰面向与会嘉宾，就白鹿仓景区文化演艺四大创新理念作了深层次的阐述。

创新亮点一：全景化、浸润式、活态民俗文化旅游景区的整体定位

通过打造一个全景展示、活态传承、体验国际民俗的生活社区，创造一种理念，创新一种模式，倡导一种生活，引领一种文化，使白鹿仓文化实现可视、可感、可体验、可消费。白鹿仓呈现给世人的不仅是民俗文化旅游景区，更是一个真正富有文化底蕴、聚集世界民俗、寄托人们精神向往的自由文化生活平台。

创新亮点二：管理戏剧化、运营情景化、流程游戏化的演艺管理模式

首推国内独创的演艺化管理模式，即管理人员参与演艺的活态景区管理，管理行为融入剧情的流动街区演出。通过管理戏剧化、运营情景化，增强游客和管理人员对景区的融入、互动、穿越，提升对民俗文化的认同感，实现民族文化心理的归属感。

创新亮点三：挖掘白鹿仓独有的"代面鼓阵"非遗项目

"代面鼓阵"为北宋名将、"百胜将军"狄青根据阴阳五行原理，结合自身多年的战场经验独创出的指挥阵法，又因为他面有刺纹且相貌俊朗，每次在临敌作战时都以面具代为遮脸，故此种指挥阵法也称作"代面鼓阵"。而狄青将军的八所军寨就设在白鹿原（故有白鹿原"狄寨"乡之称），所以"代面鼓阵"是白鹿仓景区独有的极具本土文化特色的非遗项目。

创新亮点四：挖掘白鹿仓景区自己的节日

中国传统的正月二十五日为"天仓节"又称"填仓节"，意为填满谷仓，喻五谷丰登之意。这是白鹿仓自己特定的节日，即将命名为"白鹿填仓节"。与"填仓节"相对应的是每年的腊八节开仓放粮，白鹿仓的"开仓"节意为叩谢天恩、回馈百姓，在这一天白鹿仓开仓放粮，为民众发送腊八粥。

白鹿原·白鹿仓文化景区通过文化整合和文化发掘，积极在全国范围内实现"全景化、浸润式活态景区定位，演艺管理情景化模式，独有非遗项目和创立景区自己的节日"四大创新，使"白鹿原·白鹿仓，民俗派·更民俗"的理念为文化旅游产业注入了新的生机与活力，成为新形势下文化创新方向的旗帜。

资料来源 佚名. 白鹿原白鹿仓：携四大创新理念 白鹿仓景区精彩亮相中国演艺投融资大会 [EB/OL]. (2016-12-14). https://mp.weixin.qq.com/s.

问题：白鹿仓是如何进行市场定位开展营销活动的？

由引例可见，旅游市场定位是旅游企业有效地实施目标市场策略的重要步骤，它直接关系到旅游企业能否最终开拓市场、占领市场、战胜竞争对手、夺取稳定的市场地位、求得进一步发展等一系列重要问题，白鹿仓景区通过恰当的市场定位和四大创新理念进一步开拓了旅游市场。

4.1　旅游市场细分

4.1.1　旅游市场细分的概念与作用

市场细分的原理和概念是由美国市场营销学家温德尔·斯密于 1956 年提出的。旅游市场细分是目标市场选择和市场定位的基础，是旅游企业实施旅游市场营销组合策略的前提。

1）旅游市场细分的含义

旅游市场细分是指旅游企业为了达到向特定旅游消费者提供特定的产品及服务的目的，根据旅游消费者不同的需求特征，将整体旅游市场划分为若干个不同类别的旅游消费者群的过程。每一个旅游消费者群就是一个细分市场或子市场，其中每一个子市场都是由具有一个相同需求或欲望的消费者构成的群体。

2）旅游市场细分的作用

进行市场细分，有助于旅游企业开拓新的市场机会；有助于旅游企业制定正确的营销策略；有助于旅游企业扬长避短、发挥优势，合理利用企业资源；有助于旅游企业制定灵活的竞争策略。

学习微平台

延伸阅读 4-1

4.1.2　旅游市场细分的标准

市场细分的依据是旅游消费需求的差异性，造成旅游消费需求多样化的所有因素，几乎都可视为市场细分的依据或标准（又称为细分变量）。市场细分常用的四个细分标准是：地理细分、人口统计细分、心理细分和行为细分。

1）地理细分

地理细分是指旅游企业根据消费者所在的地理位置、地形气候、空间位置等变量细分市场。地理变量细分市场的主要理论依据是：处在不同地理环境的旅游消费者对旅游企业的产品有不同的需求和偏好。

（1）地理区域变量。它是细分旅游市场最基本的变量，具体又可分为洲别、国别和地区等变量。例如，世界旅游组织根据地区间在自然、经济、文化、交通以及旅游者流向、流量等方面的联系，将世界旅游市场细分为六大旅游区域，即欧洲市场、美洲市场、东亚及太平洋地区市场、南亚市场、中东市场和非洲市场。

（2）气候变量。各地气候的不同会影响旅游消费者的消费及流向，根据气候不同，可以把旅游市场分为热带旅游市场、亚热带旅游市场、温带大陆性气候市场、温带海洋性气候市场、寒带旅游市场等。如在冬季，对于我国的国内旅游市场而言，南方游客外出旅游的热点常常是北京、哈尔滨等地，许多北方游客则把海南、桂林、云南等地作为外出旅游的首选。

（3）空间位置变量。根据客源国与旅游目的地之间的空间位置的差异，可将旅游市场细分为远程、中程、近程旅游市场。

2）人口统计细分

人口统计细分是指根据各种人口统计变量、如年龄、性别、家庭生命周期、收入、职业、教育、信仰、种族和国籍等，把市场划分成不同的群体。由于人口统计变量较其他变量更容易被识别和衡量，与消费者的欲望、偏好、文化习惯及购买频率等都有密切联系，是划分旅游市场最常用且实用的标准。

（1）年龄、性别和家庭生命周期。建立在人口最基本自然属性基础上的年龄、性别和家庭生命周期三个变量因素，直接影响着旅游需求。一般来讲，按照年龄段可以将旅游市场划分为儿童旅游市场、青年旅游市场、中年旅游市场和老年旅游市场，各类旅游市场的需求特点也表现出了明显的差异性。

家庭是消费的基本单位。家庭结构、规模和总收入等状况都会直接影响旅游需求。这些因素又随着家庭生命周期阶段的不同而变化。

教学互动4-1

问题：

①根据旅游者的性别差异，旅游市场可分为男性旅游市场与女性旅游市场。分析男性和女性在旅游消费偏好和需求上存在哪些区别。

②针对男性、女性不同的消费偏好及需求，旅游企业应开发哪些旅游产品？

要求：

①请各小组同学对上述两个问题进行回答，其他同学予以评论。

②教师对学生的回答和其他同学的评论做最后点评。

（2）收入、职业与受教育程度。旅游购买力同个人收入之间的关系是正向的。收入越高，可自由支配收入越多，旅游消费的支配能力就越大。旅游消费者的职业、受教育程度会直接影响旅游需求的程度、层次、类型和内容。

3）心理细分

心理细分是以旅游消费者的心理特征来细分市场，将旅游消费者按照生活方式和个性特征分为不同的群体。

（1）生活方式。按照生活方式细分市场是根据人们的习惯活动、消费倾向、对周围事物的看法及人们所处生活周期来划分的，生活方式的不同会带来需求差异。

（2）个性特征。不同的消费者因家庭背景、受教育水平及生活、学习和工作环境等方面的差异而形成不同的个性。如有人活泼好动，有人文雅安静；有人喜欢冒险，有人追求浪漫；有人喜欢独自旅游，有人喜欢结伴而行等。消费者个性的差异必然导致对旅游产品有不同的偏好和选择。因此，旅游产品的创新应充分考虑旅游消费者个性的差异性，推出各具鲜明特色的旅游产品以迎合具有不同个性的消费者群体的需求。

4）行为细分

行为细分是指根据旅游消费者的购买动机、方式、偏好程度、所追求的利益、使用频率及消费行为特征细分市场。由于旅游消费者的行为会导致消费的最终实现与否，因而成为细分市场至关重要的出发点。

（1）时机细分。旅游活动的时间性、季节性比较突出，根据购买时机变量可将旅游市场划分为淡季、旺季及平季等细分市场，还可以细分出寒暑假市场，以及春节、劳动节、国庆节、双休日等节假日市场。时机细分可以帮助旅游企业实现产品销售的最大化。例如，各种会议、体育赛事、节庆日、名人婚典或寿庆、植物的开花期、采果期、某种反常气象的发生（如潮汐、飓风、日食等自然现象）、某些特殊日子的到来等均可成为旅游企业的卖点。

（2）所追求的利益。旅游消费者在购买旅游产品时，所追求利益的侧重点往往不同，所以他们在选择旅游产品时在质量和品牌上都有区别。

（3）购买频率及数量。根据旅游消费者购买旅游产品的频率可分为未旅游者、首次旅游者和多次旅游者。

以上四种变量是旅游市场营销细分的主要标准，在旅游企业的实际营销过程中，用于细分市场的变量并非仅限于这些。旅游企业应根据自身的优势和外部环境，选择细分变量，进行具体的市场细分。

同步思考4-1

针对不同类型的旅游者，旅游企业应采取哪些策略？

理解要点：未旅游者构成了潜在市场，对于潜在市场，旅游企业的主要任务是启动需求、引导消费、开拓市场；对于首次旅游者，旅游企业应尽量地组织好旅游活动，提高其满意度，以促成其转化为多次旅游者，并通过他们的口碑宣传旅游企业的良好形象，影响并促成其他旅游消费者的购买行为；对于多次购买者，旅游企业应进行营销创新特别是产品创新，以满足其新的旅游需求，使之成为习惯型的再购买者。

业务链接4-1

运用细分标准应注意的事项

旅游企业在运用细分标准进行市场细分时，必须注意以下问题：

①旅游市场细分的标准是动态的。旅游市场细分的各项标准不是一成不变的，而是随着社会生产力及旅游市场状况的变化而变化的，如年龄、收入、城镇规模、购买动机等都是可以变的。

②不同的旅游企业在市场细分时应采用不同的标准。因为各旅游企业的生产技术条件、资源、财力和营销的产品不同，所采用的标准也应有所区别。

③旅游企业在进行市场细分时，可采用一项标准，即单一变量因素细分，也可采用多个变量因素组合或系列变量因素进行市场细分。

4.1.3　旅游市场细分的程序

旅游市场细分是一项非常复杂的工作，只有用科学的程序来指导，细分工作才能有条不紊地进行。根据国际市场营销专家的看法，市场细分的程序一般有以下七个步骤：

1）确定旅游产品的市场范围

旅游企业在确定经营目标后，要根据自身的能力和营销目标选择所要生产的产品和细分的市场，并确定旅游企业经营的市场范围。

2）了解旅游市场需求

在选择目标市场范围后，旅游企业以人口、地理、行为、心理、经济等各种因素为标准，大致估算潜在消费者的需求，以了解市场需求状况，并以此作为依据进行市场细分。

3）分析可能存在的旅游细分市场

通过了解消费者的不同需求，分析旅游消费者的地区分布、人口特征、购买行为等，考虑分析可能存在的细分市场。

4）确定旅游细分市场标准

在可能存在的旅游细分市场中，存在着不同的需求因素，旅游企业应分清哪些需求因素对自己进行市场细分是最重要的。

5）为可能存在的旅游细分市场命名

根据潜在顾客基本需求上的差异，进一步调查研究已确定的细分市场，将其划分为不同的群体或子市场，根据各个细分市场消费者的主要特征，赋予每个子市场一定的名称。

6）分析各旅游细分市场的具体特点

深入考察细分市场的特点，分析各市场的不同需求和购买行为，了解影响细分市场新的因素，以决定各细分市场是否需要再细分或重新组合，从而不断适应市场的变化。

7）评估各旅游细分市场

评估每一细分市场的规模，即在调查的基础上，估计每一细分市场的顾客数量、购买频率、平均购买量等，并对细分市场上的产品竞争状况及发展趋势做出分析。

教学互动 4-2

问题：

①以你所在的班级为样本，调查你的同学并进行划分，可以运用哪些细分标准将整个班级划分为更小的细分市场？

②在问题①描述的细分市场中选一个作为目标市场，分析每个市场具有怎样的潜力。

要求：

①请每小组同学对上述两个问题给予回答，其他同学予以评论。

②教师对学生的回答和其他同学的评论做最后点评。

4.2　旅游目标市场选择

4.2.1　旅游目标市场的概念

旅游目标市场是指旅游企业在市场细分的基础上，所选定的并决定为其服务的那部分消费者群。目标市场的选择是在旅游细分市场的基础上，选择一个或几个细分市场作为营销对象的过程。市场细分选择是目标市场的前提和基础，选择目标市场则是市场细分的目的和归宿。

同步案例4-1

南北湖景区的"旅游+运动"带来乘数效应

背景与情境： 有机构发布《体育旅游参与现状调查报告》显示，在目前的体育旅游项目中，山地户外运动类最受欢迎，占总数的43.57%，登山、徒步、露营则是人们尤其热衷参与的项目。马拉松赛、徒步赛、山地赛……嘉兴各大景区也纷纷挖掘体育旅游这片蓝海，户外运动比赛成为景区的热门"IP"，从小众人群的爱好到大众参与，体育旅游已站在了风口上。

里约奥运会结束后，老百姓对体育比赛的关注点也在悄然发生变化，从专注于金牌数量的"举国体制"开始走向全民体育的模式。有统计显示，我国现阶段对体育旅游非常感兴趣的人群集中在25岁至45岁，体育旅游如果按照观赛类、健身类、极限类三种类型进行划分，则健身类游客占七成，包括观看欧洲杯、世界杯、奥运会等在内的"观赛游"是大家熟知的体育旅游模式，那些门槛较低、群众参与度较高的户外活动也是十分热门的体育旅游类别，如马拉松、骑行、徒步等。近年来，嘉兴各大景区也在放大体育旅游效应，借助体育比赛创造热点，尤其是进入10月，几乎每个周末都能在景区内看到形态多样的体育活动项目。

1）"奔跑年"让客源结构更年轻

南北湖景区相关负责人告诉记者，得益于景区拥有山、湖、海、林、洞多种生态环境的特色，目前每年上半年和下半年各有一场马拉松、跑山以及徒步比赛。围绕着"奔跑"，景区策划包装了南北湖"为爱约跑"等全年主题活动，通过一系列市场运作，吸引了绿行浙江活动首发仪式、上海海银财富的18千米挑战赛、"为爱约跑·恋玫莎之夜"等活动落地南北湖景区。

"户外运动的参与主体是年轻人，通过这些活动，以往单一的客源结构发生了改变，游客群体更为年轻化了。"景区为了能更符合户外活动的举办需求，不断对配套设施进行调整，包括景区标识、路牌以及步道路线等都在进一步完善，原本前往最高峰的上山路是泥路，如今也改成了石板路。

2015年被称为南北湖景区的"奔跑年"，借助于一系列体育赛事活动，近年来，南北湖景区的"旅游+运动"品牌也逐步打响。除此以外，南北湖景区还策划了"橘子周末"、影视基地游、湖羊肉文化节等户外活动，从而丰富了景区的户外体系，"月月有活动"也成了南北湖景区的一大特色。

2）体育旅游成景区热门"IP"

通过里约奥运会的马拉松比赛，全世界的观众跟随参赛者的脚步丈量了里约这座城市，城市马拉松不仅仅是一场全民狂欢——从表面上看，举办城市通过比赛向选手及观众展示城市风貌、人文景观和城市文明，马拉松赛成为展示城市形象的新名片。如今，成熟的体育旅游不再仅仅被看作一项赛事或是旅游产品，而会被当成一个品牌进行运作，被视为对地区形象和经济收入实现全面带动的大"IP"。

体育比赛对旅游的溢出效应在嘉兴已有体现。从 2016 年 5 月份开始，浙江省第二届女子体育节的各项赛事持续在嘉兴举行，这不仅仅是全省体育的焦点之一，也是展现体育文化的流动风景。值得关注的是，本届女子体育节主办单位较上一届增加了旅游部门。为期 6 个月的比赛，共有近 5 万人参加，为嘉兴吸引了大量的人流。在比赛过程中，嘉兴充分考虑了体育与旅游的融合发展，把赛场安排到梅花洲、南北湖等自然风景区，举办赛事之余引导人们游览月河历史街区、西塘、乌镇，介绍海宁皮革城、嘉兴丝绸、雅莹等休闲购物游，催生了巨大的市场需求，提升了城市知名度，促进了经济发展。

体育+旅游，1+1 早已大于 2。统计显示，2016 年 1 月至 4 月，全国各地共举办了 311 场各类大型体育赛事，观赛和参赛共计 338 万人次，由赛事产生的旅游、交通、住宿、餐饮等消费达 119 亿元，对举办地的经济拉动超过 300 亿元。2015 年，中国体育旅游实际完成投资 791 亿元，同比增长 71.9%。

《浙江省人民政府关于加快发展体育产业　促进体育消费的若干意见》中指出，"建设环杭州湾、环舟山群岛、环太湖和环浙南等运动休闲发展带""培育创建一批体育特征突出、产业基础较好、产业融合潜力较大的特色小镇"。目前嘉兴、湖州、绍兴等地也已行动起来了，或规划或申报或建设……看中的正是体育产业为"旅游+"带来的乘数效应。

资料来源　谭罗敏. 去景区参加体育比赛越来越流行　体育产业为"旅游+"带来乘数效应 [EB/OL].（2016-10-25）. http://nhnews.zjol.com.cn/nhnews/system/2016/10/25/020830695.shtml.

问题：分析南北湖景区"旅游+运动"的目标市场。

分析提示：在目前的体育旅游项目中，山地户外运动类最受欢迎，占总数的 43.57%，登山、徒步、露营则是人们尤其热衷参与的项目。同时，我国现阶段对体育旅游非常感兴趣的人群集中在 25 岁至 45 岁，也就是说户外运动的参与主体主要是年轻人，所以体育旅游成景区热门"IP"，南北湖景区正对该类目标市场及时推出系列"旅游+运动"产品并带来乘数效应。

4.2.2　旅游目标市场模式

旅游企业在确定目标市场时，必须考虑选择一定的模式，以确定企业目标市场的范围与营销方式。可供旅游企业选择的目标市场模式有以下五种：

1）旅游产品-市场集中化

旅游企业从产品和市场的角度出发，将目标市场集中在一个旅游细分市场上，针对某一特定的旅游消费者群体，只生产一种旅游产品，开展旅游市场营销活动，如图 4-1 所示。

2）旅游产品专业化

旅游企业同时向几个不同的消费者群体（细分市场）提供同一种产品。旅游企业由于面对不同的消费者群，其提供的旅游产品可以在档次、质量、功能上有所不同，这样可以使自己的产品在市场上树立起很高的声誉，如图 4-2 所示。

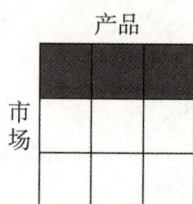

3）旅游市场专业化

旅游企业为满足某个旅游消费者群（细分市场）的需要，为其提供各种不同的或系列化的旅游产品（服务），以极大限度地满足该类旅游消费者群的各种需要。该模式要求旅游企业有较强的旅游产品开发能力且自身资源较丰富，如图4-3所示。

图4-1　旅游产品-市场集中化　　图4-2　旅游产品专业化　　图4-3　旅游市场专业化

4）选择性专业化

旅游企业选择若干个不同的旅游消费者群（细分市场），并分别为其提供不同的旅游产品，如图4-4所示。

5）全面市场

旅游企业选择所有细分市场（整个市场）作为目标市场，全方位地提供所有旅游消费者需要的不同的旅游产品。一般实力强大的大型旅游企业才能采用这种市场覆盖模式，如图4-5所示。

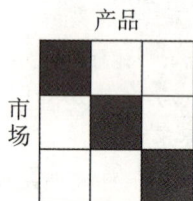

图4-4　选择性专业化　　图4-5　全面市场

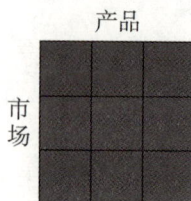

业务链接4-2

旅游企业对目标市场模式的选择要结合企业实际情况，参照各模式的优缺点。

①旅游产品-市场集中化模式可使旅游企业更加了解细分市场的需要，采用有针对性的旅游市场营销组合策略，从而获得强有力的市场地位、良好的声誉和较好的经济效益。该模式由于产品、市场单一，经营风险较大。

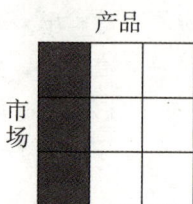

②旅游产品专业化模式有利于旅游产品的深度开发，达到"人无我有，人有我优"的效果，但是忽略了旅游市场上的不同需求，因而难以让所有旅游消费者都满意。

③旅游市场专业化模式要求旅游企业有较强的旅游产品开发能力且自身资源较丰富。

④选择性专业化模式的优点是：多种旅游产品针对多个市场，实行多元化经营，能分散旅游企业的经营风险，即使其中某个细分市场失去了吸引力，旅游企业还能在其他细分市场盈利。其缺点是在分散风险的同时，也分散了旅游企业的经营投资力量，企业需要在不同的市场上同时与多个竞争对手竞争。

⑤全面市场模式的优点是：旅游企业发展多元化、专业化、产业化经营，利润丰厚。其缺点是：需要有大量繁重的调研工作和维护工作作为后盾，投资数额巨大，产品成本较高。

学习微平台

延伸阅读 4-2

4.2.3 旅游目标市场策略

旅游企业选择的目标模式不同，营销策略也不一样。一般情况下，旅游企业在选择目标市场时有以下三种策略可供选用：

1）无差异市场策略

无差异市场策略是指旅游企业无视整体市场内部旅游者需求的差异性，不进行市场细分，将整个市场视为一个同质的目标市场，推出一种旅游产品，运用单一的营销组合，为满足旅游者共同的需求服务。

无差异市场策略的优点：只用一种营销组合，就可以降低旅游成本；规模效应显著，容易形成品牌效应。这一策略对垄断性强、知名度高的旅游景点较为适用。无差异市场策略的缺点：忽视了旅游消费者的差异性需求，对市场需求的变化反应迟钝，市场适应能力差。本策略只适用于某些高度垄断性的旅游产品以及新上市的旅游产品（投入期的旅游产品）。

2）差异性市场策略

差异性市场策略是指旅游企业同时选择几个细分市场作为目标市场，并分别针对每个目标市场的需求特点设计不同的产品，实施相应的营销组合策略。

差异性市场策略实质上是一种市场多元化战略。差异性市场策略的优点：小批量，多品种经营，能满足不同旅游消费者的需求，有利于扩大销售，并且可以降低旅游企业的经营风险。差异性市场策略的缺点：资源分散经营，难以形成旅游产品销售的规模经济效益，增加旅游企业的成本和经营费用。为此，旅游企业在采取该策略时应注意所选各细分市场均需有一定的吸引力；旅游企业必须具有雄厚的资源和一定的企业规模，其技术水平、设计开发能力与之相呼应。

3）集中性市场策略

集中性市场策略是指旅游企业将自身的资源和营销力量集中在某一个或少数细分市场上，实行高度的专业化经营，使旅游企业在目标市场上有较大的市场占有率。

集中性市场策略的优点：有利于旅游企业发挥优势，在目标市场上取得有利的地位，也可在很大程度上降低旅游企业的营销成本；若能够合理选择目标市场，可以尽快树立旅游企业的品牌形象，提高企业知名度。集中性市场策略的缺点：旅游企业过分依赖小部分市场，具有较高的风险，被选中的细分市场可能变质。该策略适用于资源有限的中小型旅游企业。

4.3 旅游市场定位

4.3.1 旅游市场定位的概念

1）旅游市场定位

旅游市场定位是指旅游企业针对潜在旅游消费者的心理进行营销设计，创立产品、品牌或企业在目标客户心目中的某种形象或某种个性特征，从而取得竞争优势的一种营销活动。其实质是寻求建立某种产品的特色和树立某种独特的市场形象，以赢得旅游消费者的认同。其核心内容是努力实现旅游产品差异化与旅游形象差异化。例如，哈尔滨市的城市定位是黑龙江省省会、我国东北部中心城市、国家重要的制造业基地、历史文化名城和国际冰雪文化名城。洛阳市的市场定位是"千年帝都""牡丹花城"。周庄是中国最具代表性的水乡古镇。

同步思考4-2

　　请举例分析市场定位的意义。

　　理解要点：市场定位是为了提供差异化的产品或服务，使之区别于和优越于竞争对手的产品和服务。企业进行市场定位时必须使产品具有显著的特色，只有当这些特点或突出之处能够迎合目标顾客的追求，并为目标顾客所看重时，才能够在顾客心目中形成本企业产品的特定形象。

　　2）旅游市场定位的意义

　　旅游市场定位是旅游企业有效地实施目标市场策略的重要步骤。它直接关系到旅游企业能否最终开拓市场、占领市场、战胜竞争对手、夺取稳定的市场地位、求得进一步发展等一系列重要问题。

　　旅游市场定位的意义：

　　（1）有利于旅游企业有针对性地开展营销活动。

　　（2）有利于旅游企业强化在旅游消费者心目中的地位。

　　（3）有利于旅游企业拓展目标市场潜力。

4.3.2　旅游市场定位的程序

1）确定旅游企业经营领域

对旅游企业进行功能定位，确定旅游企业生产经营什么最恰当。

2）确定旅游目标市场

将整体旅游市场细分，恰当地选择和确定企业的目标市场，明确企业为谁服务最好。

3）研究旅游目标市场特征

通过营销调研，认真分析目标顾客的价值取向，寻求形成其需求偏好及影响其购买行为的主要因素，认清目标顾客需要。

4）研究竞争者的市场定位

通过营销调研，认真分析竞争者的旅游产品、经营特色、营销策略及其市场定位情况，包括企业面对的现实竞争者以及潜在竞争者。

5）确定本旅游企业的市场定位

在分析竞争对手、目标顾客及本企业三者之间战略关系的基础上，评估和选择出最适合企业的优势产品，并以此确定产品在目标市场上的位置，进而确定本企业的品牌形象、旅游产品及经营特色，从而具体地确定本企业的市场定位，明确本企业能够提供的产品及服务，与竞争者的品牌形象、旅游产品及营销策略的差异性。

6）实施市场定位

旅游企业应积极主动地与目标顾客进行沟通，引起目标顾客的关注与兴趣，使目标顾客了解、熟悉旅游企业的市场定位，逐渐对该企业的市场定位产生认同、喜欢和偏爱并购买本企业的产品，从而实现企业目标。

4.3.3 旅游市场定位方法

1）特色定位

特色定位指根据自身的特色或者根据目标顾客所看重的某种或某些利益进行定位。这是最为常见的一种定位方法。例如，北京是中华人民共和国的首都，是全国的政治中心、文化中心，是世界著名古都和现代国际城市。北京的城市定位为：国家首都、世界城市、文化名城。

职业道德与营销伦理4-1

扮鬼子抢"花姑娘"还自称"红色旅游"

背景与情境：有关媒体报道，安徽黄山市某旅游项目，游客扮成侵华日军攻打村庄还抢"花姑娘"，据称该项目的初衷是"做红色旅游，让年轻人参与该项目，了解这段历史，教育年轻人"。网民对这种为了发展地方经济不择手段的做法表示极大反感并予以强烈抨击，认为放弃尊严的发展是"带血发展"的一种新变种——"带耻发展"。网民表示，发展旅游应遵循正确思路，发展经济更应有底线，不能为了经济利益而丢掉民族气节和国家大义。

新型旅游提倡互动和体验，但所设立的旅游项目应遵循正确思路。让游客扮演侵华日军攻打村庄还要抢"花姑娘"，这参与的是什么？互动的是什么？体验的是什么？

"红色旅游"遭遇经济绑架，经济动力早已成为首要目的，不择手段地吸引游客成为第一要务。还原国耻旧岁月，无异于一种数典忘祖的无耻行径，自然而然地成为舆论丑角。铭记历史，铭记国耻，铭记每一位革命先烈的鲜血，抛开仇恨并非忘记历史，抛开成见也并非毫无羞耻地暗度陈仓搞经济。以教育借口来推诿，卸责之心欲盖弥彰。

显然，曲解"红色旅游"的正确意思导致"鬼子进村"成了笑话。红色旅游，指以1921年中国共产党建立以后的革命纪念地、纪念物及其所承载的革命精神为吸引物，游客实现学习革命精神，接受革命传统教育和振奋精神、放松身心、增加阅历的旅游活动。自然，"鬼子进村""花姑娘"等旅游项目放大了娱乐身心的作用，忽略了精神层面，尤其是国人心中最为痛恨的侵略史。这是一种人心的淡化，更是一种道德的沦丧，经济发展不应以道德的缺失为代价。

当下，"红色旅游"成为最热门的旅游选择。作为一种创意经济，更应该承载的是一个民族对历史的铭记和反思，而非"嬉皮笑脸式"的牺牲国格的变相经济。若真是发展"红色经济"，也不应数典忘祖、忘记国耻，应该想办法寻找让疲于接受刻板印象的受众更加乐于学习了解革命先烈、更欣于接受国家历史的新方式。莫让"红色旅游"被经济利益所绑架，也不应以变相手段炒作，人人都应该从主人翁角度铭记这段岁月。

资料来源　宫琦. 扮鬼子抢"花姑娘"还自称"红色旅游"　网民批"带耻发展"[EB/OL].
[2011-08-04]. http://www.lytpw.com.

问题： 发展特色旅游应注意哪些问题？

分析提示： "红色旅游"作为一种创意经济，更应该承载的是一个民族对历史的铭记和反思，在开发旅游产品、吸引游客的同时还应考虑民族情感，不要让"红色旅游"被经济利益所绑架，经济发展不可以牺牲道德标准。

2）垄断定位

垄断定位即强调唯一性的定位，适用于高度垄断性的旅游资源。如秦始皇兵马俑，再现了公元前古战场之壮观。埃及金字塔，是埃及古代文明的标志，是"世界七大奇迹"之冠。

3）"价格-质量"定位

"价格-质量"定位即根据旅游消费者对"价格-质量"之间联系的认识进行定位。一般认为，产品的性能越高、越具特色或提供的服务越周到，其价格也就越高，所以，旅游企业可用高质高价来树立优质名牌形象，也可用高质低价作为竞争手段，加速市场渗透，提高市场占有率。

4）使用者定位

使用者定位即旅游企业对准一定的目标群体，针对旅游者的不同偏好、需求来定位自己的产品。

同步案例4-2

如家酒店的市场定位

背景与情境： 如家酒店组建于2002年6月，如家为什么会成功？准确的定位是其成功的关键。如家的定位是从革新旧模式、寻找新定位开始的。

首先，从现有格局开始寻找市场定位。在如家之前，中国酒店的大致格局是：高档的酒店干净、豪华，但是不经济。如家将自己定位在价格敏感程度相对较高，又要求卫生安全的中低档市场，相当于二三星级的规格。在此基础上，如家借鉴了国外经济型酒店的经验，引入经济型酒店的商业模式来服务目标市场。

其次，反向思考锁定目标客户。发展至今，商务人士占到了如家客源的75%，而中国经济型酒店的平均水平是37%，如家的备受青睐得益于产品的顾客导向和品牌忠诚度的打造。

最后，针对目标客户，把产品定位在关注客户的核心需求上。如家引入了国外经济型酒店的产品形态，跳出现有的规则、惯例、行业传统的框架，有所为、有所不为，有所多为、有所少为，以满足顾客的核心需求。

通过调查，如家发现入住的客户最关心酒店的卫生，其次是床。如家加强了客房的卫生标准，提供二星级的价钱、三星级的棉织品、四星级的床。

资料来源　魏炜. 企业如何定位实例——如家 [EB/OL]. [2014-12-18]. http://blog.sina.com.cn/s/blog_69a359840100q0kh.html.

问题： 以如家酒店为例，分析市场定位的作用。

分析提示：如家酒店将自己定位为"为商务和旅游休闲客人提供干净、温馨、舒适的酒店产品"。从上面的例子我们可以看出，定位对于现有商业模式的革新、经营理念定位、产品定位以及解决发展过程中的种种问题都有着不可替代的指导作用。定位是商业模式的起点，也是商业模式成败的关键所在。

5）竞争定位

竞争定位即针对市场竞争态势来突出自己优势的一种定位方法。如泰山为五岳之首。

4.3.4 旅游市场定位策略

旅游企业的市场定位策略主要有以下三种：

1）竞争性定位策略

竞争性定位策略是指旅游企业将市场定位在竞争者附近，生产或提供与竞争者相同（相似）的产品或服务。该策略易导致竞争的加剧，所以适合于一些实力雄厚的大旅游企业或在某领域确有一技之长的中小旅游企业。

2）补缺性定位策略

补缺性定位策略是指旅游企业将市场定位在市场"空白处"，即有潜在需求，而竞争者无法（或不愿）满足其需求的市场。如美国宇航局拟开发太空旅游。实施该策略的条件是：

（1）该空白市场有足够的市场容量和发展空间。

（2）进入该空白市场必须能盈利。

（3）必须有进入该市场的资源、能力，在进入后能迅速建立品牌知名度和美誉度，并占领市场。

3）重新定位策略

重新定位策略是指旅游企业变动产品特色、改变目标顾客对其原有的印象，使目标顾客对其产品新形象有一个重新认识的过程。重新定位对旅游企业适应市场营销环境、调整旅游市场营销战略是必不可少的。

旅游企业的定位即使很恰当，但在出现下列情况时也需考虑重新定位：

（1）竞争者推出的旅游产品市场定位在本企业产品的附近，侵占了本企业品牌的部分市场，使本企业品牌的市场占有率有所下降。

（2）旅游消费者的偏好发生变化，从喜欢本企业的旅游产品转移到喜爱竞争对手的旅游产品。

旅游企业在重新定位前，须考虑两个因素：

（1）旅游企业将自己的定位从一个市场转移到另一个市场的全部费用。

（2）旅游企业将自己的产品定位在新位置的投资回报有多少，而这又取决于市场上购买者和竞争者的情况，取决于在该市场上销售价格能定多高。

━ 本章概要 ━▶

☐ 内容提要与结构

▲ 内容提要

● 旅游市场细分是指旅游企业为了达到向特定旅游者提供特定的产品及服务的

目的，根据旅游者不同的需求特征，将整体旅游市场划分为若干个不同类别的旅游消费者群的过程。

市场细分的标准是：地理细分、人口统计细分、心理细分和行为细分。

市场细分的程序：确定旅游产品的市场范围，了解旅游市场需求，分析可能存在的细分市场，确定旅游细分市场标准，为可能存在的旅游细分市场命名，分析各细分市场的具体特点，评估各细分市场。

● 旅游目标市场是指旅游企业在市场细分的基础上，所选定的并决定为其服务的那部分消费者群。可供旅游企业选择的目标市场模式有以下五种：旅游产品-市场集中化、旅游产品专业化、旅游市场专业化、选择性专业化、全面市场。

旅游企业在选择目标市场时有三种策略：无差异市场策略、差异性市场策略、集中性市场策略。

● 旅游市场定位是指旅游企业针对潜在旅游消费者的心理进行营销设计，创立产品、品牌或企业在目标客户心目中的某种形象或某种个性特征，保留深刻的印象和独特的位置，从而取得竞争优势的一种营销活动。旅游市场定位有利于旅游企业有针对性地开展活动，有利于旅游企业强化在旅游者心目中的地位，有利于旅游企业拓展目标市场潜力。

旅游市场定位的程序：确定旅游企业经营领域，确定旅游目标市场，研究竞争者的市场定位，确定本企业的市场定位，实施市场定位。

旅游企业选择的定位方法有：特色定位、垄断定位、"价格-质量"定位、使用者定位、竞争定位。

旅游企业的市场定位策略主要有以下三种：竞争性定位策略、补缺性定位策略、重新定位策略。

▲ 内容结构

本章内容结构如图4-6所示。

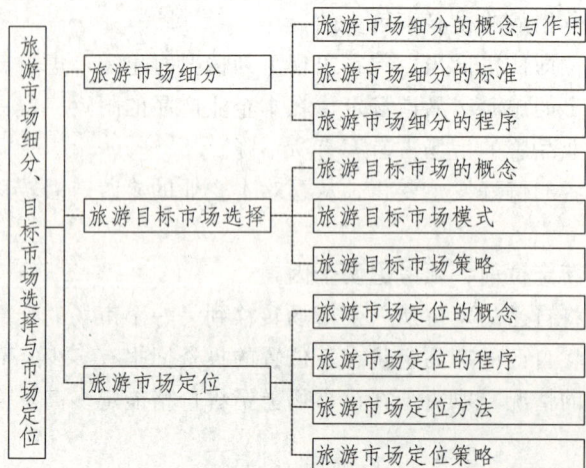

图4-6 本章内容结构

　□ 主要概念和观念

　▲ 主要概念

旅游市场细分　旅游目标市场　旅游目标市场策略　旅游市场定位

　▲ 主要观念

旅游市场细分标准　旅游目标市场模式　旅游市场定位方法

　□ 重点实务和操作

　▲ 重点实务

旅游市场细分程序　旅游目标市场选择　市场定位程序

　▲ 重点操作

旅游市场细分　旅游目标市场的选择　旅游市场定位

基本训练

　□ 理论题

　▲ 简答题

1）旅游市场细分的作用是什么？

2）旅游市场定位的意义是什么？

3）简述旅游目标市场的概念。

　▲ 讨论题

1）旅游市场细分与目标市场选择之间有何关系？

2）如何理解旅游市场细分的概念？

　□ 实务题

　▲ 规则复习

1）举例说明旅游市场细分的程序。

2）结合实际，说明旅游市场定位的方法。

3）旅游目标市场选择的模式有哪些？

　▲ 业务解析

1）选择你所熟悉的一家旅游企业，分析它应如何进行旅游市场细分、选择目标市场、进行市场定位。

2）请在当地选择一家旅行社，通过对其接待游客的构成情况进行分析，帮助旅行社确立一个或几个重点作为目标市场，并为其设计特色鲜明的旅游产品。

　□ 案例题

　▲ 案例分析

斯堪的纳维亚航空公司：营销的成功

背景与情境： 简·卡尔森接任斯堪的纳维亚航空公司总经理时，公司正陷入亏本经营中。斯堪的纳维亚航空公司过去一直无重点地追求所有旅客，没有给任何旅客提供优惠。事实上，该公司被看作是欧洲不守时的运输公司。卡尔森需要解决竞争引起的许多问题：谁是我们的顾客？他们需要什么？我们必须做什么来赢得他们的喜爱？

卡尔森决定，把斯堪的纳维亚航空公司的服务重点放在经常搭乘飞机的商人们的需要上。但他意识到，其他航空公司也是这样想的，它们也会采取商务航班和提供免费饮食及其他娱乐的方法。斯堪的纳维亚航空公司必须找到做得更好的方法，才能成为经常来往的商务旅客偏爱的航空公司。其出发点是从市场调研开始，找出在航运服务中经常往来的商务旅客需要和期望什么样的服务方式。目标是在100个服务细节上做到百分之百的优秀，而不仅仅在一个细节上做到百分之百的优秀。

市场调研表明，商务旅客首先要求的是准时到达，同时也要求能快捷地办理乘机手续和取回行李。卡尔森指定许多任务，迫使下属提出改进这些任务和其他服务的设想。于是他们考虑了数百个方案，卡尔森从中选择了159个方案，共花了4 000万美元费用付诸实施。

方案关键之一是训练公司全体员工树立完全的顾客导向思想。卡尔森推算出平均每一航程中每一旅客平均与该公司的五位员工接触，两者的相互接触便产生出一个该公司的"关键时刻"。假如每年有500万乘客搭乘该公司的飞机，则一年有2 500万个或使顾客满意或使顾客不满意的"关键时刻"。为了在公司内养成正确对待顾客的态度，该公司送10 000名第一线员工参加服务讲习班并送25 000名管理人员进行为期三星期的课程学习。卡尔森认为第一线人员是公司接待顾客的最重要人员。公司经理的作用是帮助第一线人员做好自己的工作，而他作为总经理的作用则是帮助经理支持第一线的工作人员。

结果在4个月内，公司就成为欧洲最准时的航空公司，而且继续保持这个纪录。起飞前的登记服务也非常快，包括对住在该公司旅馆的旅客的服务，可直接把旅客的行李送到机场和飞机上装载；在飞机着陆时，该公司也同样很快就把行李卸下来。其他创新是该公司将全部客票作为商务级客票发售，除非乘客想乘较经济的航班。公司在商务空运业中声誉的改善，使其在欧洲的满员客运量增长8％，洲际满员客运量增长16％。在空运市场纷纷降价而客源没有增长的情况下，这是很不容易的。

卡尔森在斯堪的纳维亚航空公司的做法，说明了当公司的领导创立了公司的远景和使命时，就会激励全体员工向共同的方向前进——向着满足目标顾客的方向前进，就能满足顾客的要求和取得利润。

资料来源　佚名. 斯堪的纳维亚航空公司：营销的成功［EB/OL］.［2010-11-02］. http：//www.docin.com/p-93596801.html.

问题：

1）卡尔森上任之初向全员提出的三个问题，说明卡尔森引导全员确立公司的什么问题？

2）卡尔森的目标市场策略是如何确立的？他成功的主要原因是什么？

分析要求：

1）形成性要求

（1）学生分析案例提出的问题，拟出《案例分析提纲》；小组讨论，形成小组《案例分析报告》；班级交流、相互点评和修订各组的《案例分析报告》；在校园网的本课程平台上展出经过修订并附有教师点评的各组《案例分析报告》，供学生借鉴。

（2）了解本教材"附录二"的附表2中"形成性训练与考核"的"参照指标"与"参照内容"。

2）成果性要求

（1）课业要求：以经过班级交流和教师点评的《案例分析报告》为最终成果。

（2）课业结构、格式与体例要求：参照本教材"课业范例"的范例综-1。

（3）本教材"附录二"的附表 2 中"成果性训练与考核"的"参照指标"与"参照内容。"

▲ 善恶研判

中国公民赴日本旅游谨防"购物陷阱"

背景与情境： 从边检机关获悉，随着访日中国游客的增加，在日本购物上当受骗的事件时有发生。近来发现个别导游伙同商店哄骗中国游客高价购物，以虚假广告向中国游客兜售保健用品、营养品、化妆品等，利用游客不懂日语，想方设法带游客去一些商品价格高于同类商品市价的商店购物，收取回扣。有的导游专门在游客回国的前一天晚上安排购物，使游客迫于行程安排无法退货。

中国驻日本使馆提醒广大赴日游客，在日旅游购物时，要对导游的劝导、商家的宣传和口头承诺保持应有的警惕；在购买贵重物品前，游客事先要做好功课，充分了解产品特性是否符合自身需要，理性消费；购物后，主动索取购物凭证，以便事后维权。

资料来源　佚名. 中国公民赴日本旅游谨防"购物陷阱［EB/OL］.［2014-12-06］. http: //www.cntour2.com/viewnews/2014/12/06/RFwiZlMI4HjB9SQRs9oS0.shtml.

问题：

1）本案例中的导游存在哪些道德伦理问题？

2）试对上述问题做出你的善恶研判。

3）通过网上或图书馆调研等途径搜集你做善恶研判所依据的行业规范。

研判要求：

1）形成性要求

（1）学生分析案例提出的问题，拟出《善恶研判提纲》；小组讨论，形成小组《善恶研判报告》；班级交流、相互点评和修订各组的《善恶研判报告》；在校园网的本课程平台上展出经过修订并附有教师点评的各组《善恶研判报告》，供学生借鉴。

（2）了解本教材"附录二"的附表 2 中"形成性训练与考核"的"参照指标"与"参照内容"。

2）成果性要求

（1）课业要求：以经过班级交流和教师点评的《善恶研判报告》为最终成果。

（2）课业结构、格式与体例要求：参照本教材"课业范例"的范例综-2。

（3）本教材"附录二"的附表 2 中"成果性训练与考核"的"参照指标"与"参照内容。"

□ 实训题

▲ 实训操作

"旅游市场细分与目标市场选择"业务胜任力训练

【实训目的】

见本章"章名页"之"学习目标"中的"实训目标"。

【实训内容】

专业能力训练：其"领域""技能点""名称"和操作"规范与标准"见表4-1。

表4-1　　　　专业能力训练领域、技能点、名称及其参照规范与标准

能力领域	技能点	名称	参照规范与标准
旅游市场细分、目标市场选择与市场定位	技能1	旅游市场细分技能	1）能正确分析旅游市场，选择某旅游企业作为研究对象，运用科学方法搜集相关资料，按规定格式写出调研分析 2）能运用适当的细分标准进行旅游市场细分 3）能通过旅游市场细分的结果分析，为确定某旅游企业的目标市场提供依据
	技能2	旅游目标市场选择技能	1）能根据市场细分的结果，在正确理解目标市场的基础之上，通过运用正确的目标市场选择方法和所搜集的相关资料与数据，确定其目标市场，按照规范格式写出调研分析 2）能根据调研结果，制定相应的目标市场策略
	技能3	旅游市场定位技能	1）能运用旅游市场定位的相关知识和方法，选择某旅游企业作为研究对象，根据所选择的目标市场，研究旅游目标市场特征和竞争对手的市场定位，确定本企业的市场定位 2）能运用正确的定位方法和策略对旅游企业进行准确的市场定位
	技能4	撰写关于"旅游市场细分与目标市场选择"的相应《实训报告》技能	1）能合理设计关于"旅游市场细分与目标市场选择"的相应《实训报告》，其结构合理，层次分明 2）能依照财经应用文的规范撰写所述《实训报告》 3）网络教学资源包中《学生考核手册》考核表4-2所列各项"考核指标"和"考核标准"

职业核心能力和职业道德训练：其内容、种类、等级与选项见表4-2；各选项的操作"规范与标准"见本教材附录三的附表3和附录四的附表4。

表4-2　　　职业核心能力与职业道德训练的内容、种类、等级与选项表

内容	职业核心能力							职业道德						
种类	自我学习	信息处理	数字应用	与人交流	与人合作	解决问题	革新创新	职业观念	职业情感	职业理想	职业态度	职业良心	职业作风	职业守则
等级	中级	中级	中级	中级	中级	中级	中级	认同级	认同级	认同级	认同级	认同级	认同级	认同级
选项	√	√		√	√	√	√	√			√	√	√	√

【实训任务】

（1）对表4-1所列专业能力领域各技能点，依照其"参照规范与标准"实施阶段性基本训练。

（2）对表4-2所列职业核心能力选项，依照本教材附录三附表3的"参照规范与标准"实施"中级"强化训练。

（3）对表4-2所列职业道德选项，依照本教材附录四的附表4的"规范与标准"

实施"认同级"相关训练。

【组织形式】

将班级学生分成若干实训小组，根据实训内容和项目需要进行角色划分。

【实训要求】

（1）实训前学生要了解并熟记本实训的"实训目标"、"能力与道德领域"、"实训任务"与"实训要求"，了解并熟记"网络教学资源包"《学生考核手册》考核表4-1、考核表4-2中的"考核指标"与"考核标准"内涵，将其作为本实训的操练点和考核点来准备。

（2）通过"实训步骤"，将"实训任务"所列三种训练整合并落实到本实训的"活动过程"和"成果形式"中。

【情境设计】

将学生分成若干实训组，每个实训组在作为实训"成果形式"的"实训课业"所列题目中任选一题，并结合所选课业题目，分别选择一家旅游企业（或本校专业实训基地）进行实训。各实训组通过全过程地参与和体验所选题目所要求的实际训练，完成各项实训任务，在此基础上撰写并交流关于"旅游市场细分与目标市场选择"的相应《实训报告》。

【指导准备】

知识准备：

（1）市场营销知识。

（2）"旅游市场细分与目标市场选择"的理论与实务知识。

（3）本教材"附录一"的附表1中，与本章"职业核心能力'强化训练项'"各技能点相关的"'知识准备'参照范围"。

（4）本教材"附录三"的附表3和"附录四"的附表4中，涉及本章"职业核心能力领域'强化训练项'"各技能点和"职业道德领域'相关训练项'"的"规范与标准"知识。

操作指导：

（1）教师向学生阐明"实训目的"、"能力与道德领域"和"知识准备"。

（2）教师就"知识准备"中的第（3）、（4）项，对学生进行培训。

（3）教师指导学生就某旅游企业的旅游市场进行细分。

（4）教师指导学生对某旅游企业的部分细分市场加以分析并选择，进行准确的市场定位。

（5）教师指导学生对某旅游企业开展市场调查与分析，指导学生撰写关于"旅游市场细分与目标市场选择"的相应《实训报告》。

【实训时间】

本章课堂教学内容讲授中、后的双休日和课余时间，为期两周。

【实训步骤】

（1）将学生分成若干个实训组，每8~10位同学分成一组，每组确定1~2人负责。

（2）各实训组从"实训课业"中分别任选一题。

（3）对学生进行旅游市场细分与目标市场选择培训，选择几类不同旅游企业（或校实训基地）作为市场分析的范围。

（4）各实训组分别选择正在实施"旅游市场细分与目标市场选择"实训任务的旅游企业（或校实训基地），在重点参与和体验其"旅游市场细分""旅游目标市场选择""旅游市场定位"的过程中，按照"实训要求"完成各项实训任务。

（5）各实训组在实施上述专业训练的过程中，融入对表4-1所列职业核心能力选项各"技能点"的"中级"强化训练"和对表4-2所列职业道德选项各"素质点"的"认同级"相关训练。

（6）在此基础上，各实训组撰写、讨论、交流和修订各自关于"旅游市场细分与目标市场选择"的相应《实训报告》。

【成果形式】

实训课业（任选一题）：

（1）《旅游市场细分实训报告》。

（2）《旅游目标市场选择实训报告》。

（3）《旅游市场定位实训报告》。

课业要求：

（1）"实训课业"的结构与体例参照本教材"课业范例"中的范例综-3。

（2）实训报告必须包括"专业能力训练"和"职业核心能力与职业道德训练"双重内涵。

（3）各组实训报告初稿须经小组讨论，再提交班级交流。

（4）经过班级交流的实训报告由各小组修改与完善。

（5）在校园网的本课程平台上展示经过教师点评的班级优秀《实训报告》，供相互借鉴。

▲ 创新工作站

编制《优化方案》

【工作目的】

见本章"章名页"中"学习目标"中的"实训目标"。

【工作任务】

制订《关于旅游市场细分与目标市场选择相关业务规范的优化方案》。

步骤及内容：

（1）旅游市场细分，包括旅游市场细分的标准和程序。

（2）旅游目标市场选择。

（3）旅游市场定位。包括旅游市场定位的程序、方法和策略。

【待优化对象】

（1）旅游市场细分的程序。

（2）旅游目标市场选择。

（3）旅游市场定位的程序。

【情境设计】

某企业先前将列入"优化对象"中的那些规则性知识作为相应业务的既定规范。

为强化管理，提高企业竞争力，需要对这些既定规范进行优化。企业管理层要求其研发部门组成若干团队，通过网上调研或其他途径，研究制订关于这些业务规范的《优化方案》。

【工作要求】

（1）在搜集、整理和研究最新相关文献资料的基础上，制订所选业务既定规范的《优化方案》。

（2）所制订的《优化方案》具有明显创新性、优越性和可操作性。

（3）对体现在《优化方案》中的创新不求全责备。

【工作步骤】

（1）将班级同学分成若干组，模拟某企业的不同研发团队，每个团队确定 1 人负责。各团队从"待优化对象"中任选其一。

（2）各团队进行角色分工，通过网上调研等途径，围绕所选"待优化对象"的相关业务，搜集最新研究成果与企业先进管理举措。

（3）各团队整理搜集到的资料，分析比较其与所选"待优化对象"的异同及长短。

（4）各团队以"扬长避短"为宗旨，通过讨论，研究制订所选"待优化对象"的《优化方案》。

（5）在班级交流和修订各团队的《优化方案》，使之各具特色。

（6）在校园网的本课程教学平台上展出经过教师点评的各团队《优化方案》，作为本章"重点实务"的补充教学资料。

【成果形式】

工作课业：《关于旅游市场细分与目标市场选择相关业务规范的优化方案实训报告》。

课业要求：

（1）"实训课业"的结构、格式与体例参照本教材"课业范例"的范例综-4。

（2）将《关于旅游市场细分与目标市场选择相关业务规范的优化方案》以"附件"形式附于《实训报告》之后。

（3）在校园网的本课程平台上展示经过教师点评的班级优秀《实训报告》，供相互借鉴。

═══ 单元考核 ═══

"考核模式""考核目的""考核种类""考核方式、内容与成绩核定"及考核表等规范要求，见本教材"网络教学资源包"中的《学生考核手册》。

第5章
旅游市场营销策略

学习目标

通过本章学习，应该达到以下目标：

理论目标： 学习和把握旅游产品的概念及特征，旅游产品生命周期的概念及各阶段特点，旅游新产品的概念与类型，现代旅游产品的发展趋势，旅游产品的品牌、价格、分销渠道和促销的概念与类型等陈述性知识；能用所学理论知识指导"旅游市场营销策略"的相关认知活动。

实务目标： 学习和把握旅游产品生命周期各阶段的营销策略，策划旅游新产品应遵循的原则，旅游新产品开发的程序，旅游新产品推广策划，旅游产品的品牌、价格、分销渠道与促销策略，相关"业务链接"等程序性知识；能用所学实务知识规范"旅游市场营销策略"的相关技能活动。

案例目标： 运用所学"旅游市场营销策略"的理论与实务知识研究相关案例，培养和提高在特定业务情境中分析问题与决策设计能力；能结合本章教学内容，依照"职业道德与营销伦理"的行业规范或标准，分析旅游企业行为的善恶，强化职业道德素质。

实训目标： 参加"旅游市场营销策略运作"业务胜任力和"'职业工作站'模拟团队活动"的实践训练。在了解和把握本实训所及"能力与道德领域"相关技能点的"规范与标准"基础上，通过切实体验各实训任务的完成，系列技能操作的实施，相关《实训报告》的准备、撰写、讨论与交流等有质量、有效率的活动，培养"旅游市场营销策略运作"的专业能力，强化"自我学习"、"与人交流"、"与人合作"、"解决问题"和"革新创新"等职业核心能力（中级），并通过"认同级"践行"职业观念"、"职业态度"、"职业作风"和"职业守则"等行为规范，促进健全职业人格的塑造。通过制订关于旅游市场营销策略《优化方案》的模拟职业团队活动，丰富本章"重点实务"知识，培养专业调研与业务拓展技能，强化相关职业核心能力。

引例　2016中国承德旅游冰雪季

背景与情景： 2016中国承德旅游冰雪季期间，12月24日10：30—11：10在避暑山庄冰场举办冰嬉大典，活动内容包括鼓乐欢腾、皇家冰嬉、龙舞盛世、欢冰乐雪4个章节，总时长约40分钟。整个冰雪季期间推出《冰嬉大典》演出，冰嬉大典精华"九龙转珠"，时长15～20分钟。同时，2016年12月17日—2017年3月15日举办承德冰雪季摄影大赛，以展现承德冬季旅游魅力为主题，聚焦承德冰雪温泉旅游、木兰围场风情、金山岭长城冬韵、春节民俗文化活动，吸引国内外摄影爱好者、摄影艺术家来承德采风创作。2016年12月24日—2017年2月中旬，在双滦区鼎盛文化产业园区举办鼎盛皇家灯会，活动内容包括45个灯组，广场区、美食区、卡通区、民俗区、财神区5个区域。2016年12日20日—2017年3月20日在普宁寺前举办河北鲲鹏盛世极地冰雪欢乐总会，活动内容包括冰挂参观、冰场运动、儿童娱乐、冰雕观赏等。冰雪季还推出了皇家冰瀑旅游季，2017年1月6日—2017年1月26日在兴隆县安子岭乡天桥峪村举办观赏冰峰、冰雕、冰挂、冰灯、冰洞，举办冰上运动比赛、高山滑冰体验等活动。

资料来源：佚名."甄嬛传"中的大场面将在承德真实上演！这个冬天承德将向全世界证明自己！［EB/OL］.（2016-12-09）.https://mp.weixin.qq.com/s.

问题： 河北承德是如何依托自然资源优势举办承德旅游冰雪季的？

在旅游市场迅速变化的今天，旅游企业要生存、发展就必须制定科学正确的营销策略。从引例中可以看出，旅游市场营销策略的制定首先是制定旅游产品策略，其次是在此基础上制定合理的旅游产品价格，最后借助特定的分销渠道策略和促销策略将旅游市场做强做大。

5.1　旅游产品策略

5.1.1　旅游产品及其特征

旅游产品作为旅游企业的经营对象，遍及旅游产业，甚至存在于旅游产业以外的其他行业，它是旅游市场的核心。旅游产品有广义和狭义之分。广义的旅游产品是指旅游企业在旅游市场上销售的物质产品和活劳动提供的各种服务的总和，即总体层次上的旅游产品（包括吃、住、行、游、购、娱等方面），它既能满足旅游消费者的物质需求，又能满足精神方面的需求。狭义的旅游产品是指由物质生产部门所生产，由商业劳动者所销售的物品，包括旅游消费品、旅游日用品和旅游纪念品等。在此我们主要研究广义的旅游产品。

1）旅游产品的概念

旅游产品是指通过交换能满足旅游消费者在旅游过程中需要的产品和服务的总和，包括旅游资源、旅游设施、可供旅游者使用的各种物品、各种形式的旅游服务等。同其他产品一样，完整的旅游产品包括以下五个层次：

（1）核心产品。核心产品也称实质产品，是指消费者购买某种产品时所追求的利益，是顾客真正要买的东西，因而在产品整体概念中也是最基本、最主要的部分。不同的旅游企业提供不同的产品，其核心层往往有很大区别。如旅行社提供的是"旅游经历"、旅游交通部门提供的是旅游交通工具的座位等。

（2）形式产品。形式产品是核心产品借以实现的形式，即向市场提供的实体和服务的形象，包括旅游产品质量、风格、特点、式样、品牌和包装等。如旅行社的规模、标志、旅游线路、员工的态度和仪容仪表等。

（3）延伸产品。延伸产品是旅游企业为了更好地满足客人的需要而增加的服务项目，是核心产品和形式产品的延伸和进一步完善，包括旅游信息咨询、优惠付款条件、免费接送服务、购物折扣等。旅游企业可以利用这些延伸产品来提高旅游消费者的满意度。

（4）期望产品。期望产品是顾客购买某种产品通常所希望和默认的一组产品属性和条件。例如，客人在景区旅游，期望有安全感、受人尊重和享受良好的服务等。

（5）潜在产品。潜在产品是现有产品可能发展成为未来最终产品的潜在状态，是现有产品的可能演变趋势和前景，是能满足旅游消费者潜在需求的、尚未被消费者意识到，或者已经被意识到但尚未被消费者重视或消费者不敢奢望的一些产品价值。它是旅游企业努力寻求的满足顾客并使自己与其他竞争者区别开来的新方法。

学习微平台

延伸阅读 5-1

职业道德与营销伦理 5-1

尽责的导游

背景与情境： 一次，一个台湾旅行团在游览某景点时，一位台胞突然生病，不能行走。带团的是一位经验比较丰富的导游，在对病人进行简易处理后，关切地问是否去医院治疗，客人回答说是老毛病了，不用去医院，并告诉导游让他带客人先走，留下导游图，稍好些再去追赶他们，以免影响团队的行程。导游为了不影响行程，在征得这位患病台胞同意后，毅然背起他继续旅游。整个团队的游客都被导游的行为感动了，这位台胞更是感动得热泪盈眶。返台后，这位台胞写下了《同胞背我大陆游》的文章在媒体上发表。

资料来源　吴金林. 旅游市场营销［M］. 北京：高等教育出版社，2003：139.

问题： 导游背游客旅游属于整体产品中的哪个层次？你从中受到哪些启发？

分析提示： 旅游产品竞争就是整体产品的竞争，旅游企业通过出售具有综合服务能力的整体产品，使旅游消费者多方面的需求得到满足，同时这位导游提供的（延伸）服务不仅感人至深，而且提高了所在企业的社会形象。

2）旅游产品的特征

旅游产品是由旅游资源、设施和各种服务组合起来的"组合型产品"。它同其他产业的产品相比既有许多相同的共性，又有自身的个性特征，主要表现在：

（1）旅游产品文化内涵性。旅游消费者的需求虽然多种多样，但从深层意义上来说，旅游是为了满足高层次的精神文化需求，是为了增加社会阅历、增长见识和增加自我对世界的感知。因此，旅游产品具有文化的内涵性。例如，以文物古迹和历史遗址为重点的科考旅游产品、以民族文化为特点的文化旅游产品、以大型会展活动为核心的会展商务旅游产品、以特色农业为主的农业旅游产品等。旅游产品只有具有了丰富的文化内涵，才能实现旅游者所追求的文化目标。

（2）旅游产品组合连续性。旅游产品组合连续性的特征主要表现在构成旅游产品的各种要素大都可以独立存在，但又必须在旅游者的旅游过程中连续提供。如交通、住宿、景点导游、旅游购物、娱乐等，虽然都存在着自身的独立性，都可以独立地出售给旅游消费者，但它们仅仅是构成旅游产品的一个环节，是旅游产品的一个单项。旅游产品组合连续性要求旅游业的供给要配套成龙、完整无缺、环环紧扣，使旅游产品达到尽善尽美。所以，旅游业各部门只有充分发挥各自的职能、协调运行，才能保证旅游消费者旅游生活愉快，实现其美好的旅游愿望。

（3）旅游产品购买租借性。旅游产品同一般商品一样，必须通过市场交换才能实现其价值和使用价值。一般商品一旦被消费者购买，它的所有权就随之转移。而旅游产品被旅游消费者购买后，其价值和使用价值虽得以实现，但一般情况下旅游产品并未发生空间的转移，其所有权也未发生变化（转移），即在这个交换过程中没有物流，也没有商流。这说明旅游产品的"出售"实质上不是一般意义上的买卖，而是租借。例如，旅游者支付一定费用购买到风景区游览的权利，实际上就是租借一定时间的旅游地空间。又如，旅游者购买飞机票乘机，他只得到了从出发点到目的地对飞机一个座位的使用权。

（4）旅游产品价值实效性。旅游产品是通过对具体的物品、各种资源设施和服务的有机结合来满足旅游消费者的需要的，只有当旅游消费者购买并在现场消费时，各种资源设施、物品和服务的结合才表现为产品，并实现其价值和使用价值。旅游产品的实效性较强，一天无人购买，这一天的价值就丧失了，不像其他产品，暂时无人购买，其价值和使用价值可以储存起来。如一间客房，当日未被旅游消费者购买、占用，这一天的使用价值便不能实现，应该实现的价值就损失了。

（5）旅游产品使用价值无形感受性。虽然旅游消费者外出旅行的动机各不相同，旅游形式和内容也在不断地变化，但有一点是相同的，那就是寻求精神上的愉快感受，这种感受包括追求人身的自由感、精神上的解放感和特定需要的满足感。这就决定了旅游消费者在旅游过程中不仅追求物质上的满足，更重要的是通过旅游活动获取更多的"感受"和体验，因此，旅游产品的基本功能应是让旅游消费者得到精神方面的最大享受，即提供给旅游者的使用价值主要是一种无形的感受。同样的旅游产品，在旅游企业相同的接待方式下，不同的旅游消费者可能会有不同的感受和体验，就会对同一旅游产品做出不同的评价，这就要求旅游企业要努力开发和生产独具特色的旅游产品，重视对旅游从业人员的培训，力求尽善尽美地为旅游消费者服务，不断变化和丰富旅游产品的内涵，塑造旅游产品的美好形象，强化旅游消费者的感受。

5.1.2　旅游产品的生命周期

现代旅游市场中，由于激烈的竞争，旅游产品更新换代较快，每一种新产品的问世都会使旧产品遭到淘汰，这种淘汰会循环往复地出现，从而使每一种旅游产品都经历从投放市场到被市场淘汰的过程，这就是旅游产品的生命周期。旅游产品生命周期是指某种旅游产品从被开发出来投放市场开始，经历成长期、成熟期后到最后被淘汰的整个市场过程。

1）旅游产品生命周期各阶段的特点

典型的旅游产品生命周期包括四个阶段：投入期、成长期、成熟期和衰退期，如图 5-1 所示。旅游产品生命周期不同的阶段呈现不同的特点。

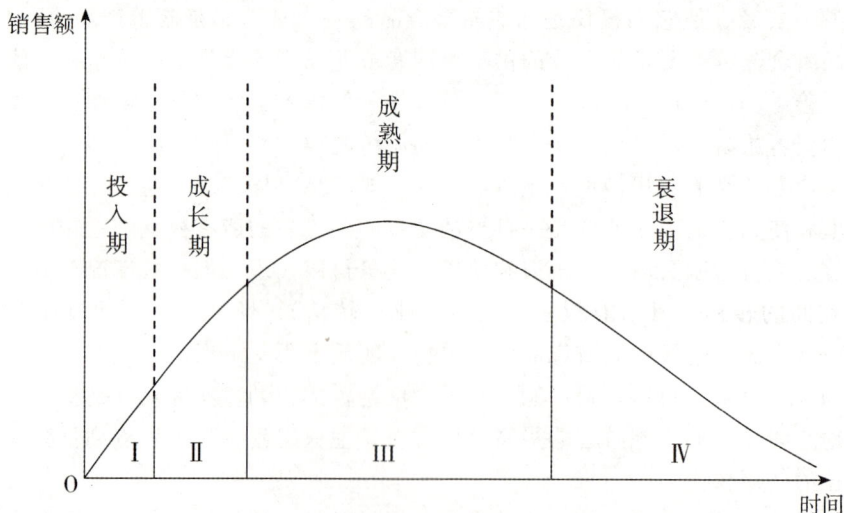

图 5-1　旅游产品生命周期曲线

（1）投入期。投入期又称导入期，是指旅游产品刚投放市场的阶段，具体表现为：新推出的旅游线路、新开业的酒店、新增加的餐饮产品或种类、新开发的旅游项目等。处于这一时期的旅游产品，由于刚刚进入市场，消费者对产品还缺乏了解，消费者对这种旅游产品的消费十分谨慎；该阶段旅游产品的性能有待改进，基础设施需进一步完善；旅游产品的知名度不高，因此销量较低；旅游产品开发费用较高，又需要投入一定的促销费用，因此旅游产品成本较高，从而导致旅游企业利润较低甚至亏损；该阶段由于旅游产品的市场前景还不明朗，因此，竞争者很少或者竞争者还不屑于加入。

（2）成长期。旅游产品平稳度过投入期后便进入成长期，处于成长期的旅游产品已日渐被旅游消费者所接受；旅游产品的性能已基本稳定，基础设施已趋完善；产品知名度渐渐提高；销量大幅度上升，利润额飞速增长，成本逐步下降；由于有利可图，竞争者开始加入。

（3）成熟期。这一时期是旅游产品的主要销售阶段。该阶段市场基本达到饱和，旅游企业产品拥有很高的市场占有率，旅游企业产品的销量最高且相对稳定；增长速度放慢，一般年销售增长速度在 1%～5%；企业利润达到了最高点；这一时期，竞争也最为激烈，达到白热化程度，但后期，在竞争中实力不济者开始退出市场。

（4）衰退期。衰退期是旅游产品逐渐退出市场的阶段。处于衰退期的产品，在市场上已经"超龄"、老化，正逐步被市场淘汰；销量开始下降，利润明显下降；竞争格局已明朗，胜负已成定局。

2）旅游产品生命周期各阶段的营销策略

（1）旅游产品投入期的营销策略。由于投入期的旅游产品市场风险较大，所以旅游企业应采取有针对性的营销策略以使产品快速地进入成长期，该阶段营销策略的核心应突出一个"快"字，主要策略有：

①加强对旅游产品的介绍和宣传。

②利用旅游企业已有的声誉或已有的品牌知名度，提携新产品。

③加强渠道建设，在旅游新产品推广过程中取得中间商的支持与协助。

④施以有效的刺激手段诱使旅游消费者使用。

（2）旅游产品成长期的营销策略。这一阶段，旅游企业的营销目标有两点：一是继续维持已有的销售增长速度；二是逐步扩大市场占有率。该阶段营销策略的核心应突出一个"好"字，其策略有：

①提高旅游产品质量及服务质量，进一步完善基础设施的配套建设。

②加强促销宣传，增强旅游消费者对旅游企业和产品的信任感，提高知名度，创立名牌，使消费者产生偏爱。

③努力开拓新市场，扩大市场范围，进一步做好市场细分，争取赢得更多的旅游消费者。

（3）旅游产品成熟期的营销策略。根据该阶段的特点，旅游企业应尽可能延长旅游产品的成熟期，确保已有的市场占有率和有利的竞争地位，因此该阶段营销策略应突出一个"长"字，具体策略有：

①从深度和广度上改革旅游市场。从深度上可以进行新的市场细分，寻找新的旅游消费者，或增加现有消费者对旅游产品的消费量。从广度上主要是拓展市场的空间区域。

②改革旅游产品和服务。一是产品质量改革，包括提供符合市场需要的旅游产品，在吃、住、行、游、购、娱等方面全方位满足消费者的需要。加大基础设施与配套设施的建设，加强环境的治理和整顿，给消费者提供一个清新整洁的旅游环境。二是服务质量的改革，促进旅游接待服务标准化建设，增设尽可能多的服务项目。三是加强旅游新产品的研制和开发，加大新产品的研发力度，满足细分市场的需求，从而达到延长成熟期的目的。

③改革市场营销组合。企业可以变换市场营销组合中的一个或几个变量来刺激旅游市场的需求，扩大旅游产品的销路。如调整旅游产品价格；开辟多种销售渠道，增加销售网点等。

（4）旅游产品衰退期的营销策略。旅游产品一旦进入衰退期，旅游企业必须及时有效地调整营销策略，因为它直接关系到企业的生死存亡。一般而言，该阶段营销策略的核心应突出一个"转"字，其策略有：

①持续营销策略。继续沿用以往的营销策略，直到该产品完全退出市场，市场生命寿终正寝。

②集中市场营销。把旅游企业的资金和资源集中在最有利的细分市场和销售渠道上，尽可能取得更大的利润。

③榨取营销策略。旅游企业不放弃衰退期产品，尽可能地降低生产成本和各种费用，这样，虽然产品的销量下降，但依靠大幅度降低的成本，旅游企业仍能获得一定的利润。

④放弃营销策略。对于毫无希望的衰退期产品，当机立断、放弃经营，但应当考虑完全放弃还是逐步放弃及放弃的时机。

5.1.3　旅游新产品推广

1）旅游新产品的类型

旅游新产品是指同现有旅游产品相比较，在原理、构成、方法、手段等方面有显著改进和提高，并在一定市场和范围内首次投放和使用，能给旅游消费者带来某种新的满足和新的利益的产品。旅游新产品有以下四类：

（1）全新旅游产品。它指采用新原理、新设计、新方法组合而成的市场上从未有过的旅游产品。锦绣中华、世纪之窗、北京世纪坛、北京鸟巢及水立方等即全新旅游产品。

（2）换代旅游新产品。它是在原有旅游产品的基础上，采用或部分采用新技术、新设计、新原理或新方法等，创造出的新产品。如在原来观光旅游线路的基础上增加休闲内容。

（3）改进旅游新产品。它是对原有产品的局部加以改进而创造出的旅游新产品。如在原三峡游中又加入巫溪的小三峡。

（4）仿制型旅游新产品。它是旅游企业仿制市场上已有的旅游新产品，有时在仿制过程中可能有局部的改进或创新，但基本原理或结构是仿制的。在旅游产品中，这种新产品极为普遍。

同步思考 5-1

现代旅游产品的发展趋势如何？

理解要点：（1）旅游产品多样化。（2）个性化和参与性。（3）大型化和集中化。（4）旅游产品的科技含量进一步提高。（5）主导产品明确，整体形象鲜明。

2）策划旅游新产品应遵循的原则

（1）有市场。旅游企业策划的新产品必须在市场上有一定的销量，为市场所需要。

（2）有特色。旅游企业策划的新产品要具有独特性，有新的性能、用途，符合旅游市场的需要。

（3）有能力。旅游企业必须根据自身的生产条件、技术力量、资金等情况做到量力而行，有能力生产该旅游新产品并能进入目标市场，为旅游消费者服务。

（4）有效益。旅游企业在策划新产品前，一定要对其进行可行性研究，充分挖掘现有的生产能力，争取取得一定的经济效益。

同步案例 5-1

佛罗里达"锦绣中华"的兴衰

背景与情境：佛罗里达"锦绣中华"公园宣布，从 2003 年 12 月 31 起停止营业。公司方面称，此次停业是因为业绩下滑，公司无法继续应付巨额亏损。"锦绣中华"景点坐落于美国佛罗里达州奥兰多市，是国家支持的最大涉外文化产业。"锦绣中华"始建于1993年12月，占地460亩，拥有微缩的故宫、长城、颐和园等60余处景点，公园内每日有三场体现中国民俗和文化成就的艺术表演。与中国深圳的"锦绣中华"一脉相承，是中国境外规模最大的集中介绍中国文化旅游的项目。

资料来源 佚名. 佛罗里达"锦绣中华"运营十年巨额亏损宣告停业［EB/OL］.［2004-01-01］. http://www.chinanews.com/n/2004-01-01/26/387140.html.

问题：试分析"锦绣中华"倒闭的原因。

分析提示："锦绣中华"与周边如迪士尼等大型乐园竞争激烈；"锦绣中华"是以"静景"为主的"中国式公园"，不能满足美国游客喜欢热闹、游乐和购物的旅游口味，知名度和效益很不理想，同时公司制造的景点几乎全靠自有资金，投资成本巨大。

业务链接5-1

图5-2为旅游产品开发的具体步骤。

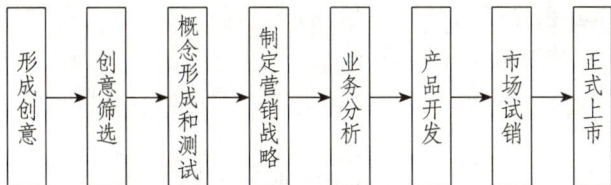

图5-2 旅游新产品开发步骤

教学互动5-1

俄罗斯太空旅馆2016年开张

俄罗斯轨道科技公司宣布，将在茫茫太空中建成人类有史以来的第一座太空旅馆。据悉，这座太空旅馆将被建在距地球350千米的国际空间站运行轨道上，乘客可乘坐俄罗斯"联盟"号飞船抵达旅馆。它的总面积约65平方米，可以容纳7位房客。据透露，在太空旅馆中住5天的费用为10万英镑，而整趟太空之旅的费用则高达50万英镑！太空旅馆的目标客户主要是那些富得流油的亿万富豪。

资料来源 佚名. 俄罗斯太空旅馆2016年开张［EB/OL］.［2011-08-18］. http://news.cn.yahoo.com.

问题：你认为太空旅馆开业后能否有市场？为什么？

要求：

①请两位同学对上述问题给予回答，其他同学予以评论。

②教师对学生的回答和其他同学的评论做最后点评。

3）旅游新产品推广策划

在旅游企业确定了新产品推广的目标受众之后，应根据目标受众的特征采取有效的措施，有针对性地开展促销推广活动。

（1）人员促销。旅游企业派出推销队伍，主动与旅游消费者和中间商联系，加强

学习微平台

延伸阅读5-2

促销。

（2）广告促销。在旅游新产品上市之际，加强广告攻势，使目标受众很快熟悉旅游企业的新产品，迅速培养品牌偏好。

（3）销售促进。开展各种类型的销售促进活动，利用产品展示、新闻媒介、大型活动等广泛推销宣传旅游新产品。

（4）意见领袖促销。借助著名的政治家、专家、各类明星的效应来宣传旅游企业的创新产品。

5.1.4　旅游产品品牌策略

旅游产品的品牌作为一种无形资产，已成为旅游企业在竞争中取胜的关键砝码。旅游产品品牌代表着一定的产品形象，越来越受到旅游消费者的重视，并成为旅游消费者在选择旅游产品时考虑的一个重要因素。

1）品牌的有关概念

（1）品牌。品牌是用以辨别不同企业、不同产品的文字、标记、符号、图案或其有机结合，包括品牌名称、品牌标志和商标。

（2）品牌名称。它是指品牌中可以用语言直呼的部分，如"新疆双飞七日游""上海锦江饭店""承德避暑山庄"等。

（3）品牌标志。它是指品牌中可以识别但不能用语言直呼的部分，通常由符号、图案、颜色等组成。

（4）商标。经注册的品牌或品牌的一部分为商标。商标实际上是一个法律上的名称，是受法律保护的，企业具有专有权。

2）旅游产品品牌策略

（1）统一品牌策略。它是指一个旅游企业经营多种旅游产品时，对其所有的产品都使用同样的品牌名称。

（2）个别品牌策略。它是指旅游企业各种不同的产品或服务分别使用不同的品牌名称。如万豪国际集团即拥有万豪、万丽、万怡、丽思卡尔顿等众多品牌，其中万豪是全面服务酒店，丽思卡尔顿是豪华级酒店，万丽是优质酒店等，不同品牌代表不同级别及功能的产品。

（3）他人品牌策略。它是指旅游企业用属于其他企业所有的品牌发展自己的产品和服务，包括制造商品牌策略和中间商品牌策略。我国旅游企业的品牌大多属于制造商品牌，如国旅推出的"三峡游"。

（4）主副品牌策略。主副品牌策略又称"母子"品牌策略，是指旅游企业在生产多种产品的情况下，给其产品冠以统一名称的同时，再根据每种产品的不同特征给其设定一个次级品牌。

业务链接 5-2

实施主副品牌策略需注意的问题

①正确处理好主品牌与副品牌之间的关系。

②注意副品牌的定位要与目标市场相吻合。

③注意副品牌的命名问题。首先要注意主、副品牌的协调性，其次要注意主、副品牌的关联性，再次要注意副品牌名称的通俗性和简洁性，最后副品牌要能直观形象地表达景区的特点和个性。

④副品牌要起到强化主品牌的作用。

3）旅游产品品牌忠诚策划

品牌忠诚策划就是在如何留住现实旅游消费者、吸引潜在旅游消费者，扩大旅游企业的市场、销售、利润等方面采取的有效措施，包括：

（1）洞察旅游消费需求，及时了解和掌握旅游消费者的意见、要求、建议，并根据旅游消费者的需求主动创造市场。

（2）长期的旅游产品质量保证。

（3）为旅游消费者提供满意的服务。

（4）塑造良好的旅游企业形象。

5.2　旅游产品价格策略

旅游产品价格是旅游消费者为满足自身的旅游需要而购买的旅游产品的价值形式。任何产品在投放市场之前都要确定一个合适的价格，旅游产品也不例外，但由于旅游产品与一般产品不同，所以旅游产品价格策略与其他产品价格策略既有相同之处又有区别。

5.2.1　旅游产品定价的影响因素

影响旅游产品定价的因素较多，一般包括以下几个方面：

1）旅游产品成本

旅游产品的成本是制定价格的基础，是影响旅游产品价格最基本、最直接的因素。旅游产品的成本由固定成本和变动成本组成，一般情况下旅游产品成本越高，价格就越高。同时旅游企业在制定价格时，不仅要考虑旅游产品的个别成本，更重要的是要把个别成本和社会平均成本进行比较，争取使个别成本低于社会平均成本，这样方能取得价格优势。

2）旅游企业的定价目标

旅游企业在发展过程中，由于受环境因素的影响，在不同时期会制定不同的定价目标，因而会形成不同的价格。例如，旅游企业若想尽快收回投资，往往把盈利作为企业的定价目标，从而把旅游产品的价格定得远远高于其产品成本；若旅游企业为了保证有较大的市场覆盖面，争取长期的和更大的发展，则企业的定价目标可能是提高市场占有率，因而旅游产品的价格不能定得过高，应充分考虑到产品价格与价值的一致性以及广大旅游消费者对价格的接受程度，并且旅游产品或服务的价格需要在一定时期内保持不变，甚至表现为优惠价。

同步思考 5-2

旅游产品的定价目标有哪些？

理解要点：（1）以获取理想利润为定价目标。（2）以取得适当投资利润率为定价目标。（3）以维护或提高市场占有率为定价目标。（4）以稳定市场价格为定价目标。（5）以应付与防止竞争为定价目标。

3）旅游产品品质与特性

一般情况下，如果旅游产品品质好、美誉度高，则可采取高价策略，反之可采取中低价策略；旅游产品特色明显、垄断性强、具有不可替代性，则可采取高价策略，反之宜定中低价。

4）非价格竞争因素

旅游企业的非价格竞争主要是通过提升旅游产品品质、增强特色、提高服务水平、提升企业形象等形式表现出来的。为此，许多旅游企业为了实现较高价格的销售，一般都施以较高水平的服务，使旅游产品的价格和相应的服务一致，加深旅游消费者对旅游产品价格的理解和认可；同时，旅游企业还应尽可能提供一些额外免费的服务项目，从而增强旅游消费者对购买较高价格旅游产品的信心。

5）旅游消费者的需求

旅游产品成本是制定产品价格的最低限度，产品价格的最高限度则取决于旅游消费者的需求程度。一般情况下，旅游产品的价格与旅游市场的需求量成反比，产品价格越高，市场需求量就越少。当然，也有一些旅游产品例外，如知名人士下榻过的宾馆，在一定限度内价格上升反而会导致需求量的增多。

6）旅游产品市场竞争状况

旅游产品成本是制定产品价格的最低限度，消费者需求是制定产品价格的最高限度，介于两者之间的价格则取决于市场竞争状况。旅游产品市场竞争越激烈，对旅游产品价格的影响越大。在完全竞争的市场中，企业没有定价的主动权，只能被动地接受市场竞争中形成的价格。在不完全竞争的市场中，由于旅游企业彼此提供的产品存在着差异，企业可根据"产品差异"的优势，部分地变动价格来寻求较高的利润；在寡头竞争的市场中，寡头旅游企业控制着产品的价格；在纯粹垄断的市场中，旅游产品或服务只是独家经营，不存在竞争对手，整个市场及市场价格完全由垄断企业控制。

7）政府的宏观管理

政府的宏观管理主要通过行政、法律以及货币供给、工资和物价政策等手段来体现。政府对旅游产品价格进行干预和管理的目的在于通过法律限制旅游企业不正当竞争、牟取暴利和损害旅游消费者利益的行为，因而政府主要以行政手段、法律手段制定旅游产品的最高或最低限价。

8）汇率变动

汇率是指两国货币的比价，就是用一国货币单位来表示对另一国货币单位的价格。汇率变动不仅影响到一个国家的对外贸易，而且影响到旅游产品的价格。如果本币升值，旅游企业就要考虑提高外币定价，本币贬值就要适当降低外币定价。一般来说，本国汇率下调有利于旅游产品的销售，因为这时外国货币的购买力相对增强，对国际旅游者来说，可以用比过去更少的外币购买同样的旅游产品；反之，本国汇率上调则可能减少旅游产品的销售。

9）通货膨胀

通货膨胀是指在流通领域中的货币供应量超过了货币需求量而引发的货币贬值、物价上涨等现象。旅游目的地的通货膨胀会造成旅游消费者单位货币购买力的下降，使旅游企业的产品生产、经营成本费用增加，从而使企业相应地提高旅游产品价格，并且价格提高的幅度往往要大于通货膨胀上升的幅度，这样才能保证旅游企业盈利，但旅游产品价格的大幅度上升，在一定程度会影响旅游目的地的形象、损害旅游消费者的利益，从而使旅游人数减少、旅游收入下降。

5.2.2　旅游产品定价方法

旅游企业在制定其产品价格时，主要考虑旅游产品的成本、市场需求和竞争状况三大因素，并结合旅游产品情况做出相应的决策。因此，定价方法可分为成本导向定价法、需求导向定价法和竞争导向定价法。

1）成本导向定价法

成本导向定价法是指以旅游产品的成本为主要依据，再综合考虑其他因素来制定旅游产品的价格。由于旅游产品的成本形态不同，以及在成本基础上核算利润的方法不同，成本导向定价法又分为以下三种具体形式：

（1）成本加成定价法。成本加成定价法即按照产品的总成本确定价格，常用平均单位成本加上若干百分比利润。此方法简便易行，在旅游企业中经常被用于制定旅行社产品、饭店餐饮产品方面的价格。需要注意的是，在采用这种定价方法时，必须事前准确地核算产品或劳务的平均成本，根据产品的市场需求弹性等因素确定恰当的利润百分比。

（2）投资回收定价法。投资回收定价法是指旅游企业为了确保投资按期收回，并获得预期利润，根据投资生产的产品成本费用及预期生产的产品数量，确定能实现营销目标的定价方法。该方法一般用于新建酒店客房日收费标准定价和大型娱乐场馆门票的定价。利用投资回收定价法必须注意产品销量和设施利用率的保证，否则就不能确保每年的投资回收率，也就不能实现旅游企业既定的营销目标。

（3）目标收益定价法。目标收益定价法是指根据总销售收入（销售额）和估计的产量（销售量），来确定目标收益率，从而制定价格。目标收益定价法在旅游企业尤其在饭店中应用较为广泛。目标收益定价法的缺陷是：旅游企业必须以预计销量倒推价格，但价格又恰恰是影响销量的重要因素，因而就可能出现达不到预计销量、实现不了预期目标收益的情况。

2）需求导向定价法

需求导向定价法是以旅游产品的市场需求状态为主要依据，综合考虑旅游企业的营销成本和市场竞争状态而制定或调整产品、服务的营销价格的一种方法。

（1）理解价值定价法。理解价值定价法即旅游企业根据购买者对产品价值的认知（"值多少钱"）来制定价格。在现实购买中，顾客往往根据对价值的认知和感受而不是产品的实际成本去决定付出的价格。理解价值定价法有两个关键：第一，对顾客的认知价值做出正确的估计和判断。第二，用营销手段中的各种非价格因素对顾客的认知价值做出有效引导。如利用产品形象、促销活动和网点选择等，对顾客施加影响，使他们形成既定的"认知价值"。

（2）需求差别定价法。需求差别定价法主要是根据旅游消费者不同的需求强度、不同的购买力、不同的购买地点、不同的购买时间等方面的差异来确定不同的价格。

3）竞争导向定价法

竞争导向定价法是以同类旅游产品的市场竞争状态为依据、以竞争对手的价格为基础的定价方法。此方法以竞争为中心，并结合旅游企业自身的实力和发展战略等因素来定价。

（1）率先定价法。率先定价法是旅游企业采取率先定价的姿态制定出符合市场需求的价格，并能在市场竞争中取得较好的经济效益的一种方法。这是一种主动竞争的定价方法，一般为实力雄厚或产品独具特色的旅游企业所采用。

（2）随行就市定价法。随行就市定价法是指以同行业的市场平均价格为基础，来制定企业旅游产品的市场可行价格。该方法可以避免市场竞争，使企业获得稳定的市场份额。

（3）密封竞标定价法。密封竞标定价法是在招标竞标的情况下，旅游企业根据对其竞争对手报价的估计确定价格的方法。其目的在于签订合同，所以它的报价应低于竞争对手的报价。

业务连接5-3

旅游产品定价步骤

①对目标市场的购买力及倾向进行评估。
②对旅游企业的产品成本进行估测。
③对旅游企业的市场环境进行调研。
④确定旅游企业的定价目标。
⑤选择旅游企业定价的方法和策略。

5.2.3　旅游产品定价策略

在明确了旅游产品定价步骤与方法之后，旅游企业还必须运用一定的定价策略，制定合适的价格，实现旅游企业的营销目标。

1）新产品定价策略

（1）撇脂定价策略。撇脂定价策略是指新产品上市初期，价格定得很高，随着时间的推移而逐渐降低售价。其目的是在短时间内收回产品的研发成本并获取高额利润。撇脂本意是从牛奶上层中撇取奶油，在此喻赚取利润。撇脂定价策略适用于具有独特的技术、不易仿制、生产能力不容易迅速提高等特点的新的旅游产品，利用消费者求新、求奇、求特的心理，迎合市场上高消费或时尚性的要求。

（2）渗透价格策略。渗透价格策略是指产品投入市场时，利用旅游消费者的求实心理，将旅游新产品以较低的价格吸引旅游消费者，以期很快打开市场，扩大销量，待销路打开后，再逐步提高价格。渗透价格策略适用于市场对价格高度敏感；随着销量的增加和经验的积累，旅游企业能降低单位成本，能尽快大批量生产；产品特点不太突出、易仿制、技术简单的旅游新产品。

（3）满意价格策略。满意价格策略是一种折中价格策略，采取比撇脂价格低但比渗透价格高的适中价格。当不存在适合撇脂定价或渗透定价的环境时，旅游企业往往采取该种策略。这种定价策略既能保证旅游企业获取一定的初期利润，又考虑到了旅游消费者的购买能力和购买心理，能够增强旅游消费者的购买信心。

2）心理定价策略

心理定价策略是旅游企业为了迎合旅游消费者的心理需要而采取的一种灵活定价的措施。常用的心理定价策略有以下几种：

（1）尾数定价策略。尾数定价策略是指为旅游产品定一个带有零头数结尾的非整数价格，从而使旅游消费者认为该价格是经过精确计算的最低价格，是非常合理的。该定价策略适宜于价格低的旅游产品。如 19.8 元／袋的旅游产品（杏仁）看起来比 20.5 元／袋的旅游产品（杏仁）更有吸引力。

（2）整数定价策略。整数定价策略是旅游企业在定价时把旅游产品的价格定在整数上的一种策略。它能体现出旅游产品本身的价值，使旅游消费者产生"一分钱一分货"的感觉，从而促进旅游产品的销售。该定价策略适宜于高档、名牌旅游产品（旅游产品中的一些高档工艺品、字画以及高星级酒店的客房等往往采用这种定价策略）。如定价 500 美元一天的豪华套房不宜定价为 498.8 美元。

（3）招徕定价策略。招徕定价策略是针对旅游消费者求廉的心理而采取的一种价格策略。它是以旅游企业部分旅游商品的特殊价格（减价）吸引旅游消费者，带动和扩大其他旅游产品的销售，从而在整体上提高旅游企业的总销售收入和盈利的策略。

（4）声望定价策略。声望定价策略是指针对旅游消费者"价高质必优"的心理，对在旅游消费者心目中有信誉的产品制定较高的价格，以满足某些旅游消费者追逐名牌商品、崇尚名店店牌的心理需要。因为旅游商品的价格档次常常被认为是产品质量的直观反映，特别是旅游消费者在识别名优产品时，这种心理意识尤为强烈，因此，高价与性能优良、独具特色的名牌产品比较协调，更易显示出产品特色，使旅游企业的产品给消费者留下优质的印象或使消费者感到购买这种产品可提高自身的价值（社会地位）。

3）折扣定价策略

折扣定价策略是旅游企业制定的旅游产品或服务的基本标价不变，而是通过调整实际销售价格，把一部分价格转让给购买者，鼓励旅游消费者大量购买、及早购买、用现款购买自己的产品或服务的一种价格策略。

（1）现金折扣策略。现金折扣策略是旅游企业对现金交易、按期或提前付款的旅游产品或服务购买者给予一定的价格折扣优惠的策略。

（2）数量折扣策略。数量折扣策略是指旅游企业为了鼓励旅游消费者大量购买或多次购买本企业的旅游产品或服务，根据所购买的数量给予产品购买者一定的折扣。如旅行社推出 15 人以上集体报名旅游，旅行社免收 1 人旅游费用。数量折扣策略有累计数量折扣和一次性数量折扣两种形式。

（3）季节折扣策略。季节折扣策略是旅游企业为适应旅游产品季节性强、销售波动大的特点而采取的在淡季时给予旅游消费者折扣优惠的策略。如承德避暑山庄门票价格旺季120元、淡季90元。

（4）同业折扣策略。同业折扣策略是指旅游产品或服务的生产企业根据各类中间商在市场营销中所担负的不同职责，给予不同的价格折扣。如希尔顿旅馆公司向旅游批发商收取净房价，若旅游批发商代替团队订房，则该旅馆公司给旅游批发商的价格低于一般团队价格的15%。

教学互动5-2

西湖模式：门票免费的另类启示

"景区不仅仅是贩卖一个景点，更是在提供一个服务的体系。"杭州旅游委员会宣传处处长华雨农在杭州接受采访时说，杭州西湖坚持免费，一方面是响应还湖于民的政策，坚持把自然风景和人文景观一起还给民众；另一方面也是开拓一种新的旅游模式，通过免费的方式吸引大批的游客来杭。游客增加和逗留时间的延长，带动了杭州市餐饮、旅馆、零售、交通等周边服务行业乃至整个城市的整体发展。

"西湖著名的241算法，说只要每个游客在杭州多留24小时，杭州市的年旅游综合收入便会增加100亿元。"免费的西湖没有了门票收入，却没有因此而亏钱，反而赚得更多。据了解，西湖在免费开放前，杭州一年的旅游总收入为549亿元，但是2011年，杭州的旅游总收入已经达到1 191亿元。西湖的成功转型，引发了业界对旅游经营模式的探讨。

资料来源　汪恩民，刘诗旖．西湖模式：门票免费的另类启示［N］．中国改革报，2012-05-17．

问题：

①西湖模式是否适合所有旅游景点？为什么？

②西湖免费的启示是什么？

要求：

①请3位同学对上述两个问题进行回答，其他同学予以评论。

②教师对学生的回答和其他同学的评论做最后点评。

5.3　旅游产品分销渠道策略

旅游产品从旅游生产企业转移到消费者手中，是通过一定的渠道实现的，即在"特定的时间""特定的地点"，以"特定的方式"提供给"特定的旅游消费者"。

5.3.1　旅游产品分销渠道的概念及类型

1）旅游产品分销渠道的概念

旅游产品分销渠道是指旅游产品或服务从旅游企业向旅游消费者转移过程中所经过的一切取得所有权（使用权）或协助所有权（使用权）转移的企业或个人，也就是旅游产品所有权（使用权）转移过程中所经过的各个环节连接起来而形成的通道。旅游产品分销渠道的起点是旅游产品生产者，终点是旅游消费者，中间环节包括各种旅游批发商、零售商、代理商、其他中介组织和个人等。

同步案例5-2

香港迪士尼乐园的分销渠道策略

背景与情境：香港迪士尼乐园从开业至今，已经接待超过100万游客。它在销售渠道建设方面的成功经验值得我们借鉴。它的分销渠道策略具有计划性强、注重网络售票、采取包销制和手段灵活多样的特点，具体步骤有：

2005年2月15日，香港迪士尼乐园开通了奇妙假期订房热线。2005年7月1日，乐园公布售票安排，并开始接受网络订票。2005年7月12日，乐园公布首批25家包销商名单，携程网成为在内地的唯一合作网站。2005年8月5日，乐园再次公布第二批包括17家旅行社在内的包销商名单。在已公布的42家包销商中，内地旅行社有12家，其中北京3家、上海2家、广东7家。另外，中国香港、中国台湾以及其他地方的旅行社共分配了30个名额。2005年8月16日，在香港地铁站设立销售点，并拟定在"7-11连锁便利店"和皇岗口岸出售门票。

资料来源　沈杨. 旅游市场营销与管理［M］. 2版. 北京：人民邮电出版社，2011：135.

问题：分析香港迪士尼乐园的分销渠道策略？分销渠道的作用有哪些？

分析提示：用什么样的渠道将产品和服务销售给最终顾客，是所有旅游企业营销战略的重要组成部分。香港迪士尼乐园通过与众多包销商建立渠道关系，在畅通渠道的同时方便了旅游消费者的购买。旅游产品的分销渠道主要有直接分销渠道和间接分销渠道。旅游产品分销渠道是保证旅游企业再生产过程顺利进行的前提条件，是提高旅游企业经济效益的重要手段，同时直接影响着旅游企业其他营销策略的实施效果。

2）旅游产品分销渠道的类型

旅游产品分销渠道是按照渠道中间环节的多少来分类的。一般来说，旅游产品分销渠道可划分为直接分销渠道和间接分销渠道。

（1）直接分销渠道。直接分销渠道是指旅游产品的生产者不借助任何中间商直接把产品卖给旅游消费者，也就是所谓的零级渠道。直接分销渠道的形式有三种：第一，旅游消费者到生产现场购买。如旅游消费者直接到旅行社购买旅行社自行提供的地区性旅游产品；第二，旅游消费者通过各种直接预订方式购买，如旅游消费者通过电话、网络直接预订旅游企业推出的旅游产品；第三，旅游消费者通过旅游企业的自设零售系统购买，如旅游消费者到有实力的大型旅游企业在主要客源地所设办事机构购买其旅游产品。

直接分销渠道的模式为：旅游产品生产商→旅游产品消费者。

直接分销渠道的主要优势是由于环节少，渠道短，可以节省流通费用，降低成本；便于直接沟通，能及时掌握旅游消费者需求的变化。其不足是旅游企业与市场的接触面较小，可能会影响旅游企业产品的销量。因此，直接分销渠道适用于规模较小的旅游企业。

（2）间接分销渠道。间接分销渠道是指旅游企业通过两个或两个以上层次的旅游中间商向旅游消费者销售旅游产品，即企业不直接向消费者出售产品，而是通过中间商进行。

间接分销渠道有以下三种模式：

①一级渠道模式。旅游企业通过一个层次的中间商向旅游消费者销售产品。其模式为：旅游产品生产者→旅游零售商→旅游消费者。这种渠道模式适用于销售批量不大、销售地区狭窄或单一的旅游产品。它有利于降低旅游企业的产品成本，提高经济效益。

②二级渠道模式。旅游企业通过两个层次的旅游中间商向旅游消费者出售旅游产品。其模式为：旅游产品生产者→旅游批发商→旅游零售商→旅游消费者。这种渠道模式在国际旅游业中被广泛运用。旅游批发商和旅游零售商利用各自的优势联合推介旅游产品，尤其是旅游批发商，更是利用自己强大的网络、规模等实力，组合设计大量的适合市场需要的旅游产品。

③三级渠道模式。旅游企业通过三个层次的旅游中间商销售旅游产品。其模式为：旅游产品生产者→旅游代理商→旅游批发商→旅游零售商→旅游消费者。这种渠道模式在国际旅游市场营销中也被广泛采用，当一国旅游企业欲进入另外一个国家的市场时，往往通过另一国的旅游代理商进行，主要是因为旅游企业对另一国的旅游市场不熟悉，和该国旅游批发商和零售商接触少。

5.3.2　影响旅游产品分销渠道选择的因素及旅游中间商

1）影响旅游产品分销渠道选择的因素

旅游企业在进行分销渠道类型的选择时，会受到许多因素的影响和制约。一般情况下，影响旅游产品分销渠道选择的因素主要有：

（1）旅游产品。旅游产品是旅游企业选择分销渠道时应首先考虑的因素。影响旅游产品分销渠道的产品因素主要有：旅游产品的性质、种类、档次、等级等。

（2）旅游市场。影响旅游产品分销渠道选择的市场因素较多，主要包括：目标市场范围的大小、旅游消费者的集中程度、旅游消费者的购买习惯、竞争者所采用的渠道类型等。

（3）旅游企业本身。在旅游产品分销渠道的选择过程中，旅游企业产品组合状况，旅游企业的规模、声誉、资金实力，旅游企业的营销水平和管理能力等也会对其产生重大影响。

（4）旅游中间商的状况。旅游产品生产者如果能找到理想的中间商，能为旅游企业承担部分营销职能，则可采用间接分销渠道；如果中间商状况不理想，则企业只能采用直接分销渠道。

（5）外界环境因素。外界环境因素主要包括人口、经济、政治、自然、技术等，它们都会对旅游企业的渠道决策产生很大的影响。

2）旅游中间商

旅游中间商是指处于旅游产品生产者与旅游消费者之间，参与旅游产品流转，促进旅游产品买卖行为发生和实现的组织或个人。由于旅游中间商在旅游市场营销中的作用不同，旅游中间商的类型也呈多样化。在旅游市场营销中，旅游中间商通常有以下三种：

（1）旅游经销商。旅游经销商是进一步转卖旅游产品的中间商，即先买入旅游产品然后再卖出旅游产品的中间商。其利润的取得主要是旅游产品的进销差额。旅游经销商包括旅游批发商和旅游零售商。

①旅游批发商。旅游批发商是从事旅游产品批发的旅游公司，通过大批量地购买涉及旅游产品的构成要素，组合成各种各样的旅游产品，然后批发给旅游代理商或旅游零售商，不直接向公众出售自己组合的旅游产品。一般来说，旅游批发商有满足各种经营需要的充足的资金基础；有自身直接控制或可以信赖的组织严密、范围广大的销售网络；有丰富的专业经营与营销经验。在旅游产品分销渠道中，旅游批发商具有举足轻重的地位。

②旅游零售商。旅游零售商是从事旅游产品零售业务的旅游中间商。它从旅游产品生产企业或旅游批发商处购进旅游产品，再以零售价出售给旅游消费者。旅游零售商是旅游产品分销渠道的最终环节，直接联系旅游消费者，一般规模小，但数量多。

（2）旅游代理商。旅游代理商是接受旅游产品生产者或经营企业的委托，在一定区域内代理销售其产品的中间商。旅游代理商并不取得旅游产品的所有权，只起交易中间人的作用，并不承担任何风险，其收入来自被代理企业支付的佣金。旅游代理商是当前世界上旅游产品销售渠道的主要环节形式，大型旅游代理商在发展旅游事业方面起着举足轻重的作用。

（3）其他中间环节机构。除了以上两种类型中间商外，还有一些其他形式的中间环节机构存在，它们在旅游产品分销的过程中，承担着旅游产品中间商的职责，对旅游产品的销售起到了重大的作用，成为分销渠道中间环节的重要补充，主要包括行业大型公司的旅游部、航空公司机票代理处、各种预订及分销系统、各级政府旅游管理当局、会议旅游组织、旅游协会等。

3）旅游产品分销渠道的策略选择

（1）直接分销渠道或间接分销渠道策略。这是指旅游企业决定用直接分销渠道还是间接分销渠道的策略。策略的制定取决于很多因素，如产品因素、市场因素、企业本身因素、外部环境因素等。实际工作中，由于旅游产品是组合配套产品，价值具有不可储存性和时效性，面对的目标市场范围较广，目标顾客数量众多并且分散，因此，旅游企业通常会采用两种渠道策略并存的方式来销售旅游产品。

（2）分销渠道长度选择策略。旅游产品分销渠道的长度取决于旅游产品从生产企业到旅游消费者的转移过程中所经历的中间环节或层次的多少。中间环节越多，则渠道越长；反之，则越短。一般情况下，旅游企业应力求用较短的渠道销售旅游产品。

（3）分销渠道宽度选择策略。分销渠道宽度选择策略是指确定渠道的每个层次中使用同种类型中间商数目的多少。它通常有三种形式：

①广泛分销渠道策略。它是指旅游产品生产者在渠道的每个层次中，尽可能多地使用中间商来销售其旅游产品的策略。

②选择性分销渠道策略。它是指旅游产品生产者择优选择一部分旅游中间商作为渠道成员来销售本企业旅游产品的策略。

③独家经销渠道策略。它是指旅游产品生产者在一定时期内，在一个地区只选择

一家旅游中间商来销售本企业的旅游产品。

5.4 旅游产品促销策略

在旅游市场的营销策略中，旅游产品策略强调的是创造价值，旅游产品价格策略关注的是体现价值，旅游产品分销渠道策略的侧重点在于交付价值，而旅游产品促销策略的着力点是在旅游企业和旅游消费者双向沟通中展示和宣传价值。

5.4.1 旅游产品促销概述

1）旅游产品促销的概念

旅游产品促销就是旅游产品经营者将有关本企业及产品的信息通过各种方式传递给旅游消费者，促进其了解、信赖并购买本企业的产品或服务，以达到扩大销售的目的。旅游产品促销的实质是旅游产品经营者与购买者之间的信息沟通。其原理是通过各种形式不断向购买者传递企业及产品或服务的信息，以形成外界刺激，激发购买者的欲望，促使其采取购买行动，实现购买，从而达到促销的目的。

同步案例5-3

在直播平台上"玩火"的三峡人家

背景与情境："朝辞白帝彩云间，千里江陵一日还。两岸猿声啼不住，轻舟已过万重山。"历经千年，诗人李白笔下的峡江美景也在颠覆传统。最近三峡人家景区的宣传推广方式也让人目瞪口呆了一回。借助腾讯播客直播"上刀山，下火海"等特技表演，用自媒体发布现场图文内容，同时联合斗鱼直播平台进行"网红传播"，并利用网络软文进行推广，三峡人家获得了许多围观群众的关注。时代变迁，斗转星移，即便是古老严肃的景区也需要破旧迎新，改变一下古老而传统的宣传方式，毕竟这是一个不追随潮流脚步就会被淘汰的大环境。三峡人家也算是越来越先进了，利用社交传播方式来进行宣传推广，通过粉丝分享传播，获取有效的口碑宣传。敢于"玩火"的三峡，看来你是真的要火呀。

资料来源 waikatolabrary.14个旅游营销经典案例.在直播平台上"玩火"的三峡人家［EB/OL］.（2017-05-31）.http：//www.360doc.com/content/17/0531/08/12102060_658617889.shtml.

问题：分析三峡人家景区的宣传推广方式。

分析提示：旅游企业宣传的方式众多，但三峡人家景区独特的宣传方式却让人耳目一新，改变传统的宣传方式，利用直播平台，通过社交传播方式吸引观众的注意。

2）旅游产品促销方式

旅游企业常用的促销方式主要有以下四种：

（1）旅游广告。旅游广告是旅游企业借助广告媒体，以付费形式向目标市场的受众传播有关旅游产品或旅游企业的信息，以扩大影响和提高企业知名度，达到快速销售的目的。

旅游广告的优点是宣传面广，传递信息快，便于实现快速销售；形式多样，表现力强，形象生动。缺点是只能与旅游消费者进行单向信息传递，效果不能立即体现，有些媒体促销费用较高。旅游广告策划的过程如图 5-3 所示。

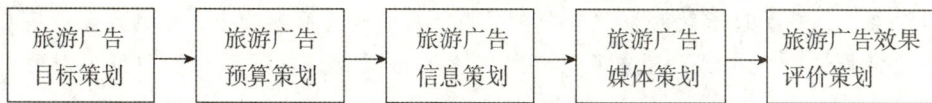

图 5-3　旅游广告策划的过程

①旅游广告目标策划。它是指在一定时期内旅游企业对某些特定潜在受众所要完成的信息传播策划。旅游广告目标必须依据旅游企业市场营销策略和目标市场来确定。根据广告的沟通对象和销售目标的不同，旅游广告目标策划包括告知型、劝导型、提醒型广告三种。

②旅游广告预算策划。它是指在一定时期内计划投入的广告费用总额。旅游广告预算主要包括市场调查费、广告设计费、广告制作费、广告媒体租金、广告机构办公费及人员工资、广告公司代理费等。影响旅游广告预算的因素较多，如旅游产品的生命周期、销售量、利润率、市场因素、竞争状况、国家政策和旅游企业促销策略等。常见的广告预算方法主要有量入为出法、销售百分比法、竞争对等法和目标任务预算法。

③旅游广告信息策划。它是指设计策划要发送给旅游消费者和潜在旅游者的广告信息。它是旅游广告策划活动中最富有创造力的部分。在策划广告信息时要注意所传达的广告信息必须体现真实性、简洁性、一致性和形象性。旅游广告信息策划一般通过旅游广告信息的制作、旅游广告信息的评价与选择、旅游广告信息的表达三个步骤来实现。

④旅游广告媒体策划。它是指选择负载广告信息的媒体。广告媒体的类型较多，如报纸、杂志、电视、广播、网络、户外、邮寄、LED 等，进行旅游广告媒体策划时要综合考虑目标顾客的视听习惯、旅游产品的特点、广告信息的特点、费用水平等因素，以正确选择媒体的类型及传播时间。

⑤旅游广告效果评价策划。它是指衡量广告费用的投入是否获得预期效益的策划活动。广告效果评价策划主要包括反映销售情况变化的销售效果和反映消费者心理层面变化的沟通效果两个方面，目的是为修订广告计划提供依据。

职业道德与营销伦理 5-2

暗藏玄机的"免费出国游"广告

背景与情境： L 旅游公司推出了"免费出国游，莫失良机"的广告，内容是该公司新推出了东南亚某国五天四夜游线路，邀请"有限名额"的旅游者免费参加。不少游客踊跃报名参加。游客在交了近 1 000 元的各类"手续费""证照费"以后终于成行。可到达旅游目的地后，游客被告知高额的住宿费要自己支付，且每天大部分时间都在购物，在旅游景点，大部分项目也都由游客自掏腰包，价格也高得出奇。回国后经粗略计算，除购物以外，游客实际支付的旅游费平均达 4 500 元。暗藏玄机的"免费出国游"变成了超级豪华出国游。

资料来源　吴金林. 旅游市场营销［M］. 北京：高等教育出版社，2003：230.

问题： 旅游企业在广告信息决策中应注意哪些问题？

分析提示：旅游企业在广告信息决策中应注意广告信息的真实性、简洁性、一致性和形象性。其要求所做的旅游广告在形式上具有较强的感染力，生动形象；语言简洁，通俗易通；内容上必须体现真实性，做到形式与内容一致，切勿做虚假的广告宣传。

（2）旅游人员推销。旅游人员推销是旅游企业利用推销人员直接与旅游消费者面对面接触，使旅游消费者了解并购买本企业产品的促销方式。

旅游人员推销的优点是直接灵活、针对性强；具有公共关系的作用，能促进交易双方建立良好的关系，进而争取更多的买主；能及时了解旅游消费者的反应和竞争者的状况，为旅游企业研究市场、开发新产品等提供更多的有价值的信息。其缺点是推销范围受推销员数量的限制；费用高，会增加销售成本；推销效果受推销员素质的影响。旅游人员推销的方式一般有营业推销、派员推销和会议推销等。旅游人员推销策划的过程如图5-4所示。

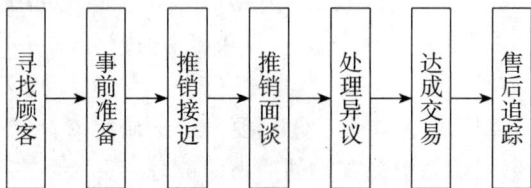

寻找顾客 → 事前准备 → 推销接近 → 推销面谈 → 处理异议 → 达成交易 → 售后追踪

图5-4　旅游人员推销策划的过程

①寻找顾客。旅游人员推销过程的第一步是寻找顾客，寻找顾客的方法很多，如利用现有顾客介绍、建立关系网、利用各种资料建立情报网等。

②事前准备。推销人员在接近顾客前，必须做好认真准备，制订周密的计划，预测可能出现的各种情况，并拟订出应变方案，只有这样，才能顺利进入面谈阶段。事前准备包括：了解目标顾客的情况、拟订推销接近的方案、确定见面的时间和地点、对推销过程中可能出现的意外情况做出预测、准备好接近顾客时必需的资料、与顾客进行事先约见、向拟访顾客通报访问的时间与地点等。

③推销接近。推销接近即开始登门拜访顾客，使顾客产生好感。推销接近的技巧主要有：商品接近法、利益接近法、介绍接近法、问题接近法、馈赠接近法、赞美接近法等。

④推销面谈。推销面谈是推销人员运用各种方式、方法和手段去说服顾客采取购买行动的过程。推销面谈的目的在于沟通推销信息，诱发顾客的购买动机，激发顾客的购买欲望，说服顾客采取购买行动。

⑤处理异议。推销人员在推销过程中会遇到顾客的反对意见（顾客异议）。推销人员要千方百计地弄清顾客异议的真实原因，克服和排除障碍，说服顾客，促成交易。

⑥达成交易。达成交易是推销人员所希望的结果，是整个推销工作的最终目标。推销人员应该善于抓住与顾客能够成交的机会，尽快促成交易。

⑦售后追踪。成交签约，并不意味着交易的结束，还需要推销人员继续与顾客交往，如提供售后服务、征求顾客意见以及和顾客建立、保持一种良好的关系等。

（3）旅游营业推广。旅游营业推广是旅游企业通过一系列短期性、临时性的促销战术，对旅游消费者进行强烈刺激，以激发其购买欲望，促使其迅速购买的一种促销活动。

旅游营业推广的优点是灵活多样，具有较强的刺激性和短期高效性。其缺点是影响面小，过分渲染或经常使用，容易使顾客对卖者产生疑虑，反而对产品或价格的真实性产生怀疑。

营业推广的形式主要有三类：第一，面向旅游消费者的推广方式，包括优惠券、附赠品销售、有奖销售、免费使用、会员营销等；第二，面向中间商的推广方式，包括折扣、展销、返利、推销奖金、合作广告等；第三，面向推销人员的推广方式，包括奖金、带薪休假、奖励旅游、销售提成、推销竞赛等。旅游营业推广策划的过程如图5-5所示。

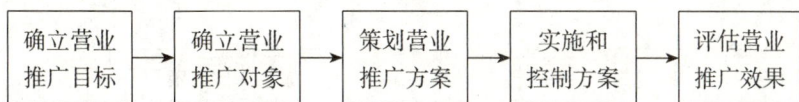

确立营业推广目标 → 确立营业推广对象 → 策划营业推广方案 → 实施和控制方案 → 评估营业推广效果

图5-5 旅游营业推广策划的过程

①确立营业推广目标。营业推广目标是市场营销目标在促销策略方面的具体化。营业推广目标要依据所选定的目标旅游市场对象而定。如对旅游消费者的推广目标是增加使用量、鼓励经常和重复购买、吸引潜在购买者使用；对中间商的推广目标是鼓励增加经销量和协助进行促销活动；对推销人员的推广目标是鼓励推销员积极推销旅游产品。

②确立营业推广对象。营业推广对象有旅游消费者、中间商和推销人员。在不同时期，旅游企业营业推广的主要对象不同，因此采取的推广方式就不一样。

③策划营业推广方案。营业推广方案是旅游企业营业推广活动的具体安排，包括旅游营业推广的规模与强度、对象、途径、时间及费用等内容。

④实施和控制方案。旅游营业推广方案制订以后必须实施，并在实施过程中进行有效控制，发现问题及时解决，不断完善推广方案，力求达到最佳效果。

⑤评估营业推广效果。要想了解旅游营业推广是否已取得预期效果，必须对其进行评价。评价方法包括销售量评价法和旅游营业推广利润评价法。

同步案例5-4

带妈妈去旅行 母亲节洛阳老君山景区免门票

背景与情境： 2014年5月11日，在母亲节即将来临之际，洛阳老君山景区推出了感恩活动："爱要说出来，带妈妈去旅行。"凡关注老君山微信公共平台，且自驾到老君山景区（含7座以下车辆），并说出想对妈妈说的话（语音、文字不限），在5月11日当天来老君山景区，即可享受"母亲免门票、陪同子女门票半价"的优惠。

资料来源 佚名．"爱要说出来，带妈妈去旅行"洛阳老君山感恩活动［EB/OL］．［2014-05-09］．http：//henan.163.com.

问题： 洛阳老君山景区推出感恩活动的原因是什么？其主要营业推广对象及具体方式是什么？

分析提示： 洛阳老君山景区为了提高景区知名度，吸引游客，利用母亲节这个时机，抓住游客孝敬母亲的心理，推出此活动，对象主要是关注老君山微信公共平台，且自驾到老君山景区，并说出想对妈妈说的话的游客。

（4）旅游公共关系。旅游公共关系是指旅游企业以社会公众为对象，通过信息沟通，发展旅游企业与社会公众之间的良好关系，提升旅游企业和产品的形象，营造有利于旅游企业的经营环境与经营态势的一系列措施和行动。

旅游公共关系的优点是宣传促销成本低；可信度高，有助于强化顾客对产品的印象。其缺点是短时间内效果不明显，需要旅游企业长期不懈的努力。

旅游公共关系的类型有宣传型公共关系、交际型公共关系、矫正型公共关系、服务型公共关系、社会型公共关系、征询型公共关系等。旅游公共关系策划的过程如图5-6所示。

图5-6　旅游公共关系策划的过程

①确定交流对象。实施旅游公共关系促销首先应明确其公关对象，以便根据公关对象的特点采取有针对性的公关措施。

②确定交流问题。明确与主要公众之间需要交流哪些问题。

③确定交流目的。公关的目的是树立和维护旅游企业良好的形象和信誉。交流的目的如果不明确，交流的内容就不准确，进而影响到公关的效果。

④确定交流内容。根据交流的目的，旅游企业应明确向公众传播哪些信息，以便加强旅游企业与公众之间的联系和相互理解。

⑤确定交流方式。旅游企业在公关活动过程中与公众交流的方式有很多，旅游企业应根据公关的目的和交流的内容以及目标公众的行为特点等选择适当的公关方式。

⑥策划公关计划及实施。公关活动是一项长期的战略活动，需要旅游企业根据实际情况策划一套科学完整的公关计划并进行相应的组织实施。

⑦评估实绩。旅游企业可采用一些科学合理的方法对其开展的公关活动进行评价，以便及时总结、改进，达到公关促销的目的。

同步思考5-3

如何实施旅游公关？

理解要点： ①新闻公关。②参与社会公益活动公关。③出版各种宣传资料公关。④专题公关。⑤导入CIS。

3）旅游产品促销组合

旅游产品促销组合就是有目的、有计划地把广告、人员推销、营业推广和公共关系四种形式结合起来，综合运用，发挥各自优势，达到企业促销的目标。

旅游产品促销组合的运用，应考虑旅游产品、市场环境、促销预算、旅游企业特征、竞争状况等多方面影响因素，来制定相应的促销组合方式。

5.4.2　旅游产品促销策略的分类

旅游产品促销策略包括推式策略和拉式策略，如图 5-7 所示。

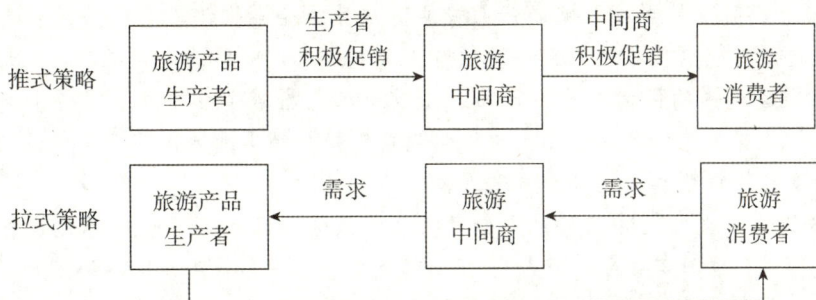

图 5-7　旅游产品促销策略

1）推式策略

推式策略是指旅游企业将产品或服务直接"推"到旅游中间商或最终消费者手中，该策略多以旅游中间商为促销对象。旅游产品生产企业以此来指导对渠道成员的促销活动，以使旅游中间商订购它们的产品并将其销售给旅游消费者。通常使用的促销方式以人员推销为主，辅之营业推广和公共关系等手段。

2）拉式策略

拉式策略是指旅游产品生产者大量运用广告和其他宣传措施激发旅游消费者对企业产品产生兴趣，并做出购买行为。该策略多以旅游消费者为促销对象，促使其主动向旅游企业寻求产品或服务。该策略一般以广告宣传和营业推广为主。

≡ 本章概要 ≥

　□ 内容提要与结构

　▲ 内容提要

　● 旅游产品是指通过交换能满足旅游消费者在旅游过程中需要的产品和服务的总和。完整的旅游产品包括核心产品、形式产品、延伸产品、期望产品和潜在产品五个层次。旅游产品具有文化内涵性、组合连续性、购买租借性、价值实效性和使用价值无形感受性等特征。旅游产品的生命周期包括投入期、成长期、成熟期和衰退期四个阶段。各阶段的特点不同，因而采取的营销策略不同。旅游新产品有全新旅游产品、换代旅游新产品、改进旅游新产品和仿制型旅游新产品四种。策划旅游新产品时应遵循有市场、有特色、有能力、有效益的原则。旅游新产品推广策划可通过人员促销、广告促销、销售促进和意见领袖促销进行。品牌是用以辨别不同企业、不同产品的文字、标记、符号、图案或其有机结合，包括品牌名称、品牌标志和商标。旅游产品品牌策略包括统一品牌策略、个别品牌策略、他人品牌策略和主副品牌策略。

　● 旅游产品价格是旅游消费者为满足自身的旅游需要而购买的旅游产品的价值形式。影响旅游产品定价的因素有旅游产品成本、企业的定价目标、产品品质与特性、非价格竞争因素、消费者的需求、产品市场竞争状况、政府的宏观管理、汇率变动、通货膨胀等。旅游产品定价方法包括成本导向定价法、需求导向定价法和竞争导向定价法。旅游产品定价策略有新产品定价策略、心理定价策略、折扣定价策略。

● 旅游产品分销渠道是旅游产品或服务从旅游企业向消费者转移过程中所经过的一切取得所有权（使用权）或协助所有权（使用权）转移的企业或个人。影响旅游产品分销渠道选择的因素有旅游产品、旅游市场、旅游企业本身、旅游中间商的状况、外界环境等。旅游产品分销渠道策略包括直接分销渠道或间接分销渠道策略、分销渠道长度选择策略和分销渠道宽度选择策略。

● 旅游产品促销是指旅游产品经营者将有关本企业及产品的信息通过各种方式传递给旅游者，促进其了解、信赖并购买本企业的产品或服务，以达到扩大销售的目的。旅游企业常用的促销方式有旅游广告、旅游人员推销、旅游营业推广和旅游公共关系四种。旅游产品促销策略包括推式策略和拉式策略。

▲ 内容结构

本章内容结构如图5-8所示。

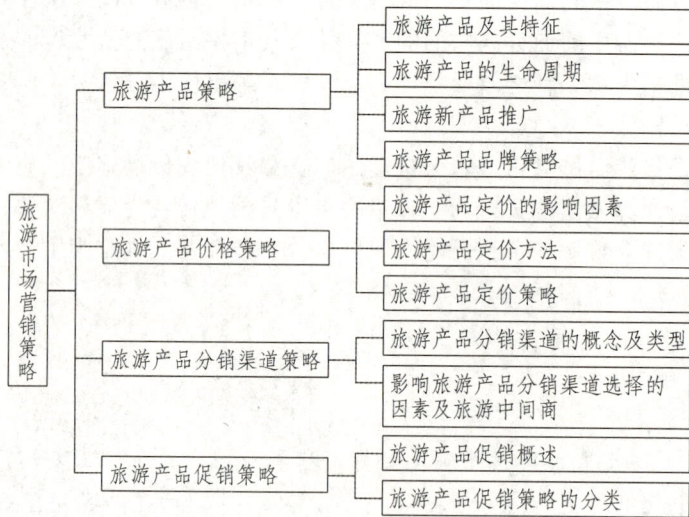

图5-8　本章内容结构

□ 主要概念和观念

▲ 主要概念

旅游产品　旅游新产品　旅游产品价格　旅游产品分销渠道　旅游中间商　旅游产品促销　旅游广告　旅游人员推销　旅游营业推广　旅游公共关系

▲ 主要观念

旅游产品策略　旅游产品价格策略　旅游产品分销渠道策略　旅游产品促销策略

□ 重点实务和操作

▲ 重点实务

新产品推广策略　旅游产品分销渠道策略　旅游产品促销策略　相关"业务链接"

▲重点操作

旅游新产品开发与推广策划　旅游产品定价方法与策略策划　旅游产品分销渠道的选择　旅游产品促销方式策划

基本训练

□ 理论题

▲简答题

1）旅游产品生命周期各阶段的特点有哪些？

2）简述旅游产品的特征。

3）旅游新产品的类型有哪些？

4）简述旅游产品分销渠道的类型。

▲讨论题

1）品牌标志和品牌名称有什么区别？

2）现代旅游产品的发展趋势如何？

□ 实务题

▲规则复习

1）旅游产品各阶段应采取的营销策略有哪些？

2）简述旅游新产品开发的过程。

3）简述旅游产品定价方法及策略。

4）简述旅游产品分销渠道策略。

▲业务解析

1）北京市什刹海交通并不很方便，它被一条条胡同包围着，但却是蜚声国际的旅游景区，什刹海周围的酒吧里，一杯咖啡标价50元，一壶普通龙井标价200元；如果你想坐人力三轮车绕着什刹海转一圈，至少要30元，而这段距离乘出租车也不过起步价，走着也就20分钟。每天什刹海的酒吧人满为患，"人力三轮车胡同游"也红红火火。这么贵的价格，为什么游客情愿"挨宰"？如果你是酒吧营销人员，你将如何定价？

2）2011年6月承德鼎盛王朝推出大型实景演出《鼎盛王朝·康熙大典》，它是全球首部以皇家文化为主题、演绎康熙大帝传奇经历的大型户外实景演出。全剧由《序·逐鹿》《天问》《天籁》《天命》《天下》五幕组成，以气势恢宏的大手笔、规模震撼的大制作、波澜壮阔的大视野，全面展示清王朝最鼎盛时期的历史风貌及人文情怀，以最精彩的形式表现康熙大帝辉煌的一生，突出强调其对中国历史发展和世界文明进步所做出的丰功伟绩。如果你是鼎盛王朝的营销人员，你将采取何种促销策略推广鼎盛王朝？为什么？

□ 案例题

▲案例分析

泰国旅游纪念品——罐装空气

背景与情境：泰国北部的难府推出了促进旅游新招——卖难府甫卡山上最新鲜的空气，一方面借此推销当地的观光业，另一方面也呼吁游客重视对自然资源的保护。

这项全新的产品由难府管理组织副主席苏拉波亲自推销。苏拉波指出，这项产品由甫卡山国家公园与管理组织共同开发而成，集结了许多人的构思，也希望为难府的旅游带来新的展望。

甫卡山的新鲜空气产品将用罐装方式出售。苏拉波表示，这些空气都是从甫卡山山顶取得的，绝对新鲜，充满了健康所需的物质，而且只在难府出售，通过仔细的检验，让罐子里装的空气无杂质，绝对是独一无二的产品。每一罐甫卡山空气售价为30泰铢，贩卖点只局限在甫卡山国家公园。甫卡山高度约为1 980米，以稀有的钟萼木最受游客欢迎，许多游客前往甫卡山只是为了看钟萼木。苏拉波表示，甫卡山的罐装空气推出之后，相当受游客欢迎，已经售出约6 000罐，而且后势愈来愈看好。

资料来源　陆朋. 旅游市场营销［M］. 北京：中国物资出版社，2011：116.

问题：

1）灌装空气是旅游产品吗？为什么？

2）旅游产品的开发原则是什么？

3）如何推广旅游新产品？

分析要求：

1）形成性要求

（1）学生分析案例提出的问题，拟出《案例分析提纲》；小组讨论，形成小组《案例分析报告》；班级交流、相互点评和修订各组的《案例分析报告》；在校园网的本课程平台上展出经过修订并附有教师点评的各组《案例分析报告》，供学生借鉴。

（2）了解本教材"附录二"的附表2中"形成性训练与考核"的"参照指标"与"参照内容"。

2）成果性要求

（1）课业要求：以经过班级交流和教师点评的《案例分析报告》为最终成果。

（2）课业结构、格式与体例要求：参照本教材"课业范例"的范例综-1。

（3）本教材"附录二"的附表2中"成果性训练与考核"的"参照指标"与"参照内容。"

▲ 善恶研判

多地景区门票"十一"前顶风涨价

背景与情境： 临近"十一"黄金周，四川、贵州、天津、云南、安徽等地多个景点门票纷纷涨价，涨幅有的高达70 %。这是2009年以来国内景区首次大规模提价，也是发改委等部门2008年发布"限涨令"到期后的又一轮涨价风潮。2009年8月27日，国家发改委下文，明确规定旅游景点不得在国庆节前集中上调门票价格。内蒙古、宁夏、江苏、湖南等地也纷纷承诺"十一"期间旅游景点不涨价。但是，记者调查发现，一些景区仍然"顶风涨"，有的景区则酝酿把涨价劲头延迟到节后。

为规范游览参观点门票价格管理工作，发改委先后4次发出关于进一步做好游览参观点门票价格管理工作的通知。然而，"限涨令"并不奏效，景区始终走在"涨价"路上。

资料来源　张丽娜，王立武，伍晓阳. 多地景区门票"十一"前顶风涨价［EB/OL］.［2009-09-22］. http://news.QQ.com.

问题：

1）本案例中存在哪些道德伦理问题？

2）试对上述问题做出你的善恶研判。

3）通过网络或图书馆调研等途径搜集你做善恶研判所依据的行业规范。

研判要求：

1）形成性要求

（1）学生分析案例提出的问题，拟出《善恶研判提纲》；小组讨论，形成小组《善恶研判报告》；班级交流、相互点评和修订各组的《善恶研判报告》；在校园网的本课程平台上展出经过修订并附有教师点评的各组《善恶研判报告》，供学生借鉴。

（2）了解本教材"附录二"的附表2中"形成性训练与考核"的"参照指标"与"参照内容"。

2）成果性要求

（1）课业要求：以经过班级交流和教师点评的《善恶研判报告》为最终成果。

（2）课业结构、格式与体例要求：参照本教材"课业范例"的范例综-2。

（3）本教材"附录二"的附表2中"成果性训练与考核"的"参照指标"与"参照内容。"

□ 实训题

▲ 实训操练

"旅游市场营销策略"业务胜任力训练

【实训目的】

见本章"章名页"之"学习目标"中的"实训目标"。

【实训内容】

专业能力训练：其领域、技能点、名称及其参照规范与标准见表5-1。

表 5-1　**专业能力训练领域、技能点、名称及其参照规范与标准**

能力领域	技能点	名称	参照规范与标准
旅游市场营销策略	技能 1	旅游产品策略运作技能	（1）能通过科学的方法收集旅游市场上旅游消费的消费趋势、需求程度、竞争者旅游产品的生产和销售情况等相关资料与数据，并对收集到的资料进行分析汇总，按规定格式写出调研分析报告 （2）能根据调研的结果，开发生产旅游消费者需要的旅游产品，并对其进行产品命名 （3）能对新开发的旅游产品制定上市推广策略 （4）能通过对旅游产品的销售情况、竞争对手、旅游消费者的需求情况等判断产品的生命周生并分别制定产品生命周生各阶段的营销策略

续表

能力领域	技能点	名称	参照规范与标准
旅游市场营销策略	技能2	旅游产品价格策略运作技能	（1）能通过运用正确的调研方法，对目标市场上旅游消费者的现实需求进行评估，了解旅游消费者对旅游产品的价值理解程度和价格承受力，并形成分析报告 （2）能对旅游企业的产品成本进行估测，确定产品价格变动的允许范围，找出最佳规模时的最低成本，以便为确定最佳的产品价格提供依据 （3）能在全面准确的调查、预测基础上，运用科学的定价方法和采取正确的定价策略来确定旅游产品价格
	技能3	旅游产品分销渠道策略运作技能	（1）能准确地对旅游企业的旅游产品、市场、企业本身、中间商的状况、外界环境因素等进行分析，并形成分析报告 （2）能依据分析报告，决定企业选择的分销渠道的类型 （3）能对中间商的规模、地理位置、商品经营范围、经营能力、财力及售后服务能力等进行分析研究，确定中间商，选择渠道成员 （4）能与渠道成员建立综合的"条件"和责任关系，确保渠道畅通，并能定期对渠道成员进行评估
	技能4	旅游产品促销策略运作技能	（1）能通过运用正确的调研方法，收集目标市场上旅游消费者的需求满足程度、旅游消费者对促销方式的接受习惯、竞争对手的促销策略等资料，并形成分析报告 （2）能根据分析报告，结合企业特征、旅游产品生命周期、促销预算等，选择适合的促销方式，并制定相应的促销策略 （3）能针对所选的促销方式及促销策略，策划促销方案并组织方案实施 （4）能对所采取的促销方案的实施效果进行评估
	技能5	撰写相应《实训报告》技能	（1）能合理设计关于"旅游市场营销策略运作"的相应《实训报告》，其结构合理，层次分明 （2）能依照财经应用文的规范撰写所述《实训报告》 （3）网络教学资源包中《学生考核手册》考核表5-2所列各项"考核指标"和"考核标准"

职业核心能力与职业道德训练：其内容、种类、等级与选项见表5-2；各选项的"规范与标准"分别参见本教材附录三的附表3和附录四的附表4。

表5-2　　　　职业核心能力与职业道德训练的内容、种类、等级与选项表

内容	职业核心能力							职业道德						
种类	自我学习	信息处理	数字应用	与人交流	与人合作	解决问题	革新创新	职业观念	职业情感	职业理想	职业态度	职业良心	职业作风	职业守则
等级	中级	中级	中级	中级	中级	中级	中级	认同级	认同级	认同级	认同级	认同级	认同级	认同级
选项	√			√	√	√	√	√			√	√	√	√

【实训任务】

（1）对表5-1所列专业能力领域各技能点，依照其"参照规范与标准"实施阶段性基本训练。

（2）对表5-2所列职业核心能力选项，依照本教材附录三的附表3的"参照规范与标准"实施"中级"强化训练。

（3）对表5-2所列职业道德选项，依照本教材附录四的附表4的"规范与标准"实施"认同级"相关训练。

【组织形式】

将班级学生分成若干实训小组，根据实训内容和项目需要进行角色划分，确保组织合理和每位成员的积极参与。

【实训要求】

（1）实训前学生要了解并熟记本实训的"实训目标"、"能力与道德领域"、"实训任务"与"实训要求"，了解并熟记"网络教学资源包"《学生考核手册》考核表5-1、考核表5-2中"考核指标"与"考核标准"的内涵，将其作为本实训的操练点和考核点来准备。

（2）通过"实训步骤"，将"实训任务"所列三种训练整合并落实到本实训的"活动过程"和"成果形式"中。

【情境设计】

将学生分成若干实训组，每个实训组在作为实训"成果形式"的"实训课业"所列题目中任选一题，并结合所选课业题目，分别选择一家旅游企业（或本校专业实训基地）进行实训。各实训组通过全过程地参与和体验所选题目所要求的实际训练，完成其各项实训任务，在此基础上撰写并交流关于"旅游市场营销策略运作"的相应《实训报告》。

【指导准备】

知识准备：

（1）市场营销知识。

（2）"旅游市场营销策略"的理论与实务知识。

（3）本教材"附录一"的附表1中，与本章"职业核心能力'强化训练项'"各技能点相关的"'知识准备'参照范围"。

（4）本教材附录三的附表3和附录四的附表4中，涉及本章"职业核心能力领域'强化训练项'"各技能点和"职业道德领域'相关训练项'"的"规范与标准"知识。

操作指导：

（1）教师向学生阐明"实训目的"、"能力与道德领域"和"知识准备"。

（2）教师就"知识准备"中的第（3）（4）项，对学生进行培训。

（3）教师指导学生就某旅游企业的产品策略进行运作实施。

（4）教师指导学生就某旅游企业的产品定价策略进行运作实施。

（5）教师指导学生就某旅游企业的产品分销渠道策略进行运作实施。

（6）教师指导学生就某旅游企业旅游产品的促销策略进行运作实施。

（7）教师指导学生撰写关于"旅游市场营销策略运作"的相应《实训报告》。

【实训时间】

本章课堂教学内容讲授中、后的双休日和课余时间，为期两周。

【实训步骤】

（1）将学生分成若干个实训组，每8～10位同学分成一组，每组确定1～2人负责。

（2）各实训组从"实训课业"中分别任选一题。

（3）对学生进行旅游市场营销策略培训，选择几类不同的旅游企业（或校实训基地）作为市场分析的范围。

（4）各实训组分别选择正在实施"旅游市场营销策略"实训任务的旅游企业（或校实训基地），在重点参与和体验其"旅游新产品策略策划""旅游产品定价策略策划""旅游产品分销渠道策略策划""旅游产品促销策略策划"的过程中，按照"实训要求"完成各项实训任务。

（5）各实训组在实施上述专业训练的过程中，融入对表5-2所列职业核心能力选项各"技能点"的"中级"强化训练和对表5-2所列职业道德选项各"素质点"的"认同级"相关训练。

（6）在此基础上，各实训组撰写、讨论、交流和修订各自关于"旅游市场营销策略运作"的相应《实训报告》。

【成果形式】

实训课业（任选一题）：

（1）《旅游新产品策略策划实训报告》。

（2）《旅游产品定价策略策划实训报告》。

（3）《旅游产品分销渠道策略策划实训报告》。

（4）《旅游产品促销策略策划实训报告》。

课业要求：

（1）"实训课业"的结构与体例参照本教材"课业范例"中的范例综-3。

（2）实训报告必须包括"专业能力训练"和"职业核心能力与职业道德训练"双重内涵（须提供实训课业相应的《策划方案》作为《实训报告》的"附件"）。

（3）各组实训报告初稿须经小组讨论，再提交班级交流。

（4）经过班级交流的实训报告由各小组修改与完善。

（5）在校园网的本课程平台上展示经过教师点评的班级优秀《实训报告》，供相互借鉴。

▲ 创新工作站

编制《优化方案》

【工作目的】

见本章"章名页"中"学习目标"中的"实训目标"。

【工作任务】

制订《关于旅游市场营销策略相关业务规范的优化方案》。

步骤及内容：

（1）旅游产品生命周期各阶段的营销策略。

（2）新产品推广策略。

（3）旅游产品品牌策略。

（4）旅游产品价格策略。

（5）旅游产品分销渠道策略。

（6）旅游产品促销策略。

【待优化对象】

（1）新产品分销推广策略。

（2）旅游产品分销渠道策略。

（3）旅游产品促销策略。

【情境设计】

某企业先前将列入"待优化对象"中的那些规则性知识作为相应业务的既定规范。为强化管理、提高企业竞争力，需要对这些既定规范进行优化。企业管理层要求其研发部门组成若干团队，通过网上调研或其他途径，研究制订关于这些业务规范的《优化方案》。

【工作要求】

（1）在搜集、整理和研究最新相关文献资料的基础上，制订所选业务既定规范的《优化方案》。

（2）所制订的《优化方案》具有明显的创新性、优越性和可操作性。

（3）对体现在《优化方案》中的创新不求全责备。

【工作步骤】

（1）将班级同学分成若干组，模拟某企业的不同研发团队，每个团队确定 1 人负责。各团队从"待优化对象"中任选其一。

（2）各团队进行角色分工，通过网上调研等途径，围绕所选"待优化对象"的相关业务，搜集最新研究成果与企业先进管理举措。

（3）各团队整理搜集到的资料，分析比较其与所选"待优化对象"的异同及长短。

（4）各团队以"扬长避短"为宗旨，通过讨论，研究制订所选"待优化对象"的《优化方案》。

（5）在班级交流和修订各团队的《优化方案》，使之各具特色。

（6）在校园网的本课程教学平台上展出经过教师点评的各团队《优化方案》，作为本章"重点实务"的补充教学资料。

【成果形式】

工作课业：《〈关于旅游市场营销策略相关业务规范的优化方案〉实训报告》。

课业要求：

（1）"实训课业"的结构、格式与体例参照本教材"课业范例"的范例综-4。

（2）将《关于旅游市场营销策略相关业务规范的优化方案》以"附件"的形式附于《实训报告》之后。

（3）在校园网的本课程平台上展示经过教师点评的班级优秀《实训报告》，供相互借鉴。

➤ 单元考核 ➤

　　"考核模式""考核目的""考核种类""考核方式、内容与成绩核定"及考核表等规范要求，见本教材"网络教学资源包"中的《学生考核手册》。

第6章
旅游目的地营销与策划

学习目标

通过本章学习，应该达到以下目标：

理论目标： 学习和把握旅游目的地及其形象的概念，旅游目的地的形象特征及其构成，旅游目的地的营销职能与特点，旅游目的地促销策划的概念与工具等陈述性知识；能用所学理论知识指导"旅游目的地营销与策划"的相关认知活动。

实务目标： 学习和把握旅游目的地的营销过程、旅游目的地公共关系及其他营销活动策划、相关"业务链接"等程序性知识；能用其规范"旅游目的地营销与策划"的相关技能活动。

案例目标： 运用所学"旅游目的地营销与策划"的理论与实务知识研究相关案例，培养和提高在特定业务情境下分析问题与决策设计的能力；能结合本章教学内容，依照"职业道德与营销伦理"的行业规范或标准，分析旅游目的地营销者行为标准，强化其职业道德素质。

实训目标： 参加"旅游目的地营销与策划"业务胜任力和"职业工作站"模拟团队活动的实践训练。在了解和把握本实训所及"能力与道德领域"相关技能点的"规范与标准"的基础上，通过切实体验各实训任务的完成，系列技能操作的实施，相关《实训报告》的准备、撰写、讨论与交流等有质量、有效率的活动，培养"旅游目的地营销与策划"的专业能力，强化"自我学习"、"与人交流"、"与人合作"、"解决问题"和"革新创新"等职业核心能力（中级），并通过"认同级"践行"职业观念"、"职业态度"、"职业作风"和"职业守则"等行为规范，促进健全职业人格的塑造。通过制订关于旅游目的地营销与策划《优化方案》的模拟职业团队活动，丰富本章"重点实务"知识，培养专业调研与业务拓展技能，强化相关职业核心能力。

引例 承德市首届旅发大会在兴隆和滦平两县举办

背景与情境： 承德2017年8月1日讯（吕德君 通讯员邹黎博）承德市首届旅游产业发展大会新闻发布会爆料，承德市委、市政府为加快承德全域旅游示范区建设步伐，按照省委、省政府的统一安排部署，决定2017年全市首届旅发大会于今年9月25日在兴隆和滦平两县举办。

为贯彻落实国家和省、市大力发展旅游业的要求，承德市委、市政府决定建立承德市旅游产业发展大会平台机制，每年举办一届市级旅游产业发展大会，由各县区通过申办的形式轮流承办。举办承德市旅游产业发展大会的主要目的是加快旅游产业供给侧结构性改革，开发一批新景区，形成一批新业态，打造一批新产品，实现由景区游向全域旅游的转变，加快建设国家全域旅游示范市和国际旅游城市步伐，为建设"生态强市、魅力承德"做出新的贡献。

据介绍，承德市首届旅游产业发展大会由中共承德市委、承德市人民政府主办，由中共兴隆县委、兴隆县人民政府，中共滦平县委、滦平县人民政府、承德市旅游发展委员会联合承办，地点在兴隆县和滦平县，时间是2017年9月25日（星期一）至9月26日（星期二），会期2天，会议拟邀请省内外领导、嘉宾、旅行商等，规模约500人出席。目前，承德市首届旅发大会各项工作进展顺利，13个重点建设项目正在全力推进，会务筹备工作已经展开。

据了解，承德市首届旅游产业发展大会将以"旅居金山岭、漫游大燕山"为主题，通过景区建设、新业态项目建设、环境打造，全力改善兴隆和滦平两县的旅游条件，把兴隆县和滦平县率先建成全域旅游示范区，强力打造"燕山百里画廊风景大道"和金山岭-大燕山环京津休闲度假旅游区。为此，结合兴隆、滦平两县旅游资源，谋划建设了15个重点旅游项目：兴隆山景区项目、诗上庄诗歌小镇项目、南天门满族风情小镇项目、中国·兴隆观星小镇项目、青松岭文化旅游度假区项目、现代温室生态农业公园项目、六道河康养小镇项目、金山岭核心景区提升项目、金山岭·融合城项目、巴克什营旅游文化产业园项目、恒大山水生态旅游产业园项目、长城河谷项目、凤凰谷生态农业休闲庄园项目、御道行宫文化园项目、御龙谷国际生态旅游度假区。总投资200亿元，涉及5A级景区、特色小镇、湿地公园、房车营地、健身康养、射击运动、摄影演艺等10多种新业态。

据悉，承德市为把首届旅发大会办成一届特色鲜明、精彩纷呈、有震撼力、影响深远的旅游产业发展盛会，推动国家全域旅游示范区创建工作，由该市旅发委牵头，于5月12日通过《中国旅游报》、《承德日报》、《承德晚报》、电台以及网络等近百家媒体发布了首届承德市旅游产业发展大会Logo、吉祥物、推广语、会歌的征集启示。通过近两个月的征集，共收到应征作品1 624件，其中Logo137件、吉祥物37个、口号1 439条、会歌11首。应征作者来自全国28个省份55座城市，以重庆、广东、深圳、浙江、山东、四川等省市的设计公司作品尤为突出。应征者中不仅有专业的广告设计公司积极参与，更有高校设计专业师生踊跃投稿，还有市民、退休干部、老一辈革命军人为征集活动出谋划策。这些作品结合本次大会的举办地滦平、兴隆的标志性地标及文化生态特色，体现了专业化的水准。经多次筛选评定，确定主题口号为：旅居金山岭 漫游大燕山；吉祥物为：兴兴、平平；Logo作品为：简洁明快的图像标识。

资料来源　吕德君，邹黎博．承德市首届旅发大会将于 9 月 25 日在兴隆和滦平两县举办．[EB/OL]．（2017-08-01）．https：//item.btime.com/wm/4769qfio3es9cq93glppbikfn28？page=1.

问题：

（1）旅游目的地营销的主体和企业产品营销的主体有何不同？

（2）谈谈承德市首届旅发大会将会给承德市旅游业发展带来怎样的影响？

由引例可见，作为首批 24 个国家历史文化名城之一、中国十大风景名胜、旅游胜地四十佳、国家重点风景名胜区、国家甲类开放城市，河北省承德市 2011 年迎来了一个新的旅游高峰，仅上半年就实现旅游业收入 36 亿元。这些成果仅仅依靠旅游企业和单纯的形象宣传是难以实现的，必须依靠目的地政府利用综合的营销手段，树立形象，吸引旅游者，实现旅游目的地营销的目标。

6.1　旅游目的地营销概述

6.1.1　旅游目的地营销的概念

1）旅游目的地的概念

旅游目的地是指能够激发旅游者产生旅游动机，并能实现旅游动机追求的由旅游吸引物与旅游接待设施组成的各类地域空间要素的综合，是旅游者停留、活动的复合型地域空间。其主要表现在区位条件、旅游资源、旅游服务设施、旅游目的地管理、旅游目的地形象、旅游目的地可持续发展、价格等方面。安全、友好、高质、特色，构成了一个旅游目的地的主体形象。

2）旅游目的地营销

旅游目的地营销是指由某地政府旅游组织将本地作为旅游目的地而负责的营销活动。

政府旅游组织一般包括国家旅游组织和地方旅游组织。世界旅游组织（WTO）将国家旅游组织定义为国家所承认的负责管理全国旅游事务的组织。一般情况下，一个国家的最高旅游行政管理机构通常代表这个国家的旅游组织。地方旅游组织与地方政府的关系同国家旅游组织与国家政府之间的关系相似，所不同的是，地方旅游组织负责地方旅游事务，其职能与某一地区的旅游发展相联系。另外，地方旅游组织要受国家旅游组织的领导，对国家旅游组织负责。据世界旅游组织预测，到 2020 年，中国将成为世界第一旅游目的地国，旅游目的地营销的作用将日益凸显。

我国的政府旅游组织基本上可划分为三大类，即旅游行政组织、旅游行业组织和旅游教育与学术组织。我国的旅游行政组织主要包括：国家旅游局，省、自治区和直辖市旅游局，省级以下的地方旅游行政机构。旅游行业组织泛指旅游业中的各种行业协会，目前全国性的旅游行业组织主要有：中国旅游协会、中国旅游饭店业协会、中国旅游车船协会和中国国内旅游协会。旅游教育与学术组织为数较少，主要有高等旅游院校协会和中国旅游未来协会。

要正确理解旅游目的地营销的概念，须明确以下几点：

（1）旅游目的地营销的参与者不是某一个旅游企业，而是地区内所有相关的机构和人员。

（2）营销对象不是某个旅游产品和服务，而是地区内所有的旅游产品和服务。

（3）获益者不是某一个旅游企业，而是整个地区。

3）旅游目的地营销的参与者

旅游目的地营销的参与者是地区内所有相关的机构和人员，包括政府、企业、居民、各种正式及非正式的社会机构。它可以分为两类：一是来自公共层面的政府管理者，营销对象是地区内所有的旅游产品和服务，营销获益者是整个旅游地区；二是来自私人层面的，如房地产商、金融机构、接待业、旅行社、出租车行业、其他相关行业及当地居民。

可以看出，与单纯的商业或贸易产品的市场营销不同，旅游目的地营销的成功需要得到公众和私人机构、有兴趣的群体及当地居民的积极支持，需要各行动者的参与和相互合作，特别是政府部门与企业、居民间的合作。

同步思考6-1

作为旅游目的地的居民，应该如何参与旅游目的地营销？

理解要点：旅游目的地居民是旅游目的地营销的参与主体之一，至少应该有意识地注意两点：①履行好一个旅游目的地居民应尽的各项义务，热情好客，讲究礼仪礼貌，注重自身修养；②将宣传、营销旅游目的地变为习惯。

6.1.2 旅游目的地形象

旅游目的地形象是公众对某一旅游地总体、抽象、概括的认识和评价，是对区域内在和外在精神价值进行提升的无形价值，是旅游目的地现实的一种理性再现。我们必须认识到，旅游目的地形象是影响目标市场客户购买决策的主要因素，旅游消费者首先认可旅游目的地是一个宜人之地，才会到该目的地旅行。一个声誉、形象欠佳的旅游目的地，必定会陷入营销的困境。

1）旅游目的地形象的特征

（1）综合性。旅游目的地形象是由多种要素构成的，由于观察的角度不同，公众对同一旅游目的地形象的心理感受是多方面的。就旅游目的地而言，旅游者一般从评价旅游产品和区域特色的角度来认识该地区的旅游形象，而社区居民往往从旅游业的社会贡献、管理水平等方面来认识区域旅游形象。

（2）标志性。旅游目的地形象是旅游目的地的象征，它往往能集中反映一个地区或企业的特色。旅游者自身所感受到的，他总是能自觉地记住。而且，只要一提到某个旅游目的地，旅游者就会想起其标志性的景观或产品。

（3）稳定性。旅游目的地形象一旦形成，便会在旅游者心中留下深刻的印象，并具有相对的稳定性。鲜明的旅游目的地形象有助于旅游目的地形成良好的市场口碑，并充分发挥"水波纹"效应，对更多的旅游者产生吸引力。

（4）可塑性。旅游目的地形象并不是一成不变的，只不过形象的改变是一个渐进的过程。人们对旅游目的地的认识往往是通过各种信息的传递而形成的，这种信息传递作用既具有稳定性，又具有无形性和易变性。

2）旅游目的地形象的具体构成

（1）主题旅游形象。地区主题旅游形象是某一地区内外公众对该地区旅游业的总体认识和评价，是旅游地区的历史、现实及未来的一种理性再现。

（2）品牌支撑形象。从某种程度上来说，品牌支撑形象是主题旅游形象的具体化。对于一个拥有众多优势旅游资源的地区，旅游市场形象策划的主要任务就是把这些优势资源加以提炼，形成有较强吸引力和竞争力的品牌产品，并运用适当的形象传播方式将其传达给旅游者和社会公众，以迅速提高旅游目的地的知名度。

（3）市场指引形象。市场指引形象是一个地区面向不同的客源市场推出的旅游分体形象，因而它比主题旅游形象更具有针对性。市场指引形象的确定建立在旅游者利益细分的基础上，塑造市场指引形象的关键是识别和突出特定目标顾客的利益点。

同步案例6-1

香港旅游业持续放缓　港政动用千万资金打折促销

背景与情境： 香港特区政府商务及经济发展局局长苏锦樑10日表示，将会推出旅游景点海外推广宣传配对基金资助计划，协助香港的旅游景点进行数月的海外推广，包括提供折扣宣传、给予旅客优惠等，涉及资金近千万港元。

苏锦樑表示，经香港旅游发展局审批，有10个机构参与该计划，包括香港3D奇幻世界、迪士尼乐园、杜莎夫人蜡像馆、昂坪360缆车、挪亚方舟、海洋公园、元创方、浅水湾超视觉艺术馆、天际100及山顶凌霄阁，共涉及69个推广项目。

据悉，参与计划的景点到时除了会提供门票折扣外，还会和旅行社、航空公司、酒店、零售商等合作推出旅游产品，以吸引更多旅客访港，尤其是过夜旅客。项目将覆盖12个客源市场，包括中国内地、中国台湾及韩国、日本、澳大利亚、美国等。

苏锦樑说，香港旅游业发展近年来持续放缓，情况不容忽视，未来将更专注旅游业发展工作。当晚，苏锦樑启程前往北京与国家旅游局商讨如何加强合作，希望加强打击零负团费等现象，未来也会加强规管香港旅游业界。

资料来源　佚名. 香港旅游业持续放缓 港政动用千万资金打折促销. ［EB/OL］.（2015-11-11）. http: //news.sina.com.cn/c/gat/2015-11-11/doc-ifxknius9817995.shtml.

问题： 为改变旅游业发展持续放缓的局面，香港政府旅游部门应该发挥怎样的作用？

分析提示： 旅游目的地营销的主体与其他企业营销主体的一个不同之处便是政府旅游组织是营销活动的主导者，它们代表国家或地方政府工作，直接或间接协助执行国家制定的旅游政策，并负责使本国或本地区的旅游业朝优化的方向发展，在政府其他部门与旅游部门之间、在旅游组织与旅游企业之间架起桥梁。

（4）产业贡献形象。产业贡献形象是指旅游产业对地区社会经济发展的推动作用。产业贡献形象识别的主体，或者说产业贡献形象推广的目标受众主要是社区居民和政府。良好的旅游产业贡献形象将赢得政府对旅游业的更大投入。

（5）创意策划形象。创意策划形象即地区主题旅游形象的具体设计，主要包括旅游标志、旅游口号、旅游吉祥物或旅游形象大使等。与地区旅游的其他分体形象相比，创意策划形象具有相对的有形性和可操作性。设计新颖的旅游标志、简洁明了的旅游宣传口号以及形象鲜明的吉祥物或旅游形象大使，往往能引起受众的极大共鸣，尤其是给旅游者带来强烈的视觉冲击。

同步案例6-2

海南最佳旅游口号暨宣传片评选落幕海口摘双冠

背景与情境：为期将近3个月的"2013海南最佳旅游口号暨宣传片评选活动"日前落下帷幕，海口的"阳光海口拥抱您"荣膺"最佳市县旅游口号"，海口的宣传片同样摘取"最佳市县宣传片"桂冠，海口成为此次评选活动的"双料冠军"。评选活动吸引了28万余人次投票，收到了网友自创的旅游口号50余条，引起了社会各界的广泛关注。

此次活动，除三沙市以外，海南其余18个市县共报送了25条旅游口号、19个宣传片分别参加"最佳市县旅游口号"评选和"最佳市县宣传片"评选，19个景区参加了"最佳景区（点）宣传口号"评选，6个景区（点）参加了"最佳景区（点）宣传片"评选。经过近3个月的评选，评出"最佳市县旅游口号"前三甲为海口（阳光海口拥抱您）、定安（生态定安美食天堂）、琼海（田园城市幸福琼海）；"最佳市县宣传片"前三甲同样为海口、定安、琼海；"最佳景区（点）宣传口号"前三甲为兴隆热带植物园（品味绿色，聆听自然，呼吸纯氧，触碰文化，感受热带植物之旅）、海南热带飞禽世界（访千年古塔，赏热带珍禽）、农垦万嘉果农庄（万嘉果，益万家）；"最佳景区（点）宣传片"前三甲为定安飞禽世界、海南热带野生动植物园、琼中什寒黎苗山寨。评选活动由《海南日报》、南海网主办，海南岛国际旅游网承办，《海南日报》旅游周刊、海岸生活杂志社、《海南日报》户外传媒有限公司协办，并获得海南省旅游发展委员会的支持。

"百花齐放，争奇斗艳。"海南省旅游委副主任陈铁军用这八个字概括此次评选活动，"各市县政府、旅游主管部门所做的工作极大地丰富了'阳光海南度假天堂'这个海南国际旅游岛总体形象的内涵。"陈铁军说，此次活动，除三沙市以外其他18个市县都选送了旅游口号参评，如果没有各市县丰富多彩的旅游口号、宣传片作支撑，"阳光海南度假天堂"就显得单薄、缺乏多样性、内涵不够，有了它们，"阳光海南度假天堂"才更加绚烂多姿。

资料来源　黄丹. 海南最佳旅游口号暨宣传片评选落幕海口摘双冠［EB/OL］.（2013-11-02）. http：//www.hinews.cn/news/system/2013/11/02/016190314.shtml.

问题：分析最佳旅游口号暨宣传片评选活动对海南旅游业发展的影响和作用。

分析提示：作为旅游目的地定位的宣传口号，应朗朗上口，益于传播，同时又要集中凸显和概括旅游目的地的旅游、文化的核心和内涵。这样才有利于旅游目的地形象的传播。而其评选活动，经过媒体的报道及广大公众的参与，更是放大了营销效果，提高了影响力。

6.1.3　旅游目的地政府组织的营销职能

大部分政府旅游组织都不是旅游产品的生产者和经营者，它们通常不直接向旅游者销售产品，不直接对所提供的服务质量负责。过去政府旅游组织的营销作用主要局限在促销的狭窄层面上，即主要应用广告、公共关系和印刷品等手段打造良好的目的地形象，并提供相关信息，加强与潜在消费者的沟通，最终使潜在消费者向现实消费者转化。政府旅游组织的这些促销工作为旅游经营者进行具体产品营销创造了前提条件。

然而，从近些年的经验来看，传统营销（单纯地进行形象创造和宣传）的效果越来越不理想，在发达的旅游目的地更是如此，如英国、美国和西班牙。于是，政府旅游组织的目标越来越多地集中到营销支持上：它们代表国家或地方政府工作，直接或间接协助执行国家制定的旅游政策，并负责使本国或本地区的旅游业朝优化的方向发展；它们往往在政府其他部门与旅游部门之间、在旅游组织与旅游企业之间架起桥梁。基于这种架构，旅游目的地政府组织的营销职能主要表现在以下几个方面：

1）负责制定国家或地区旅游发展总体规划

这是政府组织最重要的营销职能之一。国家或地区旅游发展总体规划工作是具有整体性和长期性的战略性工作，单个旅游企业难以完成，而政府旅游组织所特有的地位赋予了它履行此项职能的绝对优势，能确定并参与旅游地区的开发工作。

2）根据旅游发展问题的调查研究结果分析和预测未来的市场需求

国家旅游组织通过收集、提供和统计数据，发布关于市场趋势的简要报告，并通过帮助调研查询的方式，定期向旅游行业提供研究信息，为旅游企业的营销规划提供有价值的支持。例如，国家旅游局政策法规司、国家统计局农村社会经济调查司每年编写的《旅游抽样调查资料》、国家旅游局编纂的《中国旅游年鉴》等，为旅游企业提供了数量丰富、内容全面的参考资料。

3）确定特定市场和细分市场的促销重点

区域旅游组织通过对旅游市场的调研与预测，更加具体地了解旅游市场的特征和演变规律，更好地把握市场机会对旅游目的地的实际价值，以便从中找出具体的营销对象。在对旅游市场进行细分以后，旅游目的地需要根据自身的资源优势和经营特点，从不同的细分市场中选择适合自己的对象，最终选定的细分市场就成为旅游目的地的目标市场。

4）就旅游业的发展问题同政府有关部门协调

旅游发展要靠一种社会环境来支撑，这种社会环境的营造要靠政府旅游组织出面，与决策层各部门协商合作，使它们认识到旅游业对当地各方面发展的作用，进而制定出有利于旅游业发展的规划及政策。

5）协调旅游产品的各组成要素

旅游产品是由交通、住宿、景点等各单项产品组成的综合性产品，这些单项产品往往由独立的旅游企业提供。由于经济利益的驱动，各旅游企业常常为了眼前利益而忽略自己在旅游业总体发展中应承担的责任。这种状况的改变，要求政府旅游组织担负起协调各经济主体之间利益的责任，以保证本国或本地区旅游业的整体协调和持续发展。

6）规定和控制旅游服务的质量标准和基本价格

我国按照国际惯例对饭店和旅游景点的星级评定工作，是我国旅游组织对旅游产品服务质量标准的控制；同时，对交通、旅行社尤其是包价旅游的质量规范在相应的旅游政策法规中已有明确规定。这不仅为旅游企业的经营提供了一定的依据，同时也为旅游消费者保护自己的消费权益提供了法律依据。

7）为符合发展政策的新产品或增长型产品提供支持

按照本国或本地区旅游规划所确立的发展思路，政府旅游组织可以选择符合标准的新产品或增长型产品进行前瞻性营销支持。这种支持可以帮助新产品在开发后的2~3年内在市场上崭露头角并站稳脚跟。

8）开展多种活动帮助中小旅游企业

一般情况下，中小旅游企业往往无力承担在全国和国际上进行营销的高额费用。通过开展合作营销活动，尤其是帮助众多中小旅游企业参与全国性或国际性的营销活动和采取所谓的"助燃自启"的支持方式，是政府旅游组织实现长期政策目标的行之有效的方法。

由此可见，政府旅游组织的营销职能主要体现在两个层面：设计、开发旅游产品或旅游目的地产品和向恰当的市场促销。

同步思考6-2

举例说明旅游目的地政府在旅游目的地营销中的重要地位。

理解要点： 例如，旅游目的地政府应用广告、公共关系和印刷品等手段打造良好的目的地形象，传播旅游目的地信息；直接或间接协助执行国家制定的旅游政策，制定本地区旅游政策，并负责使本国或本地区的旅游业朝优化的方向发展；在政府其他部门与旅游部门之间、在旅游组织与旅游企业之间架起桥梁。

6.1.4　以政府为主导发展全域旅游

1）全域旅游的概念

"全域旅游"是指在一定行政区域内，以旅游业为优势主导产业，实现区域资源有机整合、产业深度融合发展和社会共同参与，通过旅游业带动甚至统领经济社会全面发展的一种新的区域旅游发展理念和模式。

2）全域旅游的区域发展指引——5大战略路径

（1）产业围绕旅游转。推动旅游业与其他产业共生共荣，旅游关联产业在布局中需充分考虑旅游业发展的需要。

（2）产品围绕旅游造。围绕市场需求，着力构建主打旅游产品，实现产品围绕旅游造，推动产品的全域化发展。

（3）结构围绕旅游调。加大旅游人才培育力度，鼓励招商引资，旅游业引领第三产业比重加速提升，实现产业结构优化。

（4）功能围绕旅游配。区域功能布局、基础设施建设紧密围绕旅游业发展合理配置。

（5）民生围绕旅游兴。切实增强区域旅游产业实力，使旅游业成为改善民生的主力。

全域旅游区别于景点旅游，是将一个城市作为旅游景区来规划建设，通过对城市旅游资源、相关产业、生态环境、公共服务、文明素质等资源进行优化，使旅游质量及生活品质得以提升。全域旅游要求各行业积极融入其中，各部门齐抓共管，全城居民共同参与，充分利用目的地全部的吸引物要素，为前来旅游的游客提供全过程、全时空的体验产品，从而满足游客的全方位体验需求。

全域旅游所追求的不再停留在旅游人次的增长上，而是旅游质量的提升，是旅游对人们生活品质提升的意义，更是旅游在人们新财富革命中的价值。与之相应，全域旅游目的地就是一个旅游相关要素配置完备、能够全面满足游客体验需求的综合性旅游目的地、开放式旅游目的地，是一个能够全面动员（资源）、立足全面创新（产品）、可以全面满足（需求）的旅游目的地。从实践的角度，以城市（镇）为全域旅游目的地的空间尺度最为适宜。

学习微平台

延伸阅读6-1

6.2　旅游目的地营销的特点与过程

6.2.1　旅游目的地营销的特点

旅游目的地营销有别于单独的企业或部门的营销活动，它是以区域性的旅游组织（或政府旅游主管部门）为主体，在区域层面上进行的一种新的营销方式。

旅游目的地营销采用的一般理论和方法与旅游企业营销是一致的。旅游目的地在营销活动中与旅游企业有很多业务交叉，因此，不能简单地把两者对立或割裂开来。但是，旅游目的地营销和旅游企业营销之间的差异足以影响彼此的营销目的、手段和进行方式。这些差异主要表现在以下五个方面，见表6-1。

表6-1　　　　　　　　　　　旅游目的地营销与旅游企业营销的差异

项目	旅游目的地	旅游企业
营销主体	政府或区域旅游组织	旅游企业
营销目的	提升区域旅游吸引力和竞争力	提升盈利能力（或利润最大化）
营销对象	区域旅游形象	旅游产品
营销手段	旅游活动和信息服务	4P（产品、价格、分销、促销）
营销流程	从营销目标确定入手	从旅游市场分析入手

与旅游企业营销相比，旅游目的地营销具有以下特点：

1）整体性

政府旅游组织在对外促销时，将本国或本地区旅游业作为一个整体推出，为境外旅游消费者或客源地旅游消费者提供一种从他离开居住地旅游到结束、再返回居住地过程中所有不同时间范围和空间跨度的"经历"，让本国或本地区旅游业作为这种

"经历"的生产者出现，并完整、全面地说明这种旅游产品的特质，树立独特、鲜明的旅游目的地形象。

旅游目的地营销的整体性还体现为政府旅游组织在制定全国或地区旅游发展战略、确定支持方向和支持程度时将它们作为一个整体进行规划，并权衡不同区域、不同部门之间的利益及发展潜力，做出支持决策。

2）政策性

政府旅游组织在进行营销支持和促销的过程中，可以通过制定相应的政策达到营销的目的，这与某一企业经营部门对某一产品的直接营销有着本质的区别。通常，这种政策包括产品早期开发时所需的政策支持、必要公共基础建设所需的财政支持、为旅游者提供签证方便、保护旅游消费者的权益、提升旅游产品和旅游环境的质量等。

3）长期性

直接生产和经营旅游产品的旅游企业，其营销行为相对来说是一种微观、短期的行为，是针对某一条旅游线路对某一项旅游产品而进行的。而旅游目的地营销则是一种着眼于未来的长期行为。就整个国家的旅游产品开发而言，往往要按未来几年、未来几十年等几个层次进行规划。就对外促销而言，某一种目的地形象一旦形成，这种形象对客源市场的影响以及在顾客心目中的地位就会保持相当长的时间。因此，政府旅游组织的营销投资对本国或本地区旅游业来说是一种长期的投资行为，且具有时间上的延展性。

4）营销费用受政府预算限制

政府旅游组织与作为独立经济实体的旅游企业不同，它们本身没有利润收入，其营销费用依赖于政府拨款，而这种拨款与政府旅游组织营销所需费用相比，往往是非常有限的。最近几年，许多政府旅游组织都开展联合促销活动，利用旅游企业的资金支持来进行必要的广告和大众宣传活动，以克服经费紧张的困难；而旅游企业也可以利用政府强大的政治、经济影响来扩大宣传力度，增强宣传效果。

6.2.2　旅游目的地营销的过程

1）外部营销环境分析

旅游目的地营销过程同样也始于对外部环境的分析和研究。它需要进行大规模的营销调研，尤其是国际市场调研；同时，需要大量的人力、物力支持。对旅游企业来说，除了少数大型企业如航空公司、国际饭店集团等具备这种能力以外，大多数中小旅游企业无力承担，而政府旅游组织在收集有关市场分析和趋势的数据方面却能发挥独特的作用，这些数据可以为整个旅游业服务。

2）制定旅游政策

政府旅游组织大多数都是由国家出资建立的，因此国家往往要求其营销目标与国家的经济发展目标相一致，并在相关的国家经济发展政策中得到体现。但这种要求一般并不具体，只是一个概括性的描述，如争取增加旅游外汇收入，处理好旅游需求在季节和地区之间的平衡，处理好资源保护和利用之间的关系，保护旅游消费者的利益等。政府旅游组织在制定旅游政策时，必须按上述要求进行。旅游政策一般有以下几个方面的内容：

（1）通过控制价格来影响需求。

（2）通过制定入境手续办理规则控制客流量。

（3）通过立法和制定法规对旅游企业的市场行为进行管制和规范。

（4）通过投资鼓励政策鼓励发展旅游业，协调旅游业发展的地区布局和消除旅游业发展中的"瓶颈"问题等。

3）营销规划

由于政府旅游组织的营销预算一般都非常有限，如何选择营销重点，制定产品组合和市场细分的战略目标，从而使营销预算得到合理有效的分配，是至关重要的。在实践中，政府旅游组织的营销规划具有两个功能：第一个功能与在主要客源市场的促销活动计划有关；第二个功能与其为整个旅游业提供指导、扶持和营销支持有关。

4）确定营销目的和目标

政府旅游组织营销规划的最重要目标是确定产品组合和市场细分的战略，使之符合市场趋势和自身的资源基础，并选定具体的、已加以粗略地量化的目标以便分配营销经费。规划制定好后，就应该对具体产品的市场进一步细分，并通过研究市场信息估算不同产品、不同市场可能的游客数量和可能的旅游收入，以此作为开展营销的目的和目标。

5）预算决策

预算通常是指上述营销步骤中估算出的政府旅游组织营销组合中每一个主要的产品市场组合所需的费用，它代表了为实现该组合期望产生的目标销售量和销售收入而必须"先期"或提前花费的资金。预算决策的过程通常包括：第一，确定为实现国家或地区总体旅游营销目标而需用于营销活动的资金总量；第二，预算总额在行动方案的构成要素间进行分配。

6.3　旅游目的地营销策划

旅游目的地营销工作所关注的是整个目的地及其旅游产品，这是政府旅游组织的工作重点。政府旅游组织通过实施促销组合以提升潜在顾客对目的地的认知，并对其态度施加影响，从而进一步提升旅游目的地形象和知名度，增加旅游者的数量。

6.3.1　旅游目的地形象促销策划

旅游目的地形象促销策划是指通过实施促销方案向目标细分市场中的潜在旅游消费者提供重要信息，以突出旅游目的地在顾客心目中的形象，激发其旅游意愿，进而促使他们索取产品宣传册，或与当地的旅游代理商联系。著名旅游营销学家伯卡特和麦德里克将其概括为"送伞运动"，这个形象的比喻已为旅游业界广泛引用。

职业道德与营销伦理 6-1

陕西一景区推"土匪抢亲"旅游项目引争议被叫停

背景与情境：位于陕西第二大城市宝鸡市的吴山旅游风景区，从 2009 年起推出了"土匪抢亲"旅游项目，游客或装扮成被抢的"新媳妇"，或装扮成打家劫舍的土匪。目前，该项目因宣扬土匪文化、涉嫌存在低俗内容及未经过主管部门审批等问题被叫停。

吴山旅游风景区位于宝鸡市陈仓区新乡街庙川村，距宝鸡市约30千米。为吸引游客，当地旅游部门针对20世纪20年代军阀混战，吴山土匪出没、占山为王的史料，开发出"土匪抢亲"的旅游项目。游客可自由选择愿意扮演的角色。在山林间，"新媳妇"身穿凤冠霞帔，坐着花轿，一路唢呐、鞭炮相伴，此时一伙土匪以武力劫持"新媳妇"，献给土匪头目，随后八路军前来围剿土匪，解救了被抢的"新媳妇"。

"土匪抢亲"旅游项目推出后，吴山游客数量大增，旅游收入从每年数千元人民币增至年均百万元人民币，当地村民也纷纷来景区扮演"土匪"，以增加收入。

据悉，吴山旅游风景区推出的"土匪抢亲"旅游项目没有经过当地相关部门的审查，宝鸡市陈仓区文化旅游局15日已叫停该项目，开始着手进行调查。

资料来源　冽玮.陕西一景区推"土匪抢亲"旅游项目引争议被叫停［EB/OL］.（2011-08-16）.http://www.chinanews.com.

问题："土匪抢亲"旅游项目为什么被叫停？

分析提示："土匪抢亲"反映的是土匪凶残、荒淫的一面，对游客的身心无愉悦之处。这种粗俗不堪的策划只顾眼前利益，损害了旅游目的地的旅游形象，甚至会影响到整个地区的旅游形象。现在这种粗俗的营销活动频频出现，长此以往，对整个国家的旅游形象也是一种践踏。

旅游目的地形象促销的工具主要有以下两种：

1）旅游目的地广告策划

对于旅游目的地形象，最理想的形象传播方式是通过广告来追求公众认同和建立品牌忠诚。从某种意义上说，广告是战略性的，销售促进是战术性的，旅游目的地在追求长远利益时更应注重广告宣传，这一点与旅游形象塑造及传播的长期性是一致的。

广告宣传的费用昂贵，效果难以评估，因而旅游目的地应认真规划广告活动，以尽可能地增强形象传播的效果。首先，要明确广告宣传的主要目标是建立公众对旅游目的地的形象感知，还是想促成短期的购买行为。其次，依据成本费用、产品定位、受众特征等因素，选择适当的广告媒体。最后，选取一条最易打动人心的信息，在合适的时间传递给目标市场。

旅游目的地广告促销中常用的广告宣传媒体有：

（1）宣传册。旅游宣传册即旅游目的地用来宣传其旅游资源、旅游产品和服务的小册子，是旅游营销者向目标顾客传递产品与服务信息的重要工具。旅游目的地营销者在利用旅游宣传册推广市场形象时，应做好以下三项工作：

①确定目标受众。在设计旅游宣传册的具体内容之前，营销人员首先应明确宣传册的读者是谁。一般来说，旅游目的地营销者面临着两种选择：一是面向整个目标市场制作内容齐全的宣传册；二是针对不同的细分市场设计不同内容的宣传册。前者虽针对性不强，但操作起来相对简单，因而被众多旅游目的地采用；后者针对性强，但制作成本较高，适合于旅游目的地开发不同的细分市场时采用。

②选择分发渠道。合理选择分发渠道对充分发挥旅游宣传册的作用至关重要，因为宣传册只有到达目标受众手中，才会引发他们的反应。可供旅游宣传册分发的渠道

主要有十种：直接邮寄、新闻媒体、旅行社、旅游企业总服务台或入口处、主要旅游景区（点）、市场、车站或码头、海外旅游代理商、旅游行政主管部门、驻外旅游机构以及外事机构。

③设计附加利益。旅游宣传册除了设计精美外，还应给旅游者或潜在顾客带来一定的附加利益，以使他们妥善甚至长久保存宣传册。可以预见，一份印有当地地图的宣传册与一份全部都是产品或服务介绍的宣传册相比，必定更具吸引力和保存价值。同样，如果在某个地区旅游者可以凭借宣传册在指定场所享受一定程度的优惠，甚至能免去个别景点的门票，也会收到很好的宣传效果。

（2）出版物。出版物是旅游目的地传播市场形象的主要工具，前面提及的广告媒体也属于这一范畴。从旅游形象传播的角度来看，可以将出版物分成五大类，即报纸、杂志、图书、旅游地图和电子声像制品。其中，电子声像制品以其图、文、声并茂，信息量大等特点受到旅游市场营销者的青睐；旅游地图作为旅游者出游的必备物品，也成为旅游形象传播和宣传的重要渠道。

（3）网络。随着网络信息时代的到来，互联网已经成为人们获取信息的重要渠道，网络营销已经成为旅游目的地开展营销活动的主要工具之一。利用互联网塑造和推广旅游形象，具有范围广泛、传播及时、更新快捷等特点，且能让目标受众获得全方位的感受。

业务链接6-1

旅游目的地如何进行网络营销

旅游这个行业是最需要口碑传播、体验传播的一个行业，而口碑与体验传播是最离不开网络这个环境的。2009年，很多研究调查机构对旅游者进行实地或电话的抽样调查，不约而同地得到了这样一个结论：互联网已经超过了报纸、杂志、电视等传统媒体，成为公众获取旅游信息的最重要渠道。网络营销在旅游目的地营销中有以下几种方式：

①构建旅游目的地网站，这是网络营销的第一步。

②网络社区营销。网络不仅是一个媒体，更是一个有着整合、互动、参与功能的平台。

③网络视频营销。网络视频营销是近年来一种新的网络营销形式，增长速度十分快，与博客营销一样，网络视频营销强调网民的互动性，需要精心的策划。

④即时通信营销，即利用互联网即时聊天工具进行推广宣传的营销方式。尤其最近几年，利用QQ、MSN等即时通信软件进行营销活动更是风生水起。

⑤新媒体营销。"新媒体"是近年来不断出现的一个新名词，只要与传统媒体有所区别，都可以称其为新媒体，如手机媒体、交互式网络电视、移动电视、移动信息平台等进行的营销宣传。

2）旅游目的地公共关系策划

公关宣传无须向媒体支付高额广告费，且其新闻可靠性高于广告，因此，公关营销活动受到旅游目的地的重视。为塑造鲜明的旅游目的地形象，旅游目的地营销组织应注重开展以下四种公关营销活动：

（1）召开旅游说明会或新闻发布会。旅游说明会或推介会不仅能有效推广旅游目的地的旅游形象，而且有助于潜在旅游者了解旅游目的地的旅游产品、项目或节事活动，从而使旅游目的地接待人数迅速增加。召开旅游说明会应做好以下工作：一是明确信息传递的对象；二是要尽力取得新闻媒体的支持；三是具有一定规模，能对既定目标受众产生较大影响。

（2）处理与新闻媒体的关系。与形象传播广告相比，新闻的威信度更高，而且能为营销主体节约一大笔费用。为此，旅游目的地不仅要善于创造新闻，还要处理好与新闻媒体之间的关系。要及时发现新闻事件，促使编辑采用本地区的新闻稿。适时邀请旅游专栏作家、编辑、记者或电视节目制作人来旅游目的地做熟悉旅行，以激发他们宣传该旅游目的地的主动性和积极性。

（3）开展公共关系专题活动。旅游目的地公共关系专题活动是指旅游目的地为了某一明确目的，围绕某一特定主题而精心策划的公共关系活动。公共关系专题活动是旅游目的地与广大公众进行沟通、塑造自身良好形象的有效途径。因此，国内外许多旅游目的地都采用公共关系专题活动的形式来扩大影响、提高声誉。旅游目的地营销人员在举办活动时必须掌握一个基本原则：只可成功，不可失败。成功的专题活动有巨大的效应；同样，不成功的专题活动也会产生巨大效应，却是负效应。

学习微平台

延伸阅读6-2

业务链接6-2

旅游目的地公共关系专题活动

公共关系专题活动是为了向广大公众传递信息、引起新闻媒体的注意、提高旅游目的地的知名度和美誉度的"公共关系特别节目"。

旅游目的地公共关系专题活动具有吸引力大、创新力强、影响力大的特点。旅游目的地开展公关专题活动时可选择以下形式：

①小型公共关系专题活动、大型公共关系专题活动、系列公共关系专题活动。

②公益性公共关系专题活动、社会工作公共关系专题活动、专业性公共关系专题活动、商业性公共关系专题活动、综合性公共关系专题活动。

③典礼型公共关系专题活动、喜庆型公共关系专题活动、会议型公共关系专题活动、展示型公共关系专题活动、新闻传播型公共关系专题活动、竞赛型公共关系专题活动。

（4）注重开展危机公关。危机公关是指在旅游目的地的信誉、形象等遇到突如其来的危机时，旅游目的地所应开展的一系列的公关活动。危机公关对旅游目的地的形象、信誉和品牌都会产生巨大的影响，成功的危机公关可以"扶大厦于将倾"，失败的危机公关则可以置旅游目的地于死地。

教学互动6-1

问题：

①影视营销对旅游目的地营销有什么突出的优势？

②列举你所知道的通过微电影（或者影视作品）进行营销活动的旅游目的地。

③以你熟悉的一个旅游目的地为例，设计一个微电影脚本。

要求：

①课堂上以小组为单位进行讨论，然后进行小组交流。

②教师对学生的回答进行点评。

6.3.2 旅游目的地其他营销活动策划

1）旅游节庆活动策划

旅游节庆活动是将目的地的人–地感知要素和人–人感知要素有效整合的一种重要方式。因为一次主题鲜明的旅游节事活动往往能在人们心目中构造一个积极的直观形象，而且会促进目的地的基础设施建设，从而迅速提高旅游目的地的知名度和综合接待能力。

节庆活动不仅能有效整合旅游目的地形象的构成要素，还可以促进旅游业六大要素的协调与发展，因而一个地区通常会组织多个节庆活动来塑造自身的形象。但各类节庆活动之间应相互补充、主次分明，这样主题旅游形象才能更加鲜明突出。旅游目的地策划节庆活动时要注意以下四点：

（1）以当地的地脉、文脉及社会经济条件为依托，定期举办某一特别节庆活动，使其成为本地区永久性、垄断性、制度化的旅游识别标志，即选择和策划标志性旅游节庆活动。

（2）在不同的旅游季节推出形式各异的节庆活动，以提升旺季时旅游地区的容纳能力，增强淡季时旅游目的地的吸引力，如承德市在旅游淡季的冬季举办"承德冰雪节"。

（3）积极与新闻媒体合作，在尽可能大的空间范围内介绍旅游节庆活动的丰富内容，将旅游区宣传成一个令人向往的旅游目的地。

（4）多次举办同一主题的节庆活动，以塑造"××方面最理想的目的地"的主题形象，如滑雪、冰雕等。

教学互动6-2

问题：

①谈谈目前旅游目的地节庆活动存在的主要问题是什么。

②对旅游目的地节庆活动的策划你有哪些建议？

要求：

①课堂上以小组为单位进行讨论，然后进行小组交流。

②教师对学生的回答进行点评。

2）旅游事件营销活动策划

旅游目的地事件营销是指旅游目的地为提升知名度，利用或策划为社会公众关注的重要事件所进行的旅游形象宣传。成功的旅游事件营销，社会公众关注度高，在较短时间内可以使传播价值最大化，传播效果最优化，并且营销宣传成本较低，因而是旅游目的地形象宣传常用的方法。

旅游事件营销的类型：

（1）利用既定事件进行营销。一般来说，既定事件应是具有较大影响力的事件，如奥运会、世界杯足球赛等重大体育赛事、世博会等重大活动。此类事件为社会公众所关注，利用这种关注度进行旅游目的地营销宣传可以有效扩大宣传覆盖面和提升影响力。利用既定事件营销应进行充分的策划，以求取得最佳效果。

（2）利用突发事件进行营销。突发事件尤其是重大突发事件是媒体与公众的即时关注点，若能及时有效地加以利用，是旅游目的地形象宣传的极好机会。1996年2月3日，云南丽江地区突发七级地震，社会公众极为关注，丽江市旅游部门迅速抓住这一契机，将对"丽江古城"的宣传作为抗震救灾报道的重要内容，在短时间内，丽江古城的知名度得到极大提升。2008年，"5·12"汶川大地震之后，四川旅游部门在抗震救灾的同时，有意识地利用媒体宣传四川旅游，进一步提升知名度。利用突发事件进行旅游形象宣传，需要有强烈而敏锐的营销意识，善于抓住机遇，及时策划运作，借助媒体来扩大影响力。

（3）策划事件进行营销。这是指有意识地策划一些重要事件（活动），以吸引媒体与公众的关注，达到旅游形象宣传的目的。由于既定事件利用的有限性及突发事件利用的不可预知性，旅游事件营销更多的是策划性的事件营销。这种策划可以说是"无中生有"，如果策划得好，可以取得很大的成功。

策划事件进行营销，目前国内常见的有选美赛事、旅游节庆等，但真正成功的往往是少数，多数效果一般，并未达到预期目的，也有弄巧成拙的案例。

3）旅游吸引物营销活动策划

旅游吸引物是指自然界和人类社会中能对旅游者产生吸引力的各种事物和因素，它是旅游活动的客体。旅游吸引物可能是自然形成的，如黄山的云海、庐山的瀑布、泰山的日出等；也有可能是经由人类建造而成的，如北京中华世纪坛、香港商业购物区等；还有可能是人类祖先留下的人文景观，如石棺、岩画、庙宇等遗迹。许多国家都认识到了自然旅游吸引物的价值，并建立了国家级或省（州）级公园来保护这些旅游吸引物；同时，人们对新吸引物的需求永不停止，这就需要不断地进行旅游投资。

总之，旅游目的地营销者应该充分认识到目的地营销的重要性，进行慎重分析、周密策划，利用恰当的促销工具，开展有针对性的公关活动，充分提升旅游目的地的知名度与美誉度。

⇒ 本章概要 ⇒

☐ 内容提要与结构

▲ 内容提要

● 旅游目的地是指能够激发旅游者产生旅游动机，并能实现旅游动机追求的由旅游吸引物与旅游接待设施组成的各类地域空间要素的综合，是旅游者停留、活动的复合型地域空间。旅游目的地营销是指由某地政府旅游组织将本地作为旅游目的地而开展的营销活动。旅游目的地营销的参与者是地区内所有相关的机构和人员。

旅游目的地形象是公众对旅游地总体的、抽象的、概括的认识和评价，是对区域内在和外在精神价值进行提升的无形价值，是旅游目的地现实的一种理性再现。其特点有：综合性、标志性、稳定性和可塑性。旅游目的地形象的构成主要有主题旅游形象、品牌支撑形象、市场指引形象和产业贡献形象。旅游目的地营销担负着重要的职能，主要体现在两个方面：旅游形象促销和营销支持。

● 旅游目的地营销的特点主要有整体性、政策性和长期性。旅游目的地营销的过程也始于对外部营销环境的分析，接下来据以制定旅游政策、营销规划、确定营销目的和目标、预算决策等。

● 旅游目的地形象促销策划是指通过实施促销方案向目标细分市场中的潜在旅游消费者提供重要信息，以突出旅游目的地在顾客心目中的形象，激发其旅游意愿，进而促使他们索取产品宣传册，或与当地的旅游代理商联系。旅游目的地形象促销策划主要有旅游目的地广告策划和公共关系策划；其他营销活动策划包括节庆营销活动策划、事件营销活动策划和吸引物营销活动策划。

▲ 内容结构

本章内容结构如图6-1所示。

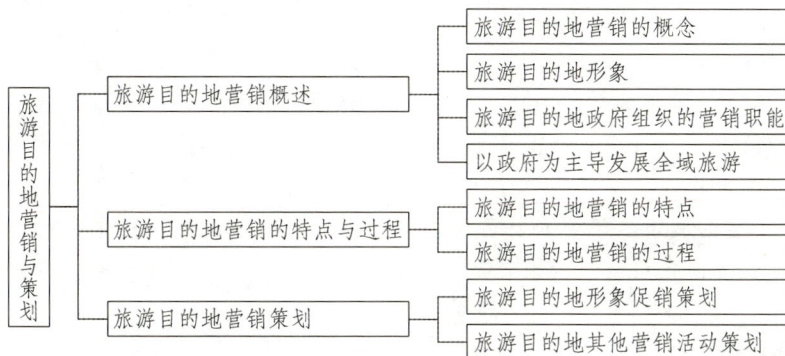

图6-1 本章内容结构

□ 主要概念和观念

▲ 主要概念

旅游目的地　旅游目的地营销　旅游目的地形象　主题旅游形象　品牌支撑形象　市场指引形象　产业贡献形象　旅游目的地形象促销策划　全域旅游　危机公关　旅游节庆活动　旅游目的地事件营销

▲ 主要观念

旅游目的地营销的特点与过程　旅游目的地营销策划

□ 重点实务和操作

▲ 重点实务

旅游目的地营销的过程　旅游目的地营销策划　相关"业务链接"

▲ 重点操作

旅游目的地形象策划　旅游目的地形象促销策划　旅游目的地公共关系策划

● 基本训练 ➤

□ 理论题

▲ 简答题

1）什么是旅游目的地营销？

2）旅游目的地形象的特征是什么？

3）旅游目的地形象的具体构成因素有哪些？

4）简述旅游目的地营销的职能。

5）简述旅游目的地营销的特点。

▲ 讨论题

1）谈谈你学校所在的城市是如何进行旅游目的地营销的，你认为营销亮点是什么，还存在什么问题？

2）如何理解旅游目的地形象对旅游目的地营销的作用？

□ 实务题

▲ 规则复习

1）简述旅游目的地营销的过程。

2）简述旅游目的地形象促销组合。

3）旅游目的地如何开展公共关系策划？

▲ 业务解析

1）你认为你所在的学校或大学园区有哪些旅游资源？可以创造或者拥有哪些旅游吸引物和策划哪些旅游事件？会吸引哪些人前来参观？会给学校带来哪些效益？请将你所在的学校作为旅游目的地设计具体可行的营销方案。

2）你所在的城市有没有自己的旅游营销网站，如有，请浏览该网站，根据你的感受，评价该网站在旅游目的地营销中的作用。你认为该网站的营销活动还存在哪些问题。

□ 案例题

▲ 案例分析

承德市形象标识推广工程启动

背景与情境： 自5月4日开赛以来，由世界文化遗产承德避暑山庄和新浪网共同主办的第二届"盛景说天下——承德避暑山庄文化使者网络选拔大赛"，已经吸引了清华大学、北京大学、中国人民大学等30余所高校，以团委、协会或学生会名义，组织学子参赛。短短20天内，已经有800人次报名参加海选。大学生们通过博客，对康熙、乾隆二帝的避暑山庄72首定景诗，进行个性化品读；结合现实，抒发了对中国传统文化和大好山河的向往与当下关怀。

长久以来，避暑山庄一直被视为避暑品牌，而避暑山庄真正的品牌唯一性则在于它"形貌如中华成一统、名胜集全国于一园、文化融华夏五千年"。正是这个集中华传统文化之大成的文化符号，吸引着全国高校的参赛学子。

此次大赛，是在《文化部、国家旅游局关于促进文化与旅游结合发展的指导意见》的指导下，在第一届避暑山庄文化使者网络选拔大赛取得圆满成功的基础上，开展的"以文化提升旅游品位，以旅游彰显文化底蕴"全国性文化旅游活动。大赛将选出6名避暑山庄文化使者，进行文化巡游。在文化巡游阶段，文化使者将乘坐"避暑山庄文化巡游大巴"，重走清朝自后金逐步由北向南、迁都盛京（沈阳）、定都北京的路线，再现康、乾二帝江南巡游的历程，进行包括避暑山庄、沈阳故宫、北京故宫、泰山、南京琉璃塔、苏州园林和杭州西湖7个旅游胜地30个知名景区的文化之旅，并将在所经之地各举办一场公益捐赠活动。

2010年首届"承德避暑山庄文化使者选拔赛"的成功举办，首开"文化选秀"风气之先河，得到新华社、《人民日报》和中新社等媒体的点名称赞。两名从众多参赛选手中脱颖而出的佼佼者代表避暑山庄，携中国人民的诚挚问候出访英国白金汉宫和俄罗斯圣彼得宫，并在全社会掀起一股回归中华传统文明、引领文化选秀的风潮。

资料来源　佚名. 第二届承德避暑山庄文化使者大赛吸引众多名校参加［EB/OL］.（2011-05-26）.http：//www.bishushanzhuang.com.cn.

问题：

1）谈谈承德市形象标识推广工程的重要意义。

2）在推广工程的整个过程中，政府旅游组织所起的作用是什么？单个的旅游企业能否完成该工程的策划及推广？

3）试评估承德形象标识推广活动的营销效果。

分析要求：

1）形成性要求

（1）学生分析案例提出的问题，拟出《案例分析提纲》；小组讨论，形成小组《案例分析报告》；班级交流、相互点评和修订各组的《案例分析报告》；在校园网的本课程平台上展出经过修订并附有教师点评的各组《案例分析报告》，供学生借鉴。

（2）了解本教材"附录二"的附表2中"形成性考核"的"考核指标"与"考核内容"。

2）成果性要求

（1）课业要求：以经过班级交流和教师点评的《案例分析报告》为最终成果。

（2）课业结构、格式与体例要求：参照本教材"课业范例"的范例综-1。

（3）本教材"附录二"的附表2中"课业考核"的"考核指标"与"考核内容"。

▲ 善恶研判

海南旅游业内"晒底价"　　游客：知底价更明白

背景与情境：张某曾是海南某旅行社的从业人员，他爆料称，"零负团费"团队在业内被称为"填坑团"。他表示，目前旅行社已不采用过去那种"成本加利润"的经营模式，而是采用成本减算法。例如，地接成本为500元/人，地接社或导游则从中减掉200元，只报300元/人的价格给游客或同行分销商，然后再采用购物回扣、自费项目等手段进行回填，这就是填坑团的普遍做法。低于成本价200元的俗称"两米坑"。如果成本价为500元/人的团，当事导游或旅行社不仅不报成本价，还按照150元/人的标准给组团社或关系户进行返还，这种做法是最典型的"零负团费"操作，俗称"六米半坑"。

旅行社及包团导游为生存不得不采取各种不当手段，先"填坑"再赚钱。低于正常价格的团费，吸引游客心动，再通过购物消费等方式从游客身上找补。旅游"填坑团"的做法，因为成本低、盈利高，在竞争中更有优势，同业者也模仿采用，外地组团社联合当地旅行社做"填坑团"盈利的模式越来越多。

济南市某市民曾在三亚上过当，当时贪图报价便宜报了团，团队被导游带着购物，在导游和店主巧舌如簧的劝说下，掏出4 000元购买了玉手镯，但回到家中才知道是假货。他表示，这种做法不但伤害了游客，也破坏了当地旅游的名声。

为让游客明明白白游海南，避免落入"零负团费"的陷阱，更好地维护游客的合法权益，海南省旅游协会公布了"海南常规旅游线路团队地接价参考标准"，并承诺将定期更新。"海口—三亚—三亚"四天三晚标准游，按照住宿条件等级不同分别为三星750元/人、四星900元/人、五星1 400元/人。"海口—兴隆—三亚—三亚"五天四晚标准游价格分别为三星950元/人、四星1 150元/人、五星1 750元/人。海口一日游和三亚一日游，三星级住宿标准的价格分别为280元/人、360元/人。记者在公告中看到，从一日游到五天四晚游、从三星标准到五星标准，都明码标注了团队价参考标准，同时细化行程中每天的餐费、车费、住宿费及景点项目收费。该参考标准有效时间为3月1日至4月30日。

资料来源　佚名. 海南旅游业内"晒底价"　游客：知底价更明白［EB/OL］.（2015-12-23）. http：//www.aatrip.com/bencandy.php？fid-94-id-2207-page-1.htm.

问题：

1）本案例中存在哪些道德伦理问题？

2）试对上述问题做出你的善恶研判。

3）通过网络或图书馆调研等途径搜集你做善恶研判所依据的行业规范。

研判要求：

1）形成性要求

（1）学生分析案例提出的问题，拟出《善恶研判提纲》；小组讨论，形成小组《善恶研判报告》；班级交流、相互点评和修订各组的《善恶研判报告》；在校园网的本课程平台上展出经过修订并附有教师点评的各组《善恶研判报告》，供学生借鉴。

（2）了解本教材"附录二"的附表2中"形成性考核"的"考核指标"与"考核内容"。

2）成果性要求

（1）课业要求：以经过班级交流和教师点评的《善恶研判报告》为最终成果。

（2）课业结构、格式与体例要求：参照本教材"课业范例"的范例综-2。

（3）本教材"附录二"的附表2中"课业考核"的"考核指标"与"考核内容"。

□ 实训题

▲ 实训操练

"旅游目的地营销与策划"业务胜任力训练

【实训目的】

见本章"章名页"之"学习目标"中的"实训目标"。

【实训内容】

专业能力训练：其领域、技能点、名称和参照规范与标准见表6-2。

表6-2　　　　　　专业能力训练领域、技能点、名称和参照规范与标准

能力领域	技能点	名称	参照规范与标准
旅游目的地营销与策划	技能1	旅游目的地形象策划技能	（1）能运用正确的调研方法，了解旅游目的地的营销现状、市场定位及定位宣传口号、目标市场、目前所采用的主要营销策略、存在的主要营销问题等。对调研资料进行初步汇总和解析，并按照规范格式写出调研分析报告 （2）能根据调研分析的结果，重新确定旅游目的地的市场定位及目标市场 （3）能根据旅游目的地形象的特点，确定旅游目的地的具体形象定位，可以从主题旅游形象、品牌支撑形象、市场指引形象和产业贡献形象中选择策划角度，并最终形成策划方案
	技能2	旅游目的地形象促销策划技能	（1）能够明确旅游目的地市场定位形象和目标市场 （2）能够运用相应促销工具的组合，策划旅游目的地形象促销方案 （3）能根据具体促销组合情况，做出较准确的促销预算 （4）能通过策划方案的执行情况，进行促销效果评估 （5）能规范撰写促销策划方案
	技能3	旅游目的地公关策划技能	（1）熟悉公共关系策划的具体内容 （2）能够根据旅游目的地促销目标，策划相关的公共关系活动
	技能4	撰写关于"旅游目的地营销与策划"的相应《实训报告》技能	（1）能合理设计关于"旅游目的地营销与策划"的相应《实训报告》，其结构合理、层次分明 （2）能依照财经应用文的规范撰写所述《实训报告》 （3）本教材网络教学资源包中"学生考核手册"考核表6-2所列各项"考核指标"和"考核标准"

职业核心能力和职业道德训练：其内容、种类、等级与选项见表6-3；各选项的"规范与标准"分别参见本教材"附录三"的附表3和"附录四"的附表4。

表6-3　　　　职业核心能力与职业道德训练的内容、种类、等级与选项表

内容	职业核心能力							职业道德						
种类	自我学习	信息处理	数字应用	与人交流	与人合作	解决问题	革新创新	职业观念	职业情感	职业理想	职业态度	职业良心	职业作风	职业守则
等级	中级	中级	中级	中级	中级	中级	中级	认同级	认同级	认同级	认同级	认同级	认同级	认同级
选项	√			√	√	√	√	√			√	√	√	√

【实训任务】

（1）对表6-2所列专业能力领域各技能点，依照其"参照规范与标准"实施阶段性基本训练。

（2）对表6-3所列职业核心能力选项，依照本教材"附录三"附表3的"规范与标准"实施"中级"强化训练。

（3）对表6-3所列职业道德选项，依照本教材"附录四"附表4的"参照规范与标准"实施"认同级"相关训练。

【组织形式】

将班级学生分成若干实训小组，根据实训内容和项目需要进行角色划分。

【实训要求】

（1）实训前学生要了解并熟记本实训的"实训目的"、"能力与道德领域"、"实训任务"与"实训要求"，了解并熟记本教材网络教学资源包中"学生考核手册"考核表6-1、考核表6-2中"考核指标"与"考核标准"的内涵，将其作为本实训的操练点和考核点来准备。

（2）通过"实训步骤"，将"实训任务"所列三种训练整合并落实到本实训的"活动过程"和"成果形式"中。

【情境设计】

将学生分成若干实训组，每个实训组在【成果形式】的"实训课业"所列题目中任选一题，并结合所选课业题目，进行相应的前期准备。各实训组通过全过程地参与所选题目要求的实际训练，完成其各项实训任务，在此基础上撰写并交流关于"旅游目的地营销与策划"的相应《实训报告》。

【指导准备】

知识准备：

（1）市场营销知识。

（2）"旅游目的地营销与策划"的理论与实务知识。

（3）本教材"附录一"的附表1中，与本章"职业核心能力'强化训练项'"各技能点相关的"'知识准备'参照范围"。

（4）本教材"附录三"的附表3和"附录四"的附表4中，涉及本章"职业核心能力领域'强化训练项'"各技能点和"职业道德领域'相关训练项'"各素质点的"规范与标准"知识。

操作指导：

（1）教师向学生阐明"实训目的"、"能力与道德领域"和"知识准备"。

（2）教师就"知识准备"中的第（3）、（4）项，对学生进行培训。

（3）教师指导学生就操练项目制订旅游目的地的旅游形象策划方案。

（4）教师指导学生策划旅游目的地旅游形象促销活动。

（5）教师指导学生策划旅游目的地公共关系活动。

（6）教师指导学生撰写关于"旅游目的地营销与策划"的相应《实训报告》。

【实训时间】

本章课堂教学内容讲授中、后的双休日和课余时间，为期两周。

【实训步骤】

（1）将学生分成若干个实训组，每8~10位同学组成一组，每组确定1~2人负责，并向教师说明分工情况。

（2）各实训组从"实训课业"中分别任选一题。

（3）对学生进行旅游目的地营销与策略培训，选择某一旅游目的地作为市场分析的范围；向学生说明每项技能实训的要求及主要内容。

（4）各实训组分别选择正在实施"旅游目的地营销与策略"实训任务的旅游目的地，在重点参与和体验其"旅游目的地形象策划""旅游目的地形象促销策划""旅游目的地公共关系策划"的过程中，按照"实训要求"完成各项实训任务。

（5）各实训组在实施上述专业训练的过程中，融入对表 6-2 所列职业核心能力选项各技能点的"中级"强化训练和对表 6-3 所列职业道德选项各素质点的"认同级"相关训练。

（6）在此基础上，各实训组撰写、讨论、交流和修订各自关于"旅游目的地营销与策划"的相应《实训报告》。

【成果形式】

实训课业（任选一题）：

（1）《旅游目的地形象策划实训报告》。

（2）《旅游目的地形象促销策划实训报告》。

（3）《旅游目的地公共关系策划实训报告》。

课业要求：

（1）"实训课业"的结构与体例参照本教材"课业范例"中的范例综-3。

（2）将实训课业相应的《策划方案》以"附件"形式附于《实训报告》之后。

（3）各组《实训报告》初稿须经小组讨论，再提交班级交流。

（4）经过班级交流的《实训报告》由各小组修改与完善。

（5）在校园网的本课程平台上展示经过教师点评的班级优秀《实训报告》，供相互借鉴。

▲ 创新工作站

编制《优化方案》

【工作目的】

见本章"章名页"中"学习目标"中的"实训目标"。

【工作任务】

编制《关于旅游目的地营销与策划相关业务规范的优化方案》。

步骤及内容：

（1）旅游目的地营销过程。

（2）旅游目的地形象促销策划，包括旅游目的地广告策划、旅游目的地公共关系策划。

（3）旅游目的地其他营销活动策划，包括旅游节庆活动策划、旅游事件营销活动策划和旅游吸引物营销活动策划。

【待优化对象】

（1）旅游目的地营销过程。

（2）旅游目的地营销策划。

【情境设计】

某企业先前将列入"待优化对象"中的那些规则性知识作为相应业务的既定规范。为强化管理、提高企业竞争力，需要对这些既定规范进行优化。企业管理层要求研发部门组成若干团队，通过网上调研或其他途径，研究制订关于这些业务规范的《优化方案》。

【工作要求】

（1）在搜集、整理和研究最新相关文献资料的基础上，制订所选业务既定规范的《优化方案》。

（2）所制订的《优化方案》具有明显的创新性、优越性和可操作性。

（3）对体现在《优化方案》中的创新不求全责备。

【工作步骤】

（1）将班级同学分成若干组，模拟某企业的不同研发团队，每个团队确定1人负责，各团队从"待优化对象"中任选其一。

（2）各团队进行角色分工，通过网上调研等途径，围绕所选"待优化对象"的相关业务，搜集最新研究成果与企业先进管理举措。

（3）各团队整理搜集到的资料，分析比较其与所选"待优化对象"的异同及长短。

（4）各团队以"扬长避短"为宗旨，通过讨论、研究制订所选"待优化对象"的《优化方案》。

（5）在班级交流和修订各团队的《优化方案》，使之各具特色。

（6）在校园网的本课程平台上展示经过教师点评的各团队《优化方案》，作为本章"重点实务"的补充教学资料。

【成果形式】

工作课业：

《〈关于旅游目的地营销与策划相关业务规范的优化方案〉实训报告》。

课业要求：

（1）"实训课业"的结构、格式与体例参照本教材"课业范例"的范例综-4。

（2）将《关于旅游目的地营销与策划相关业务规范的优化方案》以"附件"形式附于《实训报告》之后。

（3）在校园网的本课程平台上展示经过教师点评的班级优秀《实训报告》，供相互借鉴。

单元考核

"考核模式""考核目的""考核种类""考核方式、内容与成绩核定"及考核表等规范要求，见本教材网络教学资源包中的"学生考核手册"。

第7章
旅游景区营销与营销策划

学习目标

通过本章学习，应该达到以下目标：

理论目标：学习和把握旅游景区的概念、特点、构成要素与类型，旅游景区营销的概念、特点与影响因素，旅游景区营销策划的相关概念等陈述性知识；能用所学理论知识指导"旅游景区营销与策划"的相关认知活动。

实务目标：学习和把握旅游景区的 STP 策划、产品策划与促销策划、相关"业务链接"等程序性知识；能用所学实务知识规范"旅游景区营销与策划"的相关技能活动。

案例目标：运用所学"旅游景区营销与策划"的理论与实务知识研究相关案例，培养和提高学生在特定业务情境中分析问题与决策设计的能力；能结合本章教学内容，依照"职业道德与营销伦理"的行业规范或标准，分析旅游景区行为的善恶，强化职业道德素质。

实训目标：参加"旅游景区营销与策划"业务胜任力和"职业工作站"模拟团队活动的实践训练。在了解和把握本实训所及"能力与道德领域"相关技能点的"规范与标准"的基础上，通过切实体验各实训任务的完成，系列技能操作的实施，相关《实训报告》的准备、撰写、讨论与交流等有质量、有效率的活动，培养"旅游景区营销与策划"的专业能力，强化"信息处理、"与人交流"、"与人合作"、"解决问题"和"革新创新"等职业核心能力（中级），并通过"认同级"践行"职业情感"、"职业态度"、"职业作风"和"职业守则"等行为规范，促进健全职业人格的塑造。通过制订关于旅游景区营销与策划《优化方案》的模拟职业团队活动，丰富本章"重点实务"知识，培养专业调研与业务拓展技能，强化相关职业核心能力。

引例　景区淡季价格策划

背景与情景：目前国内多地景区都实行淡季票价，如九寨沟景区，旺季时门票价格为220元/张、观光车票90元/张，淡季时门票降至80元/张、观光车票80元/张。此外四川多地景点也都开始实行淡季票价。在湖北，从11月26日起至次年3月25日，神农架套票价格从269元/张降至130元/张。在湖南，从12月1日起，张家界核心景区武陵源将执行冬季优惠价格，其中核心景区大门票价格优惠至136元/人，折扣低至5.5折。在安徽，九华山风景区从11月15日到次年1月15日执行淡季门票价，门票价格将从旺季时普通票每人190元下调至140元，优惠票则从旺季时每张95元下调至70元。莫高窟从11月1日开始直到次年4月30日执行淡季门票价，票价为单人票100元/人，开放洞窟从8个增加到12个。西藏布达拉宫从11月1日起至次年4月30日执行淡季票价，从旺季的200元/人次下调至100元/人次。在浙江省内，千岛湖景区从12月1日至次年2月底，门票价格为120元/人。

从往年的情况来看，进入12月份，随着气温降低，出游的人数也将大幅减少，机票、酒店资源充足，旅游价格相应下调，景区进入一年中最安静的阶段，此时最适合旅游爱好者自由行、自助游。

资料来源　郑小梅. 多地景区目前实行淡季票价 国内自由行现时最价廉［EB/OL］.（2016-12-12）. http://cs.zjol.com.cn/system/2016/12/12/021396314.shtml.

问题：景区在淡季时是如何进行定价的？旅游景区定价应考虑哪些因素？

从引例中可以看出，景区的价格策划必须根据旅游季节的变化，及时进行调整，以吸引更多的游客在淡季旅游，引例同时也说明景区进行营销策划的必要性。

7.1　旅游景区营销

旅游景区是旅游业的核心要素，是旅游产品的主体成分，是旅游消费的吸引中心。

7.1.1　旅游景区的概念与构成要素

1）旅游景区的概念与特点

旅游景区是指吸引国内外旅游消费者前往游览的明确的区域场所，是能够满足旅游消费者游览观光、消遣娱乐、康体健身、求知等旅游需求，具备相应的旅游服务设施并提供相应旅游服务的独立管理区。

从概念中可以看出，旅游景区具备以下特点：

（1）空间——地域性。旅游景区是一个特殊形态的地域单元，它具有确定的空间或地域范围，有固定的经营场所。

（2）功能——旅游性。旅游景区是旅游消费者实现旅游目的的场所，具有吸引旅游消费者的吸引物和资源基础，旅游消费者可以以各种不同的形式进行旅游，如参观、游览、健身、教育、求知等。

（3）设施——服务性。旅游景区必须具有必要的旅游设施，提供相应的旅游服务。旅游设施与服务构成了旅游景区的产品，没有旅游设施与服务，景区的旅游活动就不可能实现。

（4）经营——管理性。景区在经营上其内部有专门的人、财、物、场所等管理机构为景区经营服务。

2）旅游景区的构成要素

旅游景区的构成要素分为：资源要素和非资源要素两类。

（1）旅游景区构成的资源要素。旅游景区构成的资源要素是旅游景区的基础，包括旅游吸引物、旅游设施和旅游服务。

①旅游吸引物。它是指赋存于旅游景区空间范围内，对旅游消费者产生吸引力的资源，包括自然旅游资源和人文旅游资源。旅游吸引物是旅游活动的客体。

②旅游设施。它是指旅游景区向旅游消费者提供服务时依托的各项物质设施和设备，包括交通运输设施、食宿接待设施、游览娱乐设施和旅游购物设施等。旅游设施是旅游消费者实现旅游活动的基本条件之一，也是旅游景区存在的基本条件。

③旅游服务。它是指旅游景区服务人员通过各种设施、设备、方法、手段、途径和"热情好客"的种种表现形式，在满足旅游消费者生理和心理的物质和精神需要的过程中，营造一种和谐的气氛，产生一种精神上的心理效应，使旅游消费者在接受服务的过程中产生惬意、幸福之感，进而乐于交流、乐于消费的一种活动。

（2）旅游景区构成的非资源要素。它主要包括旅游消费者、原居住民和当地政府三类。

①旅游消费者。旅游消费者是旅游活动的主体。旅游消费者对景区的满意度和消费的规模、结构与水平直接影响着旅游景区的经济效益。因此，向旅游消费者提供满意的景区产品和服务是景区营销的主要目标。

②原居住民（当地居民）。当地居民在旅游景区中有以下作用：第一，他们所负载的传统文化、民俗、民风本身就可能是景区旅游资源的一部分，吸引着旅游消费者；第二，他们是旅游景区的依附者，其生活水平的提高常常依附于景区的经营和发展；第三，他们对旅游的认识和对旅游消费者的态度直接影响着旅游景区的经营。

③当地政府。景区所在地政府对旅游景区具有一定的控制力度和管理导向，对旅游景区的营销活动影响重大。特别是当地政府希望通过开发旅游资源、发展旅游产业来增加财政收入，带动经济发展时，就会采取多方面的有力措施，创造适应市场需要和经济发展的景区营销管理新模式，推动和促进旅游景区的经营发展。

7.1.2　旅游景区营销的特点与影响因素

目前全国范围内的景区层出不穷，导致市场竞争日趋激烈，同时每个景区又都处在各自不同的生命周期阶段，都面临着发展阶段所需要解决的不同问题，而在解决这些问题的方式中，景区营销策划就成了重中之重。

1）旅游景区营销的概念

旅游景区营销是指旅游景区以旅游消费者的需求为导向，经过分析、规划、执行、监控来管理景区，创造游客满意和价值的过程。

旅游景区是旅游消费者的旅游目的地，旅游活动的各个要素均可以在旅游景区部分或全部得以实现，因而，旅游景区的营销过程是一个相对复杂的过程，它通过旅游市场分析、准确确定目标市场及旅游产品组合策划等为旅游消费者提供满意的产品和服务。

2）旅游景区营销的特点

（1）营销目标多样化。由于旅游景区和产品属于服务产品，和一般产品不同，所以景区营销目标除了要考虑经济目标之外，还必须考虑环境目标和社会目标。一方面，景区作为独立的经济单位，要生存、发展就必须取得合理的经济效益；另一方面，景区还必须坚持可持续发展战略，有责任保护景区及周围资源，并为社区居民提供增加收入的机会。

（2）营销主体多元化。景区营销工作的中心是提高景区知名度，吸引更多的游客参观游览，但是一般景区很难仅靠自己的力量进行宣传与推销。景区所在地的政府、行业主管部门等通常把景区纳入统一运作的目的地营销系统中，或并入统一设计的旅游线路中，与其他旅游企业一起联合推销，这时政府或行业主管部门就成了景区营销的主体。

（3）营销对象复杂化。在旅游景区的营销过程中，涉及的营销对象复杂多样。首先，旅游消费者是旅游景区生存、发展的前提，因此旅游消费者的体验与需求是旅游景区营销的重心；其次，旅游景区内部员工直接参与了旅游景区产品的生产和销售，他们的态度和行为直接影响到旅游消费者的体验，因此旅游景区营销要保证每一位景区员工都能为旅游消费者提供及时、准确的旅游服务；最后，旅游景区所在地的社区、政府管理部门、旅行社、媒体等和景区有着密切的关系，景区需要和它们建立良好的关系，取得它们的支持和配合，保证营销工作的顺利开展。

3）旅游景区营销的影响因素

旅游景区营销成功的关键，就是要不断适应瞬息万变的市场环境，分析各种影响景区营销的因素，发现并利用有利于景区发展的机会，避开不利的市场威胁。

（1）景区营销微观环境因素。景区营销微观环境因素是直接影响景区营销活动的力量和因素。它和一般旅游企业微观环境因素既有相同之处，又有其本身的特殊之处。景区营销微观环境因素包括：景区本身、各级（各类）旅行社、旅游交通、旅游酒店、金融机构、旅游竞争者、市场营销服务机构、旅游消费者和社会公众。

（2）景区营销宏观环境因素。景区在开展营销活动时和一般旅游企业一样，同样会受到人口因素、经济因素、政治法律因素、科技因素、自然因素和社会文化因素等宏观环境因素的影响和制约。为此，景区营销应随着环境的变化，及时调整营销策略，抓住各种有利的机会，开发景区产品，以满足不同旅游消费者的需要。

7.2　旅游景区营销策划

旅游景区营销策划是指在对旅游景区内部环境予以准确地分析，并有效运用景区资源的基础上，对一定时间内旅游景区营销活动的目标、战略以及实施方案与具体措施进行设计和谋划。

学习微平台

延伸阅读 7-1

业务链接7-1

旅游景区营销策划的程序

①旅游景区市场机会分析。其包括营销信息调研、营销环境分析、旅游消费者分析等。

②研究和选择旅游景区目标市场。其包括景区市场预测、市场细分、目标市场选择。

③确定旅游景区市场营销策略。其包括旅游景区开发策略、景区形象定位、景区市场定位、景区生命周期策略。

④策划旅游景区营销方案。其包括旅游景区产品组合、服务项目、价格方案、分销渠道和促销方案。

⑤策划方案的实施与评价。其包括旅游景区营销策划方案的组织、实施、控制、效果评价。

7.2.1 旅游景区STP策划

旅游景区STP策划是指对景区市场细分（segmenting market）、选择目标市场（targeting market）和市场定位（positioning）进行的策划。

1）旅游景区市场细分策划

（1）旅游景区市场细分策划的概念。**旅游景区市场细分策划**是指景区营销策划人员在市场调研的基础上，根据景区所提供的旅游产品，有效地将整体景区市场划分为若干个消费者群的策划活动。其策划的目的是为景区制订一整套科学有效、细致周密的市场细分方案。

旅游景区在进行市场细分策划时应把握可衡量性、可进入性、可盈利性和稳定性的原则。

旅游景区进行市场细分策划，有利于及时发现市场上新出现、尚未被满足的市场机会，形成新的目标市场；有利于旅游景区适时调整经营策略，制定出最佳的营销战略，把握市场未来的变化方向；有利于旅游景区科学地开发目标市场和取得良好的经济效益。

业务链接7-2

旅游景区如何进行市场细分策划

①确定旅游景区的市场范围（卖到哪 Where）；

②分析旅游景区现有和潜在顾客的不同需求；

③根据一定的细分标准分析可能存在的细分市场（卖给谁 Who）；

④进一步分析每个景区细分市场的不同需求与购买行为等；

⑤分析各旅游景区细分市场的规模和潜力。

（2）旅游景区市场细分策划的方法及应注意的问题。由于旅游景区受资源条件的限制，往往不可能满足所有旅游消费者的需要，因此，只有在充分了解旅游消费者市场的基础上，根据一定的细分变量对景区市场进行细分，才能对旅游景区进行有效的开发和利用。具体的细分方法与一般旅游市场细分方法（变量）相同，也是按地理因素、人口因素、心理因素和购买行为因素来划分。详见本书第4章。

教学互动7-1

请对所在地区最有影响力的旅游景区进行市场细分并描述各细分市场的特点。

要求：

①小组讨论，然后每组推荐1名同学对上述问题进行回答，其他小组同学予以评论。

②教师对学生的回答和其他同学的评论做最后点评。

旅游景区在选择市场细分变量时应注意以下问题：

①必须从本景区的经营情况出发，对于不同的旅游产品要有不同的细分变量，且细分变量必须是有效可行的。

②景区在选择细分变量时，可考虑细分变数交叉的原理。

③市场细分中很多细分变数是动态的，要求景区必须经常调查研究和预测所用变数的变化情况和变动趋势，据以调整细分市场。

④市场细分不是越细越好，景区应考虑使细分出的市场具有一定的规模，且有一定的发展潜力，使景区有利可图（即反市场细分）。

同步案例7-1

华山景区的市场细分策划

背景与情境： 陕西省的华山景区是国家首批颁布的44家风景名胜区之一，在旅游市场竞争日益激烈的今天，华山景区的市场细分策划为其增强了竞争力。

地理因素： 华山景区目前面对的市场主要是国内旅游市场，国际旅游市场占有份额非常小，每年外宾旅游人数只占到全年游客量的6%。国内旅游市场以市场占有额相对稳定的黄河金三角地区为中心，循序渐进，向外辐射。在气候方面，华山地处北温带地区，可根据自身优势把旅游市场划分为南北两大市场。春夏的市场营销重心放在北方地区和交通较为便捷的地区，用秋冬品牌主打长江以南地区，效果非常明显。国外旅游市场的营销必须明显区别于其他景区的旅游产品。其中，华山攀岩就是一个推向国际市场相当好的产品；华山围棋大会则是占领日本、韩国市场的起点。

心理因素： 主要根据旅游者的个性特征、兴趣和爱好、生活方式等因素划分旅游者群。在旅游市场细分中，着重考虑将心理因素与地理因素结合起来。

购买行为因素： 首先，按旅游动机细分，有探亲访友旅游、观光旅游、度假旅游、公务旅游、奖励旅游五类。其次，按购买时机、频率、数量细分，有淡季旅游市场、旺季旅游市场和平季旅游市场。在当前的市场条件下，华山尝试使用淡旺季门票价格平抑淡旺季旅游市场。同时，充分利用华山季节变化形成的风光优势，进一步包装旅游产品，炒热淡季旅游。

人口因素：青年旅游市场以求知、猎奇为主要动机，如探险、骑自行车、武术、修学旅游等颇受青年人欢迎。寻根旅游是老年旅游市场和海外华侨旅游市场的一个亮点。"天下杨氏出华阴"，前些年华山曾尝试举办过一次杨氏寻根祭祖活动，在国内引起较大反响。进一步挖掘杨氏先祖在华阴的踪迹，通过多种形式对外宣传，提高杨氏寻根旅游市场的效应，同时与道教文化相辅相成，也是对华山旅游产品的强有力补充。

资料来源　佚名. 华山景区的市场细分［EB/OL］.［2016-09-22］. http://cod.zzu.edu.cn/newware/scyxx/zstz/t10.html.

问题：根据上述的细分结论，结合华山景区的其他资源条件，请您对华山景区的目标市场选择和市场定位进行分析和讨论，并提出合理化建议。

分析提示：华山景区的目标市场选择国内市场是比较正确的决策，华山景区的市场细分是比较详细的，也较为合理。根据华山景区的市场细分来进一步整合华山资源，充分利用相关文化，按照细分的市场开展营销活动，或者统一宣传，或者各个击破。

2）旅游景区目标市场选择策划

景区在市场细分之后，并没有实力进入所有的市场，去满足所有旅游消费者的需求，而是只能从中选择一个或几个市场作为自己的目标市场，开展营销工作。旅游景区的一切有效活动都是围绕目标市场而展开的，因此，选择和确定目标市场，明确景区服务对象，关系到景区营销目标的实现，是景区制定营销战略的重要内容。

旅游景区目标市场选择策划是旅游景区在市场细分的基础上，选择一部分子市场作为营销对象而策划的营销方案。

（1）景区目标市场选择策划的程序。景区目标市场选择策划一般要经过评估细分市场和选择景区目标市场策略两个阶段。

①评估细分市场。策划景区目标市场的第一步就是评估各细分市场。评估的内容有：首先，分析细分市场的规模和发展潜力，只有具备适当规模和发展潜力的市场对景区才有吸引力。其次，分析细分市场的结构吸引力，即对威胁旅游景区长期盈利的主要因素进行评估。影响市场吸引力大小的因素有竞争者、潜在进入者、替代者、旅游者和供应者。最后，分析细分市场是否与景区的经营目标和资源条件相吻合。

②选择景区目标市场策略。细分市场评估完后，景区即可确定自己的目标市场。一般而言，景区进入目标市场的模式有五种，即市场集中化、市场专业化、产品专业化、选择专业化和全面覆盖模式。针对目标市场进入模式，通常有三种目标市场策略可供选择，即无差异市场营销策略、差异性市场营销策略和集中性市场营销策略（详见本书第4章）。

同步案例7-2

宜宾兴文石海景区的目标市场推广策划

背景与情境：四川省宜宾市兴文县石海景区根据不同的区域界限，确定了A、B、C市场区域等级。

A-1：大成都市场。大力发展大成都市场，确保景区游客量稳定上升，属川南三景区共同开发重点市场。在该市场上推广应尽量实施区域联合，同时加强与各销售渠道的合作。

A-2：泸州。作为地级市示范性重点市场在今后应大力发展，并加大宣传力度，加强渠道合作，实行重点企业单位攻坚。

A-3：重庆。属于川南三景区共同开发的重点市场，市场潜力大，找准市场宣传切入点，适当投入宣传推广，重点通过三景区制定有效激励措施，鼓励旅行社加强推广。

B：省内其他地级城市。内江、自贡、资阳、德阳、绵阳等景区，形象宣传推广主要依靠《华西都市报》等省级媒体所产生的辐射力，加强旅行社之间的有效合作，针对单位和老年、学生等特殊市场，加强联络促销工作。

C：以西北为代表的省外市场。区域联合，依靠政策推动，不直接投入广告宣传资金。

资料来源　周晓梅. 旅游景区服务与管理［M］. 天津：天津大学出版社，2011：155.

问题：石海景区是如何实施等级区域推广措施的？具有什么意义？

分析提示：石海景区根据不同距离的目标市场，确定了不同的营销推广措施，针对性较强，有利于该景区未来市场的维护和新市场的开拓。

（2）景区目标市场的切入策划。景区在确定目标市场、选择目标市场策略以后，还要就切入目标市场的过程和方法进行策划。

①景区目标市场的切入过程策划。景区切入目标市场的过程一般有三个阶段：启动阶段、开业阶段和立足阶段。在启动阶段，景区对所要进入的市场一般了解不透，对进入市场的成功与否无太大把握，因而应进行试探性进入，即对目标市场进行深入的调查和研究，对进入方式和时机进行缜密的策划，在一定范围内对景区旅游产品进行试销等。在开业阶段，经过前一阶段的试销等活动，景区对目标市场已有了足够的了解和把握，决定正式进入该目标市场。此时，景区应开展一系列的营销活动，包括正式成立相应的机构和确立合作关系伙伴、针对目标市场选择促销方法等。在立足阶段，景区应采取一定规模的进入方式，如通过景区产品开发等站稳市场。

②景区目标市场的切入方法策划。景区可运用下列方法切入目标市场：A.人员推销法（利用景区内部或外的聘推销人员，直接与旅游消费者接触并推销旅游产品）；B.广告宣传法（精心进行广告策划，向目标市场传播景区旅游产品信息，建立景区和旅游产品的知晓度，促成旅游消费者的购买行为）；C.公共关系法（通过开展各种形式的公关活动，树立景区在旅游消费者心目中的良好形象，赢得目标市场上公众的支持和信赖）；D.营业推广法（采取各种优惠措施，在利益上给旅游消费者以实惠，从而吸引众多的旅游消费者）。此外，景区还可采取权威人士推介、展销会、推介会等方法切入目标市场。

3）旅游景区市场定位策划

旅游景区市场定位策划就是在景区市场细分的基础上，通过各种途径、运用各种手段，为使景区及其产品在旅游消费者心目中形成区别并优于竞争者产品的独特形象面制订的有效方案及措施。旅游景区市场定位策划的实质是寻求形成景区旅游产品的特色和树立独特的市场形象，以赢得旅游消费者的认同。其核心内容是努力实现景区旅游产品差异化与旅游形象差异化，如海南岛的市场定位为"热带中国，海南岛""原始纯净美丽神奇的海南岛"。

（1）旅游景区市场定位策划的要点。景区市场定位的关键是在明确目标市场的基础上，设法在自己的旅游产品上找出比竞争者更具有竞争优势的特性，这样才能进行准确的市场定位。为此，景区在其选择的目标市场上策划市场定位时要把握以下要点：

①景区要先以地域为界去选择市场，实施等级区域措施。旅游景区目标市场的选择不能只针对某一个地区或某一个城市，从地域范围来看，可以根据不同的区域界线分为不同的目标市场，从而实施等级区域措施。在以地域为界选择市场时，应遵循由近到远、逐步扩大的原则开展市场营销。

②景区营销要瞄准中心城市。消费存在梯次传递的规律，一般是大城市—中等城市—小城市—农村，时尚消费更是如此，旅游就属于一种时尚消费。所以，策划市场定位的重点是抓好中心城市旅游市场，针对中心城市的消费特点策划景区市场定位，突出景区旅游产品特色，吸引更多的旅游消费者。

（2）旅游景区市场定位策划的程序。旅游景区市场定位策划一般要经过以下流程：

①目标市场分析。景区应分析目标市场上潜在旅游消费者的旅游习惯、出游时间、旅游花费、旅游偏好等，关注目标市场上旅游消费者的欲望满足程度及未满足的需要有哪些。

②识别可能的竞争优势。分析竞争对手的经营管理状况、产品价格、分销渠道、市场形象、品牌状况等，寻找自身可能存在的竞争优势（如景区在产品、服务、人员、形象等方面与竞争者的差异化）。

③准确选择竞争优势。景区可在经营管理、技术开发、市场开拓、产品等可能的竞争优势中，分析对比，选出最适合本景区的优势项目，以初步确定景区在目标市场中所处的位置。

④对目标市场初步定位。景区通过一系列的宣传促销活动，将其独特的竞争优势准确传递给潜在旅游消费者，并在其心目中留下深刻印象，达到树立景区市场形象的目的。

⑤巩固市场形象。景区应时刻关注市场动向，不断修正和调整市场定位，巩固市场地位，维护旅游消费者对景区形象的忠诚度。

同步案例7-3

泸沽湖景区的市场定位

背景与情境： 位于四川省凉山彝族自治州盐源县与云南省丽江市宁蒗彝族自治县之间的泸沽湖景区，森林资源丰富，山清水秀，空气清新，景色迷人。现泸沽湖沿岸居住有摩梭人和彝、汉、纳西、藏、普米、白、壮等7个民族，约1.3万人，其中摩梭人约 6 000 人（四川泸沽湖沿岸摩梭人 5 000 余人）。景区以其典型的高原湖泊自然风光和独特的摩梭母系民族文化形成了特色突出的自然景观与人文景观。四川省于 1993 年将泸沽湖列为省级风景名胜区。目前泸沽湖景区的主要卖点是泸沽湖以及摩梭人的走婚习俗。泸沽湖拥有独特的摩梭人文资源，成为景区定位的重要依据。

根据市场调查结果，目前泸沽湖的游客主要有三种类型：观光、猎奇型，度假型，生态、文化体验型。鉴于泸沽湖独特、脆弱的生态环境，景区确定的目标市场是：第一，以文化研究和文化体验为目的的高端顾客群；第二，以观赏自然风光、体验文化和休闲度假为目的的核心顾客群，主要有高端商务游客和高阶层人士等；第三，以观赏风光和了解彝族文化为目的的国际游客；第四，对摩梭文化感兴趣的普通观光游客。在泸沽湖景区对目标市场进行分析后，确定了景区的市场定位——文化和生态旅游。

资料来源　周晓梅. 旅游景区服务与管理［M］. 天津：天津大学出版社，2011：155.

问题：泸沽湖景区是如何定位的？

分析提示：泸沽湖景区在进行定位时首先确认了景区的潜在竞争优势，然后又准确选择竞争优势，依据文化和生态旅游资源，并将其独特的竞争优势准确传播给目标顾客，从而强化景区在游客心目中的形象。

7.2.2　旅游景区产品策划

旅游景区产品是指景区能够提供给市场并被旅游消费者消费以满足旅游消费者某种需要的旅游产品、旅游项目或旅游服务，主要由景区的自然或人造景观、人文名胜、景区基础设施和服务设施、景区服务、景区旅游活动项目等构成。

旅游景区产品具有如下特点：区域性，不可移动性，一定的季节性，大多具有观赏性，服务产品无形性和生产消费的同步性，所依托的资源具有独立性和垄断性，文化属性是景区产品的内涵，部分景区产品具有不可再生性，成熟的景区产品需要具有整体性等。

同步思考 7-1

根据旅游景区产品的特点，景区营销人员的工作任务有哪些？

理解要点：①准确进行市场细分，利用不同的旅游资源，为游客提供不同的产品。②营销过程应注重顾客体验，在顾客"租借"旅游产品要素的过程中，为顾客提供高质量的体验。③旅游景区要开发和生产独具特色的旅游产品，重视对从业人员的培训，力求完美地为旅游者服务，不断变化和丰富旅游产品的内涵，提升旅游产品形象，强化旅游者的感受。④突出对景区形象和垄断性产品的宣传，提高品牌的知名度。⑤运用各种促销手段，使之"淡季不淡、旺季更旺"。⑥挖掘旅游产品的文化内涵，重视产品整体概念的开发，为游客提供满意的旅游产品。⑦树立现代旅游市场营销观念，走可持续发展之路。⑧注重旅游产品的整体开发，满足游客的精神需求。⑨运用差异性营销策略，使旅游产品配套成龙、完整无缺、环环紧扣。

1）旅游景区产品策划的概念

旅游景区产品策划是指旅游景区使自己的旅游产品或服务适应旅游消费者的需要及景区市场开发活动的谋划。旅游景区产品策划包括景区产品市场生命周期策划、景区产品组合策划、景区产品设计开发策划、景区新产品推广策划、景区产品品牌策划、景区主题产品策划、景区产品形象策划等。景区产品策划，能使景区的旅游产品适合旅游消费者的需要，增强竞争力，提高景区的营销水平，改善景区整体形象。本节重点介绍景区产品设计开发策划和景区主题产品策划。

2）旅游景区产品设计开发策划

（1）旅游景区产品设计开发策划的原则。景区产品设计开发策划一般应遵循以下原则：

①市场导向原则。根据旅游市场的需求和变化规律，确定景区旅游产品开发的主题、规模等，即在开发旅游产品之前先进行市场调研，准确掌握市场需求和竞争状况，结合景区旅游资源的特色，积极寻求相应的客源市场，确定目标市场。例如，当前个性化旅游的彰显要求景区开发并提供品种多样的、参与性强的旅游产品。

职业道德与营销伦理 7-1

龙潭大峡谷景区为老年游客送上贴心服务

背景与情境：洛阳新安县龙潭大峡谷地势平缓，适合休闲，2007年九九重阳恰逢周末，加上"60岁以上老人免票3天"的优惠活动和贴心服务，景区可谓占尽了"天时、地利、人和"，迎来了又一个客流高峰，成为老人出游的好地方。

龙潭大峡谷是世界级地质公园，景区内道路不陡不险，坡度平缓，没有太大的体力消耗，而且森林覆盖率达到了98%，让人时时想做个深呼吸。到过这里的游人都说，这是一个比较适合老年人游览的生态类景区。

前不久，景区在多处地方增加了休息长廊及桌椅，游客服务中心添置了轮椅、手杖等老人用具，免费供应茶水。为了方便老年游客，景区在各个路段都安排了专人服务，随时帮扶有需要的老人，医务室一天24小时有人值班，人性化贴心服务得到了游客的一致好评。

资料来源：彭淑清．景区服务与管理［M］．北京：电子工业出版社，2010：97.

问题：旅游景区开发产品时应如何坚持市场导向原则？

分析提示：市场导向原则要求景区在开发产品时研究旅游消费者的旅游心理，通过市场调研，准确把握旅游消费者的需求，开发出适合目标市场需要的旅游产品，满足旅游消费者的各种需求。

②独特性原则。这要求景区旅游产品开发必须突出民族特色、地方特色，努力反映当地文化，尽可能保持资源的原始风貌。

教学互动 7-2

请结合所在地旅游景区，设计开发具有地方特色、反映当地文化的旅游产品。

要求：

①小组讨论，然后每组推荐1名同学对上述问题进行回答，其他小组同学予以评论。

②教师对学生的回答和其他同学的评论做最后点评。

③经济效益原则。旅游景区在充分了解旅游市场需求的基础上，对所开发的旅游产品进行可行性分析，即对其可进入性、投资规模、建设周期、对游客的吸引力、资金回收周期等进行分析。

④环境保护与社会效益原则。开发旅游产品的目的是更好地利用旅游资源，而生态环境则是旅游资源赖以存在的物质空间。为此，在开发景区旅游产品时要做到：第一，保护旅游资源本身在产品开发过程中不被破坏，正确处理开发与保护的关系；第二，要控制景区旅游产品开发后景区的游客接待量在环境承载力之内，以维持生态平衡，使旅游资源能够永续利用；第三，注重社会文化影响，遵守旅游政策法规等。

⑤综合性开发原则。这是指景区旅游产品的开发应围绕重点项目，挖掘潜力，逐步形成系列产品和配套服务，延长游客旅游停留时间，建立健全的吃、住、行、游、购、娱等配套服务和配套设施，提高旅游效益。

（2）旅游景区产品开发策划的方法。旅游景区产品开发策划可参考以下方法：

①文化差异与文化认同法。文化差异形成旅游吸引力，引发旅游动机，如深圳的世界之窗主题公园。文化认同是文化群体或文化成员承认群内新文化或群外异文化因素的价值效用符合传统文化价值标准的认可态度与方式，如寻根谒祖游等。

②典型集中法。它是指将有特色的旅游产品和分散的旅游产品进行整合与包装，形成规模较大、水平较高的旅游产品。例如，北京的欢乐谷设置了50余项主题景观、10余项主题表演、30多项主题游乐设施、20余项主题游戏及商业辅助设施，营造了一个神秘、梦幻的世界，可以满足不同人群的需要。

③逆向思维法。这是一种与旅游消费者的思维习惯逆向而行的策划方法。例如，全国第一家返璞归真的开放式动物园——深圳野生动物园就是运用该方法成功策划的典型案例。

④借鉴与引进法。它是指根据市场需求借鉴和引进一些旅游项目，如城市近郊的生态旅游项目。

⑤时空搜索法。它是从空间轴和时间轴两个向量上搜寻与本地区位、市场及资源条件相交叉的点的方法。例如，深圳华侨城的创意策划就是运用时空搜索法，将其打造成集中国与世界、古代与现代、认同与差异、静态与动态、人文与自然于一体的主题公园群。

3）旅游景区主题产品策划

旅游业是一种文化产业，旅游景区的持续发展需要进行各种主题产品的策划，突出景区的灵魂与主线。主题产品具有渲染娱乐气氛、促进游客参与、丰富游客经历、增强景区亲和力和强化景区产品的营销效果，能形成市场冲击力、营造商业卖点、推广旅游景区形象等，而主题产品的策划取决于景区的地脉、文脉和人脉。因此，旅游景区在主题产品策划过程中，要以环境调查、提炼亮点、主题选择、主题项目策划为路径，确定旅游景区主题产品。

同步思考7-2

学习微平台

延伸阅读7-2

旅游景区主题产品策划应围绕哪些旅游活动展开？

理解要点：旅游景区主题产品策划可围绕下述五个方面展开：①节庆活动；②庆典活动；③趣味活动；④表演活动；⑤综合性的主题旅游线路。

（1）影响旅游景区主题产品策划的主要因素

①景区的地脉。景区的地脉是指景区的综合自然地理背景，它代表着景区自然地理的地域性、季节性和整体性等显著特征，表现为时间变化上的动态性和空间分布上的系统性，包括地质地貌、气象气候、生物、水体和自然区位等。旅游活动总是在一定的自然环境基础上产生和发展的，因此，人们称自然环境为旅游的第一环境。300年前康熙在热河（今承德）这块神奇的风水宝地上大笔一挥，写下了"自有山川开北极，天然美景胜西湖"的诗句，集天下景物之美于一体（现存最大的皇家园林）的避暑山庄拔地而起，成为让人流连忘返的避暑胜地。这说明了避暑山庄之"美"缘于其"地脉"。

②景区的文脉。景区的文脉是指景区所在地域的人文地理背景，包括当地的历史、社会、经济、文化等人文地理特征。它是一种综合性的、地域性的自然地理基础、历史文化传统和社会心理积淀的四维时空组合。文脉是旅游景区的内核，旅游景区的主题产品应依文脉而立，只有准确地把握旅游景区的文脉，挖掘特色卖点，提升文化质感，才能增强景区的吸引力。

③景区的人脉。景区的人脉是指景区目标市场上的不同层次消费者群体所组成的脉络系统和旅游消费者对旅游景区的认可程度。因此，旅游景区应有针对性地策划符合旅游目标市场消费心理和消费习惯的景区主题产品，为旅游消费者提供快乐的体验和享受的价值。

旅游景区主题产品策划与景区地脉、文脉、人脉之间的关系是：地脉是旅游景区主题产品策划的切入点；文脉是旅游景区主题产品策划的核心；人脉则是旅游景区与旅游市场的和谐点。这几点既相辅相成，又统一构成旅游景区主题产品策划的经脉体系。

（2）旅游景区主题产品策划的原则

旅游景区主题产品策划必须与景区性质协调一致，既要突出景区资源特色，又要适应市场需求。

①与景区性质协调一致。旅游景区的性质是由构成旅游景区资源的类型与特征、旅游景区在区域旅游系统中的地域分工决定的。旅游景区的主题产品策划必须与景区性质协调一致，这样不仅有利于突出景区旅游资源特色，而且可以避免近距离景区建设重复、雷同的现象。

②突出旅游景区资源特色。特色是旅游景区生命力、竞争力和吸引力的源泉。旅游景区主题产品策划要在深入挖掘景区资源特色的基础上进行。

③适应旅游市场需求。旅游资源是旅游景区产品的主要原材料，其本身并不是旅

游产品。在市场经济条件下，必须以市场为导向，去发现、挖掘、评价、筛选和开发旅游资源，提炼旅游景区产品开发主题，设计、制作和组合旅游产品，并推向旅游市场，进而引导、开发旅游市场。

（3）旅游景区主题产品策划的过程

旅游景区主题产品策划是在深入调查的基础上，经过思维、创意形成旅游景区主题产品的活动过程。旅游景区主题产品策划的过程如图7-1所示。

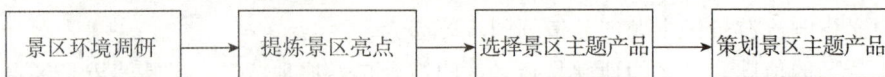

图7-1　旅游景区主题产品策划的过程

①景区环境调研。要进行科学的景区主题产品策划，就必须通过景区环境调研，准确掌握景区的"三脉"，及时了解旅游市场的动态信息，使策划建立在坚实可靠的基础之上。

②提炼景区亮点。旅游景区的主题产品策划是以旅游资源为基础的。由于某些旅游资源具有普遍性和类似性，所以景区营销策划人员应根据景区的资源情况，寻找、挖掘其独特之处，即找出当地历史和文化所积淀下来的资源特色，最终提炼出景区的亮点，形成与其他地区的旅游景区之间的差异性，吸引旅游消费者。

③选择景区主题产品。每个旅游景区都可能有多个较为鲜明的主题，而由于条件的限制，不可能同时开发，所以就要对存在的多个主题进行评价、筛选。选择主题产品是整个旅游景区主题产品策划的关键，是资源配置的凝聚点、产品制作的创意点、市场营销的兴奋点。

④策划景区主题产品。策划景区主题产品是根据旅游主题的功能要求和目标进行旅游产品的方案策划，其主要内容包括主题产品功能设计、选址建议、开发时序、策划依据、主题内容等五大方面。景区主题产品策划的好坏直接影响着主题产品的实施效果。

7.2.3　旅游景区促销策划

学习微平台

延伸阅读7-3

旅游景区促销是旅游景区借助一定的传播媒介，将景区旅游产品的信息传递给旅游消费者，促使其了解、信赖景区的旅游产品，并激发其购买欲望，达到购买景区产品的目的。旅游景区促销工作的核心是与旅游消费者沟通信息并与其建立更加长期而稳固的关系，促销的目的是引发、刺激旅游者产生购买行为。

1）旅游景区促销策划概述

学习微平台

延伸阅读7-4

旅游景区促销策划是指旅游景区运用科学的思维方式和创新精神，在调查研究的基础上，根据旅游景区总体营销战略的要求，对某一时期各种旅游产品的促销活动做出总体规划，并为具体旅游产品制订周密的活动计划。

（1）旅游景区促销目标策划。旅游景区的促销目标就是景区促销活动所要达到的目的。旅游景区促销目标的策划必须服从景区营销的总体目标，不能为了单纯的促销而促销。在策划时应根据景区要求及市场调研情况确定促销目标。一般来说，景区针对旅游消费者的促销目标有：增加销售量、扩大销售；吸引新游客、巩固老游客；树立景区形象、提升景区知名度；应对竞争、争取游客。景区促销目标可以确立单个目标，也可以确立多个目标。

（2）旅游景区促销方式策划。旅游景区的促销方式主要包括广告、人员推销、公共关系和营业推广四种。

①旅游景区广告策划。**旅游景区广告策划**就是根据景区整体营销策略，在广告调研的基础上围绕整体目标的实现，制定系统的广告策略、创意表现与实施方案的过程。

景区广告策划的运作程序：

第一步：广告目标策划。广告目标是旅游景区针对目标顾客所要实现的特定的传播任务。旅游景区的广告目标很多，有信息性目标、说服性目标、提醒性目标、创牌目标、保牌目标、竞争目标等。景区营销策划人员可根据既定的广告目标，进行相应的广告策划。

第二步：广告预算策划。旅游景区广告预算是景区投入广告的费用计划，广告预算策划直接影响着景区的效益。

第三步：广告媒体策划。景区在选择广告媒体时，一方面要对各类媒体的优缺点进行评价；另一方面要考虑影响媒体选择的因素，如目标顾客的特点、景区旅游产品的性能和特征、媒体的成本和景区实力、媒体的性质和传播效果等。

第四步：广告时机策划。广告时机策划就是指广告发布的具体时间和频率的合理安排。

第五步：评价广告效果。广告效果主要表现在广告的销售效果、广告的诉求认知效果、广告的综合效果三个方面。通过对旅游景区广告效果的评价，可以衡量广告费用的投入是否达到了预期的目的，也可以为以后广告活动的开展提供有力的依据。

②旅游景区人员推销策划。**旅游景区人员推销策划**就是规划与设计推销人员推销方案的制订与实施。旅游景区人员推销策划的合理与否，直接关系到景区推销业务的活动进程和实际效果。

景区人员推销策划的运作程序：

第一步：推销目标策划。虽然景区销售人员的每一次销售活动都以达成交易为最终目标，但这不是最根本的目标。销售人员与目标顾客沟通时必须明确，最根本的销售目标是达成交易并且令目标顾客感到满意，从而实现与目标顾客的长期合作。因此，景区销售人员必须了解目标顾客做出购买决策的过程，清楚目标顾客在购买过程中需要解决的主要问题，确定每一次推销应采取的对策和行动方案。

第二步：策划拜访目标顾客。景区推销人员可对拜访的目标顾客进行适当的分类，然后根据确定的推销目标，采取不同的拜访方式，建立和发展与所有潜在顾客的关系。

业务链接7-3

旅游景区客户拜访工作流程如图7-2所示。

图7-2　旅游景区客户拜访工作流程

第三步：确定推销洽谈要点，即针对洽谈对象的具体情况和所推销的景区旅游产品的特殊性，确定在推销洽谈中的推销技术。

第四步：推销策略和技巧策划。在景区推销人员推销洽谈过程中，目标顾客可能会提出各种问题，这就要求推销人员应事先估计洽谈中目标顾客可能会提出什么样的问题，应如何应对和解决这些问题。所以，景区推销人员应策划和运用一些必要的推销策略和技巧。

第五步：推销访问日程安排。景区推销人员要根据洽谈双方的时间安排，拟定好访谈日程，掌握好谈判进度，这也是取得推销成功的必要条件之一。

③旅游景区公共关系策划。**旅游景区公共关系策划**是指景区策划人员在公关调研的基础上，为景区制订并指导实施既富有创意、又经济有效的战略性或策略性公关促销活动方案的过程。景区公共关系策划的主要目的是利用各种手段，借助于各种媒体的宣传，提高景区的透明度、知名度和美誉度。

景区公共关系策划的运作程序：

第一步：分析景区公关现状。要求景区公关策划人员在策划公关方案之前，应深入了解景区当前的公关状态，如景区在公众中的知名度和美誉度、目前存在的问题、造成问题的原因、景区最期望解决的公关问题、解决这一问题的关键是什么等。

第二步：确定景区公关目标。景区公关的总体目标是塑造景区的良好形象，同时，根据景区需要，存在许多分目标，如长期目标、近期目标；一般目标、特殊目标；传播信息目标、联络感情目标、改变态度目标和引起行为目标等。景区应根据环境和当前的实际问题来确定公关活动应该达到的具体目标。

第三步：确定景区公众。确定景区公众是景区公关策划的首要任务。只有确立了公众，才能选定需要的公关媒体、公关模式等，才能做到有的放矢，实现效益最大化。

第四步：策划景区公关活动方案。它是景区公关策划的核心内容，主要包括：景区公关策划活动时机、活动地点、活动媒体，制定公关活动策略和确定公关活动预算等。

第五步：景区公关活动效果评估。景区公关活动效果一般是以认知度、美誉度及和谐度为基础来进行评估的。认知度与美誉度的建立，必须通过提高景区公关活动的公众参与度来实现；和谐度则指景区公关策划应能够实现各种利益主体在利益方面的一致性。除此之外，景区公关策划还应该考虑到对景区销售业绩的促进与提高方面的效果。

④旅游景区营业推广策划。**旅游景区营业推广策划**就是根据景区营销目标，在充分研究旅游市场的基础上，确定景区在某一阶段或对某一产品的营业推广目标，针对不同的促销对象，在适当的时机，选择富有创造性、激励性的方式，制订有效的促销活动方案的过程。

景区营业推广策划的运作程序：

第一步：确定景区营业推广目标。景区的营业推广目标主要有三类：针对旅游消费者的推广目标、针对旅游中间商的推广目标和针对景区推销人员的推广目标。（详

见本书第5章）

第二步：选择景区推广方式。根据景区的三类营业推广目标分别选择不同的推广方式。

第三步：制订景区推广方案。其包括推广规模、措施、时间、时机及总预算等内容。

第四步：实施景区推广方案。景区推广方案确定之后必须实施，在推广方案实施过程中应注意：掌握好工作进度、监督方案的实行情况并及时进行反馈等。

第五步：景区营业推广效果评估。对活动效果的评估不仅是对营业推广活动的总结，而且对于了解该方式的有效性、运用其他营销策略以提高整体营销效率，以及在为以后改进和提高营业推广手段提供丰富的经验等方面，都有重要的意义。

2）旅游景区 CIS 策划

（1）旅游景区形象的构成要素。旅游景区形象是一定时期和一定环境下社会公众（包括旅游消费者）对旅游景区认识后形成的一种总体评价，是景区的表现与特征在公众心目中的反映。

①景区景观形象。这是游客对景区各种景观外貌特征、自然地理、历史文化、民俗风情等要素的直接感知，是景区形象的基础，是景区形象的主导吸引因素。

②景区旅游产品质量形象。它是指景区所提供的基础设施和旅游产品的质量水平。其中，旅游产品质量包括两方面内容：第一，景区对吃、住、行、游、购、娱六大旅游要素的衔接所提供的服务；第二，景区在提供服务的过程中所表现出的管理水平和员工之间的协调合作，这是景区旅游产品质量形象的核心内容。

③景区社会形象。旅游景区居民的文化素质、对旅游消费者的态度、社区参与旅游的保障机制等，都会成为影响旅游景区综合整体形象的因素。

④环境要素。旅游景区所在地的政治、经济和社会环境等因素会影响旅游消费者对旅游景区以及整个地区的形象认知和评价。

（2）旅游景区 CIS 策划概述。CIS（corporate identity system）即"企业形象识别系统"。**旅游景区 CIS 策划**就是对与景区形象有关的要素进行全面系统的设计，通过全方位的信息传送，塑造出为内外公众所认同的整体形象的景区形象战略系统的过程。

CIS 的构成因素包括理念识别（MI）、活动识别（BI）和整体视觉识别（VI）。其中，MI 是最深刻的部分，堪称景区的"灵魂"；BI 是动态的识别形式，像景区的"手"；VI 是静态的识别形式，犹如景区的"脸"。现代公关理论中还增加了顾客满意的相关内容。景区对三个要素各有偏重，MI 重在精神，是 CIS 的原动力；BI 重在人，是景区人的行为反映；VI 重在物，是传达的媒介或载体。BI 和 VI 是 MI 的表现，MI 则是 BI 和 VI 的内涵。三者相辅相成、有机协调，构成有效的 CIS 系统。顾客满意是景区营销的宗旨，坚持顾客满意是实现和维护旅游景区形象的根本。景区 CIS 的构成，如图 7-3 所示。

旅游景区 CIS 策划的运作程序：

第一步：景区 CIS 导入确立。其主要包括景区导入 CIS 的动机、时机和机构。

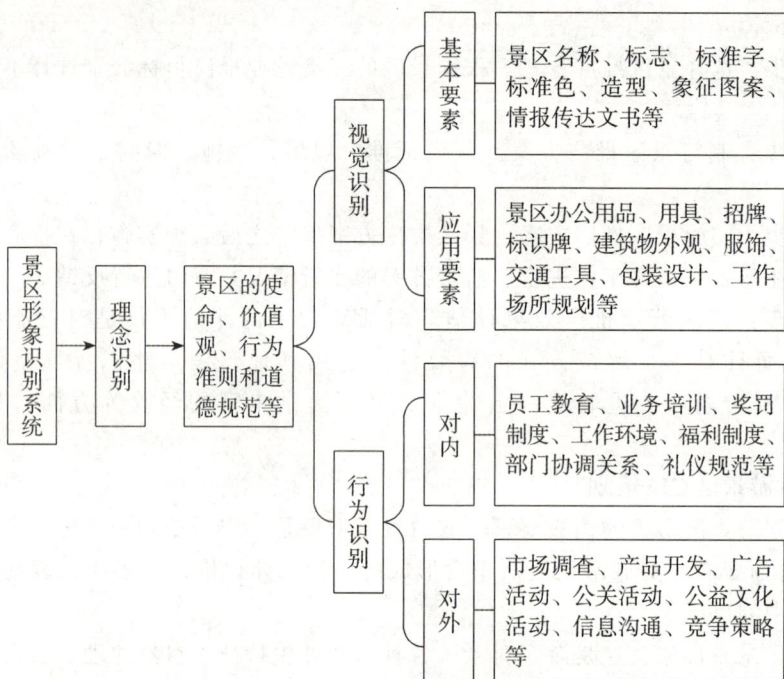

图 7-3　景区 CIS 构成

第二步：景区 CIS 形势调研。其包括景区环境调研、景区教育情况分析、景区 CIS 现状分析和景区形象调研等。

第三步：景区 CIS 策划与设计。其包括景区 CIS 策划原则、CIS 策划预算、CIS 创意方法、CIS 行动方案及策划书。

第四步：景区 CIS 实施及管理。其包括 CIS 传播（MI 推行、BI 推行、VI 推行）、CIS 实施督导、CIS 效果评估及调整改进。

学习微平台

微课 7-1

⊂ 本章概要 ⊃ ▶

□ 内容提要与结构

▲ 内容提要

● 旅游景区是指具有吸引国内外旅游消费者前往游览的明确的区域场所，是能够满足旅游消费者游览观光、消遣娱乐、康体健身、求知等旅游需求，具备相应的旅游服务设施并提供相应旅游服务的独立管理区。旅游景区具有空间地域性、功能旅游性、设施服务性、经营管理性的特点。旅游景区的构成要素包括资源要素和非资源要素两类。

● 旅游景区营销是指旅游景区以旅游消费者的需求为导向，经过分析、规划、执行、监控来管理景区，创造游客满意和价值的过程。旅游景区营销具有营销目标多样化、营销主体多元化、营销对象复杂化的特点。旅游景区在开展营销活动时应对景区营销微观环境因素和景区营销宏观环境因素进行分析，从而发现市场机会、避开市场威胁。

● 旅游景区营销策划是指在对旅游景区内部环境进行准确分析，并有效运用景区资源的基础上，对一定时间内旅游景区营销活动的目标、战略以及实施方案与具体措施进行设计和谋划。其包括旅游景区STP策划、旅游景区产品策划和旅游景区促销策划。

▲ 内容结构

本章内容结构如图7-4所示。

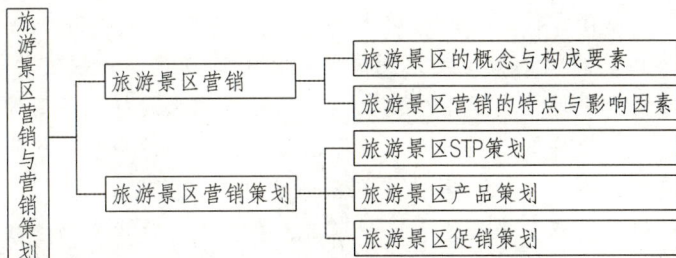

图7-4 本章内容结构

□ 主要概念和观念

▲ 主要概念

旅游景区 旅游景区营销 旅游景区营销策划 旅游景区市场细分策划 旅游景区目标市场选择策划 旅游景区市场定位策划 旅游景区产品 旅游景区产品策划 旅游景区促销策划 旅游景区广告策划 旅游景区人员推销策划 旅游景区公共关系策划 旅游景区营业推广策划 旅游景区CIS策划

▲ 主要观念

旅游景区的特点及影响因素 旅游景区营销策划

□ 重点实务和操作

▲ 重点实务

旅游景区STP策划 旅游景区产品策划 旅游景区促销策划 相关"业务链接"

▲ 重点操作

旅游景区主题产品策划 旅游景区广告策划 旅游景区人员推销策划 旅游景区公共关系策划 旅游景区营业推广策划 旅游景区CIS策划

● 基本训练 ●

□ 理论题

▲ 简答题

1）简述旅游景区的特点和构成要素。

2）简述旅游景区营销的影响因素。

3）旅游景区形象的构成要素有哪些？

▲ 讨论题

1）如何理解景区营销对象的复杂化？

2）如何理解景区营销主体的多元化？

□ 实务题

▲ 规则复习

1）旅游景区如何进行市场细分策划？

2）简述旅游景区目标市场的切入策划。

3）结合旅游景区产品的特点说明旅游景区营销人员的营销任务。

4）简述旅游景区产品设计开发策划的方法。

▲ 业务解析

1）1998年，有着"仙踪灵迹"之称的河北省承德市双塔山与人不再有距离美感，人们对双塔山远距离的凝望退想变成了近距离的逼视。一座重约40吨、与双塔等高的钢铁旋梯硬生生地戳在了南塔边上，人们可以攀上旋梯近距离地细数双塔山顶上的一砖一木。钢铁旋梯的出现极大地破坏了双塔山的自然美景，从此，人们看到的不再是双塔而是"三塔"并立，承德人形象地称之为"第三者插足"。钢铁旋梯从建成之日起就在社会上引起了极大的争议，然而，在拆声一片中它仍然默默地矗立长达4年之久。2003年3月，承德市终于将钢铁旋梯拆除，还了双塔山原貌。如果你是双塔山景区的营销人员，你认为钢铁旋梯的出现对该景区的营销有何影响？你是否同意将其拆除？

2）如果承德避暑山庄利用其湖区旅游资源，冬季（旅游淡季）推出多项冰上旅游项目，在开拓北京、天津市场时，你认为应该采取哪种促销方式效果会更好。为什么？

☐ 案例题

▲ 案例分析

乌镇旅游品牌的促销

背景与情境："石桥错落、流水人家"的江南美景——乌镇，是一个千年古镇。在江南六大古镇中，乌镇开发较晚，因而汲取的经验最多，所以旅游资源的保护和开发比较规范。乌镇作为旅游品牌树立的先行者，有其成功的一面，也有其不足之处。在竞争激烈的古镇旅游市场上，乌镇的品牌诉求较有特色：广告词"生活在梦里的——乌镇"，给人以无限退想。刘若英是乌镇的品牌代言人，她在乌镇拍摄了《似水年华》等电视剧。与此同时，"华语强音——新娱乐华语主持人盛典""新娱乐华语主持群英会——乌镇之约"以及"我型我秀"等活动的场地都不约而同地设在乌镇。乌镇借助于东方卫视，使这个千年古镇闪耀着时尚、文化和青春的气息。但乌镇在与电视台合作的过程中，景区表现过于冷淡，没有借助台下众多的名人资源、活动资源，产生连续的新闻效应。

资料来源　彭淑清. 景区服务与管理［M］. 北京：电子工业出版社，2010：179.

问题：

1）乌镇旅游品牌的树立综合运用了哪些促销方式？

2）乌镇旅游促销有何不足之处？

3）如果你是乌镇的营销策划人员，你将如何借助已有的资源来进行乌镇的促销策划？

分析要求：

1）形成性要求

（1）学生分析案例提出的问题，拟出《案例分析提纲》；小组讨论，形成小组《案例分析报告》；班级交流、相互点评和修订各组的《案例分析报告》；在校园网的本课程平台上展出经过修订并附有教师点评的各组《案例分析报告》，供学生借鉴。

（2）了解本教材"附录二"的附表2中"形成性考核"的"考核指标"与"考核内容"。

2）成果性要求

（1）课业要求：以经过班级交流和教师点评的《案例分析报告》为最终成果。

（2）课业结构、格式与体例要求：参照本教材"课业范例"的范例综-1。

（3）本教材"附录二"的附表2中"课业考核"的"考核指标"与"考核内容"。

▲ 善恶研判

带妈妈游览黄河三峡 当场叫"妈"免门票

背景与情境： 即日起至5月31日，凡带妈妈游览黄河三峡景区，并在景区门口当场叫"妈"且对方答应者，则两人均可免门票。"一男子带5个妈，到黄河三峡景区游玩"，您还记得吗？

母亲节前夕，黄河三峡景区推出了"叫妈免门票"活动，央视4个频道、10余家A类门户网站、85家B类门户网站、10余家国家级报纸、20余家省级报纸、100余家省级电视台对此进行了报道，引发舆论哗然，网上沸腾！当然，有人认为这是景区在炒作、在作秀，但黄河三峡景区总经理田名山说："我们举办这个活动立足于在黄河三峡叫'妈'的特定意义，目的就是为了弘扬社会正能量，弘扬中国传统孝文化，我们将每年5月份确定为'黄河三峡叫妈节'，将中华孝文化进行到底。"

资料来源　佚名. 带妈妈游览黄河三峡 当场叫"妈"免门票［EB/OL］.（2014-05-08）. http://hn.ifeng.com/lvyou/zyfg/detail_2014_05/08/2241586_0.shtml.

问题：

1）本案例中存在哪些道德伦理问题？

2）试对上述问题做出你的善恶研判。

3）通过网络或图书馆调研等途径搜集你做善恶研判所依据的行业规范。

研判要求：

1）形成性要求

（1）学生分析案例提出的问题，拟出《善恶研判提纲》；小组讨论，形成小组《善恶研判报告》；班级交流、相互点评和修订各组的《善恶研判报告》；在校园网的本课程平台上展出经过修订并附有教师点评的各组《善恶研判报告》，供学生借鉴。

（2）了解本教材"附录二"的附表2中"形成性考核"的"考核指标"与"考核内容"。

2）成果性要求

（1）课业要求：以经过班级交流和教师点评的《善恶研判报告》为最终成果。

（2）课业结构、格式与体例要求：参照本教材"课业范例"的范例综-2。

（3）本教材"附录二"的附表2中"课业考核"的"考核指标"与"考核内容"。

□ 实训题

▲ 实训操练

"旅游景区营销与策划"业务胜任力训练

【实训目的】

见本章"章名页"之"学习目标"中的"实训目标"。

【实训内容】

专业能力训练：其领域、技能点、名称和参照规范与标准见表7-1。

表7-1　　　　　　　　专业能力训练领域、技能点、名称和参照规范与标准

能力领域	技能点	名称	参照规范与标准
旅游景区营销与策划	技能1	旅游景区STP策划技能	（1）能运用科学的方法，通过对景区环境进行调研，准确掌握景区目标市场及需求变化，并对收集到的资料进行分析汇总，按规定格式写出调研分析报告 （2）能根据调研结果和景区的资源情况，运用恰当的细分变数对景区进行科学准确的市场细分 （3）能在市场细分的基础上确定景区的目标消费群体，并能策划进入目标市场的方式 （4）能在目标市场上运用科学的策略进行准确的旅游市场定位
	技能2	旅游景区促销策划技能	（1）能运用正确的调研方法，对目标顾客的需求进行调研，了解目标顾客做出购买决策的过程以及目标顾客在购买过程中需要解决的主要问题，确定促销目标 （2）能根据促销目标，确定景区相应的推广促销方式（广告促销、人员推销、公共关系促销和营业推广促销），然后借助一定的促销方式将景区旅游产品的信息传递给旅游消费者 （3）能对实施后的促销活动进行评估，掌握促销活动效果
	技能3	撰写相应的《实训报告》技能	（1）能合理设计关于"旅游景区营销与策划"的相应《实训报告》，其结构合理、层次分明 （2）能依照财经应用文的写作规范撰写所述《实训报告》 （3）本教材网络教学资源包中"学生考核手册"考核表7-2所列各项"考核指标"和"考核标准"

职业核心能力和职业道德训练：其内容、种类、等级与选项见表7-2；各选项的"规范与标准"分别参见本教材"附录三"的附表3和"附录四"的附表4。

表7-2　　　　　　职业核心能力与职业道德训练的内容、种类、等级与选项表

内容	职业核心能力							职业道德						
种类	自我学习	信息处理	数字应用	与人交流	与人合作	解决问题	革新创新	职业观念	职业情感	职业理想	职业态度	职业良心	职业作风	职业守则
等级	中级	中级	中级	中级	中级	中级	中级	认同级	认同级	认同级	认同级	认同级	认同级	认同级
选项		√		√	√	√	√		√	√	√	√	√	√

【实训任务】

（1）对表7-1所列专业能力领域各技能点，依照其"参照规范与标准"实施阶段性基本训练。

（2）对表7-2所列职业核心能力选项，依照本教材"附录三"中附表3的"规范与标准"实施"中级"强化训练。

（3）对表7-2所列职业道德选项，依照本教材"附录四"中附表4的"参照规范与标准"实施"认同级"相关训练。

【组织形式】

将班级学生分成若干实训小组，根据实训内容和项目需要进行角色划分，确保组织合理和每位成员的积极参与。

【实训要求】

（1）实训前学生要了解并熟记本实训的"实训目的"、"能力与道德领域"、"实训任务"与"实训要求"，了解并熟记本教材网络教学资源包中"学生考核手册"考核表7-1、考核表7-2中"考核指标"与"考核标准"的内涵，将其作为本实训的操练点和考核点来准备。

（2）通过"实训步骤"，将"实训任务"所列三种训练整合并落实到本实训的"活动过程"和"成果形式"中。

【情境设计】

将学生分成若干实训组，每个实训组在【成果形式】的"实训课业"所列题目中任选一题，并结合所选课业题目，分别选择一家旅游景区（或本校专业实训基地）进行实训。各实训组通过全过程地参与和体验所选题目要求的实际训练，完成其各项实训任务，在此基础上撰写并交流关于"旅游景区营销与策划"的相应《实训报告》。

【指导准备】

知识准备：

（1）市场营销知识。

（2）"旅游景区营销与策划"的理论与实务知识。

（3）本教材"附录一"的附表1中，与本章"职业核心能力'强化训练项'"各技能点相关的"'知识准备'参照范围"。

（4）本教材"附录三"的附表3和"附录四"的附表4中，涉及本章"职业核心能力领域'强化训练项'"各技能点和"职业道德领域'相关训练项'"各素质点的"规范与标准"知识。

操作指导：

（1）教师向学生阐明"实训目的"、"能力与道德领域"和"知识准备"。

（2）教师就"知识准备"中的第（3）、（4）项，对学生进行培训。

（3）教师指导学生就某旅游景区的STP进行策划。

（4）教师指导学生对某旅游景区进行促销策划。

（5）教师指导学生撰写关于"旅游景区营销与策划"的相应《实训报告》。

【实训时间】

本章课堂教学内容讲授中、后的双休日和课余时间，为期两周。

【实训步骤】

（1）将学生分成若干实训组，每8～10位同学分成一组，每组确定1～2人负责。

（2）各实训组从"实训课业"中分别任选一题。

（3）对学生进行旅游景区营销与策划培训，选择几类不同的旅游景区（或校实训基地）作为营销与策划的范围。

（4）各实训组分别选择正在实施"旅游景区营销与策划"实训任务的旅游景区（或校实训基地），在重点参与和体验"旅游景区STP策划""旅游景区促销策划"的过程中，按照"实训要求"完成各项实训任务。

（5）各实训组在实施上述专业训练的过程中，融入对表7-2所列职业核心能力选项各技能点的"中级"强化训练和对表7-2所列职业道德选项各素质点的"认同级"相关训练。

（6）在此基础上，各实训组撰写、讨论、交流和修订各自关于"旅游景区营销与策划"的相应《实训报告》。

【成果形式】

实训课业（任选一题）：

（1）《旅游景区STP策划实训报告》。

（2）《旅游景区促销策划实训报告》。

课业要求：

（1）"实训课业"的结构与体例参照本教材"课业范例"中的范例综-3。

（2）实训报告必须包括"专业能力训练"和"职业核心能力与职业道德训练"双重内涵（须提供实训课业相应的《策划方案》作为《实训报告》的"附件"）。

（3）各组《实训报告》初稿须经小组讨论，再提交班级交流。

（4）经过班级交流的《实训报告》由各小组修改与完善。

（5）在校园网的本课程平台上展示经过教师点评的班级优秀《实训报告》，供相互借鉴。

▲ 创新工作站

编制《优化方案》

【工作目的】

见本章"章名页"中"学习目标"中的"实训目标"。

【工作任务】

编制《关于旅游景区营销与策划相关业务规范的优化方案》。

步骤及内容：

（1）旅游景区STP策划，包括旅游景区市场细分策划、旅游景区目标市场选择策划和旅游景区市场定位策划。

（2）旅游景区产品策划，包括旅游景区产品开发策划和旅游景区主题产品策划。

（3）旅游景区促销策划，包括旅游景区促销目标策划、旅游景区促销方式策划和旅游景区CIS策划。

【待优化对象】

（1）旅游景区STP策划。

（2）旅游景区产品策划。

（3）旅游景区促销策划。

【情境设计】

某企业先前将列入"优化对象"中的那些规则性知识作为相应业务的既定规范。为强化管理、提高企业竞争力，需要对这些既定规范进行优化。企业管理层要求研发部门组成若干团队，通过网上调研或其他途径，研究制订关于这些业务规范的《优化方案》。

【工作要求】

（1）在搜集、整理和研究最新相关文献资料的基础上，制订所选业务既定规范的《优化方案》。

（2）所制订的《优化方案》具有明显的创新性、优越性和可操作性。

（3）对体现在《优化方案》中的创新不求全责备。

【工作步骤】

（1）将班级同学分成若干组，模拟某企业的不同研发团队，每个团队确定1人负责，各团队从"待优化对象"中任选其一。

（2）各团队进行角色分工，通过网上调研等途径，围绕所选"待优化对象"的相关业务，搜集最新研究成果与企业先进管理举措。

（3）各团队整理搜集到的资料，分析比较其与所选"待优化对象"的异同及长短。

（4）各团队以扬长避短为宗旨，通过讨论、研究制订所选"待优化对象"的《优化方案》。

（5）在班级交流和修订各团队的《优化方案》，使之各具特色。

（6）在校园网的本课程平台上展示经过教师点评的各团队《优化方案》，作为本章"重点实务"的补充教学资料。

【成果形式】

工作课业：

《〈关于旅游景区营销与策划相关业务规范的优化方案〉实训报告》。

课业要求：

（1）"实训课业"的结构、格式与体例参照本教材"课业范例"的范例综-4。

（2）将《关于旅游景区营销与策划相关业务规范的优化方案》以"附件"形式附于《实训报告》之后。

（3）在校园网的本课程平台上展示经过教师点评的班级优秀《实训报告》，供相互借鉴。

单元考核

"考核模式""考核目的""考核种类""考核方式、内容与成绩核定"及考核表等规范要求，见本教材网络教学资源包中的"学生考核手册"。

第**8**章
旅游酒店营销与策划

学习目标

通过本章学习，应该达到以下目标：

理论目标：学习和把握旅游酒店产品及营销的概念，旅游酒店有形要素的内容及其在酒店营销中的作用，旅游酒店服务营销的概念与特点，酒店客户关系管理的概念、内容与必要性，旅游酒店的主要客房客源及开发的原因，酒店餐饮面临的外部压力等陈述性知识；能用所学理论知识指导"旅游酒店营销与策划"的相关认知活动。

实务目标：学习和把握旅游酒店服务营销的基本任务与策略，酒店客户关系管理实施过程及需要注意的问题，旅游酒店客房客源与餐饮市场营销策划，相关"业务链接"等程序性知识；能用其规范"旅游酒店营销与策划"的相关技能活动。

案例目标：运用所学"旅游酒店营销与策划"的理论与实务知识研究相关案例，培养和提高学生在特定业务情境中分析问题与决策设计的能力；能结合本章教学内容，依照"职业道德与营销伦理"的行业规范或标准，分析旅游酒店行为的善恶，强化其职业道德素质。

实训目标：参加"旅游酒店营销与策划"业务胜任力和"职业工作站"模拟团队活动的实践训练。在了解和把握本实训所及"能力与道德领域"相关技能点的"规范与标准"的基础上，通过切实体验各实训任务的完成，系列技能操作的实施，相关《实训报告》的准备、撰写、讨论与交流等有质量、有效率的活动，培养"旅游酒店营销与策划"的专业能力，强化"信息处理"、"与人交流"、"与人合作"、"解决问题"和"革新创新"等职业核心能力（中级），并通过"认同级"践行"职业观念"、"职业态度"、"职业作风"和"职业守则"等行为规范，促进健全职业人格的塑造。通过制订关于旅游酒店营销与策划《优化方案》的模拟职业团队活动，丰富本章"重点实务"知识，培养专业调研与业务拓展技能，强化相关职业核心能力。

引例　万豪酒店与旅行社的关系

背景与情境：在美国旅行社全球大会上，万豪集团执行总裁 Arne Sorenson 向记者表示：万豪酒店收购喜达屋酒店之后，将继续保持与旅行社的良好业务关系。

Sorenson 刚刚在大会上做完演讲，并且荣获美国旅行社全球大会的酒店行业年度奖章。有人向 Sorenson 发问，万豪打算如何定位集团与旅行社、喜达屋酒店之间的关系。一般说来，喜达屋酒店与旅行社之间的合作更为密切。

Sorenson 表示："我想这个问题不应该由我来回答。但是，我认为我们与旅行社之间的关系是极好的。我们之间没有磕磕碰碰，是一帆风顺的。"

有人发问，为什么大家认为喜达屋酒店和旅行社的关系更为密切。Sorenson 表示，这可能是因为他们个人与喜达屋酒店的关系比较好，也可能是喜达屋酒店的员工比较擅长处理与旅行社的关系，或者是其他方面的原因。

"同时，我们希望维持好我们与客户之间的关系。我们与旅行社之间的关系就是我们与客户之间的关系。所以，我们会维护好与旅行社之间的合作。"Sorenson 表示，万豪对喜达屋酒店的收购还没有彻底结束。例如，向酒店支付多少佣金、将来酒店会员忠诚计划怎么安排都尚未确定。

Sorenson 表示："所以，我们必须和旅行社进行对话探讨，对话内容类似'好吧，我们来谈谈吧。为什么有些旅行社更偏好喜达屋酒店呢？你们是害怕失去什么吗？你们怎么看待我们之间的关系？'我们会通过这种方式彻底弄明白我们之间的关系。我们希望能提出一套巩固双方合作关系的方案。"

Sorenson 表示，我们会以双边对话的方式解决这个问题。

Sorensen 的发言非常小心谨慎，他说："这并不意味着所有的决策都能受到大家的青睐。但是我们希望能在相互理解的基础上做出决策。我们也希望旅行社能够理解这一点。"

Sorenson 在会上还探讨了对旅行社来说比较敏感的话题——酒店直接预订策略。

Sorenson 表示："当前，如果你问顾客在哪里能订到价格最优惠的房间，即使网上和万豪酒店直接预订的价格完全相同，顾客还是会回答在线旅行社。这是在线旅行社花大价钱做市场营销给人们造成的错觉。"

Sorenson 说，为了纠正人们的这一看法，不少酒店开始推广直接预订方法。

资料来源　佚名. 如何处理酒店与旅行社的关系？听听万豪CEO怎么说［EB/OL］.（2016-09-28）. http://m.ctcnn.com/show.jsp?id=46373.

问题：

（1）在美国旅行社全球大会上，万豪集团执行总裁 Arne Sorenson 表达了怎样的观点？

（2）你认为对旅行社来说，酒店比较敏感的话题是什么，为什么？

由引例可知，万豪集团执行总裁表达了酒店和旅行社之间一种微妙的关系，旅行社是酒店企业重要的分销渠道，而酒店又是旅行社企业不可或缺的供应商，两者作为渠道成员，有着各自不同的利益，它们既要考虑合作，又要考虑各自的经济利益，于是渠道成员之间出现矛盾也是不可避免的。尤其是酒店企业通过旅行社分销产品，需要让渡一定比例的利润，因此纷纷尝试建立网络直接预订体系，于是和分销商之间的冲突便产生了。

8.1 旅游酒店产品有形要素展示

旅游酒店是为客人提供歇宿和饮食服务的场所。具体地说是以它的建筑物为凭证，通过出售客房、餐饮及综合服务等酒店产品获得经济收益的组织。

8.1.1 旅游酒店营销概述

1）旅游酒店产品的概念

旅游酒店产品是指客人在酒店下榻期间所获得的各种满足与不满足的总和。旅游酒店产品既包括有形产品，又包括无形产品，如餐饮、酒吧、客房、风景与环境、接待、礼貌及气氛等。旅游酒店整体产品也是由核心产品、形式产品、延伸产品、期望产品和潜在产品五个层次构成的。

旅游酒店产品的特征：有形产品和无形服务的结合、不可储存性、明显的季节性、不可专利性、品牌忠诚度低、对中间商信息的依赖性强和脆弱性。

2）旅游酒店营销

旅游酒店营销是指旅游酒店为了满足客户的合理要求、为使酒店盈利而进行的一系列经营销售活动。营销的核心是满足客人的合理要求，最终的目的是为酒店盈利。

旅游酒店营销是一项持续不断、有步骤进行的活动。酒店管理人员在此过程中通过市场调研，了解顾客的需求，努力提供适合需求的产品与服务，从而使顾客满意，使酒店获利。

业务链接 8-1

如何做好旅游酒店营销工作

①顾客需求被作为最先考虑的事。

②注意市场调研。

③及时了解竞争对手，了解其产品，了解其竞争手段。

④充分认识长期计划的价值，制定酒店市场 STP 及营销组合策略。

⑤了解该酒店在客人心目中的形象。

⑥重视并鼓励酒店内部各部门之间的合作。

⑦充分认识到与相关单位或企业搞好合作关系的重要性。

⑧积极创新。

⑨适当扩大业务范围，开展多种经营，更好地满足客人的需求。

⑩对酒店的营销活动经常进行评估。

8.1.2 旅游酒店有形要素展示

酒店是一个集中为社会提供服务产品的公共场所，酒店提供的产品主要是服务，服务是无形的，所以酒店通常会非常注重无形产品的质量，力求使客人拥有一个满意的消费经历。但从营销角度讲，有形产品是无形服务中不可缺少的，酒店产品中的有形要素能够给客人创造一种很强的价值感觉，快速强化酒店的市场地位，加深客人对酒店的认可。特别是当销售人员向一位不了解其酒店的客户推销时，或者酒店接待初次入住的客人时，有形要素是决定酒店能否被客人选择的首要因素。因此酒店的良性运作既依赖于服务员高效率的服务行为，同时又必须建立在酒店物质设备的基础之上。

1）酒店的地理位置

被人们誉为酒店大师的美国酒店联号之父——埃尔斯沃思·斯塔特勒认为，"对任何酒店来说，取得成功的三个最重要因素都是地点、地点、地点"。随着旅游业的飞速发展，处于优势地理位置的酒店在日趋激烈的市场竞争中显示出较强的竞争力和影响力。地理位置不仅是酒店产品的一部分，而且对酒店的经营成功与否起着十分重要的作用。一般来说，位于市中心的酒店给客人的感觉是商务型酒店，而位于风景区的酒店会被认为是度假型酒店。酒店周围越繁华、交通越便利，就越能增强酒店的市场定位，对酒店的入住率、房价、餐饮销售等都会产生有利的影响。

2）建筑风格

酒店建筑风格往往成为酒店最好的、重要的广告标志，在一定程度上代表着酒店的形象。同时，酒店建筑风格越来越多地被赋予了文化内涵，能够形成独特的审美空间，反映了旅游目的地的文明和当地的文化传统，现代旅游酒店的建筑本身往往就是旅游目的地景观中一道靓丽的风景。因此，建筑风格对酒店的经营有着至关重要的作用。同时，建筑主题鲜明、外观造型独具一格，有助于所在地建筑形象与所在地历史、文化、自然环境相结合，恰到好处地表现和烘托其主题氛围，让来宾光临酒店时有一种归宿感、自豪感和安全感。

3）助销产品

酒店为客人提供主要产品（服务）的同时，还有一些助销产品也在向客人传递着酒店的品质信息，如大堂饼屋的蛋糕陈列、印制精美的酒店宣传资料、赠送给客人的礼品、公共区域的标识牌等。

4）服务环境

服务环境是有形产品的派生物，它是有形产品综合作用而形成的一种感受。比如，酒店空间的温度、湿度，周围的声音、气味，环境的整洁度，顾客和服务人员的数量、外表、行为等都决定着客人是否愿意在此逗留。

5）价格

价格是酒店营销活动中重要的组成部分，价格的高低直接影响着客人对酒店的认知和选择。因为价格提供了酒店档次和质量的信息，高价格能提高客人对产品和服务的信任感和期望值，低价格会使客人怀疑服务的水准和降低感觉中的服务价值。

6）酒店员工

酒店服务质量的核心因素是"人"。具备专业服务素质且对酒店有较高满意度的"人"（酒店员工）服务于酒店"客人"就会产生"顾客满意度"。如训练有素的餐厅服务员、仪表端庄的接待人员、稳重而彬彬有礼的管理人员等都会给客人带来一种可信度。

7）顾客

定位为商务型的酒店，若接待大量的旅游团队，必使商务客人感觉不适；以接待外宾为主的酒店，若同时接待大量会议，就会导致外宾的流失。

8）服务设备

现代酒店为适应人们日益增长的需求，已不再是仅仅提供住宿的场所，而是从衣食住行、视听娱乐到运动健身、商务购物、医疗美容等应有尽有，设备设施日趋完善。一个现代化的酒店设备设施费用已占总价的1/3还多。如商务中心，贵重物品寄存处，健身室及各种健身设备和器材，桑拿浴、按摩室及各种配套设施，酒店的接待用车、大堂的行李车，餐厅的桌椅等都为客人感知酒店的档次和质量提供了证据。

9）装饰布置

酒店装饰布置包括室内外装饰、陈设和环境绿化等许多方面。如照明的确定和灯具的布置，家具的配备、选择和摆放，帘幔的配置和管理，地毯及其他装饰织物的铺放，室内观赏品、绿化饰品的陈设等。酒店装饰布置除了以上基本内容外，还有许多应变性的成分，如宴会布置、节庆布置、广告宣传等。随着旅游业的发展、酒店设施的不断更新和人们对生活服务要求的不断提高，酒店装饰布置越发显示出它的重要性。如装饰典雅别致的大堂、酒吧会促进客人的消费，温馨典雅并有着宽大床垫的客房能提高客人的回头率等。

10）店徽、商标

酒店店徽、商标能够将本酒店与竞争对手区别开来，使客人联想到其服务特色，刺激客人的购买欲望，提高酒店的营销效果。例如，有着"你今天对客人微笑了吗？"座右铭的美国旅馆业巨头——希尔顿，在国际旅游消费者眼里是首选的酒店。

同步思考8-1

有形要素在酒店营销中的作用有哪些？

理解要点：（1）塑造酒店优秀的市场形象；（2）为客人营造美好的享受氛围；（3）给客人留下深刻的印象；（4）使客人信任酒店；（5）提高客人感觉中的服务质量；（6）促使酒店提供更优质的服务。

酒店通过有形要素的展示，不仅能为客人创造良好的消费环境，而且能为员工创造良好的工作环境，使员工掌握更多的服务知识和更好的服务技能，满足客人的需求和愿望，为客人提供更优质的服务。

8.2　旅游酒店服务营销管理

"服务营销"是一种通过关注顾客，进而提供服务，最终实现有利交换的营销手段。酒店服务营销是服务营销理论在酒店行业领域的具体应用和深化发展。酒店市场营销的实践表明，酒店的管理人员必须从服务性企业的特点出发，将服务的及时性、服务的交互化等内在需求作为着眼点，通过服务营销的运作与管理打造全新的酒店营销模式和酒店客户关系。

8.2.1　旅游酒店服务营销

1）旅游酒店服务营销概述

（1）旅游酒店服务营销的概念。**旅游酒店服务营销**是指旅游酒店依靠服务质量来获得顾客的好评，以口口相传的方式吸引顾客，维护并增进与顾客的关系，从而达到旅游酒店的营销目标。美国希尔顿酒店董事长唐纳·希尔顿对酒店服务营销进行了形象的描述："如果酒店里有一流的设备而没有一流的服务员微笑，那就好比花园里失去了春天的太阳和春风"。酒店服务营销组合在传统的营销组合 4P 的基础上增加了人员（people）、服务过程（process）和有形展示（physical evidence）3 个变量，变成了7P 组合。

（2）旅游酒店服务营销的特点。旅游酒店服务营销具有如下特点：

①酒店服务营销深度和广度的扩大化。顾客在酒店除了需要获得功能需求、价格需求和形式需求外，还要求获得附加利益，如心理上的满足、文化上的满足等。同时，随着感性消费时代的到来，酒店更注重外延服务，如个性化服务、超前服务、情感化服务、文化服务等不同的服务手段。酒店服务外延的扩大化，使酒店服务营销的深度和广度也具有扩大化的特点。从深度上来说，包括外部营销、内部营销、一线员工与顾客互动营销；从广度上来说，包括顾客消费前的服务营销、消费过程中的服务营销以及消费后的服务营销。

②酒店服务营销的互动性。酒店产品主要通过服务来体现，这种服务主要在服务者与顾客相互接触的互动过程中完成，服务的效果通过顾客对服务的参与来体现。因此，服务者和顾客成为酒店服务营销中重要的组成部分。酒店要提供优质服务，一方面要加强对服务者服务态度、服务知识以及技能的管理，另一方面还应加强对服务者与顾客的交流和沟通的管理。酒店的营销除了讲究外部的一般营销外，还要注重内部营销，重视服务的提供过程，讲究服务中的沟通和交流，加强服务者和顾客的接触，实行互动营销。

③酒店服务时间的价值化。酒店服务产品具有不可储存性，由此产生了时间的附加价值，以实体形态存在的酒店服务设备、劳动力只能代表酒店服务的供给能力而非服务产品本身，这种供给能力往往相对固定，不能随需求的变化而迅速变化，而且服务产品既不能提前生产，也不可之后交货，因而酒店服务经常面临供求不平衡的问题。因此，使波动的市场需求和酒店服务能力相匹配，并在时间上保持一致，就增加了服务营销的艰巨性。在面对顾客服务的过程中，服务产品的推广必须及时、快速，时间价值对提高服务效率、提高顾客对服务的评价起着重要的作用。

④酒店服务活动规模效应的局限性。由于酒店服务产品具有不可分离性，酒店不可能像有形产品的生产企业那样通过批发、零售等物流渠道，把产品从生产者送到顾客手中，而只能借助特定的分销渠道推广产品服务，采取服务生产与消费地点结合在一起的形式。

同步思考 8-2

旅游酒店服务营销的基本任务有哪些？

理解要点：酒店服务营销是服务营销理论在酒店这一领域的具体应用和深化发展，它的基本任务包括：市场调研、市场细分、目标市场的选择、市场定位和制定市场策略等。

2）旅游酒店服务营销策略

（1）旅游酒店整合营销策略。**旅游酒店整合营销策略**是指旅游酒店依据服务营销战略对营销过程中的7P进行配置和系统化管理，是一种统一并且能够代表酒店产品或酒店形象的一元化行为。

（2）旅游酒店差异化策略。**旅游酒店差异化策略**是指旅游酒店凭借自身的技术、管理和服务等条件，设计并生产在性能、质量、价格、形象、销售等方面不同且优于市场同类产品的旅游产品，在顾客心目中树立起特别的、有创意的良好形象。

采用差异化策略的酒店通常选择两个或者两个以上的细分市场作为自己的目标市场，并为每个细分市场确定一种营销组合，各种营销组合在产品、价格促销方法以及销售渠道等方面都有区别。采用此种策略最大的优点是可以提高产品的针对性，提升酒店在顾客心目中的形象，增强顾客忠诚度，提高酒店产品的市场竞争力。

同步案例 8-1

万豪酒店的市场细分

背景与情境：万豪酒店（Marriott）是与希尔顿、香格里拉等齐名的酒店巨子之一，总部位于美国。现在，其业务已经遍及世界各地。就酒店业而言，在酒店的品牌及市场细分上各有特色，如希尔顿、香格里拉等单一品牌公司通常将内部质量和服务标准延伸到许多细分市场上，而"万豪"则偏向于使用多品牌策略来满足不同细分市场的需求，人们（尤其是美国人）熟知的万豪旗下的品牌有"庭院旅馆"（Courtyard Inn）、"波特曼·丽嘉"（Ritz Carlton）等。

在美国，许多市场营销专业的学生最熟悉的市场细分案例之一就是"万豪酒店"。这家著名的酒店针对不同的细分市场成功地推出了一系列品牌：Fairfield（公平）、Courtyard（庭院）、Marriott（万豪）以及 Marriott Marquis（万豪伯爵）等。在早期，Fairfield（公平）是服务于销售人员的，Courtyard（庭院）是服务于销售经理的，Marriott（万豪）是为业务经理准备的，Marriott Marquis（万豪伯爵）则是为公司高级经理人员提供的。后来，万豪酒店对市场进行了进一步的细分，推出了更多的旅馆品牌。

在"市场细分"这一营销行为上，"万豪"可以被称为超级细分专家。在原有的四个品牌都在各自的细分市场上成为主导品牌之后，"万豪"又开发了一些新的品牌。在高端市场上，Ritz Carlton（波特曼·丽嘉）酒店在为高档次的顾客提供服务方面赢得了很高的赞誉；Renaissance（新生）作为间接商务和休闲品牌与 Marriott（万豪）

在价格上基本相同，但它们面对的是不同消费心态的顾客群体——Marriott 吸引的是已经成家立业的人士，而"新生"的目标顾客则是那些职业年轻人。在低端酒店市场上，万豪酒店由 Fairfield Inn 衍生出 Fairfield Suite（公平套房），从而丰富了自己的产品线；位于高端和低端之间的酒店品牌是 TownePlace Suites（城镇套房）、Courtyard（庭院）和 Residence Inn（居民客栈）等，它们分别代表着不同的价格水准，并在各自的娱乐和风格上进行了有效区分。

伴随着市场细分的持续进行，万豪又推出了 Springfield Suites（弹性套房）——比 Fairfield Inn（公平客栈）的档次稍高一点，主要面对一晚可消费 75～95 美元的顾客市场。为了获取较高的价格和收益，万豪酒店正使 Fairfield Suite（公平套房）品牌逐步向 Springfield Suites（弹性套房）品牌转化。

资料来源　刘昱. 经典营销案例新编 [M]. 北京：经济管理出版社，2010.

问题： 分析万豪酒店的市场细分策略。

分析提示： 市场环境在变化，产品与服务也需要及时调整。万豪酒店对市场的细分恰恰说明它对市场需求的准确分析与对机会的精准把握，能够在同质化的市场中找到更为差异化的细分市场，细致到每一个可以忽略的细小环节。万豪酒店的良苦用心为我们再次印证了"只有夕阳的企业，没有夕阳的行业"这句老话。

（3）旅游酒店内部营销策略。菲利浦·科特勒曾指出："内部营销是指成功地雇用、训练和尽可能地激励员工很好地为顾客服务的工作"。**旅游酒店内部营销策略**是指把员工视为企业的内部顾客，把工作视为内部的产品，从而努力满足内部顾客需要的一系列活动，也就是通过提供能满足员工某种需要的工作及环境来吸引、发展、激励并保持合格的员工留任于酒店的一种管理策略。

（4）旅游酒店关系营销策略。**旅游酒店关系营销策略**就是把营销活动看成是酒店与消费者、供应商、分销商、竞争者、政府机构及其他公众发生互动关系作用的过程，其核心是建立和发展酒店与这些公众兼顾双方利益的长期联系。这种良好的关系具有双向沟通、合作、双赢、亲密和控制的性质，是酒店市场营销成功的关键因素。

美国著名管理大师彼得·德鲁克曾说"顾客是唯一的利润中心"。顾客关系营销是关系营销的核心和归宿。与交易营销相比，关系营销更关注的是如何提高顾客满意度，如何留住顾客，培育忠诚的顾客。

8.2.2　旅游酒店客户关系管理

管理大师迈克尔·哈默说，"今天的时代是客户经济时代"。如今，酒店营销的商业环境正从以产品为中心转向以客户为中心，从规模市场转向规模用户，从产品导向转向客户导向。如何留住客户，如何增强客户的满意度，客户关系管理可以解决这些问题。

同步案例8-2

香格里拉的营销之道

背景与情境： 香格里拉饭店与度假村从1971年新加坡豪华香格里拉饭店的开业

开始，很快便以其标准化的管理及个性化的服务赢得国际社会的认同，并被许多权威机构评为世界上最好的旅游企业集团之一，它所拥有的豪华旅游企业和度假村已成为最受人们欢迎的休闲度假场所。香格里拉始终如一地把游客满意当成旅游企业经营思想的核心，并围绕它将其经营哲学浓缩成一句话——"殷勤好客香格里拉情"。酒店力求与客户保持良好的关系，"成为客人、员工和经营伙伴的首选"。

香格里拉有八项指导原则：我们将在所有关系中表现出真诚与体贴；我们将在每次与游客的接触中尽可能为其提供更多的服务；我们将保持服务的一致性，客人只需打一个电话就能解决所有问题；我们确保我们的服务过程能使游客感到友好、员工感到轻松；我们希望每一位高层管理人员都尽可能地多与游客接触；我们确保决策点就在与游客接触的现场；我们将为员工创造一个能使他们的个人目标、事业目标均得以实现的环境；客人的满意是我们事业的动力。

从香格里拉的这八项指导原则可知，香格里拉饭店集团把顾客满意放在最高的位置，指导原则围绕着顾客满意和建立良好的客户关系而制定。

香格里拉制订了一项"Golden Circle"的常客奖励计划。会员资料会被及时输入到酒店的客史档案数据库中，会员入住时只需提供卡号便可以便捷的手续入住，并享受与其喜好相对应的服务。

香格里拉还运行了一项"令客人喜出望外的计划"。酒店管理者深知仅仅让客人满意还是不够的，让客人喜出望外更容易培养其忠诚感。该计划是一项奖励计划，旨在表彰和奖励为实现令客人喜出望外而付出额外努力的员工。

为了检验服务质量，衡量顾客的满意程度，与客人更好地沟通，酒店设立了名为"Performance Monitor"的服务质量检测体系。酒店邀请知名的新加坡 AMI 公司做调研，每天从入住的客人中随机抽取若干位，进行问卷调查，了解顾客的想法，更好地提高服务质量。

香格里拉在其发展过程中，秉承以顾客满意为核心的经营思想，以殷勤好客之道为客人提供体贴入微的服务，获得客人的认可和支持。在信息技术日益发达的今天，香格里拉又建立了网站和强大的信息联网系统，使顾客服务变得更加快速有效。

资料来源　王晨光. 旅游营销管理［M］. 北京：经济科学出版社，2004：317.

问题：从香格里拉的八项指导原则中，你受到了哪些启发？结合本案例谈谈客户关系管理的重要性。

分析提示：香格里拉是国际著名的大型旅游企业连锁集团，它的经营策略很好地体现了客户关系管理的内容。如为客人设立个人档案，作为为客人提供个性化服务的依据等。客户关系管理，被描述为利用现代技术手段，使客户、竞争、品牌等要素协调运作并实现整体优化的自动化管理系统，其目标定位于提升企业市场竞争能力、建立长期优质的客户关系、不断挖掘新的销售机会、帮助企业规避经营风险、获得预期利润，目前正成为全球企业关注的焦点。

1）客户关系管理概述

客户关系管理（customer relationship management，CRM）起源于美国，经历了接触管理、关系营销、客户关怀等理论与实践过程。CRM 既是一套软件又是一种管理制度，集合了电子商务、数据库、呼叫中心，凝聚了市场营销理论、销售管理、管理科学等。

酒店客户关系管理就是在充分重视顾客资源的基础上，以信息技术为支持建立顾客档案，为不同的顾客提供不同的定制化产品，通过完善周到的全程服务来增强顾客的体验，最终达到增强顾客满意度、提高顾客忠诚度的目的。

教学互动8-1

客户关怀是CRM的中心。

客户是企业的一项重要资产，客户关怀是CRM的中心。客户关怀的目的是与所选客户建立长期和有效的业务关系，在与客户的每一个"接触点"上都更加接近客户、了解客户，最大限度地增加利润和提高利润占有率。

问题：

① 为什么客户关怀是CRM的中心？

② 酒店为什么要引入客户关系管理？

要求：

① 请两位同学对上述两个问题进行回答，其他同学予以评论。

② 教师对学生的回答和其他同学的评论做最后点评。

客户关系管理指标（简称7Ps）包含以下内容：

（1）客户概况分析：包括客户的层次、风险、爱好、习惯等；

（2）客户忠诚度分析：指客户对某个产品或商业机构的忠实程度、持久性、变动情况等；

（3）客户利润分析：指不同客户所消费产品的边缘利润、总利润、净利润等；

（4）客户性能分析：指不同客户所消费的产品按种类、渠道、销售地点等指标划分的销售额；

（5）客户未来分析：包括客户数量、客户类别等的未来发展趋势，争取客户的手段等；

（6）客户产品分析：包括产品设计、关联性、供应链等；

（7）客户促销分析：包括对广告、宣传等促销活动的管理。

职业道德与营销伦理8-1

从客人的快乐中寻找自身的价值

背景与情境：北京台湾饭店曾出现过这样动人的一幕：一家入住的外国客人，妻子是全身瘫痪的残疾人，也许是由于疾病心情不好，她始终不肯吃饭，弄得丈夫愁、孩子哭。看到这种情况，中餐厅一位年轻的服务员走上前去，接过饭碗，一遍又一遍地、耐心地用英语鼓励、安慰这位客人，一次又一次地把饭碗送到她的嘴边，终于女客人张开嘴笑了，一口、两口……服务员代替她的家人喂她吃完了这顿饭。

事后，有人问年轻的服务员怎么会走上前去？服务员说：看到这不幸的一家，我从心里感受到他们的痛苦，忍不住流下同情的泪水，一股强有力的力量促使我上前帮助他们。

问题：这位年轻服务员的工作作风是否符合职业道德与营销伦理的要求？如果你是这家饭店的服务员，你会怎样处理这件事？

分析提示：热心为客人服务，是酒店业的基本精神，也是优质服务之本。要真正做到为客人提供优质服务，就必须在不断提高职业认识的基础上，逐步加深职业情感，磨炼职业意志，树立崇高的职业理想和职业道德。

同步思考8-3

酒店引入客户关系管理的必要性有哪些？

理解要点：（1）有利于酒店企业整合顾客资源，拓展顾客群，提升服务水平；（2）有利于增强顾客的购买信任，提高顾客的忠诚度；（3）通过客户关系管理，建立完整的顾客档案，实行定制跟踪服务，有利于酒店营销工作的开展。

2）客户关系管理实施过程

（1）取得高层支持

由于客户关系管理需要投入大量的人力、物力、财力，在短时间内无法体现其优势，要想使CRM项目得以实施，高层管理者的支持至关重要。

（2）成立CRM工作组

CRM工作组由酒店内部各部门及外部人员共同组成，应该包括高层管理者、销售和营销部门的人员、IT部门的人员以及财务人员。作为CRM的实施者，他们要承担分析业务需求、制定实施流程、选择信息系统、开展沟通等事务。

（3）分析客户类别，制定相应策略

分析酒店电脑系统中存储的客户信息，根据其消费金额用"客户金字塔"法对客户进行分类。

（4）建立完整的客户档案

分析完客户的类别，找到20%的有价值客户之后，酒店可以建立完整而详尽的客户档案，目的是使酒店能够分析和掌握目标市场客源的基本情况，制定相应的营销策略和建立合适的销售渠道，同时了解客户的个性化需求，提供个性化服务。

3）客户关系管理中需要注意的问题

（1）酒店必须建立起"以顾客需求为导向"的服务文化，酒店员工的服务意识、业务素质及酒店的组织结构等必须跟上客户关系管理的要求。

（2）实施酒店客户关系管理，必须充分利用互联网。

（3）实施酒店客户关系管理，必须改革酒店的组织结构，提高员工的素质。如设立独立的客户服务部，进行服务流程再造，由酒店的相关部门协助顾客办理所有的事情，以缩短顾客的等待时间等。

业务链接8-2

旅游酒店实施客户关系管理的措施

①从注重一次性交易转变为注重与客户保持长期的关系。

②从以提供服务功能为核心转变为以高度重视客户的利益为核心。

③将服务质量是前台服务部门过问的问题转变为是酒店所有部门都要关心的问题。

④将客房、餐饮等部门各自销售的形式转变为由酒店统一管理的整体营销机制。

⑤"客户关系管理机构"要一天 24 小时接受客人的订房、订餐及其他销售预订业务和提供咨询服务；收集、处理、分析并向相关部门提供客户信息；通过信函、电子邮件、电话、传真等工具与相关的客户进行"一对一"的联系沟通，必要时上门与上述客户进行面对面的沟通。

⑥建立网络化的客户关系管理系统。

学习微平台

微课 8-1

8.3　旅游酒店营销策划

客房和餐饮是酒店的主体产品，其销售收入往往占据了酒店总销售额的绝大部分。酒店针对客房和餐饮市场营销活动的效果将直接影响到酒店的最终经济效益，因此，旅游酒店的营销策划主要围绕着这两个方面来展开。

8.3.1　旅游酒店的客房客源市场营销策划

在旅游酒店的总销售额中，来自客房的收入所占比重最大，客房营销水平的高低，直接影响着客房的销售收入，也决定着旅游酒店营业业绩的好坏。

旅游酒店的主要客房客源如下：

1）团队客房客源市场

（1）协议客户、公司类客户。协议客户和公司类客户是酒店的顶梁柱。很多旅游酒店的主要收入来源是单位协议客户，这部分客户主要是当地重要的大型企业、跨国公司以及政府部门，而这部分客源也是各家酒店争夺的焦点。

①酒店开发协议客户、公司类客户市场的原因

A.协议及公司类客户入住酒店没有季节性，能给酒店带来常年稳定的生意。

B.相较于其他市场，公司类客户市场取消预订率低。

C.由于业务关系，一旦对酒店形成良好印象，这类顾客便有可能成为酒店回头客或常客。

D.公司类客户信誉良好，极少出现欠款或跑账现象。

E.除合同约定外，公司类客户通常不需给予其他优惠或折扣。

②酒店营销人员针对协议客户、公司类客户的营销策略

酒店营销人员应积极主动配合客户，并维持良好关系；增强酒店的公关能力；提高酒店自身的品质。由此可见，酒店除需要提高自身服务水平外，在日常营销工作中，应把主要精力和工作重心放在大型协议客户身上，以拉拢新客户为主，维持老客户关系为辅。

同步案例 8-3

格林豪泰在经济型酒店客源市场中实施蓝海战略

背景与情境：目前国内大多数经济型酒店品牌都定位于中端商务旅行客源市场，

格林豪泰酒店连锁集团自2004年进入中国以来，也一直坚持高品位、高性价比的定位，并在中、高端商务旅行客源市场中占有一席之地。除了一如既往地分享商务旅行客源这块"蛋糕"外，还立足于"做蛋糕"，实施蓝海战略，创新突破，在经济型酒店行业中率先开拓艺术家和演艺人员客源市场，取得了不错的效果。

2007年3月6日、7日在扬州友好会馆上演了"中国百年越剧大型演唱会"和"中国百年越剧折子戏专场"，格林豪泰扬州大厦酒店成为这次活动的指定下榻酒店。此次在扬州友好会馆举办的两大越剧活动汇集了国内越剧表演界老中青三代的众多名角，而参加此次演出的所有知名越剧艺术家从3月5日起陆续入住格林豪泰扬州大厦酒店，一共用房100间。

2007年3月8日、9日国际著名华裔指挥家胡咏言入住格林豪泰上海中山沪太酒店D楼。同行的还有中央音乐学院院长以及EOS中央音乐学院乐队学院艺术家一行共90人。此次艺术家入住格林豪泰，共用房90间。美籍华人指挥家胡咏言的音乐足迹遍及世界各个重要城市，从美国纽约、芝加哥、洛杉矶到欧洲的维也纳、巴黎、伦敦、慕尼黑、汉堡及日内瓦。2004年和2005年成功完成在德国柏林艺术节和波恩贝多芬音乐节上的指挥演出。胡咏言是格林豪泰会员俱乐部最高等级——铂金级VIP会员，此前来上海时，一直选择下榻位于上海静安寺附近的格林豪泰上海静安新闸路酒店，是格林豪泰的忠实顾客。据胡咏言本人说，之所以一直选择格林豪泰酒店，主要是因为其在档次、品位上具有独特的气质，提供的设施及服务更能符合他艺术活动的需要，而且价格比较合理。

此前在2006年，格林豪泰还成为"我行我秀""潘婷闪亮之旅"等国内知名选秀电视节目演艺选手的指定住宿酒店。这些演艺选手的入住具有用房多、停留时间长的特点。

对此现象，格林豪泰市场部总监胡建伟博士分析称：格林豪泰酒店能频繁接待大规模、高档次的艺术家和演艺人员群体，一是观念的创新，突破了经济型酒店只接待中端商务客源的传统市场观念，主动出击，发现并敢于开拓这个客源市场；二是服务的创新，格林豪泰在设施上从传统经济型酒店的"简洁"向"品位"转变，在服务项目上除提供传统经济型酒店的"B+B（床+早餐）"服务外，还提供大堂无线上网、客房免费宽带上网、商务中心、酒吧等延伸增值服务。这些都吻合了艺术家和演艺人员住店的基本需求。

资料来源　格林豪泰. 格林豪泰在经济型酒店客源市场中实施蓝海战略［EB/OL］.（2007-03-08）. http://www.998.com/news/570_0.html.

问题：解释格林豪泰在经济型酒店客源市场中实施蓝海战略的内容，对你有什么启发？

分析提示：蓝海战略是相对于红海战略而言的，希望学习者通过自主学习，弄清蓝海战略的内涵及其与红海战略的不同之处。经济型酒店应避免价格竞争，从价格之外发现自己的竞争优势。现阶段经济型酒店高度同质化，发现自己的一片蓝海对酒店的经营效益就显得更加重要，在竞争中应通过价值创新和市场细分来吸引客人，而不是单纯地依靠价格竞争。

（2）会议旅游者。会议旅游者即MICE市场，包括meeting（会议）、incentive（奖励旅游）、conference（大型企业会议）、exhibition（活动展览）。

会议业在发达国家已经成为比较成熟的产业，会议旅游也成为国际旅游业中发展最快的市场之一，我国会议旅游市场正以每年20%的速度增长。

①酒店开发会议旅游者市场的原因

A.市场量大，许多大型会议参加人数众多，加上新闻记者和随行人员，能给酒店提供客满的机会。

B.由于开会日期分布在全年各个时间段，接待会议能给酒店带来常年的生意，能够解决淡季生意清淡的问题。

C.会议旅游者平均住宿时间较其他客人长且房价较高，加上人数多，对食品、饮料等其他产品需求量也大，能够带动酒店其他产品线产品的销售。

D.一些有较大影响力的会议往往会有大量的传播媒介进行报道，对酒店而言是难得的提高声誉的机会。

②酒店营销人员针对会议旅游者的营销策略

酒店营销人员应通过各种渠道尽快获取会议信息（如各级政府部门会议、行业企业会议）；弄清会议召开的时间及筹备时间、会议规模、会议要求、会议决策者；根据会议要求分析本酒店的接待能力；注意建立和管理客户档案。

教学互动8-2

我国会议旅游悄然升温。

在近十年的国际旅游发展中，被誉为"旅游之花"的会议旅游悄然崛起，得到了长足的发展，也越来越受到各国旅游部门的高度重视，并把它视为显示自己国力、文明的重要窗口和振兴、发展旅游业的主要支柱。全世界每年会议收入约2 200亿美元，且以每年8%～10%的速度增长。各国和各地区都开始重视会议产品的开发、宣传、促销，纷纷建立专门机构，命名会议城市。

问题：

①你如何看待会议旅游？

②你认为酒店应该如何开发会议旅游产品？

要求：

①小组讨论，然后每组推荐1名同学对上述问题进行回答，其他小组同学予以评论。

②教师对学生的回答和其他同学的评论做最后点评。

（3）旅游团。旅游团包括各种旅游批发商、旅行社、航空公司售票处以及接团社等在内的订房客人。酒店的客源相当数量是由旅行社组织的，有些饭店几乎完全由旅行社组织客源。酒店和旅行社之间的关系随着旅游业的发展更加紧密，它们相互依赖、相互促进，共同发展。

①酒店开发旅游团市场的原因

A.能为酒店带来生意并达到旺季和高峰水平，使酒店资源达到最高使用率以及获取最高收益。

B.由于旅游团人数众多，可为酒店带来一次性大批量预订。

C.由于旅行社通常与酒店有合约关系，往往可为酒店带来众多回头生意以及连续的出租率。但旅游团取消率也较高，有时会给酒店带来损失。

D.旅游团通常不需要使用会议场所及其他设施，可节省酒店在这方面的投入。

②酒店营销人员针对旅游团客户的营销策略

A.酒店应经常与长期保持良好合作关系的旅行社进行沟通。

B.诚信为本，坦诚相见。

C.如遇特殊情况，应积极协助、安排旅行社的用房。

D.采取多种营销方式开发旅游团客户。

E.在与旅行社签订合作协议时，应对特殊时期（如节假日期间）的房价做出特别说明。

（4）体育代表团。体育代表团包括各种体育活动的组织者、教练、运动员、经纪人等。

①酒店开发体育代表团市场的原因

A.各种体育活动是新闻的焦点和社会关注的热点。

B.各种体育活动是提高酒店知名度和扩大市场影响力的有利时机。

C.体育代表团还可以吸引其他客源，因此市场容量极大。

②酒店营销人员针对体育代表团客户的营销策略

A.酒店应为他们准备好会议室和储藏室，提供及时联络、安全保卫、新闻发布以及宗教服务等帮助，以保证运动员的人身和财产安全，并使体育明星免受干扰。

B.丰富的娱乐设施、方便的购物以及多样化的餐饮服务。

学习微平台

微课 8-2

同步案例 8-4

借力体育营销 推升酒店品牌

背景与情境： 作为一个城市的门面，酒店时常扮演的都是"旅客港湾"的角色。而在国际性体育赛事中，酒店更会成为许多知名运动员和官员的"大本营"，从而得到许多曝光机会。借助体育营销，提升自身品牌，成为了许多酒店成功的"捷径"。

酒店所处的地理位置是体育赛事资源能否为其所用的关键之一。体育赛事种类繁多，举办地不尽相同，但主办方在选择下榻酒店时，为避免舟车劳顿，往往倾向于入住赛事举办地周边酒店。这类酒店凭借先天优势，在承接体育团队上拥有丰富经验。

位于上海体育场内的上海富豪东亚酒店便是一例典型。据介绍，2014年5月，酒店成功接待了国际田联钻石联赛上海站的所有运动员、赛事官员和体育总局领导，为其提供了优质的住宿和餐饮服务。自2005年该项比赛在上海举办以来，酒店已连续10年被赛事组委会选为官方指定酒店。而2014年7月刚刚结束的第19届国际泳联跳水世界杯，来自30多个国家的选手和官员也同样选择在此入住。紧邻体育场馆、相关经验丰富，无疑是酒店备受赛会青睐的原因。

一年一度的F1中国大奖赛2014年4月在位于上海嘉定的国际赛车场圆满落幕。

作为周边唯一的五星级酒店,昆山花桥希尔顿逸林酒店成为了诸多车队的下榻首选。据酒店销售总监 Shirley Meng 介绍,酒店开业至今,与 F1 相关的合作和宣传已经相当成熟,也和各车队保持了长期稳定的合作关系。比赛期间,车手及车队的住宿可以占到整个酒店入住率的 70%~80%,并且由于比赛的活动效应和车手的名人效应,酒店在业内和车迷之间树立了极高的知名度,未来也将继续和更多车队建立合作关系。

对于国内会奖旅游市场,体育赛事已逐渐成为一项重要的旅游动机。长白山万达度假村以其滑雪和高尔夫资源为招牌吸引会议团队和奖励旅游团队,并在 2014 年推出了滑雪节和高尔夫比赛,使度假村内多家高星级品牌酒店的生意又迎来了一波高峰。

资料来源　佚名. 借力体育营销 推升酒店品牌 [EB/OL]. (2015-03-13). http://ytsports.cn/news-5807.html.

问题：谈谈体育赛事对提升酒店品牌知名度及品牌形象的重要性。

分析提示：体育代表团市场不同于其他市场,其显著特点是人员众多,除了运动员、教练等人员外,还包括随队记者、官员等。尤其是大型国际性赛事,更是承载着亿万爱好者的梦想,是亿万体育爱好者关注瞩目的对象,这样一个体育代表团队的入住无疑会给当地及其酒店带来空前的营销机会,其影响甚至会延续多年。

（5）航空机组与空乘人员。航空机组与空乘人员主要是指与酒店签订有年度或其他方式的长期合同的航空公司人员。这类客人也是许多酒店尤其是机场酒店的重要客源。

①酒店开发航空机组与空乘人员市场的原因

A.这类客人通常停留时间长,人数多,用餐量大。

B.由于航班固定,全年出租率均衡,付款及时,极少出现拖欠款行为,因此这类客人通常能给酒店带来持续稳定的客源。

②酒店营销人员针对航空机组与空乘人员的营销策略

酒店应根据这类客人的特点有针对性地提供服务,如保障机组人员安全、注意日程保密、提供 24 小时全天候服务等。

2）一般散客

散客是指一次性订房数量少于 10 间的客人。散客与团队客人最大的区别在于订房数量上的差异。由于散客一次性订房量小,酒店通常不给予价格上的折扣和优惠,而是采用门市价格出售。旅游酒店的一般散客主要有以下几种类型：

（1）商务散客。这是指以公务为目的而单独旅行的旅游者,他们是酒店的"面包与黄油"客人。这类客人住店没有季节性,是酒店的常年生意。商务散客一般具有房价较高、回头率高、人均消费水平高的特点。

商务散客是十分成熟的旅游市场,他们大都下榻过好多家酒店,对酒店的服务和设施等十分讲究甚至挑剔。他们要求酒店有良好的位置、便利的交通;具备高效的系统并能为其迅速办理入住和离店手续;早餐服务要求快捷并有送餐服务;他们对商务中心有特别要求,往往要求酒店能够提供收发传真、良好的通讯、邮件送达、互联网接入等服务。酒店还应提供小型会议室,供商务散客在酒店会见客户和进行其他商务洽谈活动。

（2）个人旅游者。这是指到酒店所在地从事私人活动和以休闲观光为目的的单个和零星旅游者，这类客人是酒店重要的旺季客源。个人旅游者较多地使用酒店的各种娱乐设施和服务设施，如游泳池、游艺室、健身房等。个人旅游者不同于旅游团队客人，他们喜欢自由自在、无拘无束的旅行气氛和生活，他们愿意下榻在交通便利、环境宜人的小型酒店和度假型酒店。在国外，许多个人旅游者自己开车或从机场、火车站租车进行旅游，因此需要酒店具有免费停车场。由于个人旅游者大都为个人付款，他们对酒店的价格是非常敏感的。另外，他们希望酒店的服务热情周到，感受到亲切自然。

（3）包价客人。这是指购买酒店各种特殊包价、参与酒店促销活动的客人。这类客人能够弥补酒店淡季或其他营业时期客源不足的状况。酒店采取包价方式，如三日两夜的周末包价、一周包价等，可以促进酒店其他服务设施和项目的销售。包价销售可以帮助酒店改变平淡单调的形象，在客人和公众心目中树立起丰富多彩的形象。采用包价形式，可以更好地促进本地居民到酒店消费，从而增强酒店的社会功能。

参加包价活动的客人以家庭、情侣、朋友居多，通常自己付款，对价格、服务内容、质量等非常注意。他们十分关心通过包价能给自身带来的相应收益，因此，酒店推出包价活动必须能够满足客人物质和精神上的期望与需要。由于参加酒店包价活动的客人大多是本地居民，因而包价必须有足够的吸引力才能促使他们前来酒店下榻和就餐或进行其他消费。

（4）优惠和折扣客人。这是指在下榻酒店时可享受价格折扣的某些重要客人。吸引这类客人能够帮助酒店打开难以推销的市场，也可弥补酒店因淡季或其他原因造成的出租率不足，因此对享受优惠折扣的客人不能降低对其服务质量的要求。

3）长住客

长住客是指与酒店签订合同，并且至少留住一个月的客人。长住客一般包括外国公司、商社设在我国的办事机构的工作人员，应聘在我国厂矿、公司、学校及其他组织的外国专家、学者等，也包括国内各企业、公司及其他驻外办事机构的工作人员。他们在酒店居住几个月甚至一年以上，对酒店的服务要求也不同于一般客人。他们要求酒店提供舒适方便的居住条件，卫生间尤其重要，应该宽敞明亮、设施齐全；在饮食方面，尽可能丰富多样，以避免单调乏味；对商务设施和健身设施的使用频率也较高。酒店应根据长住客的特点提供细致入微的服务，使客人有宾至如归的感觉。

酒店在接待长住客时应注意：当长住客抵达饭店时，按照 VIP 客人接待程序和标准进行接待，前台接待人员即刻将所有信息输入电脑，为客人提供优质服务的同时建立客人档案。

8.3.2　旅游酒店的餐饮市场营销策划

在旅游酒店的销售收入中，来自餐饮的部分占有较大的比重。"民以食为天"，在旅游六要素"吃、住、行、游、购、娱"中，"吃"排在了第一位。这里的"吃"不仅仅包括为了满足生理需要而填满肚子，更重要的是在旅游过程中，品尝旅游目的地的特色美食，了解当地的美食文化，注重品尝、体验和享受。但酒店在很多人的概念里是以"居住"为首要功能的，无论是酒店管理者，还是入住酒店的客人，在选择酒店时几乎只考虑选择怎样的客房，而餐饮条件却很少被考虑在内。目前酒店正面临社

会餐饮的严重挑战，社会餐饮的火爆与酒店餐饮的冷清形成了鲜明的对比。住店客人越来越少在酒店内用餐，通常都到酒店以外的酒家和餐馆用餐；而非住店客人的消费习惯也发生了改变，以前办宴请，客人首选酒店，现在却较少光顾酒店餐厅。

1）酒店餐饮市场面临的外部压力

（1）社会餐饮业蓬勃发展，举目全国规模性经营餐饮成风，五百餐位甚至上千餐位的大餐厅越来越多，走集团化经营的餐饮集团也越来越多。

（2）高档食府、主题餐厅的装修和提供的产品，在某些方面已接近或超过星级酒店的水平。

（3）酒店餐饮和社会餐饮不在同一起跑线上，从原材料采购、税收再到员工的各项福利都没有可比性。

（4）酒店餐饮经营思想、观念陈旧，竞争力不强，跟不上市场的发展变化。

2）酒店餐饮部门的营销策略

（1）根据市场需求和企业技术力量，选好经营风味，安排好花色品种，形成产品组合，并随时根据客人的需求变化做好必要的调整。

（2）保证食品原材料供应，做好生产过程的组织，确保产品色香味形的并重，坚持以产品特色取胜。

（3）加强客房和餐厅的联系，提供优良的就餐环境，扩大产品销售。

（4）做好餐厅服务过程的组织，切实提高服务质量，树立餐厅形象，提高酒店声誉。

（5）根据市场需求变化和酒店设施条件，采取灵活多样的销售方式，将餐厅销售和食品展销、文化娱乐、宴会推销、会议推销、客房送餐、大中型餐饮推销活动结合起来，使酒店餐饮产品的市场交易方式和交易活动多样化。

3）酒店餐饮市场定位

如何在激烈的竞争环境下选准酒店餐饮定位，是摆在每位经营者面前的重要工作。

（1）酒店餐饮首先要以满足住店客人的需求为首要责任，要有全局观念，要配合酒店的整体环境气氛，不能不顾格调单方面追求利润。

（2）餐厅要有特色和主题，注重文化品位，给予客人精神上的享受。

（3）争取大型国际、国内会议及大型会展，搞好主题宴会和酒会的接待。

（4）多出精品、创新产品，人无我有、人有我精，培育顾客对餐饮产品的忠诚度，打造优秀品牌。

酒店的餐饮定位一定要与社会餐饮有所区别，不能盲目跟着社会餐饮的潮流走，要注重利用自身的软硬件优势，在经营理念的层次和主题的提升上做文章，不要搞"大而全"，要选准市场定位，形成自己的特色和文化。

4）酒店餐饮市场营销组合策略

（1）餐饮产品策略。在餐饮产品方面应注重新产品开发及创新，采用新材料和新搭配，形成"旧菜新颜"；采用新的制作方法，西菜中做、中菜西做、南菜北做；推出养生健身餐饮、怀古餐饮；根据季节特点推出不同口味的菜式等都是餐饮创新的源泉。

就餐环境应别具风格，突出特色。酒店应对餐厅的形象进行设计策划，如在店徽的设计、餐厅主题的选择、餐厅的装饰格调、家具、布局、色彩灯饰等方面下功夫，使之起到促销的功能。例如，越南风情的芭蕉别墅；傣族风格的竹楼餐厅；富有浪漫、高雅艺术气息的西餐扒房；以红木（或仿红木）家具出现的太师椅、以清宫服饰等面貌出现的高档中餐厅；以蒙古包、小方桌、花地毯作为主题形象，散发着粗犷、野味气息的蒙古餐厅；在餐厅门口的小黑板上手写菜单以古韵的方式招徕顾客，餐厅内到处可见的红、白、绿三种鲜艳国旗色的意式餐厅；手提小红灯笼、身着红花绿叶小袄的迎宾员，操着清亮的川腔迎候宾客，着中式大褂的后生，手提一把有着长长壶嘴的大铜壶，犹如飞瀑一般隔人冲茶的川味餐厅等，都些都属于成功的餐厅形象营销的例子。

（2）餐饮价格策略。餐饮价格策略一般包括：

①高价位定价策略。这类定价策略适合知名度高的品牌酒店，但是实行这种策略通常要具备两个条件：一是菜品的独特性，市场无竞争对手，容易在市场中占据主导地位；二是餐饮企业本身的品牌效应强、信誉卓著，有一定的高消费顾客群。

②渗透定价策略。这类定价策略是指酒店将推出的餐饮产品以较低的价格投放市场的策略。酒店采取渗透定价策略，最好具备下列条件：一是当市场对价格的敏感度高时，采用渗透定价策略有助于拓展市场；二是要以增加销售量来降低餐饮产品的单位成本；三是酒店要阻止其他的竞争者进入市场而采用低廉价格的策略时，应具有一定的耐受力。

③折扣定价策略。这类定价策略是利用消费者乐于享受各种优惠待遇的心理需求而制定的策略，即经营者在原有菜品价格的基础上给消费者实在的优惠比例，使客人在购买此菜品时比原价便宜。在实际工作中，酒店还可以采用回赠优惠券、免去餐费零头、发放实物礼品、赠送菜肴、免费享受特价菜等做法来吸引顾客。

④区分需求定价策略。这类定价策略是根据客人就餐的不同季节、日期、时间等采取不同层次的优惠价格策略，主要有季节优惠、周末优惠、时间优惠等。酒店要选择适合自身的价格策略，来达到最小经营成本和最大销售利润的目的。

⑤心理定价策略。对餐饮产品和服务的认可和购买，消费者往往根据几个因素来判断，因而在定价策略中要利用顾客对价格的心理反应，刺激消费者购买的热情。例如，突出特价菜以达到招揽顾客的目的；对店内招牌菜采用声望定价策略，满足消费者优质优价的心理等。

（3）餐饮促销策略。针对酒店餐饮部的特点，应该有针对性地开展促销，以取得较好的效果。其主要包括：

①利用各种方式加强对住宿酒店客人的宣传，尤其是对当地特色菜肴和招牌菜系的宣传，以增加店内客人的购买量。如在房间内放置宣传手册，介绍特色菜肴、当地风味；对店内住宿客人的餐饮优惠等。

②电视台广告。在当地电视台有影响力的节目中插播餐饮广告，声情并茂，感染力强，信息传播面广，传播迅速；或者利用电视台的游走字幕，适时介绍酒店餐饮新品及促销信息。

③交通电台广告。交通台听众广泛，涉及听众面广，听众对新闻和信息津津乐

道，便于在人群中传播。

④平面广告。平面媒体适于登载食品节、特别活动等餐饮广告，也可以加载一些优惠券，让读者剪下来凭券享受餐饮优惠服务。

⑤餐厅自制宣传品。例如，可以印制一些精美的定期餐饮活动目录单，介绍本周或本月的各种餐饮娱乐活动；刊有餐厅的种类、级别、位置、电话号码、餐厅餐位数、餐厅服务方式、开餐时间、各式特色菜点介绍等内容的精美宣传册；特制一些可让宾客带走以作留念的"迷你菜单"等。

⑥邮寄广告。这种方式比较适合于一些特殊餐饮活动、新产品的推出，对象为本地的一些大公司、企事业单位、常驻饭店机构等。

⑦户外广告。酒店可利用户外的道路指示牌、建筑物、交通工具、灯箱等制作餐饮广告，甚至广告衫、打火机等都可以成为广告的载体。广告载体的地理位置以及形象，应给人以新、奇、特的感觉。

（4）餐饮销售渠道策略。酒店餐饮产品的一般销售对象是住宿酒店的客人、旅游客人、商业客人、公司团体、零散客人等，一般直接对旅行社、当地社团、企事业单位进行销售。

总之，酒店可以利用自身品牌，策划有特色的促销活动，进行大规模的宣传，举办美食节等。通过开展创新性的营销活动，改变酒店餐饮市场的不景气现状，成为酒店新的盈利点。

本章概要

□ 内容提要与结构

▲ 内容提要

●旅游酒店是给客人提供歇宿和饮食的场所。旅游酒店营销是指为了满足客户的合理要求、为使酒店盈利而进行的一系列经营销售活动。旅游酒店有形要素包括酒店的地理位置、建筑风格、助销产品、服务环境、价格、酒店员工、顾客、服务设备、装饰布置、店徽、商标。

●酒店服务营销是指酒店依靠服务质量来获得顾客的好评，以口口相传的方式吸引顾客，维护并增进与顾客的关系，从而达到企业营销的目标。酒店服务营销具有深度和广度扩大化、互动性、时间的价值化、活动规模效应的局限性等特点。酒店的服务营销策略有整合营销策略、差异化策略、内部营销策略和关系营销策略。

旅游酒店的客户关系管理是在充分重视客户资源的基础上，以信息技术为支持建立顾客档案，为不同的顾客提供不同的定制化产品，通过完善周到的全程服务来增强顾客的体验，最终达到增强顾客满意度、提高顾客忠诚度的目的。客户关系管理包括客户概况分析、忠诚度分析、利润分析、性能分析、未来分析、产品分析和促销分析。酒店可通过获得高层支持、成立 CRM 工作组、分析客户类别制定相应策略和建立完整的客户档案，加强客户关系管理工作。

●客房和餐饮是酒店的主体产品，其销售收入往往占据了酒店总销售额的绝大部分，旅游酒店的营销策划主要围绕着这两个方面来展开。客源市场主要包括团队客源市场、一般散客和长住客。餐饮市场主要通过提供合适的餐饮产品、制定合理的餐饮价格、借助适合的分销渠道及恰当的促销方式提高酒店的知名度。

▲ 内容结构

本章内容结构如图8-1所示。

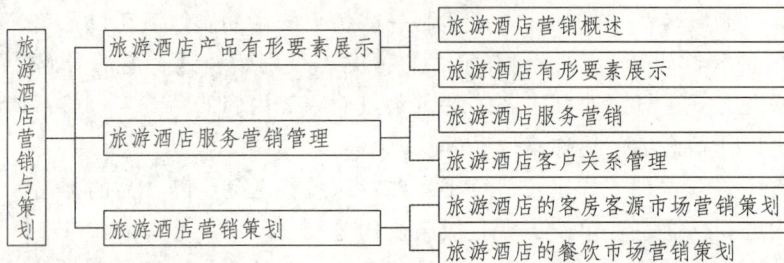

图8-1 本章内容结构

□ 主要概念和观念

▲ 主要概念

旅游酒店产品 旅游酒店营销 旅游酒店服务营销 旅游酒店整合营销策略 旅游酒店差异化策略 旅游酒店内部营销策略 旅游酒店关系营销策略 酒店客户关系管理

▲ 主要观念

旅游酒店有形要素展示 旅游酒店服务营销管理 旅游酒店关系营销策划

□ 重点实务和操作

▲ 重点实务

旅游酒店客房客源市场营销策划 旅游酒店餐饮市场营销策划 相关"业务链接"

▲ 重点操作

旅游酒店客户关系管理 旅游酒店客房客源市场营销策划 旅游酒店餐饮市场营销策划

━ 基本训练 ➤

□ 理论题

▲ 简答题

1）有形要素在酒店中的作用是什么？

2）简述旅游酒店服务营销的特点。

3）酒店客户关系管理的内容有哪些？

4）旅游酒店的主要客房客源有哪些？

▲ 讨论题

1）酒店为什么要引入客户关系管理？

2）会议旅游者与旅游团有何不同？

□ 实务题

▲ 规则复习

1）如何做好酒店的营销工作？

2）简述酒店客户关系管理中需要注意的问题。

3）简述酒店客户关系管理的办法。

▲ 业务解析

1）位于上海奉贤区的丽洲大酒店，是一家集主题、娱乐、休闲、商务于一体的五星级酒店。酒店占地面积为 9 515 平方米，总建筑面积为 42 739 平方米，主体采用独特的豪华游轮状设计，其设计荣获"2007人居设计金奖"。

近年来，随着浦东开发和申博成功，上海已成为全世界酒店投资商的宠儿，欧美品牌纷纷抢滩登陆。前些年，上海五星级酒店长期处于卖方市场，高端客房供不应求，平均房费已经超过了香港、新加坡和曼谷。2004 年 F1 赛事期间，上海五星级饭店最高的入住价格一度高达每晚 1 万元人民币。这种现象的出现，主要源于上海改革开放在时间上相对滞后于珠江三角洲，浦东开放力度又很大，加速度的开发，使上海经济能量迅速释放，商务来往大量增加。

目前，上海高星级酒店大量分布在浦江两岸，同质化现象比较严重，局部已经供大于求，恶性竞争也已经拉开序幕。在这种情况下，酒店投资应走差异化的发展道路。同时，上海经过十多年的高速发展，人均 GDP 已经领先全国，大量企业单位已经发育成熟，富有一族也越来越庞大，上海休闲一族也已经诞生，迫切需要能满足其消费心理的产品。在这种背景下，丽洲大酒店选择市郊的奉贤区，定位为娱乐休闲酒店。如果你是该酒店的营销经理，在既定的营销环境下，将如何对酒店进行定位？采取何种服务营销策略？

2）大多数酒店的客人都习惯在早餐以后结账，并希望以最快的速度把账结完。许多酒店明知客人的这一需求，但还是满足不了客人的愿望，往往使客人等上十几分钟甚至更长的时间，因为他们不想在结账高峰时再雇用额外的人员来满足客人的需求。万豪酒店认为，这是一个很重要的问题，于是发明了快速结账系统。客人在前一天晚上会接到账单，如果客人觉得账单没有错误，只需将账单连同房卡放到前台即可。如今，许多连锁酒店都采用了类似的结账系统，有些酒店还利用科技手段，让客人通过电视来核对账单或结账，从而解决了客人等待时间过长的问题。面对酒店客人排队结账问题，有些酒店听之任之，而万豪酒店却开发出快速结账系统，这说明了什么？万豪的做法对我们开发酒店产品有何启发？如果你是一家酒店的营销经理，你会怎样解决客人的排队结账问题？

□ 案例题

▲ 案例分析

女子客房

背景与情境：随着女性地位的提高，女性在住店客人中的比重也越来越大。针对这一现象，专门为女性客人特别设计的客房将成为趋势。女子客房的室内装饰要富有浪漫情调，室内气氛更为温馨雅致，悉心考虑女性的心理特点，充满女性气息。室内有女性的专用毛巾、梳子、梳妆台、试衣镜、香皂、睡衣，以及适合女性使用的吹风机、熨斗、女性杂志，并提供美容美发服务信息、出游最佳方案等。

资料来源　梭伦. 现代宾馆酒店营销［M］. 北京：中国纺织出版社，2001.

问题：

1）你认为女子客房能否成功？

2）试用所学的营销学原理进行分析阐述。

3）设计女子客房的做法对我们有什么启示？

4）如果你是女子客房的营销经理，在酒店业竞争激烈的今天，你是否有更好的营销策略？

分析要求：

1）形成性要求

（1）学生分析案例提出的问题，拟出《案例分析提纲》；小组讨论，形成小组《案例分析报告》；班级交流、相互点评和修订各组的《案例分析报告》；在校园网的本课程平台上展出经过修订并附有教师点评的各组《案例分析报告》，供学生借鉴。

（2）了解本教材"附录二"的附表2中"形成性考核"的"考核指标"与"考核内容"。

2）成果性要求

（1）课业要求：以经过班级交流和教师点评的《案例分析报告》为最终成果。

（2）课业结构、格式与体例要求：参照本教材"课业范例"的范例综-1。

（3）本教材"附录二"的附表2中"课业考核"的"考核指标"与"考核内容"。

▲ 善恶研判

三亚酒店春节涨价离谱　游客海边搭帐篷

背景与情景：海南岛房价上涨之势尚未完全平息，三亚高端酒店的价格似乎也"不甘落后"，春节期间涨价幅度之疯狂令人咋舌。记者近日在三亚亚龙湾、三亚湾、大东海等区域的多家酒店采访时发现，由于对春节市场预期过高，酒店和"包房"的旅行社不顾消费者的真实需求盲目涨价，是推动价格飙升的主要原因。

亚龙湾是目前三亚高端酒店最为集中的区域。记者采访时发现，春节期间，亚龙湾每晚均价过万元的酒店比比皆是，大多数酒店的房价是平时的3~5倍。但酒店从业人员普遍反映，高价格并没有带来预期的高住房率。

记者从亚龙湾华宇皇冠假日酒店了解到，春节期间，该酒店最便宜的客房为每晚5 000元，最贵的套房每晚1.7万元，而平时这两种客房的价格分别为1 000多元和3 000多元，涨幅在4倍左右。

春节期间，喜来登度假酒店2月12日价格为2 400元的雅致房2月15日涨至7 650元，9 000元的蜜月套房涨至49 800元；万豪度假酒店平均房价达每晚1.3万元，平时每晚3 740元的顶级海景套房，春节期间价格为30 300元，上涨了7倍；丽思卡尔顿酒店的华海居和金茂居分别达到每晚6.8万元和8.8万元。

资料来源　佚名. 三亚酒店春节涨价离谱　游客海边搭帐篷［EB/OL］.（2010-02-18）. http://news.sohu.com/20100218/n270283680.shtml.

问题：

1）本案例中存在哪些道德伦理问题？

2）试对上述问题做出你的善恶研判。

3）通过网络或图书馆调研等途径搜集你做善恶研判所依据的行业规范。

研判要求：

1）形成性要求

（1）学生分析案例提出的问题，拟出《善恶研判提纲》；小组讨论，形成小组《善恶研判报告》；班级交流、相互点评和修订各组的《善恶研判报告》；在校园网的本课程平台上展出经过修订并附有教师点评的各组《善恶研判报告》，供学生借鉴。

（2）了解本教材"附录二"的附表 2 中"形成性考核"的"考核指标"与"考核内容"。

2）成果性要求

（1）课业要求：以经过班级交流和教师点评的《善恶研判报告》为最终成果。

（2）课业结构、格式与体例要求：参照本教材"课业范例"的范例综-2。

（3）本教材"附录二"的附表 2 中"课业考核"的"考核指标"与"考核内容"。

□ 实训题

▲ 实训操练

"旅游酒店营销与策划"业务胜任力训练

【实训目的】

见本章"章名页"之"学习目标"中的"实训目标"。

【实训内容】

专业能力训练：其领域、技能点、名称和参照规范与标准见表 8-1。

表 8-1　　　　　　**专业能力训练领域、技能点、名称和参照规范与标准**

能力领域	技能点	名称	参照规范与标准
旅游酒店营销与策划	技能 1	酒店客户关系管理技能	（1）能运用信息技术建立顾客档案 （2）能对客户关系管理的内容进行准确的分析 （3）能够有效地为不同的顾客提供不同的服务
	技能 2	旅游酒店客房客源市场营销策划技能	（1）能通过策划旅游酒店客源市场的不同主题活动，制订切实可行的客源市场营销策划方案 （2）能根据策划的营销活动，做出准确的预算 （3）能通过策划方案的执行情况，进行效果评估 （4）能规范撰写营销策划方案
	技能 3	旅游酒店餐饮市场营销策划技能	（1）能通过策划餐饮市场的不同主题活动，制订切实可行的餐饮市场营销策划方案 （2）能根据策划的营销活动，做出准确的预算 （3）能通过策划方案的执行情况，进行效果评估 （4）能规范撰写营销策划方案
	技能 4	撰写相应《实训报告》技能	（1）能合理设计关于"旅游酒店营销与策划"的相应《实训报告》，其结构合理、层次分明 （2）能依照财经应用文的写作规范撰写所述《实训报告》 （3）本教材网络教学资源包中"学生考核手册"考核表 8-2 所列各项"考核指标"和"考核标准"

职业核心能力和职业道德训练：其内容、种类、等级与选项见表 8-2；各选项的

"规范与标准"分别参见本教材"附录三"的附表3和"附录四"的附表4。

表8-2　　　　　　　职业核心能力与职业道德训练的内容、种类、等级与选项表

内容	职业核心能力							职业道德						
种类	自我学习	信息处理	数字应用	与人交流	与人合作	解决问题	革新创新	职业观念	职业情感	职业理想	职业态度	职业良心	职业作风	职业守则
等级	中级	中级	中级	中级	中级	中级	中级	认同级	认同级	认同级	认同级	认同级	认同级	认同级
选项		√		√	√	√	√	√			√	√	√	√

【实训任务】

（1）对表8-1所列专业能力领域各技能点，依照其"参照规范与标准"实施阶段性基本训练。

（2）对表8-2所列职业核心能力选项，依照本教材"附录三"中附表3的"规范与标准"实施"中级"强化训练。

（3）对表8-2所列职业道德选项，依照本教材"附录四"中附表4的"参照规范与标准"实施"认同级"相关训练。

【组织形式】

将班级学生分成若干实训小组，根据实训内容和项目需要进行角色划分，确保组织合理和每位成员的积极参与。

【实训要求】

（1）实训前学生要了解并熟记本实训的"实训目的"、"能力与道德领域"、"实训任务"与"实训要求"，了解并熟记本教材网络教学资源包中"学生考核手册"考核表8-1、考核表8-2中"考核指标"与"考核标准"的内涵，将其作为本实训的操练点和考核点来准备。

（2）通过"实训步骤"，将"实训任务"所列三种训练整合并落实到本实训的"活动过程"和"成果形式"中。

【情境设计】

将学生分成若干实训组，每个实训组在【成果形式】的"实训课业"所列题目中任选一题，并结合所选课业题目，分别选择一个酒店（或本校专业实训基地）进行实训。各实训组通过全过程地参与和体验所选题目所要求的实际训练，完成其各项实训任务，在此基础上撰写并交流关于"旅游酒店营销与策划"的相应《实训报告》。

【指导准备】

知识准备：

（1）市场营销知识。

（2）"旅游酒店营销与策划"的理论与实务知识。

（3）本教材"附录一"的附表1中，与本章"职业核心能力'强化训练项'"各技能点相关的"'知识准备'参照范围"。

（4）本教材"附录三"的附表3和"附录四"的附表4中，涉及本章"职业核心能力领域'强化训练项'"各技能点和"职业道德领域'相关训练项'"各素质点的"规范与标准"知识。

操作指导：

（1）教师向学生阐明"实训目的"、"能力与道德领域"和"知识准备"。

（2）教师就"知识准备"中的第（3）（4）项，对学生进行培训。

（3）教师指导学生策划旅游酒店的客房客源市场营销活动。

（4）教师指导学生利用现代信息技术进行客户关系管理。

（5）教师指导学生策划旅游酒店的餐饮市场营销活动。

（6）教师指导学生撰写关于"旅游酒店营销与策划"的相应《实训报告》。

【实训时间】

本章课堂教学内容讲授中、后的双休日和课余时间，为期两周。

【实训步骤】

（1）将学生分成若干实训组，每8～10位同学分成一组，每组确定1～2人负责。

（2）各实训组从"实训课业"中分别任选一题。

（3）对学生进行酒店市场营销培训，选择几类不同酒店（或校实训基地）作为市场分析的范围。

（4）各实训组分别选择正在实施"旅游酒店营销与策划"的酒店（或校实训基地），在重点参与和体验"旅游酒店客户关系管理"、"旅游酒店客房客源市场营销策划"和"旅游酒店餐饮市场营销策划"的过程中，按照"实训要求"完成各项实训任务。

（5）各实训组在实施上述专业训练的过程中，融入对表8-2所列职业核心能力选项各技能点的"中级"强化训练和对表8-2所列职业道德选项各素质点的"认同级"相关训练。

（6）在此基础上，各实训组撰写、讨论、交流和修订各自的《实训报告》。

【成果形式】

实训课业（任选一题）：

（1）《旅游酒店客户关系管理实训报告》。

（2）《旅游酒店客房客源市场营销策划实训报告》。

（3）《旅游酒店餐饮市场营销策划实训报告》。

课业要求：

（1）"实训课业"的结构与体例参照本教材"课业范例"中的范例综-3。

（2）实训报告必须包括"专业能力训练"和"职业核心能力与职业道德训练"双重内涵（须提供实训课业相应的《策划方案》作为《实训报告》的"附件"）。

（3）各组《实训报告》初稿须经小组讨论，再提交班级交流。

（4）经过班级交流的《实训报告》由各小组修改与完善。

（5）在校园网的本课程平台上展示经过教师点评的班级优秀《实训报告》，供相互借鉴。

▲ 创新工作站

编制《优化方案》

【工作目的】

见本章"章名页"中"学习目标"中的"实训目标"。

【工作任务】

编制《关于旅游酒店营销与策划相关业务规范的优化方案》。

步骤及内容：

（1）旅游酒店客房客源市场策划，包括团队客房客源市场策划、一般散客客房客源市场策划和长住客客房客源市场策划。

（2）旅游酒店餐饮市场策划，包括旅游酒店餐饮产品策划、餐饮价格策划、餐饮销售渠道策划和餐饮促销策划。

【待优化对象】

（1）旅游酒店客房客源市场策划。

（2）旅游酒店餐饮市场策划。

【情境设计】

某企业先前将列入"优化对象"中的那些规则性知识作为相应业务的既定规范。为强化管理、提高企业竞争力，需要对这些既定规范进行优化。企业管理层要求研发部门组成若干团队，通过网上调研或其他途径，研究制订关于这些业务规范的《优化方案》。

【工作要求】

（1）在搜集、整理和研究最新相关文献资料的基础上，制订所选业务既定规范的《优化方案》。

（2）所制订的《优化方案》具有明显的创新性、优越性和可操作性。

（3）对体现在《优化方案》中的创新不求全责备。

【工作步骤】

（1）将班级同学分成若干组，模拟某企业的不同研发团队，每个团队确定1人负责，各团队从"待优化对象"中任选其一。

（2）各团队进行角色分工，通过网上调研等途径，围绕所选"待优化对象"的相关业务，搜集最新研究成果与企业先进管理举措。

（3）各团队整理搜集到的资料，分析比较其与所选"待优化对象"的异同及长短。

（4）各团队以扬长避短为宗旨，通过讨论、研究制订所选"待优化对象"的《优化方案》。

（5）在班级交流和修订各团队的《优化方案》，使之各具特色。

（6）在校园网的本课程平台上展示经过教师点评的各团队《优化方案》，作为本章"重点实务"的补充教学资料。

【成果形式】

工作课业：

《〈关于旅游酒店营销与策划相关业务规范的优化方案〉实训报告》。

课业要求：

（1）"实训课业"的结构、格式与体例参照本教材"课业范例"的范例综-4。

（2）将《关于旅游酒店营销与策划相关业务规范的优化方案》以"附件"形式附于《实训报告》之后。

（3）在校园网的本课程平台上展示经过教师点评的班级优秀《实训报告》，供相互借鉴。

⟨━ 单元考核 ⟨━⟩

"考核模式""考核目的""考核种类""考核方式、内容与成绩核定"及考核表等规范要求，见本教材网络教学资源包中的"学生考核手册"。

第9章
旅游交通营销与策划

学习目标

通过本章学习，应该达到以下目标：

理论目标： 学习和把握旅游交通的概念及特征，旅游交通在旅游业中的地位与作用，旅游交通体系的构成及各种交通方式的优缺点，影响旅游交通营销的因素，旅游交通营销的新趋势等陈述性知识；能用所学理论知识指导"旅游交通营销与策划"的相关认知活动。

实务目标： 学习和把握旅游交通营销战略与战术策划，相关"业务链接"等程序性知识；能用其规范"旅游交通营销与策划"的相关技能活动。

案例目标： 运用所学"旅游交通营销与策划"的理论与实务知识研究相关案例，培养和提高在特定业务情境中分析问题与决策设计的能力；能结合本章教学内容，依照"职业道德与营销伦理"的行业规范或标准，分析旅游交通企业行为的善恶，强化职业道德素质。

实训目标： 参加"旅游交通营销与策划"业务胜任力和"职业工作站"模拟团队活动的实践训练。在了解和把握本实训所及"能力与道德领域"相关技能点的"规范与标准"的基础上，通过切实体验各实训任务的完成，系列技能操作的实施，相关《实训报告》的准备、撰写、讨论与交流等有质量、有效率的活动，培养"旅游交通营销与策划"的专业能力，强化"自我学习"、"信息处理"、"与人交流"、"与人合作"、"解决问题"和"革新创新"等职业核心能力（中级），并通过"认同级"践行"职业观念"、"职业良心"、"职业态度"、"职业作风"和"职业守则"等行为规范，促进健全职业人格的塑造。通过制订关于旅游交通营销策划《优化方案》的模拟职业团队活动，丰富本章"重点实务"知识，培养专业调研与业务拓展技能，强化相关职业核心能力。

引例　"航空+旅游"开启吐鲁番冬春游新模式

背景与情境： 2016年12月2日，吐鲁番市航线推介新闻发布会在乌鲁木齐召开。吐鲁番在冬春游期间将为往返吐鲁番的游客送上准点准时、票价优惠、现金奖励、空铁联运、半价门票、中转联程等六大礼包的旅游优惠政策。

从今年11月1日开始到明年4月底，将对从吐鲁番机场乘机到北京、上海的旅客，往返均每人给予100元现金补贴，游客在机场现场兑现。旅行社组团、发接团，乘坐吐鲁番至北京、上海的航班进出港，旺季累计300人奖励2万元，每递增100人，增加奖励1万元。淡季累计300人奖励3万元，每递增100人，增加奖励1万元。空铁联运，旅客乘坐飞机经停吐鲁番，往返乌鲁木齐乘坐高铁只需50分钟。游客在吐鲁番交河机场下飞机，还可以选择铁路和长途汽车，无需等待，直通天山南北。现在起到明年4月底，吐鲁番市对所有景点景区门票实行半价优惠。无论淡旺季，乘坐吐鲁番至北京、上海的航班从吐鲁番机场进港旅游团队，可以享受景区门票"买一赠一"优惠，购买吐鲁番景区线路门票，赠同等数量线路门票。中转联程通达全国80多个城市，在北京T3航站楼内中转，避免了在不同航站楼间的劳累奔波。

会上，吐鲁番市旅游局局长安金强还向与会媒体推介了吐鲁番今年冬春游的旅游项目。

安金强说："随着吐鲁番机场设施的不断完善以及往返吐鲁番航线的不断丰富，我们将借'航空+旅游'的新模式助力吐鲁番全域旅游快速发展，通过吐鲁番机场的承载力，国航和南航提供的多条中转航线，为往返吐鲁番的游客提供更加优质、快捷、高效的服务。为此，在2016年10月至2017年5月冬春季旅游期间，我们围绕'体验火洲文化·享受灿烂阳光'的主题，深入拓展吐鲁番'阳光、绿色、健康、文化'冬春季旅游品牌，精心打造了健康养生类、文化旅游类、体育旅游类、乡村旅游类、民俗旅游类、会展旅游类、特种旅游类、家门口的旅游等八大类共30项旅游主题活动。"

资料来源：周莉."航空+旅游"开启吐鲁番冬春游新模式［EB/OL］.（2016-12-02）. http://www.xinjiangyaou.com/xinjiang/008/1420749.shtml.

问题： 分析航空+旅游策略的发展趋势？旅游航空企业如何运用航空+旅游策略加强与其他旅游企业的合作？

从引例中可以看出，交通是联系客源地和旅游区的桥梁，没有良好的交通条件就不能形成旅游流(客流)，交通是旅游的通道和媒介，是构成完整的旅游功能系统的必要组成部分，现代大众旅游就是在交通条件得到极大改善后才形成的。在全域旅游的时代，通过推进旅游交通环境的提升，可有效提高全域旅游的通达性，并实现旅游交通的多功能性。

9.1 旅游交通营销概述

9.1.1 旅游交通的概念及特征

1）旅游交通的概念

旅游交通是指为旅游消费者在旅游过程中提供所需交通运输服务而产生的一系列社会经济活动与现象的总和。旅游交通业是由旅游公路、旅游航空、旅游铁路、旅游水运以及特种旅游运输方式共同构成的产业集合体，它介于公共交通运输业与旅游业之间，属于第三产业的范畴。一方面，它借助民用客机、旅客列车等公共交通设施，从事包括旅游者在内的所有旅客及其行李的公共运输活动；另一方面，它还利用旅游包机、旅游列车、游船等专用交通设施，在旅游客源地与目的地之间以及旅游目的地内各旅游活动场所之间，从事旅游消费者及其行李的专项运输活动。旅游交通业依托运输设施为旅游者提供空间移动服务，并通过这种特殊的无形服务产品的生产、交换、消费创造经济产值，因此是一个新兴的交叉性、服务性、经济性产业。

2）旅游交通的特征

（1）交叉性。旅游交通业是为了适应旅游业发展的特殊需要，从公共交通运输业中衍生而成的新兴产业。一方面，它在很大程度上依赖于公共交通基础设施，与公共交通运输业密切关联；另一方面，它以旅游消费者为主要服务对象和目标市场，与旅行社、景区、饭店等旅游企业保持着紧密的业务关系，与旅游业息息相关。

旅游交通的交叉性，决定了它具有优越的市场适应能力和巨大的发展潜力。首先，旅游交通横跨旅游和交通运输两个客源市场，可以兼顾旅游专项客运和高档公共客运两种业务，因而在某一市场需求滑坡时，能够及时调整营销策略，进入另一个目标市场。其次，旅游交通凭借公共交通基础设施为旅游业服务，由于传统的公共基础产业具有高度稳定的特征，而新兴的旅游产业具有朝阳产业的特征，因此集"稳定"与"朝阳"双重特征于一身的旅游交通业蕴藏着巨大的发展潜力。

（2）服务性。旅游交通业与工农业等生产型行业不同，它不生产有形产品，而是提供无形的运输服务，因而具有明显的服务性，它是借助交通工具使旅游消费者及其随身物品实现地理空间中的位置移动；旅游交通业也不同于商品批发、零售等流通性服务行业，它一般不代理有形产品的经销业务，而是经销自己的服务，它利用有形的各类交通工具提供并销售无形的运输服务。

旅游者与普通旅客不同，他们对旅行生活的舒适性、游览性和个性化有更高要求，因此质量、品种、特色就成为旅游交通服务的核心内容和生命源，从而使旅游交通的服务性越发重要和显著。

（3）经济性。旅游交通业通过提供符合旅游市场需求的空间移位服务产品，满足旅游消费者在旅游过程中对交通运输的需求，完全按照经济规律和市场机制运作，以追求最佳的社会经济效益为产业发展目标，是国民经济的重要组成部分之一，因而经济性是旅游交通的根本性质。

9.1.2　旅游交通在旅游业中的地位和作用

交通运输业是使货物和旅客实现位置移动的物质生产部门，是生产过程在流通中的继续。旅游交通是整个交通运输的有机组成部分，是实现旅游消费者空间移动的必要方式。所以，旅游交通作为旅游业的六大支柱之一，在旅游业中发挥着不可替代的作用。

1）旅游交通本身有时也是旅游活动的组成部分

通常情况下，旅游交通只是旅游者前往目的地游览的手段，但在特殊情况下，它也可能是旅游经历的一部分。例如，长江三峡游，旅游者在湖北宜昌市登船，船逆水而上，先过西陵峡，长约76千米，是三峡中最长的峡，旅游者可以从中观赏水底的景观；接着进入巫峡，全长44千米，旅游者可以从中欣赏幽深秀丽的美景；最后进入瞿塘峡，全长8千米，旅游者可以从中饱览雄奇险峻的盛景。长江三峡从湖北宜昌至四川的白帝城，全长198千米，乘船行驶不仅使旅游者形成了较长距离的空间位移，也是旅游者游览过程的一部分。所以，旅游交通构成了旅游经历的一部分。

2）先进发达的现代交通既是构成现代旅游的必要条件，也是促进旅游目的地旅游业发展的重要因素

旅游消费者要到达旅游目的地，必须借助旅游交通来实现。旅游者的活动半径有多大，旅游业的发展规模就有多大，但首先要取决于交通的发展规模。同时，旅游者的空间位移不仅有距离长短的问题，还有所需时间长短的问题，如果所需时间过长，就可能有一大批人取消旅游计划。因此，旅游者的活动半径和旅游业的发展规模，不仅取决于旅游交通的发展规模，还要取决于旅游交通发展的先进程度。另外，现代发达的交通对旅游的需求有着强有力的引导效应，一旦航空公司开辟一条新航线，相关旅游地的旅游就会引人注目，甚至会开辟出新的旅游目的地。

3）旅游交通运输能力是旅游生产力的重要组成部分

旅游生产力一般可理解为旅游综合接待能力，它由许多因素组成，如旅游景点的承载能力、旅行社的接待能力、饭店的接待能力、旅游交通的运输能力等。上述几个方面的接待能力必须保持一定的比例，彼此相互协调和配合。旅游交通的运输能力作为旅游综合接待能力的一个有机组成部分，其发展规模和水平要与旅行社、饭店等的接待能力相协调，在这种情况下，旅游业才能顺利发展；否则，即使旅行社和饭店等的接待能力较强，但由于旅游交通发展滞后，不能提供相适应的运输能力，整个旅游业的发展也会出现困难和问题。

9.1.3　旅游交通体系的构成

现代旅游交通体系主要由公路运输、铁路运输、航空运输、水路运输、特种旅游交通五种交通方式构成。每一种交通方式又由客运工具、客运站场和客运线路三个基本生产要素构成。各种交通方式根据其自身优势分工协作，分别主导不同运距、不同运速、不同运价的旅游交通细分市场，同时又优势互补、互相衔接、彼此竞争，共同构成了现代旅游交通产业综合体系，如图9-1所示。

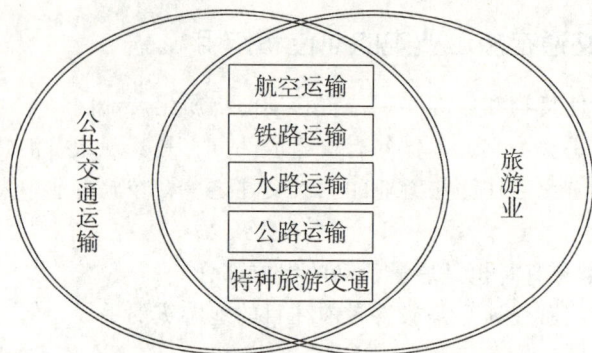

图9-1　现代旅游交通产业综合体系

1）航空运输

航空运输是指使用飞机、直升机及其他航空器运送人类、货物、邮件的一种运输方式。航空运输具有快速、机动的特点，是现代旅客运输，尤其是远程旅客运输（500千米以上）的重要方式，在国际贸易中主要运输贵重物品、鲜活货物和精密仪器等。现代航空运输是社会生活和经济生活的一个重要组成部分，是目前发展最快的一种运输方式。

航空运输的优点是：速度快、机动性大、舒适安全、基本建设周期短、投资小等。航空运输的缺点是：飞机机舱的容积和载重量都比较小，运载成本和运价都比地面运输高；航空运输受气象条件限制，有时难以准时到达；航空运输速度快的优点在短途运输中难以充分发挥。

2）铁路运输

铁路运输是以机车为牵引动力，以客车或货车为运载工具，沿着轨道载运旅客和货物的运输方式。铁路是我国经济的大动脉，在综合运输体系中起骨干和主导作用。

铁路运输的优点是：牵引力大，运输能力强；运输成本低；较少受气象、季节等自然条件的影响，能保证运行的经常性和持续性；运输的地区局限性较小；便于统一指挥和管理，计划性强，客、货到发的时间准确性比较高，运输的速度也较快；安全程度高。铁路运输的缺点是：始建投资大，建设时间长；始发与终到作业时间长，不利于运距较短的运输业务；受轨道限制，灵活性较差，需要有其他运输方式为其集散客源；运输总成本中固定费用所占比重大，一旦停止运营，不易转让或回收，损失较大。

教学互动9-1

问题：

①谈谈你所了解的我国高铁的发展情况。

②面对飞速发展的高铁，国内航空公司面临着怎样的竞争，为此你认为航空公司在营销上应做哪些改变？

要求：

①以小组为单位进行讨论，然后进行小组交流。

②教师对学生的回答进行点评。

3）水路运输

水路运输是利用船舶、排筏和其他浮运工具，通过各种水道运送旅客和货物的一种运输方式。水路客运服务主要有四种，即远程定期班轮服务、海上短程渡轮服务、游船服务和内河客运服务。轮船客运单纯地作为交通方式，由于速度慢、时间长等不足而逐渐走向衰落，日益被航空、公路、铁路运输所取代。同时，作为旅游度假形式的海上巡游（游船业）开始发展起来，成为一种特殊的旅游形式。对于游船业而言，其乘客、船只、乘客容量等都在迅速增加，许多航线都在增加船只，提高舒适性，增加新的停泊港湾。游船业在实现游客满意度方面是旅游交通业的标兵，这是其他交通方式难以比拟的。

水路运输具有以下突出优点：主要利用江、河、湖泊和海洋的"天然航道"来进行，通航能力几乎不受限制；投资少，建设与维护费用较低；劳动生产率高，劳动力需要量少；运行持续性强。水路运输也存在缺点：速度较低，受气象条件影响大，受航道限制，灵活性较差，需要其他运输方式集散或接运客货等。

4）公路运输

固定班次的公共汽车主要限于为城际非商务旅行提供服务。包车和长途汽车是包价旅游的重要组成部分，短途旅游车是目的地内游客流动和一日游的重要工具。私家车是国内旅游、休闲短途旅游、休闲娱乐旅游的主要旅行工具。在我国，随着私人轿车的普及，自驾旅游已成为一种新的时尚。发达的公路交通网络及配套设施，如路边的汽车旅馆、餐厅、加油站、维修站和目的地停车场等，都为自驾旅游提供了极为便利的条件。

同步思考 9-1

自驾游越来越成为更多人青睐的旅游形式，对此，政府及旅游企业应有哪些相应的营销措施？

理解要点： ①政府要加强相关政策的制定和执行；②方便快捷地获取旅游目的地信息的系统建设；③大力开发建设适用于自驾游的旅游服务设施；④推出完善、安全、个性的自驾游旅游产品，注重品牌建设。

5）特种旅游交通

特种旅游交通主要是指在旅游景区、景点的渡船、索道、缆车、轿子、滑竿、马匹、骆驼等形式的旅游交通方式。其优点是便于游客通过一些难行的路段，可以辅助老弱病残游客完成旅游，有些还带有娱乐、观赏性质，可以提高旅游价值，招揽游客。其不足之处是有些特种旅游交通，如索道、缆车等，有时会造成与风景名胜的不协调，或对风景区的环境造成破坏。

上述交通方式对所有旅游目的地都有一定程度的影响，大部分旅游目的地同时受几种交通方式的影响。虽然不同交通工具之间存在着许多差异，但其功能的发挥却有许多共性。所有客运系统都是凭借受到或松或紧的控制和管制的交通工具，沿着连接出发地与目的地的线路网进行移动来运营的。

同步思考9-2

应该如何抓住高铁迅速发展的新机遇，做大做强旅游产业？

理解要点：旅游主管部门应采取"走出去"策略，摒弃原始的景点竞争、线路竞争、城市竞争关系，与沿线省市共同进入互换资源、互换市场、差异化发展的区域性旅游合作新阶段，构建区内、国内、国际的多层次、全方位的跨区域旅游线路，建立"政策互惠、客源互送、信息互通、资源共享、品牌互铸"的高铁沿线省市合作模式。

学习微平台

延伸阅读9-2

9.2 影响旅游交通营销的因素

旅游交通营销是指根据市场的需求，结合旅游交通企业的优势，确定目标市场，通过开发经营适销对路的旅游产品，最终满足特定市场需求的营销活动。

9.2.1 影响旅游交通营销的外部制约因素

1）交通工具技术

从私人轿车到游船再到飞机之间的竞争，促使交通工具在大小、座位数、速度、最大行程、节油程度、噪音及舒适度等方面不断得到改进。这些变化影响着企业经营的获利能力，也影响着顾客的选择。随着时间的推移，这些变化还决定了在可接受的时间和成本约束条件下，哪些目的地可以顺利到达。例如，20世纪80年代，宽体远程喷气式客机的开发使洲际旅游成为可能。

随着空中管制技术的发展、新航线的不断开辟，空中运行时间进一步缩短，机场利用率大大提高，这些都对旅游市场产生了深远的影响。

虽然交通工具技术对于旅游市场的意义在公共交通中体现得最为明显，但私人轿车对于旅游市场的意义同样至关重要。事实上，周末度假、景点一日游等在很大程度上都依赖于自驾游。因此，那些对私人交通工具产生影响的技术也成为旅游经营商开展营销必须考虑的问题。

2）信息技术

20世纪80年代以来，计算机技术的广泛应用使客运企业得以有效应对业务量的不断增长。受航空业的引导，目前，订票、取消预订、出票、开收据、线路选择及报价等业务都由计算机来处理。这些业务同时生成了大量关于旅客特征的调研数据，这些数据对营销计划具有重要意义。与此同时，信息技术还改变了旅游业的分销过程。这些发展有很多是由交通企业带动的，其对成本-效益的更高追求不仅体现在日常经营中，同样体现在对营销运作的实施和控制中。

3）政府管制

在20世纪的大部分时间里，国际级客运交通系统的经营活动在所有国家都受到严格控制和管理。在国际航空业中，机场准入、国家间飞行、飞越其他国家领空必须经政府间协议商定，这些协议包括准许哪些航空公司飞行哪些航线、允许多大运力及许可价格的范围和种类等。掌握这些决策权的政府机构，如中国民航局，实际上是直接插手营销决策的关键机构，并代替市场力量在发挥作用。无论哪个机构，如果控制了产品容量，并决定或影响价格，那么该机构必然会对旅行需求产生极强的影响。

4）环境问题

交通主要涉及五个方面的环境问题，即噪声、尾气、能源利用、拥挤、废弃物的产生与处理。在20世纪80年代，这些问题对营销的意义并不显著，但在90年代，随着社会对环境保护的重视，环境污染也日益成为法规管制的内容。

交通拥挤是造成环境成本增加的又一个重要因素，因为拥挤导致上机或上车时间延误，进而导致更多的燃料耗费及更多的废气排放。交通系统的建设和维护产生了特殊废弃物，其中有些废弃物毒性很大，对废弃物的处理也越来越受到严格管制。

通过上述分析我们不难发现，当对交通企业在线路、运力和价格方面的传统管制正在解除之时，新的环境保护措施在不断引进，这些必将对旅游交通未来的营销活动产生深远影响。

同步案例9-1

携程"一石三鸟"发力旅游交通"最后一公里"

背景与情境：最近，登录携程移动端和PC端后，会发现用车频道内的接送机、接送火车项，除了之前易到用车、至尊租车外，还多了AA租车的选择。此次接入携程平台的AA租车，将对携程用户开放包括北上广深、太原、大连、青岛、杭州等12座城市的商务约租车服务。

面对市场的旺盛需求，接入第三方数据和产品服务，打造平台价值，成为携程深耕旅游服务O2O的重点。为此，携程在旅游交通市场推出了国内外接送机、国内接送火车、日租包车、预约用车、随叫随到、国内自驾等一系列大旅游交通服务。

携程与AA租车合作，这种互联网平台的跨界，也是对O2O创新的又一次尝试：携程具备大数据的优势，能集合终端消费者的旅游订单，根据海量的商品数据、信息数据、会员数据，通过大数据技术，对高端消费者的用车习惯进行分析。这些数据结论对AA租车调整后台调度规则、升级服务流程、进一步将品质做到极致都有着较大的帮助。而AA租车对"最后一公里"接入进行升级，也将为携程塑造良好的用户口碑，助力打造品牌美誉。

品质提升、品牌美誉、行业升级，携程携手AA租车，一石三鸟，为旅游交通市场"最后一公里"推波助澜。随时随地为用户提供优质、便捷、定制化的服务，AA租车与携程的牵手，看似偶然，实为必然。

资料来源　佚名.携程"一石三鸟"发力旅游交通"最后一公里"［EB/OL］.（2014-12-24）.http://software.it168.com/a2014/1224/1693/000001693091_all.shtml.

问题：

①分析携程网与三家租车网站的合作有什么重要意义？

②信息技术的不断发展对旅游交通营销提出了哪些要求？

分析提示：携程深耕旅游服务O2O的重点是接入第三方数据和产品服务，打造平台价值，充分利用自己拥有大数据的优势，抓住新的营销机会，解决了旅游交通"最后一公里"的问题，同时也给自身创造了更有想象力的利润空间。在信息技术不断发展的今天，旅游交通企业应该具有敏锐的市场洞察力，及时捕捉信息技术和科技发展的新动向，创造更有效、新颖的营销模式，更好地服务于游客，实现企业的经营目标。

9.2.2 影响旅游交通营销的内部制约因素

1）资本投资与固定成本

现代交通经营的一个主要特征是高投资与高固定成本。所谓高投资，是指购买及维护交通工具和设备、建立与维护线路网络及聘用操作系统的人员所必需的高经营成本。航空业的投资尤其高昂。

制约营销决策的第二个主要特征在于经营任何服务的承付成本或固定成本都很高，而变动成本则较低。从营销的角度看，一旦决定提供一项服务后，每卖出一个座位就意味着多获得了占售票收入90%以上的收益。这些收益或者用于补偿已承付的固定成本，或者在达到盈亏平衡点后代表毛利的获得。鉴于以上原因，交通企业在进行营销时，应特别重视对座位的边际销售。

2）上座率、收益率与设施利用频率

由于客运交通的高投资和高固定成本特征，对营销管理者而言，有三个衡量经营效率的主要指标显得尤为重要，它们分别是上座率、收益率和设施利用频率。

业务链接9-1

衡量客运交通企业经营效率的几个指标

①上座率。它也称座位利用率，在其他条件不变的情况下，上座率的高低直接影响到经营收益。

②收益率。它是由座位利用率乘以实际平均价格得出的收入系数。

③设施利用频率。设施利用频率越高，就其收益与已发生的固定成本相比，业绩就越好。

9.3 旅游交通营销策划

9.3.1 旅游交通营销的新趋势

1）一体化旅游交通营销模式的应用

全球化是国际旅游业的一个主要发展趋势，包括消费者的品位、偏好和产品的集中化。跨国公司展现了资本全球化的趋势，并生产标准的产品，推动了国际旅游市场的同质化。这从根本上表明，超越了地理局限性的跨国公司之间的国际旅游业务在不断增长，而且虚拟化公司也能作为交通运营商，其结果是旅游和交通将会更加一体化。同时，旅游交通企业规模的扩大、利润链条的增长、新型营销观念的产生，也推动了企业一体化经营模式的形成，寻求合作成为一种普遍的选择。由于旅游企业垂直一体化趋势的出现，旅客需要通过多种交通方式的结合来完成旅程，因此旅游交通企业应该寻求能够互相替换并能够互相结合的交通方式，从而为乘客提供一体化的服务。

2）信息技术在旅游交通营销中的应用

随着互联网的普及与电子商务营销模式的兴起，大量旅游交通服务商纷纷建设预订系统和咨询平台，以使更多的旅游者能够更快、更及时、更全面地了解自己的产品和服务，从而扩大自身的客源群体和销售收入。

信息技术的出现使航空公司和旅行代理商之间的销售结算变得更加方便。计算机预订系统再造了航空公司的整体营销和分销流程，使航空公司成为战略经营单位。

业务链接9-2

计算机预订系统的营销优势

①提高了互动性，建立起与顾客和合作伙伴之间的密切联系。

②提供在线预订和电子机票。

③便于收益管理。

④进行飞机即将起飞前的机票电子拍卖。

⑤便于选择中间商并重新设计代理商的佣金方案。

⑥使新的电子分销媒体的生产效率最大化。

9.3.2 旅游交通营销战略策划

1）旅游市场潜力预测

由于旅游交通业具有高投资与高固定成本的特征，交通工具及其他投资决策必须与收入预测（顾客量×顾客所付平均价格）相适应，因此营销管理者必须按每一条线路及每一个细分市场对交通需求的数量、层次结构、质量等方面进行估计。通过开展大量的营销研究和持续的顾客追踪来预测市场潜力，为规划未来的运营线路、班次安排及相关投资奠定基础。

虽然对经营环境的预见性较差，对旅游交通需求量的预测也不可避免地存在风险，但旅游交通运营商对乘客行为了解越多，其风险就会越小。从这个意义上说，营销战略有助于企业提高产品组合与市场之间的适应性。

2）树立企业良好的市场形象

作为将市场潜能转化为现实收入过程的一部分，战略营销有助于旅游交通企业在不断争夺市场份额的过程中与竞争对手相匹敌并争取领先于竞争对手。在市场的运营机制处于主导地位的时代中，战略重点应转移到对顾客行为特征的研究上。旅游交通企业应考虑顾客是如何审视企业的，企业有什么样的优势（这些优势可以演变成企业形象或市场定位，对顾客具有长久的吸引力），并以广告等形式传递给目标顾客。当企业处于保本座位利用率两侧高度敏感的边际运营区时，少量市场份额的流失就可以使企业变盈为亏。忠诚度低的顾客往往会受到不同企业正面或负面形象的影响而改变其选择。因此，旅游交通企业必须对企业广告和产品广告予以高度重视，从而在公众心目中树立企业良好的市场形象。

职业道德与营销伦理 9-1

春秋航空部分航班推销或调成"静音"

背景与情境：东方网 4 月 21 日消息，据《新闻晨报》报道，乘坐春秋航空的航班，都得听上一段空乘的商品推销"脱口秀"。但今后，该公司班机上的"脱口秀"或将调至"静音"模式。

飞机上的推销"脱口秀"是春秋航空的一大特色，但这一方式并不被所有旅客接受。个别旅客认为，飞机广播里的推销广告响个不停，让人根本没法休息。

春秋航空董事长王正华也在其博客上透露，春秋航空将从"不设售货指标、停止叫卖"等方面入手，改善服务。

4 月 20 日，春秋航空发言人说，春秋航空计划今后将根据航班的时刻采取"静音模式"，推销时尽量不发出太多声响。如早上 8 点前、晚上 10 点后、行程在 1 个小时左右的航班，将不会采用"脱口秀"式推销，可能用商品静态展示的方式取而代之。但在白天或是两三个小时的中远距离航线上，机上"脱口秀"将照常进行。

资料来源 毛懿.春秋航空部分航班推销或调成"静音"［EB/OL］.（2011-04-21）.http：//www.tianjinwe.com/rollnews/gn/201104/t20110421_3588015.html.

问题：你如何看待目前火车、飞机等交通工具上的"脱口秀"推销活动？春秋航空对航班上的"脱口秀"式推销做出调整说明了什么？

分析提示：在旅游交通工具上，工作人员沿途推销是一种司空见惯的现象，但这种行为应该在为旅客提供良好服务的前提下、本着不损害旅客利益的原则进行。春秋航空公司作为我国第一家廉价航空公司，在飞机上开展推销活动赚取利润是对其低价的一种补偿，但如果损害了旅客的利益，则应另当别论。

3）做好顾客关系管理，吸引并留住顾客

统计分布中的 80/20 原理是指少量的常客（其中大多数为商务客人）所带来的收益可能在企业整个收益中占很高的比例，即企业收益的很大比例来自忠诚顾客。

例如，在一些线路上，占乘客总数 20% 的人可能带来 80% 的收入，原因在于，他们支付较高的票价并经常旅行。对这些顾客需要认真加以培养开发，战略之一就是对老顾客实施奖励。20 世纪 80 年代以来，大多数航空公司、汽车租赁企业和其他交通运输企业都提供各种形式的会员俱乐部、优惠卡或通行证来回报常客。

4）注重旅游交通运输企业之间的联盟

交通运输业的竞争激烈，一些交通运营商为了扩大自己的市场份额，不惜大打价格战，甚至导致某些交通运营商无利可图，破坏了市场经济秩序。为了避免出现这样的局面，各交通运营商应结成联盟，如国际航空公司之间的战略联盟。

同步案例9-2

河南焦作年引十多万韩国游客 郑云高速开启"天地联运"

背景与情境： 近年来，每年有十多万人次的韩国游客到焦作来旅游、度假。郑州至云台山高速公路(简称郑云高速)26日正式全线通车，从郑州到韩国游客所钟爱的云台山景区仅需1小时。至此，郑云两地开启天上航空与地上铁路、公路的联运模式。

全长65.5公里的郑云高速全程设计速度100公里/小时，起始于郑州，终止于焦作市云台山景区。其中云台山收费站距离云台山景区仅3公里。

郑云高速的建成通车，贯通了郑州、焦作两座城市，对接桃花峪黄河大桥，可以直通云台山风景区，对促进沿线地区民众脱贫和经济社会发展具有重要意义。在此之前的2015年6月，郑焦城铁开通运营，旅客和民众均可通过这条便捷通道直达新郑国际机场。加之稍早前的诸多"云台山号"旅游专列和旅游包机，作为全国交通重要枢纽的郑州市与焦作由此进入"铁公机"联运模式。

这种联运模式不仅让人们出行有了更多选择，还为境内外游客到云台山旅游提供了极大的方便。目前每年有十多万人次的韩国游客到焦作来旅游、休闲、度假，2015年焦作接待了12.4万人次的韩国游客。2013年3月，云台山景区在韩国首尔麻浦区正式设立"中国河南焦作云台山驻韩国办事处"，这是中国旅游景区设立的第一个境外办事处。

云台山上溯夏商，下至明清，文人墨客不绝于此，"竹林七贤"在此隐居。2004年，云台山被联合国教科文组织评选为全球首批世界地质公园。

资料来源　李贵刚.河南焦作年引十多万韩国游客 郑云高速开启"天地联运" ［EB/OL］.（2016-11-26）. http://www.chinanews.com/sh/2016/11-26/8075324.shtml.

问题：

①郑云高速"天地联运"对河南旅游业有什么影响？

②结合案例说明交通运输企业之间联盟的意义。

分析提示： 随着旅游交通企业规模的扩大、利润链条的增长、新型营销观念的产生推动了企业一体化经营模式的形成，寻求合作成为一种普遍的选择。由于旅游企业垂直一体化趋势的出现，从交通业人士到旅游者需要通过多种交通方式的结合来完成旅程。因此，交通运输企业应该寻求能够互相替换并能够互相结合的交通方式为乘客提供一体化的服务。

5) 加强与旅游业其他部门的合作

整体旅游产品包括旅游活动过程中的吃、住、行、游、购、娱六个基本要素。作为旅游产品的一个组成部分，旅游交通与酒店、旅游景区、旅游商店、娱乐场所等常常是一荣俱荣、一损俱损的关系。近年来，一些交通企业越来越多地将注意力从业内向业外转移，从作为交通工具、线路和终点站企业的传统角色转向与整体旅游产品中其他产品要素经营者进行联盟的合作者角色。这种联盟的范围非常之广，上至与酒店、景区的有限联盟，下至与旅行社等营销组织的全面联盟，与旅游目的地企业和旅游产品销售网络结成战略营销联盟，成了交通运营商的一项重要营销战略。

9.3.3　旅游交通营销战术策划

1）针对不同细分市场提供不同的服务产品

对交通企业而言，大部分战术营销往往是针对特定细分市场的，无论其目标是抓住并利用由外部环境中的意外事件所带来的市场机会，还是保护受到不利环境或竞争者行为威胁的市场地位，都是如此。但旅游交通企业又会通过价格调整来提高人们在高峰时段以外的时间里对交通工具的利用率，常用的做法是设计针对特定细分市场的不同价格，同时规定前提条件，以避免所谓的"收入稀释"，防止乘客放弃本来要购买的高价票，转而购买低价票。

针对特定细分市场制定特殊价格的理念，通常被冠以多种不同的名称，在欧洲和北美广泛使用的预购游览票便属于这种为特定市场设计特定价格和产品的范例，这种票通常依赖于运营服务减少可能出现的空座，从而最大限度地创造边际收益。此外，企业往往通过大幅度降价或给予团队价格优惠鼓励旅行社提前预订。

2）针对不同的交通工具采取不同的策略

（1）航空旅游交通企业营销策略。恰当运用价格折扣策略；加强与其他交通方式的联合，为旅游者提供一站式便捷服务；多维共进改善机场总体服务；加强旅游航空交通安全管理；推出特殊旅游航线；旅游包机策略；实施"航空+旅游"策略。

（2）铁路旅游交通企业营销策略。差异化定价策略；优化旅游列车环境；开发旅游宾馆列车产品；旅游列车上增加娱乐项目；开行不同档次的旅游列车；实施"旅游+铁路"策略。

（3）水路（游船）旅游交通企业营销策略。实施形象定位策略；提高正点率；宣传水上风情；在游船上开发多种娱乐项目。

（4）公路旅游交通企业营销策略。合理定位；做好与其他交通方式的衔接。

（5）特种旅游交通经营者营销策略。特色化、个性化营销策略；产品创新策略；加强安全措施，提高游客参与度。

3）制定详尽可行的促销策略

旅游交通营销的一个重要作用就是借助旅游交通，将潜在的旅游需求变成现实的旅游需求，并获取一定的收益。所以，各旅游交通企业需要通过促销策略，树立良好的形象，培养忠诚顾客。

教学互动 9-2

德国汉莎航空：一路为你 Nonstop you

"一路为你　Nonstop You"是德国汉莎航空2012年全新的主题广告，与它的前任"There is no better way to fly"不同，"一路为你"完全从乘客的角度出发，与其不断强调航空公司所提供的服务内容，不如聚焦于汉莎航空对乘客的人性关怀和服务理念。

"一路为你"区区几个字四两值千金，如何将广告词背后承载的理念渗透到用户中，也是品牌传播的一大挑战。

营销目标：目标群体是25～35岁的社交媒体活跃用户，主要包括留学生、年轻白领、飞机控、旅行者和商旅乘客。将"一路为你"的服务理念传播到这些人群中去，并针对每个人群的不同特征和爱好进行差异性的、深度的沟通。

策略与创意：

第一阶段，在人人网和新浪微博发起传图活动，鼓励用户上传照片，并在线生成海报，成为"一路为你"主题广告中的主角。

第二阶段，推出"一路为你"系列主题广告视频，通过视频内容及与用户的互动，为"一路为你"释意，体现汉莎航空的人文关怀。

第三阶段，从汉莎航空现有的粉丝中，筛选出各个目标人群的意见领袖，邀请他们参与到活动中来，以他们的角度为自己发声。

第四阶段，倾听粉丝的声音，关注粉丝的需求，将"一路为你"融入每日的内容发布中去，并定期举办有奖活动，与粉丝建立稳固、亲切的关系。

资料来源 佚名.德国汉莎航空：一路为你Nonstop you［EB/OL］.（2013-07-29）.http：//www.meihua.info/knowledge/case/1592.

问题：

①汉莎航空公司是如何选择目标市场和进行市场定位的？

②汉莎航空公司是如何根据目标市场特点选择促销方式和促销媒介的？

要求：

①请3位同学对上述两个问题进行回答，其他同学予以评论。

②教师对学生的回答和其他同学的评论做最后点评。

4）对外部环境的变化采取相应的应对措施

旅游业是一个脆弱的行业，它与环境存在着高度的依存性。因此，为了对许多不可预料的外部环境变化做出回应，旅游交通企业的营销战术中应包括应急措施，如临时性大规模促销、大幅降价等，以减少因环境波动而带来的损失。

学习微平台

延伸阅读9-3

➡ 本章概要 ➡

□ 内容提要与结构

▲ 内容提要

● 旅游交通是指为旅游消费者在旅游过程中提供所需交通运输服务而产生的一系列社会经济活动与现象的总和。旅游交通业是由旅游公路、旅游航空、旅游铁路、旅游水运以及特种旅游运输方式共同构成的产业集合体，每种交通运输方式都各自具有不同的优缺点，适用不同的运输条件。旅游交通业是一个具有交叉性、服务性、经济性的产业。旅游交通业是使旅客实现空间移动的物质生产部门，是旅游业的六大支柱之一，在旅游业的发展中具有非常重要的作用。

● 影响旅游交通营销的外部制约因素有交通工具技术、信息技术、政府管制和环境问题；影响旅游交通营销的内部制约因素主要有资本投资与固定成本，上座率、收益率与设施利用频率等。

● 一体化旅游交通营销模式的应用、信息技术在旅游交通营销中的应用是旅游交通营销的新趋势。在战略方面，旅游交通企业应该做好以下几个方面的工作：旅游市场潜力预测；树立企业良好的市场形象；做好顾客关系管理，创造并留住老顾客；注重旅游交通运输企业之间的联盟；加强与旅游业其他部门的合作等。在战术层面上，旅游交通企业应该做好以下几个方面的工作：针对不同细分市场提供不同的服务产品；制定详尽可行的促销策略；对外部环境的变化有相应的应对措施。

▲ 内容结构

本章内容结构如图9-2所示。

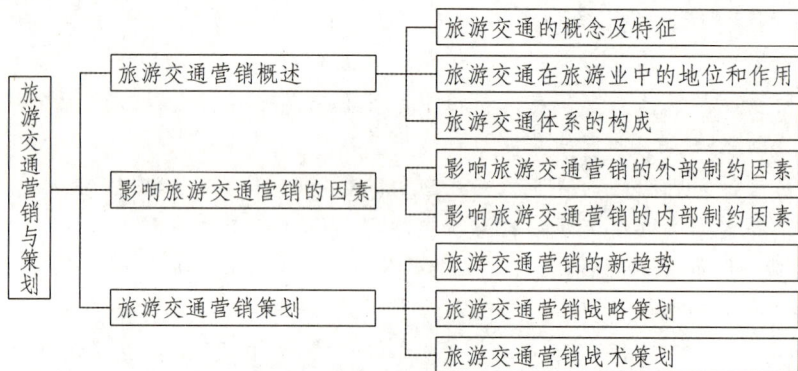

图9-2　本章内容结构

□ 主要概念和观念

▲ 主要概念

旅游交通　航空运输　铁路运输　水路运输　特种旅游交通　旅游交通营销

▲ 主要观念

影响旅游交通营销的因素　旅游交通营销策划

□ 重点实务和操作

▲ 重点实务

旅游交通营销战略策划　旅游交通营销战术策划

▲ 重点操作

旅游交通企业顾客关系管理策划　旅游交通企业与旅游业其他部门合作营销策划旅游交通企业促销策划

● 基本训练 ●

□ 理论题

▲ 简答题

1）什么是旅游交通？

2）旅游交通体系由哪些部分构成？

3）旅游交通营销受哪些内部因素的制约？

▲ 讨论题

1）交通工具技术因素与信息技术因素对旅游交通的影响有哪些？

2）旅游交通营销发展的新趋势是什么？

3）如何理解旅游交通在旅游业中的重要地位和作用？

4）分析航空客运和高铁在竞争中各自的优劣势。

□ 实务题

▲ 规则复习

1）简述铁路客运企业的宣传报道策略。

2）简述旅游交通企业营销战略的内容。

3）简述旅游交通企业营销战术的内容。

▲ 业务解析

1）如果你"五一"期间去北京旅游，根据自身的情况你会选择什么交通工具，为什么？

2）某旅行社组织了40人的老年人旅游团，参加海南8日游。如果你是该旅行社的有关工作人员，你如何为他们安排旅游交通工具，为什么？如果是大学生旅游团，你又该如何安排，为什么？

□ 案例题

▲ 案例分析

群雄逐鹿日本廉价航空市场

背景与情境： 澳洲航空公司8月16日宣布了在澳大利亚国内市场之外成立两家航空公司的计划，并订购了110架总价超过90亿美元的新空客客机。

澳洲航空公司将在9月与日本航空公司和日本贸易公司三菱商事合资成立名为"捷星日本"的廉价航空公司，并于2012年年底前开始投入航运。澳洲航空公司没有透露另一家计划中的合资航空公司的详细情况，只是说公司总部可能设在新加坡或吉隆坡。

捷星日本将以东京成田机场和大阪关西国际机场为运营基地，首先开通日本国内航线，往返大阪、札幌、福冈和冲绳，以后还有可能在亚洲主要城市之间开拓航线。捷星日本已订购3架单客舱180座"空中客车"A320型客机，打算几年后将机队规模扩大到24架。

在运营方式上，捷星日本将延续澳洲航空旗下捷星航空公司的特点，提供廉价航空客运服务，预计日本国内线路价格会比现有均价便宜四成左右。

在日本航空市场中；廉价航空现阶段所占份额不到10%，发展潜力颇大，同时竞争也越来越激烈。2007年，澳大利亚廉价航空公司"捷星"率先开通到日本的廉价航班。目前，包括中国春秋航空在内，已有韩国、新加坡、马来西亚、菲律宾等多家海外廉价航空公司开通往来日本的航线。今后，还将有更多的对手加入。7月21日，日本全日空公司宣布，定于2011年与马来西亚亚洲航空公司共同成立名为"亚航日本"的廉价航空公司。马来西亚亚洲航空公司是亚洲第一家廉价航空公司，亚航日本将借鉴马来西亚亚洲航空公司的运营模式，开通日本国内和国际线路。新加坡航空公司和泰国国际航空公司早前也都公布了成立新的廉价航空公司的计划。

智库亚太航空中心执行董事长哈比森表示，由于亚洲地区继续享受着高于全球平均水平的经济增速，廉价航空公司在该地区有着绝对巨大的潜力。该中心的统计显示，每周大约有3 000个航班往返于日本，其中廉价航空公司的航班只占2.7%。飞机制造商波音公司预计，未来20年，全球新增航空客流将有一半来自于在亚太地区进出港的航班。

资料来源 陈富钢.群雄逐鹿日本廉价航空市场 [N].中国旅游报，2011-8-19（5）.

问题：

1）查阅相关资料，分析目前国际廉价航空市场环境如何？

2）澳洲航空公司进入日本廉价航空市场的战略意义有哪些？在日本航空市场布局成功的因素有哪些？

分析要求：

1）形成性要求

（1）学生分析案例提出的问题，拟出《案例分析提纲》；小组讨论，形成小组《案例分析报告》；班级交流、相互点评和修订各组的《案例分析报告》；在校园网的本课程平台上展出经过修订并附有教师点评的各组《案例分析报告》，供学生借鉴。

（2）了解本教材"附录二"的附表2中"形成性考核"的"考核指标"与"考核内容"。

2）成果性要求

（1）课业要求：以经过班级交流和教师点评的《案例分析报告》为最终成果。

（2）课业结构、格式与体例要求：参照本教材"课业范例"的范例综-1。

（3）本教材"附录二"的附表2中"课业考核"的"考核指标"与"考核内容。"

▲ 善恶研判

"俱乐部"自驾游雾里看花

背景与情境： 到2012年年底，中国私家车拥有量已经达到9 309万辆，越来越多的私家车主选择自驾游，自驾游市场发展迅猛。与此同时，一些没有经营旅游业务资质的企业和个人利用大众结伴出游的心理，采用"俱乐部"、"导购团"或者"医疗团"等形式，以零团费为诱饵，巧立名目收取各种费用，规避旅游执法检查。

太原的李先生近日向本报记者反映，经朋友介绍，他参加了山西某车友俱乐部组织的一次行程2天的自驾游活动。令李先生气愤的是，除了自己的往返过路费、油钱，搭载两名自称车友俱乐部成员外，还被组织者先后收取了1 300元的景区门票、住宿及餐饮费用。其间，还有一次大约4小时的购物安排。

通过李先生的叙述，记者了解到，李先生所参加的此次自驾游活动，主办方共召集了33名游客参加，其中自驾车者12名，其余皆以车友俱乐部成员身份拼车出游。全部行程中，除去组织者开始承诺的2个景点外，还额外加了2个景点和其他购物、娱乐等消费项目。唯一一晚的住宿条件非常差，行程中的餐饮价高质次。

回到太原后，李先生仔细回忆了一下自己的行程，并与其他旅行社类似的线路做了比较。他发现，如果选择正规旅行社的线路，将节省约700元费用；或者在同价的情况下，将享受到更好的旅游服务。

记者了解到，该车友俱乐部并未有旅行社资质，也未在工商行政部门登记注册，而是通过同城交友、QQ群等方式，打着车友爱好者的旗号对外招纳会员组织活动。

资料来源 佚名."俱乐部"自驾游雾里看花 [EB/OL].（2013-03-19）.http://www.aatrip.com/bencandy.php?fid-94-id-2298-page-1.htm.

问题：

1) 本案例中存在哪些道德伦理问题？

2) 试对上述问题做出你的善恶研判。

3) 通过网上或图书馆调研等途径搜集你做善恶研判所依据的行业规范。

研判要求：

1) 形成性要求

（1）学生分析案例提出的问题，拟出《善恶研判提纲》；小组讨论，形成小组《善恶研判报告》；班级交流、相互点评和修订各组的《善恶研判报告》；在校园网的本课程平台上展出经过修订并附有教师点评的各组《善恶研判报告》，供学生借鉴。

（2）了解本教材"附录二"的附表2中"形成性考核"的"考核指标"与"考核内容"。

2) 成果性要求

（1）课业要求：以经过班级交流和教师点评的《善恶研判报告》为最终成果。

（2）课业结构、格式与体例要求：参照本教材"课业范例"的范例综-2。

（3）本教材"附录二"的附表2中"课业考核"的"考核指标"与"考核内容。"

□ 实训题

▲ 实训操练

"旅游交通营销与策划"业务胜任力训练

【实训目的】

见本章"章名页"中"学习目标"中的"实训目标"。

【实训内容】

专业能力训练：其领域、技能点、名称和参照规范与标准见表9-1。

表9-1　　　　**专业能力训练领域、技能点、名称和参照规范与标准**

能力领域	技能点	名称	参照规范与标准
旅游交通营销与策划	技能1	旅游交通企业顾客关系管理技能	（1）能运用信息技术建立顾客档案 （2）能对客户关系管理的内容进行准确的分析和构建 （3）能够为不同的顾客提供不同的服务，注重客情关系维护
	技能2	旅游交通企业与旅游业其他部门合作营销策划技能	（1）能运用科学的调研方法，收集旅游目的地各旅游企业的相关资料，寻求合作机会 （2）能知晓目标旅游交通企业自身优势及劣势 （3）能根据以上分析制定目标旅游交通企业与旅游业其他部门合作的具体方案 （4）能规范撰写营销策划方案
	技能3	旅游交通企业促销策划技能	（1）能根据选定的旅游交通企业的市场状况及营销目标，利用合理的促销组合手段，策划切实可行、行之有效的促销方案 （2）能根据策划的营销活动，做出准确的预算 （3）能通过策划方案的执行情况，进行效果评估 （4）能规范撰写促销策划方案
	技能4	撰写关于"旅游交通营销与策划"的相应《实训报告》技能	（1）能合理设计关于"旅游交通营销与策划"的相应《实训报告》，其结构合理、层次分明 （2）能依照财经应用文的规范撰写所述《实训报告》 （3）本教材网络教学资源包中"学生考核手册"考核表9-2所列各项"考核指标"和"考核标准"

　　职业核心能力和职业道德训练：其内容、种类、等级与选项见表9-2；各选项的"规范与标准"见本教材"附录三"的附表3和"附录四"的附表4。

表9-2　　　　　职业核心能力与职业道德训练的内容、种类、等级与选项表

内容	职业核心能力							职业道德						
种类	自我学习	信息处理	数字应用	与人交流	与人合作	解决问题	革新创新	职业观念	职业情感	职业理想	职业态度	职业良心	职业作风	职业守则
等级	中级	中级	中级	中级	中级	中级	中级	认同级	认同级	认同级	认同级	认同级	认同级	认同级
选项	√	√		√	√	√	√	√			√	√	√	√

【实训任务】

　　（1）对表9-1所列专业能力领域各技能点，依照其"参照规范与标准"实施阶段性基本训练。

　　（2）对表9-2所列职业核心能力选项，依照本教材"附录三"中附表3的"规范与标准"实施"中级"强化训练。

　　（3）对表9-2所列职业道德选项，依照本教材"附录四"中附表4的"参照规范与标准"实施"认同级"相关训练。

【组织形式】

　　将班级学生分成若干实训小组，根据实训内容和项目需要进行角色划分，确保组织合理和每位成员的积极参与。

【实训要求】

　　（1）实训前学生要了解并熟记本实训的"实训目的"、"能力与道德领域"、"实训任务"与"实训要求"，了解并熟记本教材网络教学资源包中"学生考核手册"考核表9-1、考核表9-2中的"考核指标"与"考核标准"的内涵，将其作为本实训的操练点和考核点来准备。

　　（2）通过"实训步骤"，将"实训任务"所列三种训练整合并落实到本实训的"活动过程"和"成果形式"中。

【情境设计】

　　将学生分成若干实训组，每个实训组在【成果形式】的"实训课业"所列题目中任选一题，并结合所选课业题目，分别完成实训。各实训组通过参与所选题目所要求的实际训练，完成各项实训任务，在此基础上撰写并交流关于"旅游交通营销与策划"的相应《实训报告》。

【指导准备】

　　知识准备：

　　（1）市场营销知识。

　　（2）"旅游交通营销与策划"的理论与实务知识。

　　（3）本教材"附录一"的附表1中，与本章"职业核心能力'强化训练项'"各技能点相关的"'知识准备'参照范围"。

（4）本教材"附录三"的附表3和"附录四"的附表4中，涉及本章"职业核心能力领域'强化训练项'"各技能点和"职业道德领域'相关训练项'"各素质点的"规范与标准"知识。

操作指导：

（1）教师向学生阐明"实训目的"、"能力与道德领域"和"知识准备"。

（2）教师就"知识准备"中的第（3）、（4）项，对学生进行培训。

（3）教师指导学生就旅游交通企业顾客关系管理进行营销策划。

（4）教师指导学生策划旅游交通企业与旅游业其他部门合作营销。

（5）教师指导学生策划旅游交通企业促销活动。

（6）教师指导学生撰写关于"旅游交通营销与策划"的相应《实训报告》。

【实训时间】

本章课堂教学内容讲授中、后的双休日和课余时间，为期一周。

【实训步骤】

（1）将学生组成若干个实训组，每8~10位同学分成一组，每组确定1~2人负责。

（2）各实训组从"实训课业"中分别任选一题。

（3）对学生进行旅游交通营销与策划的培训，选择几类不同旅游交通企业（或校实训基地）作为策划的范围。

（4）各实训组分别选择正在实施"旅游交通营销与策划"实训任务的旅游企业（或校实训基地），在重点参与和体验其"旅游交通企业顾客关系管理营销策划""旅游交通企业与旅游业其他部门合作营销策划""旅游交通企业促销策划"的过程中，按照"实训要求"完成各项实训任务。

（5）各实训组在实施上述专业训练的过程中，融入对表9-1所列职业核心能力选项各技能点的"中级"强化训练和对表9-2所列职业道德选项各素质点的"认同级"相关训练。

（6）在此基础上，各实训组撰写、讨论、交流和修订各自关于"旅游交通营销与策划"的相应《实训报告》。

【成果形式】

实训课业（任选一题）：

（1）《旅游交通企业顾客关系管理营销策划实训报告》。

（2）《旅游交通企业与旅游业其他部门合作营销策划实训报告》。

（3）《旅游交通企业促销策划实训报告》。

课业要求：

（1）"实训课业"的结构与体例参照本教材"课业范例"中的范例综-3。

（2）将《旅游交通营销与策划方案》以"附件"形式附于《实训报告》之后。

（3）各组《实训报告》初稿须经小组讨论，再提交班级交流。

（4）经过班级交流的《实训报告》由各小组修改与完善。

（5）在校园网的本课程平台上展示经过教师点评的班级优秀《实训报告》，供相互借鉴。

▲ 创新工作站

编制《优化方案》

【工作目的】

见本章"章名页"中"学习目标"中的"实训目标"。

【工作任务】

编制《关于旅游交通营销与策划相关业务规范的优化方案》。

步骤及内容：

（1）旅游交通工具的选择策划。

（2）影响旅游交通营销的因素，包括外部制约因素和内部制约因素。

（3）旅游交通营销战略策划，包括旅游市场潜力预测；树立企业良好的市场形象；做好顾客关系管理，创造并留住老顾客；注重旅游交通运输企业之间的联盟；加强与旅游业其他部门的合作。

（4）旅游交通营销战术策划，包括针对不同细分市场提供不同的服务产品；制定详尽可行的促销策略；对外部环境的变化有相应的应对措施。

【待优化对象】

（1）旅游交通营销战略策划。

（2）旅游交通营销战术策划。

【情境设计】

某企业先前将列入"优化对象"中的那些规则性知识作为相应业务的既定规范。为强化管理，提高企业竞争力，需要对这些既定规范进行优化。企业管理层要求其研发部门组成若干团队，通过网上调研或其他途径，研究制订关于这些业务规范的《优化方案》。

【工作要求】

（1）在收集、整理和研究最新相关文献资料的基础上，制订所选业务既定规范的《优化方案》。

（2）所制订的《优化方案》具有明显创新性、优越性和可操作性。

（3）对体现在《优化方案》中的创新不求全责备。

【工作步骤】

（1）将班级同学分成若干组，模拟某企业的不同研发团队，每个团队确定1人负责。各团队从"待优化对象"中任选其一。

（2）各团队进行角色分工，通过网上调研等途径，围绕所选"待优化对象"的相关业务，收集最新研究成果与企业先进管理举措。

（3）各团队整理收集到的资料，分析比较其与所选"待优化对象"的异同及长短。

（4）各团队以"扬长避短"为宗旨，通过讨论，研究制订所选"待优化对象"的《优化方案》。

（5）在班级交流和修订各团队的《优化方案》，使之各具特色。

（6）在校园网的本课程平台上展出经过教师点评的各团队《优化方案》，作为本章"重点实务"的补充教学资料。

【成果形式】

工作课业:《〈关于旅游交通营销与策划相关业务规范的优化方案〉实训报告》。

课业要求:

(1)"实训课业"的结构、格式与体例参照本教材"课业范例"的范例综-4。

(2)将《关于旅游交通营销与策划相关业务规范的优化方案》以"附件"形式附于《实训报告》之后。

(3)在校园网的本课程平台上展示经过教师点评的班级优秀《实训报告》,供相互借鉴。

单元考核

"考核模式""考核目的""考核种类""考核方式、内容与成绩核定"及考核表等规范要求,见本教材网络教学资源包中的"学生考核手册"。

第10章
旅行社营销与策划

学习目标

通过本章学习，应该达到以下目标：

理论目标：学习和掌握旅行社营销的概念、特点及对营销活动的影响，旅行社产品销售渠道的概念、类型等陈述性知识；能用所学理论知识指导"旅行社营销与策划"的相关认知活动。

实务目标：学习和把握旅行社营销的内容，旅行社产品销售渠道策略的选择，旅游中间商的选择与管理，旅行社营销手段、策划程序与旅游路线策划，相关"业务链接"等程序性知识；能用所学实务知识规范"旅行社营销与策划"的相关技能活动。

案例目标：运用所学"旅行社营销与策划"的理论与实务知识研究相关案例，培养和提高在特定业务情境中分析问题与决策设计的能力；能结合本章教学内容，依照"职业道德与营销伦理"的行业规范或标准，分析旅行社行为的善恶，强化职业道德素质。

实训目标：参加"旅行社营销与策划"业务胜任力和"职业工作站"模拟团队活动的实践训练。在了解和把握本实训所及"能力与道德领域"相关技能点的"规范与标准"的基础上，通过切实体验各实训任务的完成，系列技能操作的实施，相关《实训报告》的准备、撰写、讨论与交流等有质量、有效率的活动，培养"旅行社营销与策划"的专业能力，强化"自我学习"、"与人交流"、"与人合作"、"解决问题"和"革新创新"等职业核心能力（中级），并通过"认同级"践行"职业情感"、"职业良心"、"职业理想"、"职业态度"、"职业作风"和"职业守则"等行为规范，促进健全职业人格的塑造。通过制订关于旅行社营销策划《优化方案》的模拟职业团队活动，丰富本章"重点实务"知识，培养专业调研与业务拓展技能，强化相关职业核心能力。

引例　体育+旅游前景看好　旅行社需深耕市场提升服务

背景与情境： 今年的体育圈可谓大赛不断，精彩纷呈。欧锦赛、奥运会以及持续进行的世界杯预选赛、亚冠等轮番上演，前往观赛的体育爱好者也从原来的自发出游，变成由专业旅行社参与进来，组织和设计内容丰富、更加有范儿的观赛之旅。就此，旅游业内人士表示，体育与旅游结合的前景从未像现在这般被看好。

1.提前布局掌握资源

体育观赛游虽然是近几年才兴起的，但业内已可窥竞争硝烟。人才、客源、赛事资源……旅游机构的资源争夺战早已打响。其中竞争最激烈，也是最核心的就是票务资源的竞争。

据悉2010—2014年，国内前往海外观赛旅游的人数每年呈3倍增长，谁先获得票务资源的优势，谁就在行业竞争中掌握了主动权。

众信旅游从早年冠名赞助覆盖北京足球、篮球、排球三大球迷群体的"京都球侠"评选，与首钢篮球俱乐部达成合作关系成为其唯一指定旅行社，又在今年欧洲杯上，与乐视体育携手，通过众信旅游参欧洲团的乐视体育会员有获得欧洲杯观赛门票的机会。凯撒旅游也借助里约奥运会的契机，进一步促进体育旅游市场的发展，其作为里约奥运会中国奥委会票务代理及接待服务供应商顶级合作伙伴，在中国市场推出了包括开、闭幕式在内的近26大类40小类200多个场次赛事的观赛门票，同时推出了巴西一国、巴西及南美多国的观赛团队游产品。

随着新兴民营资本的进入，作为最早一批开拓体育旅游产品的传统旅行社也倍感竞争的压力。不过以中旅体育旅行社为代表的传统旅行社仍坚信体育旅游的前景，并企图扬长避短。据悉，中旅体育已经开始布局2018年俄罗斯世界杯和2020年东京奥运会的酒店。"提前把酒店房间拿下来，这样就会使成本降低，也在随后的竞争中更具竞争力。"

2.深耕市场升级服务

坐在英超现场，观一场酣畅淋漓的比赛，是国内无数球迷的愿望。因此各大旅行社纷纷推出的英超观赛团，也成为最走俏的产品。

"观赛旅游不仅仅是旅行社提供一张简单的观赛门票，而是为球迷提供全方位的极致体验。"旅游专家刘思敏说，目前，市场上的体育旅游大致分为三类，第一类是入门级的赛事场馆朝圣游；第二类是参与型的休闲体验，以高尔夫、马拉松、滑雪等诸多以运动为主题的产品为主；第三类是门槛较高的顶级赛事观赛旅游。

作为体育旅游机构，围绕赛事IP，把比赛、运动员、酒店、交通、餐厅等一系列元素整合联系到一起，形成完整产业链。丰富和完善球迷追逐赛事、追随明星的过程，从而释放出巨大的购买力和社交黏性，才是观赛旅游未来发展的方向。

未来几年，中国发展体育旅游似乎具备了天时地利。2019年篮球世界杯、2022年北京张家口冬奥会、2022年杭州亚运会……中国不仅自身迎来了国际大赛的井喷期，也会因消费升级、全民健身概念普及等因素向国外赛事输送大量的观赛者和参与者。

体育旅游正在成为旅游业的一个重要细分市场。其中，以观赛为主的赛事旅游服务也正走上一条提档升级之路。

资料来源　于颋.体育+旅游前景看好 旅行社需深耕市场提升服务［EB/OL］.（2016-12-23）.http://www.cnta.gov.cn/xxfb/jdxwnew2/201612/t20161223_810216.shtml.

问题: 旅行社如何深耕细分市场?各旅行社如何抓住发展体育旅游的机会?

由引例可见,随着体育与旅游结合的前景较好,旅行社作为服务主体,需要精心进行策划、宣传,设计开发旅游产品,借助多种手段实现整合营销,从而为游客提供更好的服务,促进旅行社的生存发展。

10.1　旅行社营销概述

10.1.1　旅行社营销的概念

在网络经济时代,旅行社面临着营销模式的创新考验,加快推动旅游在线服务、网络营销、网上预订、网上支付等智慧旅游服务,体现品牌战略,提高旅行社知名度是旅行社在未来竞争中脱颖而出的必由之路。如何利用各种营销手段塑造旅行社崭新的品牌形象,赋予旅行社新的活力,成为旅行社营销要思考的主要问题。

旅行社营销是指旅行社在充分了解旅游消费者需求的基础上进行的对其产品、服务和经营理念的构思、预测、开发、定价、促销、分销及售后服务的计划和执行过程。旅行社营销的目的在于创造符合旅游消费者个人和旅行社目标之间的交换条件,产品包括有形产品和无形服务两个方面。旅行社营销是旅游产品和旅游消费者之间的桥梁,旅行社的规模大小、业绩好坏、盈利情况都取决于旅游营销的成功与否。

10.1.2　旅行社营销的内容

由于旅行社的主要产品是旅游线路,因此旅行社营销的主要内容是对旅游线路的营销。**旅游线路**是指为了使旅游者能够以最短的时间获得最佳的观赏效果,由旅游经营部门利用交通线串联若干旅游点或旅游城市(镇)所形成的具有一定特色的合理走向。

旅游线路由旅游服务部门设计,贯穿整个游览过程,包括若干活动内容和服务内容,最终能够体现顾客价值需求。旅行社营销的内容主要包括包价旅游线路营销、散客旅游线路营销、自助游线路营销。

1)包价旅游线路营销

(1)全包价旅游。这是指将交通、住宿、门票、餐饮和文娱等费用全部包含在内的旅游产品形式。按照国际惯例,包价旅游也叫团体旅游,参加旅游的人数应至少在15人以上。全包价旅游一般规定旅游的日程、目的地、交通、住宿、饮食、游览的具体地点、服务等级和各处旅游活动安排,并以总价格的形式一次性收取费用。这种产品是旅行社的主要产品形式,也是旅行社的主要业务。

(2)半包价旅游。这是指在全包价旅游的基础上,扣除中、晚餐费用的一种包价形式。

(3)小包价旅游。这是指并非将旅游全程的食、宿、行、游全部包含在内,只是将其中的某几项串联组合而成,又称可选择性旅游,包括非选择部分和可选部分。非选择部分包括接送、住房和早餐,旅游者在旅游前预付旅游费用;选择部分包括导游、风味餐、节目欣赏和参观游览等,旅游者可根据时间、兴趣和经济情况自由选择,费用可预付,也可现付。

（4）零包价旅游。这是一种独特的产品形态，多见于发达国家，参加这种旅游的旅游者必须随团前往和离开旅游目的地，但在旅游目的地的活动是全自由的，形同散客。

2）散客旅游线路营销

散客旅游是相对团体旅游而言的，主要是指9人以下的自行结伴旅游。旅行社通常只为散客设计组合单项或部分旅游产品。

3）自助游线路营销

自助游一般是由旅行社提供打折机票、火车票和酒店折扣，游客自行决定旅游日期，自行安排旅游期间的一切活动，包括景点选择等。

10.2　旅行社渠道建设

10.2.1　旅行社产品销售渠道的概念及类型

旅行社产品销售渠道是旅游线路报价后的完善措施。旅游线路报价即使很有竞争力，也需要正确的销售渠道进行分销。因此，旅行社产品销售渠道的正确与否直接关系到前续工作的成效。

1）旅行社产品销售渠道的概念

旅行社产品销售渠道是指旅行社产品从生产领域到达旅游消费领域经过的路线或途径，又称销售分配系统。旅行社产品销售渠道的选择是否合理，直接影响着旅行社产品的销售。

2）旅行社产品销售渠道的类型

旅行社产品的销售渠道主要包括两大类：直接销售渠道和间接销售渠道。

（1）直接销售渠道。**直接销售渠道**又称零环节分销渠道，是指在旅行社和旅游消费者之间不存在任何中间环节，旅行社将产品直接销售给旅游消费者的一种销售方式。

直接销售渠道的形式有两种：第一，旅行社直接在当地旅游市场上销售其产品；第二，旅行社在主要客源地区建立分支机构或销售点，通过这些机构或销售点向当地居民销售该旅行社的产品。

（2）间接销售渠道。**间接销售渠道**是指旅行社通过旅游客源地旅行社等中间环节将旅行社产品销售给旅游消费者的一种销售方式。

按照销售渠道包含的中间环节的数量，间接销售渠道包括单环节销售渠道、双环节销售渠道和多环节销售渠道。

10.2.2　旅行社产品销售渠道策略的选择

激烈的竞争促使越来越多的旅行社重视对销售渠道策略的研究，因为这是影响旅行社产品销量的关键因素之一。旅行社产品的销售渠道策略同一般旅游企业一样，有直接销售渠道策略和间接销售渠道策略之分，间接销售渠道策略又有销售渠道长度选择策略和销售渠道宽度选择策略之分。目前，我国大部分旅行社采用间接销售渠道策略，在此主要介绍旅行社销售渠道宽度选择策略。

1）广泛性销售渠道策略

广泛性销售渠道策略是指旅行社通过多家旅游中间商把产品散布到各个零售商处，以便及时满足旅游消费者需求的一种销售渠道策略。对经营出境旅游业务和国内旅游业务的旅行社来说，广泛性销售渠道策略是指广泛委托各地旅行社销售产品、招揽客源的一种销售渠道策略。

这种策略的优点是采用间接销售方式，选择较多的批发商和零售商销售产品，可方便旅游者购买。由于销售渠道广泛，便于旅行社联系广大旅游者和潜在旅游者，因此在旅行社开始向某一市场推销产品时，采取这种策略有利于旅行社发现理想的中间商。这种策略的不足之处在于成本较高，而且由于产品销售过于分散，因此会给旅行社的销售管理带来一定的困难。

2）选择性销售渠道策略

选择性销售渠道策略是指旅行社只在一定市场中选择少数几个中间商的渠道策略。在旅游市场中采用广泛性销售渠道策略的旅行社在经过一段时间后，往往可以根据中间商在市场营销中的作用、组团能力以及销售量的变化情况，选择其中有实力的几家中间商。

这种策略的优点在于集中少数有销售能力的中间商进行产品销售，可以降低成本。这种策略的缺点是如果中间商选择不当，就会影响旅行社产品的销售状况。

3）专营性销售渠道策略

专营性销售渠道策略是指旅行社在一定时期、一定地区内只选择一家中间商的渠道策略。在通常情况下，作为旅行社总代理的中间商不能同时代销其他竞争对手的产品。

这种策略的优点在于可以提高中间商的积极性和推销效率，更好地为旅游者服务。此外，旅行社与中间商联系单一，可以最大程度地降低销售成本，由于产销双方的利害关系紧密，因此能更好地相互支持和合作。这种策略的不足之处在于如果专营中间商经营失误，有可能降低市场份额，甚至可能完全失去该市场。

10.2.3　旅游中间商的选择与管理

1）旅游中间商的选择

在选择旅游中间商之前，旅行社应首先进行综合分析，明确自己的目标市场，建立销售网的目标，产品的种类、数量和质量，旅游市场的需求状况和销售渠道策略，然后才能有针对性地选择符合自己需要的旅游中间商。

业务链接10-1

旅行社对旅游中间商考察的方法

旅行社可以通过有关专业出版物、参加国际旅游博览会、派遣出访团、向潜在的中间商寄发信件资料或接团等方式发现合适的旅游中间商，并主动与旅游中间商进行接触和联系。但必须首先对旅游中间商的情况进行详细的调查与分析，待时机成熟时，再与旅游中间商合作。旅行社对旅游中间商的考察主要包括以下几个方面：

①旅游中间商可能带来的经济效益。

②旅游中间商目标市场与旅行社目标市场的一致性。

③旅游中间商的商誉与能力。

④旅游中间商对旅行社的业务依赖性。

⑤旅游中间商的规模与数量。

⑥旅游中间商的合作意向。

2）旅游中间商的管理

（1）日常管理。旅行社对旅游中间商的日常管理方式有以下两种：

①建立业务档案。建立业务档案是旅行社管理旅游中间商的一种重要方法，业务档案应按照旅游中间商的名称建立，记录每一个旅游中间商的历史和现状、输送旅游者的人数、频率、档次、欠款情况、付款时间等信息。通过对这些信息的分析和研究，旅行社销售人员能够对各旅游中间商的能力、信誉、合作程度、合作前景等做出预测，并据此对他们分别采取相应的对策。

②及时沟通信息。及时沟通信息是旅行社加强对旅游中间商管理的重要措施之一。旅行社及时向旅游中间商提供各种产品的信息有助于旅游中间商提高产品推销的效果。同时，旅行社也能够根据旅游中间商提供的市场信息改进产品的设计，开发出更多适销对路的产品。

（2）折扣策略。折扣策略是以经济手段鼓励旅游中间商多向旅行社输送客源，调节旅游中间商输送旅游者的时间或鼓励中间商及时向旅行社付款，以避免不良债权的重要方法。折扣策略包括数量折扣策略、季节折扣策略和现金折扣策略三种类型。

（3）实施客户评价。旅行社应对客户档案中的信息进行评价，以掌握每一位旅游中间商的现实表现及合作前景。客户评价应包括：客户的积极性、旅游中间商的经营能力、旅游中间商的信誉。

（4）适当调整客户。旅行社在管理旅游中间商的过程中还可以根据旅游市场、旅游中间商和旅行社的自身发展等因素的变化对与之合作的旅游中间商做出适当的调整。

同步思考10-1

通过以上学习，如何看待旅游中间商的商誉问题？

理解要点：旅行社如果选择了无信誉的地接社（旅游中间商），即使地接社同意承担违约责任，对组团社来讲也是一种商誉上的损失。应当选择有良好的信誉和较高的声誉，并具有较强的推销能力和偿付能力的旅游中间商。

10.3　旅行社营销策划

10.3.1　旅行社的营销手段

互联网的快速发展对旅行社来说既是机会，也是挑战。信息不对称逐渐被打破，旅游者出行越来越便捷，对旅行社的依赖自然也越来越小。以往单一做包价旅游团的时代已经过去，面对散客旅游时代的到来，旅行社要主动了解、适应消费主体的需求，运用现代技术和多种营销手段，确保产品和服务这两大核心竞争力，在服务意识、服务手段、服务模式、产品策划等方面都要有一个颠覆性的改变。

1）品牌营销

旅行社品牌营销是旅行社通过利用旅游消费者的品牌需求，创造品牌价值，最终形成品牌效益的营销策略和过程，是通过运用各种营销策略使目标客户形成对旅行社品牌和产品、服务的认知过程。旅行社品牌营销从高层次上讲就是把旅行社的形象、知名度、良好的信誉等展示给旅游者，从而在旅游者心目中形成对旅行社的产品或者服务的品牌形象。旅行社可以采用人员推销、广告促销、营业推广以及公共关系等手段实现品牌建设。

教学互动10-1

问题：

①选取一家熟悉的旅行社，分析该旅行社在品牌建设中存在的问题有哪些。

②讨论该旅行社如何开展品牌营销？

要求：

①请3位同学对上述两个问题进行回答，其他同学予以评论。

②教师对学生的回答和其他同学的评论做最后点评。

2）定制营销

旅行社定制营销是旅行社将每一位旅游消费者都视为一个单独的细分市场，根据旅游消费者个人的特定需求来进行市场营销组合，以满足每位旅游消费者特定需求的一种营销方式。定制营销最突出的特点是根据旅游消费者的特殊要求进行产品开发。

3）关系营销

旅行社关系营销是把营销活动看成一个旅行社与游客、供应商、分销商、竞争者、政府机构及其他公众产生互动作用的过程，其核心是建立和发展与这些公众的良好关系。

4）事件营销

旅行社事件营销是指旅行社通过策划、组织和利用具有新闻价值、社会影响以及名人效应的人物或事件，吸引媒体、社会团体和消费者的兴趣与关注，以提高旅行社企业或产品的知名度、美誉度，树立良好品牌形象，最终促成产品或服务销售的手段和方式。由于这种营销方式具有受众面广、突发性强，在短时间内能使信息达到最大、最优传播的效果，节约宣传成本等特点，因此其应用越来越广。

同步思考10-2

谈一下你对事件营销的认识

理解要点： 事件营销是近年来国内外十分流行的一种公关传播与市场推广手段，集新闻效应、广告效应、公共关系、形象传播、客户关系于一体，能够为新产品推介、品牌展示创造机会，能够建立品牌识别和品牌定位，是一种快速提升品牌知名度与美誉度的营销手段。

5）网络营销

旅行社网络营销是指为发现、满足和创造游客需求，基于互联网、移动互联网平台，利用信息技术与软件工具，进行市场开拓、产品推广、定价促销、品牌宣传等活动，以满足旅行社与客户之间交换概念、推广产品、提供服务的过程，同时通过在线活动创造、宣传和传递客户价值，并对客户关系进行管理，以达到一定营销目的的新型营销活动。

职业道德与营销伦理10-1

途牛欧洲高端旅行涉嫌虚假宣传　豪华服务缩水

背景与情境：据经济之声《天天315》报道，消费者参加途牛网欧洲高端旅行团，报名时承诺各种豪华服务，还可以到米其林一星餐厅用餐，结果出发后不仅修改行程景点，餐厅竟然还是一个冒牌货。消费者认为途牛网存在欺诈，要求赔偿，途牛网却反应冷淡，双方陷入了僵局。本期《天天315》聚焦旅游项目宣传为何说到做不到。

在网页上搜索"欧洲游"三个字，各种各样的欧洲旅行团产品目不暇接，"高端私人定制""超豪华享受""领略欧洲风景"等字眼都成了吸引消费者的卖点。虽然《旅游法》的出台使得相关部门对旅游市场的监管愈发严格，但旅游项目宣传和实际不符的情况仍然时有发生。

资料来源　佚名.途牛欧洲高端旅行涉嫌虚假宣传　豪华服务缩水［EB/OL］.（2014-12-09）. http://www.cntour2.com/viewnews/2014/12/09/PxpgaIjqDLvN0TO9wRm30.shtml.

问题：该案例中，旅行社在营销过程中存在哪些问题？

分析提示：该案例中，旅行社存在虚假宣传问题。网络营销已成为旅行社营销方式中必不可少的一种手段，但网络推广不仅仅是对企业形象的塑造，更是在建立企业品牌。旅行社在利用网络营销手段进行宣传的时候，一定要保证真实，做到线上线下一致，不能一味拼低价，要注重品牌建设，这样才能良性循环。

6）微信营销

微信营销是网络经济时代企业营销模式的一种创新，是伴随着微信的火热而兴起的一种网络营销方式。微信不存在距离的限制，用户注册微信后，便可与周围同样注册的"朋友"形成一种联系。用户订阅自己所需的信息，旅行社可以通过提供用户需要的信息，推广自己的产品，从而实现点对点的营销。以微信公众号为核心的微信营销，融合了电话、短信、邮件、3G网站等诸多的传统沟通、营销方式，微信平台基础内容搭建、微官网开发、营销功能扩展等功能的集合，也成就了微信营销在移动互联网营销中举足轻重的地位。

教学互动10-2

问题：

①微信营销的模式在旅行社营销中如何应用？

②旅行社运用微信营销有哪些策略？

要求：

①请3位同学对上述两个问题进行回答，其他同学予以评论。

②教师对学生的回答和其他同学的评论做最后点评。

10.3.2　旅行社营销策划的程序与旅游线路策划

学习微平台

延伸阅读 10-1

旅行社营销策划是指在对旅行社内外环境予以准确分析，并有效运用经营资源的基础上，对一定时间内企业（产品）营销活动的方针、目标、战略以及实施方案进行的设计和谋划。

1）旅行社营销策划的程序

（1）市场调研。这是指旅行社通过科学的方法寻找市场信息，捕捉商机。旅行社的信息来源包括：门市部游客的咨询，旅游目的地旅行社或旅游部门的推介，各种国内与国际的旅游交易会、展览会，其他渠道。

（2）产品开发。从操作层面对选定的旅游目的地进行考察（旅游目的地的可进入性、区域位置、旅游景点、旅游接待设施、容量等），挖掘产品（线路）能提供给游客的核心价值，同时调查游客的可接受性，即是否有足够的时间和支付能力，以及游客对本产品的感兴趣程度（市场需求偏好）。在统筹各项旅游资源要素的基础上，根据线路主题，确定线路名称。

同步案例 10-1

韩国将迎冬季旅游旺季　推特色服务吸引中国游客

背景与情境： 中新网12月8日电，据韩国"亚洲中国"中文网报道，韩国即将迎来冬季旅游旺季，流通业界纷纷推出专用豪华大巴、导购等特色服务，吸引赴韩旅游的中国游客。

据新世界百货相关人士称，截至2015年1月，该商场将针对下榻首尔市内高级酒店的中国游客推出专用豪华大巴免费接送服务，涉及的酒店包括：新罗酒店、首尔JW万豪酒店和希尔顿酒店等。中国游客在商场购物的过程中，还有新世界所属中文职员在身边对游客喜爱的商品进行详细介绍和即时翻译，以方便中国游客愉快地完成购物之旅。

报道称，与此同时，韩国流通业还与众多旅行社联手，以"韩流"为主题推出特色旅行商品。新世界百货与韩国某知名旅行社推出了名为"韩流灰姑娘"的旅游商品，该商品针对中国女性游客，全程共4天3夜。旅行项目包括：请专业设计师对游客一一进行造型设计后，来到新世界百货购物，入驻顶级酒店，在首尔清潭洞做造型以及拍摄时尚大片等。

报道指出，韩国法务部、文化体育观光部还与友利银行合作，针对中国籍高端个人客户推出"访韩优惠卡"。该优惠卡与韩国百货店、酒店、医院、免税店等13个品牌进行合作，中国游客凡持此卡消费，均可享受免税、各种折扣等优惠。

资料来源　佚名.韩国将迎冬季旅游旺季　推特色服务吸引中国游客［EB/OL］.（2014-12-08）.http://www.cntour2.com/viewnews/2014/12/08/d16r7AhdjLC5to5ZIYmI0.shtml.

问题： 案例中的韩国旅行社如何进行营销策划？

　　分析提示：韩国流通业界纷纷推出专用豪华大巴、导购等特色服务，吸引赴韩旅游的中国游客；新世界百货与韩国某知名旅行社推出了名为"韩流灰姑娘"的旅游商品；韩国法务部、文化体育观光部还与友利银行合作，针对中国籍高端个人客户推出"访韩优惠卡"。韩国流通业还与众多旅行社联手，明确目标顾客群的需求，开发旅行项目，设计旅游商品并推出折扣等优惠活动，带动了冬季旅游旺季的旅游业发展。

　　（3）确定价格。旅行社对其所开发的产品（线路），在充分考虑各种定价因素和定价目标的基础上，确定产品的合理价格，并进行报价。

业务链接10-2

谈判定价

　　旅行社谈判定价有两种方式。第一种方式：地接社报价+组团社经营成本+利润+往返交通=游客报价。第二种方式：旅行社与航空公司、饭店和其他供应商谈判直至最后签约。定价方法和策略包括成本加成法、随行就市法和心理定价策略等。

　　（4）寻找并选择销售渠道。与当地供应商谈判或协商，选取合适的地接社。

　　（5）产品促销。其包括电视广告、报纸广告、宣传手册、网络广告、人员推销等方式。通过有特色的宣传活动、灵活的推销手段、周到的售后服务，在消费者心中树立起不同一般的良好形象。

　　（6）效果评估。对旅行社实施方案的情况进行效果评估，随时调整并优化策划方案。

学习微平台

延伸阅读10-2

2）旅游线路策划

　　旅游线路策划是旅行社的生命力，旅游线路策划需要不断创新，通过策划来打造品牌，赢得旅游消费者的认同，这样才能创造效益。但许多旅行社策划的旅游线路看似精美，其实还是对景点的简单组合，最后只能让游客选择一些"鸡肋之物"。因此，旅行社应打破传统的以观光为主的旅游方式，变被动为主动，让大家参与到旅游中来，真正享受旅游的乐趣。

　　（1）旅行社线路策划的过程

　　旅行社线路策划包括线路构思、线路编排、线路定价与报价、线路试销与线路调整四个步骤。

　　①线路构思

　　线路构思阶段主要是进行市场调研和线路确定两方面的工作。

　　第一，市场调研。主要目的是了解旅游者的现实旅游需求，确定目标市场，形成产品构思，调研的主要内容是外部市场环境分析、内部能力分析、竞争对手分析。调研方法可以采用访谈法、观察法、实验法、问卷调查法、抽样调查法等。

　　第二，线路确定。经过市场调研，初步形成构思，形成几个方案，然后进行构思筛选，根据旅行社发展目标、业务专长和接待能力进行可行性论证，确定主要旅游吸引物。

　　②线路编排

　　旅行社根据可行性的分析论证，以及旅游吸引物的特点进行线路编排和制作。

第一，统筹各资源要素。首先确定旅游吸引物，根据旅游吸引物确定旅游节点，从而确定住宿、餐饮、购物、文化娱乐活动、景点的具体位置、时间。最后用效益比较法，以一定的交通方式把各节点合理串连形成旅游线路。

第二，制作《线路行程表》。首先根据线路主题，确定线路名称，然后编制线路行程，最后编制业务提示、友情提示、儿童政策以及景点介绍的制作。

③线路定价与报价

旅行社完成线路编排以后要进行定价与报价。定价时首先要确定各资源要素价格，进行成本核算，设置利润，最终根据不同的方法确定价格，在报价时要了解同行报价，并制作自己的《报价表》。

④线路试销与线路调整

线路投放市场后，根据旅游者的意见反馈，可以做线路的调整。如果符合市场需求，就可以制作《线路宣传手册》。

同步案例10-2

重庆市发布8条泡泉赏雪精品旅游线路

背景与情境：近日，记者从市政府新闻办与市旅游局联合举行的新闻发布会上获悉，重庆市最新的8条泡泉赏雪精品旅游线路出炉。这些线路根据重庆市高速路、高铁、动车沿线的温泉、冰雪等冬季特色旅游资源编制而成。

A.内环(外环)沿线温泉养生之旅

江北(铁山坪森林公园、鸿恩寺公园、五宝乡村温泉)—渝北(统景温泉、玉峰山森林公园、园博园)—南岸(海棠晓月圣地温泉、南山植物园)—大渡口(南海温泉、华生园金色蛋糕王国)—沙坪坝(融汇温泉、大学城各大校区、歌乐山国际慢城)—巴南(东温泉风景区、南温泉风景区、云篆山)。

B.渝沪高速(动车)沿线冬韵之旅

长寿(长寿湖、长寿古镇、菩提山)—涪陵(沙溪温泉、武陵山大裂谷、816地下核工程)—丰都(南天湖景区、雪玉山)—石柱(黄水森林公园、西沱古镇、千野草场)—忠县(三峡港湾、八斗台景区、石宝寨)。

C.渝宜高速(渝万高铁)沿线山水寻冬之旅

垫江(乐天花谷、牡丹源)—梁平(百里竹海、和林响水峡谷、滑石古寨景区)—万州(古红桔主题公园、万州大瀑布、凤凰茶乡)—开州(汉丰湖、举子园、雪宝山)—城口(九重花岭、亢谷、黄安坝)—巫溪(兰英大峡谷、红池坝)。

渝北(张关水溶洞、龙兴古镇)—长寿(长寿湖、长寿古镇、菩提山)—垫江(乐天花谷、牡丹源)—梁平(百里竹海、和林响水峡谷、滑石古寨景区)—万州(古红桔主题公园、万州大瀑布、凤凰茶乡)—云阳(龙缸景区、岐山草场、平湖度假村)—奉节(白帝城、夔门、兴隆旅游环线)—巫山(官渡古镇、神女峰、小三峡、当阳大峡谷)。

D.成渝高速(高铁)沿线冬韵之旅

九龙坡(贝迪颐园温泉旅游度假区、上邦高尔夫温泉旅游度假区、海兰云天温泉旅游度假区)—璧山(天赐华汤温泉、秀湖公园、青龙湖)—永川(香海温泉、乐和乐都)—荣昌(清流伊斯兰风情小镇、昌州故里、安陶古镇)。

E.渝湘高速沿线浪漫玩雪之旅

武隆(仙女山、天生三硚、天坑寨子)—彭水(摩围山、阿依河、蚩尤九黎城)—黔江(板夹溪十三寨、小南海、蒲花暗河)—酉阳(桃花源国家森林公园、龚滩古镇)—秀山(川河盖、黑洞河、大溪酉水)。

F.三环高速公路沿线踏雪之旅

(成渝高速永川转)大足(龙水湖温泉、大足石刻)—铜梁(巴岳山玄天湖度假区、奇彩梦园、安居古城)—潼南(双江古镇、东升茶山农业园、马龙山卧佛)—合川(钓鱼城、涞滩古镇)—北碚(北温泉风景区、胜天湖、缙云山风景区)。

(成渝高速永川转)江津(四面山景区、中山古镇、鼎山公园)—綦江(古剑山、横山、花坝旅游区、高庙坝旅游区)—万盛(南天门风雪世界、九锅箐森林公园)—南川(金佛山、山王坪国家生态公园、黎香湖湿地生态园)。

资料来源 何欣.重庆市发布8条泡泉赏雪精品旅游线路〔EB/OL〕.(2016-12-23). http://www.cntour2.com/viewnews/2016/12/23/mY1vL3T5G36BCccLNWLk0.shtml.

问题: 旅行社在进行线路策划时应考虑哪些问题?

分析提示: 在案例中,重庆市根据高速路、高铁、动车沿线的温泉、冰雪等冬季特色旅游资源,综合考虑了游客的出游方式和消费群体特征,为客源市场设计了8条精品旅游泡泉赏雪线路。

(2)旅行社线路策划的原则

①主题内容鲜明。在策划旅行社的旅游线路时,一般应突出某个主题,如"草原风光旅游""中国佛教文化考察旅游"等,都有自己鲜明的主题。同时,旅行社还应围绕主题策划丰富多彩的旅游项目,让旅游者通过各种活动,从不同侧面了解旅游目的地的文化和生活,领略美好的景色,满足旅游者休息、娱乐和求知的欲望。

②顺序节奏适当。在条件许可的情况下,一条旅游线路应尽量避免重复经过同一个旅游点;景点间的距离要适中,在交通安排合理的前提下,同一线路旅游点的游览顺序应由一般的旅游点逐步过渡到吸引力较大的旅游点。

③行程丰富便利。行程安排是旅游产品的主要组成部分,直接关系到游客对产品的整体感受和印象。行程的丰富既要体现出产品内涵的丰富,又要创造性地设定每天的行程主题,使每天都有一个核心的亮点,有一个体验的高潮。同时在行程的安排上,不应将性质相同、景色相近的旅游点编排在同一线路中。

④服务设施确有保障。旅游线路途经旅游点的各种服务设施必须得到保障,如交通、住宿、饮食等。这是旅行社向旅游者提供旅游服务的物质保证,缺少这种保证的旅游点一般不应编入旅游线路。

本章概要 ▶

□ 内容提要与结构

▲ 内容提要

● 旅行社营销是指旅行社在充分了解旅游者需求的基础上进行的对其产品、服务和经营理念的构思、预测、开发、定价、促销、分销及售后服务的计划和执行过程。

● 旅行社产品销售渠道是指旅行社产品从生产领域到达旅游消费领域经过的路线或途径，又称销售分配系统。可供旅行社选择的销售渠道策略包括直接销售渠道策略和间接销售渠道策略两大类。

● 旅行社的营销手段主要包括品牌营销、定制营销、关系营销、事件营销、网络营销、微信营销等。旅行社营销策划的程序包括市场调研、产品开发、确定价格、寻找并选择销售渠道、产品促销和效果评估。旅游线路策划要做到主题内容鲜明、顺序节奏适当、行程丰富便利、服务设施确有保障。

▲ 内容结构

本章内容结构如图10-1所示。

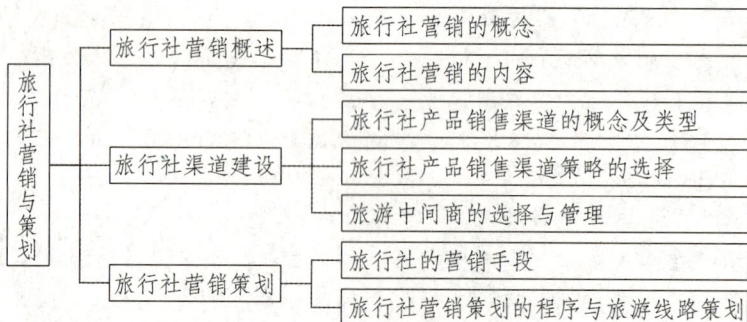

图10-1　本章内容结构

□ 主要概念和观念

▲ 主要概念

旅行社营销　旅游线路　旅行社产品销售渠道　直接销售渠道　间接销售渠道
旅行社营销策划

▲ 主要观念

旅行社渠道建设　旅行社营销策划

□ 重点实务和操作

▲ 重点实务

旅行社的营销手段　旅行社营销策划的程序　旅游线路策划

▲ 重点操作

旅行社产品销售渠道策略的选择　旅行社全包价旅游线路策划　旅游线路营销策划

⟹ 基本训练 ⟹

□ 理论题

▲ 简答题

1）旅行社营销的概念。

2）旅行社产品销售渠道策略有哪些？

3）旅行社的营销手段有哪些？

▲ 讨论题

1）旅行社如何开展品牌营销？

2）旅行社产品开发应注意哪些问题？

□ 实务题

▲ 规则复习

1）旅行社营销的内容包括哪些？

2）简述旅行社营销策划的程序。

3）旅行社线路策划应注意哪些问题？

▲ 业务解析

1）选择你熟悉的一家旅行社，分析它何如考察和选择中间商，分析其应如何进行渠道建设？

2）对旅行社进行市场调研、考察，了解其本月热卖旅游线路，分析其线路、报价、服务标准、促销等产品要素，明确其产品特色、定位及营销策划策略。

□ 案例题

▲ 案例分析

销售失败

背景与情境： 某旅行社经理与市环保局局长是同学，得知环保局拟于 7 月 1 日赴井冈山举行党团活动，遂派外联人员张小姐去环保局促销。经局长帮忙，张小姐很顺利地将原已内定交市政协旅行社承办的井冈山之旅拿了下来，并与环保局办公室达成销售意向。但张小姐未当场签约，她准备回旅行社汇报后第二天再去签约。不料环保局办公室主任将此消息传到了市政协旅行社，结果市政协主席连夜打电话给环保局局长："你怎么把给我们的团转给别人了呢？"结果可想而知，当张小姐第二天再去时，头天谈好的生意吹了。

问题：

1）从本案例可吸取什么教训？

2）张小姐有可能再次夺回此单生意吗？为什么？

分析要求：

1）形成性要求

（1）学生分析案例提出的问题，拟出《案例分析提纲》；小组讨论，形成小组《案例分析报告》；班级交流、相互点评和修订各组的《案例分析报告》；在校园网的本课程平台上展出经过修订并附有教师点评的各组《案例分析报告》，供学生借鉴。

（2）了解本教材"附录二"的附表 2 中"形成性考核"的"考核指标"与"考核内容"。

2）成果性要求

（1）课业要求：以经过班级交流和教师点评的《案例分析报告》为最终成果。

（2）课业结构、格式与体例要求：参照本教材"课业范例"的范例综-1。

（3）本教材"附录二"的附表 2 中"课业考核"的"考核指标"与"考核内容。"

▲ 善恶研判

导游强迫游客参加付费项目被打　旅行社遭罚

背景与情境： 中新网三亚 12 月 7 日电，记者从三亚市旅游委获悉，三亚市旅游委日前查处一起旅行社及导游违法违规案件，对涉事旅行社及导游进行了严厉处罚。

2014 年 11 月 20 日下午，海南海世界旅行社有限公司导游胡震武在带团过程中被游客殴打，报警后被送往医院。当晚，数名导游集结在三亚市公安局门前，打出"严惩打人凶手，维护导游合法权益，还我导游尊严"的横幅。三亚市旅游委行政执法人员立即赶到现场，会同公安干警将其劝离。22日，在三亚市公安局天涯派出所的调解下，游客跟导游签订"治安调解协议书"，达成和解，双方不再追究对方的法律责任。

案件发生后，三亚市旅游委迅速对案件展开了深入、细致的调查，发现涉事旅行社和导游严重违反了《中华人民共和国旅游法》及相关法律、法规的有关规定，按照三亚市委、市政府对旅游市场问题"零容忍"的态度和"严管重罚"的原则，三亚市旅游委对涉事旅行社及导游进行了严厉处罚。

据三亚市旅游委介绍，在此次案件中，导游介绍自费项目时，有强迫或变相强迫旅游者参加另行付费旅游项目的嫌疑。发生殴打事件后，导游胡震武立即向全团游客退还所收自费项目款项，及时终止违法行为，未造成严重后果，因此不给予行政处罚。但其涉嫌强迫或变相强迫旅游者参加另行付费旅游项目的行为，影响恶劣，要求旅行社内部加强管理教育，建议由海南省旅游委在全行业进行通报，予以警示。

同时，旅行社委托导游收取自费项目的费用，有擅自改变行程的嫌疑。导游胡震武及时退还费用，未带领游客进入自费景点，其行为未造成严重后果，因此不给予行政处罚。但考虑到旅行社的主观过错，建议由海南省旅游委在全行业进行通报，予以警示。

此外，涉事旅行社向不合格供应商订购旅游产品和服务，构成违法事实。海南海世界旅行社安排旅游团队实际住宿的酒店为三亚凤凰镇"三亚龙云商务酒店"。经核实，该酒店是一家未经消防验收许可的不合格旅游住宿供应商，不能进入海南省电子行程单管理系统。旅行社违反了《中华人民共和国旅游法》第三十四条"旅行社组织旅游活动应当向合格的供应商订购产品和服务"的规定。同时，三亚龙云商务酒店与团队电子行程单上标注的住宿酒店"三亚海虹大酒店（四星，含早餐）"不符，旅行社主观上存在故意欺瞒旅游行政主管部门、在电子行程单上弄虚作假的行为，违反了海南省电子行程单的多项规定，社会影响比较恶劣。

据三亚市旅游委介绍，该旅行社在2013年11月曾安排五个团队入住四家均没有消防验收合格的酒店，违反了《中华人民共和国旅游法》的规定，曾被"处以责令改正、罚款七千元，以及对直接责任人罚款三千元的行政处罚"。

三亚市旅游委向媒体通报称，该旅行社多次违反《中华人民共和国旅游法》同一条规定，屡错屡犯，情节严重，给予从重处罚。依据《中华人民共和国旅游法》第九十七条的规定，"对其处以责令改正，罚款五万元的行政处罚；对直接责任人员，处以罚款两万元的行政处罚"。

资料来源　尹海明.导游强迫游客参加付费项目被打　旅行社遭罚［EB/OL］.（2014-12-07）.http://news.sina.com.cn/s/2014-12-07/193531256725.shtml.

问题：

1）本案例中，旅行社存在哪些道德伦理问题？

2）试对上述问题做出你的善恶研判。

3）通过网上或图书馆调研等途径搜集你做善恶研判所依据的行业规范。

研判要求：

1）形成性要求

（1）学生分析案例提出的问题，拟出《善恶研判提纲》；小组讨论，形成小组《善恶研判报告》；班级交流、相互点评和修订各组的《善恶研判报告》；在校园网的本课程平台上展出经过修订并附有教师点评的各组《善恶研判报告》，供学生借鉴。

（2）了解本教材"附录二"的附表2中"形成性考核"的"考核指标"与"考核内容"。

2）成果性要求

（1）课业要求：以经过班级交流和教师点评的《善恶研判报告》为最终成果。

（2）课业结构、格式与体例要求：参照本教材"课业范例"的范例综-2。

（3）本教材"附录二"的附表2中"课业考核"的"考核指标"与"考核内容。"

□ 实训题

▲ 实训操作

"旅行社营销与策划"业务胜任力训练

【实训目的】

见本章"章名页"中"学习目标"中的"实训目标"。

【实训内容】

专业能力训练：其领域、技能点、名称和参照规范与标准见表10-1。

表10-1　**专业能力训练领域、技能点、名称和参照规范与标准**

领域	技能点	名称	参照规范与标准
旅行社营销与策划	技能1	旅行社全包价旅游线路策划技能	（1）能正确分析理解旅行社营销的内容，选择某旅行社作为研究对象，运用科学方法收集相关资料，按规定格式写出调研分析 （2）能运用适当的旅行社营销策划方法进行全包价旅游线路报价策划
	技能2	旅行社产品销售渠道策略的选择技能	（1）能正确理解旅行社产品销售渠道策略选择的类型，通过运用正确的策略及方法，选择一家旅行社，对其销售渠道加以分析，根据自己所收集的相关资料与数据，分析其选择了怎样的销售渠道，按照规范格式写出调研分析报告 （2）能根据调研结果，运用正确的产品销售渠道策略选择及管理方法，并形成分析报告
	技能3	旅游线路营销策划技能	（1）能运用旅行社营销与策划的相关知识和方法，选择某旅行社作为研究对象，根据自己所收集的相关资料数据，对旅游线路特色进行分析 （2）能在特色分析的基础上明确市场细分及定位，对旅行社的旅游线路进行准确的营销策划 （3）能规范撰写旅游线路营销策划方案
	技能4	撰写关于"旅行社营销与策划"的相应《实训报告》技能	（1）能合理设计关于"旅行社营销与策划"的相应《实训报告》，其结构合理、层次分明 （2）能依照财经应用文的规范撰写所述《实训报告》 （3）本教材网络教学资源包中"学生考核手册"考核表10-2所列各项"考核指标"和"考核标准"

职业核心能力和职业道德训练：其内容、种类、等级与选项见表10-2；各选项的"规范与标准"见本教材"附录三"的附表3和"附录四"的附表4。

表 10-2　　　　职业核心能力与职业道德训练的内容、种类、等级与选项表

内容	职业核心能力							职业道德						
种类	自我学习	信息处理	数字应用	与人交流	与人合作	解决问题	革新创新	职业观念	职业情感	职业理想	职业态度	职业良心	职业作风	职业守则
等级	中级	中级	中级	中级	中级	中级	中级	认同级	认同级	认同级	认同级	认同级	认同级	认同级
选项	√			√	√	√	√		√	√	√	√	√	√

【实训任务】

（1）对表 10-1 所列专业能力领域各技能点，依照其"参照规范与标准"实施阶段性基本训练。

（2）对表 10-2 所列职业核心能力选项，依照本教材"附录三"中的附表 3 的"规范与标准"实施"中级"强化训练。

（3）对表 10-2 所列职业道德选项，依照本教材"附录四"中的附表 4 的"参照规范与标准"实施"认同级"相关训练。

【组织形式】

将班级学生分成若干实训小组，根据实训内容和项目需要进行角色划分。

【实训要求】

（1）实训前学生要了解并熟记本实训的"实训目的"、"能力与道德领域"、"实训任务"与"实训要求"，了解并熟记本教材网络教学资源包中"学生考核手册"考核表 10-1、考核表 10-2 中的"考核指标"与"考核标准"的内涵，将其作为本实训的操练点和考核点来准备。

（2）通过"实训步骤"，将"实训任务"所列三种训练整合并落实到本实训的"活动过程"和"成果形式"中。

【情境设计】

将学生分成若干实训组，每个实训组在【成果形式】的"实训课业"所列题目中任选一题，并结合所选课业题目，分别选择一家旅行社（或本校专业实训基地）进行实训。各实训组通过全过程地参与和体验所选题目所要求的实际训练，完成各项实训任务，在此基础上撰写并交流关于"旅行社营销与策划"的相应《实训报告》。

【指导准备】

知识准备：

（1）市场营销知识。

（2）"旅行社营销与策划"的理论与实务知识。

（3）本教材"附录一"的附表 1 中，与本章"职业核心能力'强化训练项'"各技能点相关的"'知识准备'参照范围"。

（4）本教材"附录三"的附表 3 和"附录四"的附表 4 中，涉及本章"职业核心能力领域'强化训练项'"各技能点和"职业道德领域'相关训练项'"各素质点的"规范与标准"知识。

操作指导：

（1）教师向学生阐明"实训目的"、"能力与道德领域"和"知识准备"。

（2）教师就"知识准备"中的第（3）（4）项，对学生进行培训。

（3）教师指导学生就某旅行社进行线路设计。

（4）教师指导学生对某旅行社的渠道建设进行分析、选择及管理。

（5）教师指导学生对某旅行社开展市场调查与分析，对旅游线路进行营销策划。

（6）教师指导学生撰写关于"旅行社营销与策划"的相应《实训报告》。

【实训时间】

本章课堂教学内容讲授中、后的双休日和课余时间，为期两周。

【实训步骤】

（1）将学生组成若干个实训组，每8～10位同学分成一组，每组确定1～2人负责。

（2）各实训组从"实训课业"中分别任选一题。

（3）对学生进行旅行社营销与策划的培训，选择几类不同旅行社（或校实训基地）作为策划范围。

（4）各实训组分别选择正在实施"旅行社营销与策划"实训任务的旅行社（或校实训基地），在重点参与和体验其"旅行社全包价旅游线路策划""旅行社产品销售渠道策略的选择""旅游线路营销策划"的过程中，按照"实训要求"完成各项实训任务。

（5）各实训组在实施上述专业训练的过程中，融入对表10-1所列职业核心能力选项各技能点的"中级"强化训练和对表10-2所列职业道德选项各素质点的"认同级"相关训练。

（6）在此基础上，各实训组撰写、讨论、交流和修订各自关于"旅行社营销与策划"的相应《实训报告》。

【成果形式】

实训课业（任选一题）：

（1）《旅行社全包价线路策划实训报告》。

（2）《旅行社产品销售渠道策略的选择实训报告》。

（3）《旅游线路营销策划实训报告》。

课业要求：

（1）"实训课业"的结构与体例参照本教材"课业范例"中的范例综-3。

（2）将《旅行社营销与策划方案》以"附件"形式附于《实训报告》之后。

（3）各组《实训报告》初稿须经小组讨论，再提交班级交流。

（4）经过班级交流的《实训报告》由各小组修改与完善。

（5）在校园网的本课程平台上展示经过教师点评的班级优秀《实训报告》，供相互借鉴。

▲ 创新工作站

编制《优化方案》

【工作目的】

见本章"章名页"中"学习目标"中的"实训目标"。

【工作任务】

编制《关于旅行社营销与策划相关业务规范的优化方案》。

步骤及内容：

（1）旅行社营销内容策划，包括包价旅游线路策划、散客旅游线路策划和自助旅游线路策划。

（2）旅行社产品销售渠道选择。

（3）旅行社营销手段策划。

（4）旅行社营销策划程序。

（5）旅行社线路策划。

【待优化对象】

（1）旅行社产品销售渠道的选择。

（2）旅行社营销手段。

（3）旅行社营销策划程序。

（4）旅游路线策划。

【情境设计】

某企业先前将列入"优化对象"中的那些规则性知识作为相应业务的既定规范。为强化管理，提高企业竞争力，需要对这些既定规范进行优化。企业管理层要求其研发部门组成若干团队，通过网上调研或其他途径，研究制订关于这些业务规范的《优化方案》。

【工作要求】

（1）在收集、整理和研究最新相关文献资料的基础上，制订所选业务既定规范的《优化方案》。

（2）所制订的《优化方案》具有明显的创新性、优越性和可操作性。

（3）对体现在《优化方案》中的创新不求全责备。

【工作步骤】

（1）将班级同学分成若干组，模拟某企业的不同研发团队，每个团队确定1人负责。各团队从"待优化对象"中任选其一。

（2）各团队进行角色分工，通过网上调研等途径，围绕所选"待优化对象"的相关业务，收集最新研究成果与企业先进管理举措。

（4）各团队整理收集到的资料，分析比较其与所选"待优化对象"的异同及长短。

（5）各团队以扬长避短为宗旨，通过讨论，研究制订所选"待优化对象"的《优化方案》。

（6）在班级交流和修订各团队的《优化方案》，使之各具特色。

（7）在校园网的本课程教学平台上展出经过教师点评的各团队《优化方案》，作为本章"重点实务"的补充教学资料。

【成果形式】

工作课业：《〈关于旅行社营销与策划相关业务规范的优化方案〉实训报告》。

课业要求：

（1）"实训课业"的结构、格式与体例参照本教材"课业范例"的范例综-4。

（2）将《关于旅行社营销与策划相关业务规范的优化方案》以"附件"形式附于《实训报告》之后。

（3）在校园网的本课程平台上展示经过教师点评的班级优秀《实训报告》，供相互借鉴。

单元考核

"考核模式""考核目的""考核种类""考核方式、内容与成绩核定"及考核表等规范要求，见本教材网络教学资源包中的"学生考核手册"。

综合训练

基本训练

□ 理论题

▲ 简答题

1）简述我国人口环境的现状及发展动向，说明其中对旅游业来说蕴含的发展机会有哪些。

2）简述现代旅游市场营销观念有哪些。

3）旅游市场营销的宏观环境和微观环境各包含哪些因素？

4）旅游品牌的作用是什么？

▲ 讨论题

1）旅游企业为什么必须树立产品的整体概念？

2）为什么说文化营销是景区营销的灵魂？

□ 实务题

▲ 规则复习

1）简述旅游景区营销的影响因素。

2）运用旅游消费者行为分析原理，说明旅游酒店市场开发的策略有哪些？

3）旅行社渠道策略有哪些？应如何建立、发展并保持与中间商的关系？

4）顾客关系管理的实施过程有哪些？

5）影响旅行社产品销售渠道选择的因素有哪些？

▲ 业务解析

1）一个价位较高但又颇受欢迎的高山旅游度假饭店主要面向富裕的总经理们。该饭店的市场影响目标是这样写的："在今后的12个月内我们的市场份额将扩大20%，并且我们将来自欧洲的新婚夫妇定位为主要客源。"请制订一个可以帮助该饭店实现目标的简单方案。

2）若你是一名景区的营销经理，请说明你将如何选择旅游景区景点的销售渠道？

3）你如何评价某些旅行社组织开展的"零团费"旅行活动，它会对旅行社和旅游者个人产生哪些影响？

4）你聘用了一家广告代理机构来提高你所负责的景区的知名度，该广告代理机构提交了一些印刷广告供你参考。你将运用什么标准来衡量其创意和潜在效果？

□ 案例题
▲ 案例分析

峨眉山旅游专卖店模式

背景与情境： 峨眉山是"世界自然与文化遗产"、首批"全国文明风景旅游区示范点"、首批"全国文明山"、首批国家4A级旅游景区景点，在全国风景名胜区中知名度相当高。峨眉山实施的"峨眉山旅游全国专卖"的新模式，曾给旅游界带来了极大的震撼。峨眉山旅游专卖模式是峨眉山在全国及海外选择实力雄厚（国家旅游局公布的百强旅行社，当地旅游主管部门评定的先进旅行社、当地组团业务量大的旅行社等）的旅行社合作，建立旅游专卖店网络的一种模式。

在这种以专卖店形式合作的模式当中，峨眉山并不强求专卖店只能卖峨眉山的旅游线路产品，只是特别强调各专卖店要规范运作，要求各专卖店必须将峨眉山旅游线路产品列入其主推的四川精品线路之列，强化峨眉山旅游线路产品的具体招揽、组织、推介和服务工作。专卖店在熟悉、了解峨眉山的基础上，按照不同季节、不同群体游客的消费需求和消费心理精心设计线路，做好年度、季度、黄金周的促销方案和组团计划。

峨眉山景区景点管委会不直接干涉专卖店的具体业务操作过程，为峨眉山旅游专卖店营造了良好的环境氛围和操作空间。同时，峨眉山倾心支持、配合旅游专卖店的营销工作，一方面，组建了专门的专卖店工作机构，抽调专门人员，以各种方式强化对专卖店的工作指导，建立并保持良好的关系；另一方面，为专卖店提供相应的启动专项资金，用于专卖店门店初装和线路推介补助。与此同时，峨眉山联合媒体单位，着力宣传景区景点形象，推介专卖店，与专卖店共同进行联合促销，还为专卖店提供了大量的有关峨眉山的各类宣传资料，用于专卖店的线路推广工作。

资料来源 冯庆川.初探中国景区目的地营销的有效途径——峨眉山旅游专卖网络的动作模式和发展方向［J］.旅游经理人，2005.

问题：

1）简述峨眉山发展旅游专卖店网络对发展峨眉山旅游有哪些作用。

2）你认为做好旅游专卖店应该注意哪些方面？该案例对你有什么启发？

分析要求： 同第1章本题型的"分析要求"。

▲ 善恶研判

丽江女游客不愿骑马 遭景区人员围殴致骨折

背景与情境： "不消费不能走，不消费也必须每人交100元人头费。"看到新疆游客陈女士一家4口人准备离开，丽江市拉市海景区12号马场的工作人员强行阻拦。陈女士说，她正准备与这些工作人员进行理论，但没想到，一名男子上前就朝她脸上打了一拳。随即，10多个工作人员围着她拳打脚踢，足足打了3分钟，导致她手掌骨折、脑震荡、尿失禁。11日，在丽江市住院10多天的陈女士，乘飞机到昆明，向有关部门和媒体进行投诉。

资料来源 佚名.丽江女游客不愿骑马 遭景区人员围殴致骨折［EB/OL］.（2014-12-15）.http://www.s1979.com/news/china/201412/15136036915.shtml.

问题：

1）本案例中存在哪些道德伦理问题？

2）试对上述问题做出你的善恶研判。

3）通过网上或图书馆调研等途径搜集你做善恶研判所依据的行业规范。

研判要求： 同第1章本题型的"研判要求"。

□ 实训题

▲ 实训操练

"旅游市场营销与策划"业务胜任力训练

【实训目的】

见本书相关章节"章名页"中"学习目标"中的"实训目标"。

【实训内容】

专业能力训练：其领域、技能点、名称和参照规范与标准见表综-1。

表综-1　　　　　　　　**专业能力训练领域、技能点、名称和参照规范与标准**

能力领域	技能点	名称	参照规范与标准
旅游市场营销与策划	技能1	旅游景区销售渠道策划技能	（1）能根据各种销售渠道的特点，制定多种旅游景区产品销售渠道 （2）能根据景区与销售渠道合作的特点，制定中间商管理措施 （3）能准确评估渠道运营效果 （4）能规范撰写营销策划方案
	技能2	酒店节日营销策划技能	（1）能根据节日特点及酒店特点，制订相应的酒店节日营销方案 （2）能根据策划的营销活动，做出准确的预算 （3）能通过策划方案的执行情况，进行效果的评估 （4）能规范撰写营销策划方案
	技能3	酒店会议市场开发策划技能	（1）能通过切实可行的营销策划方案，开发不同的酒店会议市场，制订切实可行的会议客源市场营销策划方案 （2）能根据策划的营销活动，实现较好的营销效果，尤其是淡季效果更加突出 （3）能通过策划方案的执行情况，进行效果的评估 （4）能规范撰写营销策划方案
	技能4	旅游目的地事件营销策划技能	（1）能根据旅游目的地促销的目的及所要达到的目标，创意策划营销事件 （2）能就事件实施过程及细节安排进行操作性较强的策划 （3）能通过销售计划的执行情况，进行效果的评估 （4）能规范撰写营销策划方案
	技能5	制订旅行社产品销售计划技能	（1）能知晓旅行社某具体产品的目标顾客特点及市场定位，明确市场范围 （2）能根据产品情况及市场情况，制订切实可行的销售计划 （3）能通过销售计划的执行情况，进行效果的评估 （4）能规范撰写营销策划方案

续表

能力领域	技能点	名称	参照规范与标准
旅游市场营销与策划	技能6	旅行社小包价旅游线路策划技能	（1）能知晓小包价旅游线路的概念及特点 （2）能根据旅游消费者心理及购买动机合理设计小包价旅游线路 （3）能制订促销组合计划，推广所设计的产品 （4）能规范撰写营销策划方案
	技能7	撰写关于"旅游市场营销与策划"的相应《实训报告》技能	（1）能合理设计关于"旅游市场营销与策划"的相应《实训报告》，其结构合理、层次分明 （2）能依照财经应用文的规范撰写所述《实训报告》 （3）本教材网络教学资源包中"学生考核手册"考核表综–2所列各项"考核指标"和"考核标准"

职业核心能力和职业道德训练：其内容、种类、等级与选项见表综–2；各选项的操作"规范与标准"见本教材"附录三"的附表3和"附录四"的附表4。

表综–2　　　职业核心能力与职业道德训练的内容、种类、等级与选项表

内容	职业核心能力							职业道德						
种类	自我学习	信息处理	数字应用	与人交流	与人合作	解决问题	革新创新	职业观念	职业情感	职业理想	职业态度	职业良心	职业作风	职业守则
等级	中级	中级	中级	中级	中级	中级	中级	认同级	认同级	认同级	认同级	认同级	认同级	认同级
选项	√	√	√	√	√	√	√	√	√	√	√	√	√	√

【实训任务】

（1）对表综–1所列专业能力领域各技能点，依照其"参照规范与标准"实施阶段性基本训练。

（2）对表综–2所列职业核心能力选项，依照本教材"附录三"附表3的"规范与标准"实施"中级"强化训练。

（3）对表综–2所列职业道德选项，依照本教材"附录四"附表4的"参照规范与标准"实施"认同级"相关训练。

【组织形式】

将班级学生分成若干实训小组，根据实训内容和项目需要进行角色划分。

【实训要求】

（1）实训前学生要了解并熟记本实训的"实训目的"、"能力与道德领域"、"实训任务"与"实训要求"，了解并熟记本教材网络教学资源包中"学生考核手册"相关各章考核表的"考核指标"与"考核标准"的内涵，将其作为本实训的操练点和考核点来准备。

（2）通过"实训步骤"，将"实训任务"所列三种训练整合并落实到本实训的

"活动过程"和"成果形式"中。

【情境设计】

将学生分成若干实训组，每个实训组在【成果形式】的"实训课业"所列题目中任选一题，并结合所选课业题目，分别选择一家旅游企业（或本校专业实训基地）进行实训。各实训组通过全过程地参与和体验所选题目所要求的实际训练，完成各项实训任务，在此基础上撰写并交流关于"旅游市场营销与策划"的相应《实训报告》。

【指导准备】

知识准备：

（1）市场营销知识。

（2）"旅游市场营销与策划"的理论与实务知识。

（3）本教材"附录一"的附表1中，与本章"职业核心能力'强化训练项'"各技能点相关的"'知识准备'参照范围"。

（4）本教材"附录三"的附表3和"附录四"的附表4中，涉及综合训练"职业核心能力领域'强化训练项'"各技能点和"职业道德领域'相关训练项'"各素质点的"规范与标准"知识。

操作指导：

（1）教师向学生阐明"实训目的"、"能力与道德领域"和"知识准备"。

（2）教师就"知识准备"中的第（3）（4）项，对学生进行培训。

（3）教师指导学生就某旅游景区销售渠道进行策划。

（4）教师指导学生就某酒店进行节日营销策划。

（5）教师指导学生就某酒店的会议市场开发进行策划。

（6）教师指导学生就某旅游目的地事件进行营销策划。

（7）教师指导学生制订旅行社产品销售计划。

（8）教师指导学生就某旅行社小包价旅游线路进行策划。

（9）教师指导学生撰写关于"旅游市场营销与策划"的相应《实训报告》。

【实训时间】

本课程内容讲授中（或课程结束后）为期一周。

【实训步骤】

（1）将学生组成若干个实训组，每8~10位同学分成一组，每组确定1~2人负责。

（2）各实训组从"实训课业"中分别任选一题。

（3）对学生进行旅游市场营销与策划的培训，选择几类不同旅游企业（或校实训基地）作为策划的范围。

（4）各实训组分别选择正在实施"旅游市场营销与策划"实训任务的旅游企业（或校实训基地），在重点参与和体验其"旅游景区销售渠道策划""酒店节日营销策划""酒店会议市场开发策划""旅游目的地事件营销策划""制订旅行社产品销售计划""旅行社小包价旅游线路策划"的过程中，按照"实训要求"完成各项实训任务。

（5）各实训组在实施上述专业训练的过程中，融入对表综-2中职业核心能力各技能点的"中级"强化训练"和对表综-2中职业道德各素质点的"认同级"相关训练。

（6）在此基础上，各实训组撰写、讨论、交流和修订各自关于"旅游市场营销与策划"的相应《实训报告》。

【成果形式】

实训课业（任选一题）：

（1）《旅游景区销售渠道策划实训报告》。

（2）《酒店节日营销策划实训报告》。

（3）《酒店会议市场开发策划实训报告》。

（4）《旅游目的地事件营销策划实训报告》。

（5）《制订旅行社产品销售计划实训报告》。

（6）《旅行社小包价旅游线路策划实训报告》。

课业要求：

（1）"实训课业"的结构与体例参照本教材"课业范例"中的范例综-3。

（2）实训报告必须包括"专业能力训练"和"职业核心能力与职业道德训练"双重内涵（选择课业"5"的必须提供《产品销售计划》，选择其他课业的必须提供相应的《策划方案》，作为《实训报告》的"附件"）。

（3）各组《实训报告》初稿须经小组讨论，再提交班级交流。

（4）经过班级交流的《实训报告》由各小组修改与完善。

（5）在校园网的本课程平台上展示经过教师点评的班级优秀《实训报告》，供相互借鉴。

▲ 创新工作站

编制《优化方案》

【工作目的】

见本书相关章节"章名页"中"学习目标"中的"实训目标"。

【工作任务】

编制《关于旅游市场营销与策划相关业务规范的优化方案》。

步骤及内容：

（1）旅游目的地营销策划，包括旅游目的地形象促销策划和旅游目的地其他营销活动策划。

（2）旅游景区营销策划，包括旅游景区stp策划、旅游景区产品策划、旅游景区促销策划。

（3）旅游酒店营销策划，包括旅游酒店客房客源市场营销策划和旅游酒店餐饮市场营销策划。

（4）旅游交通营销策划，包括旅游交通营销战略策划和旅游交通营销战术策划。

（5）旅行社营销策划，包括旅行社营销手段策划和旅游线路策划。

【待优化对象】

（1）旅游目的地营销策划。

（2）旅游景区营销策划。

（3）旅游酒店营销策划。

（4）旅游交通营销策划。

（5）旅行社营销策划。

【情境设计】

某企业先前将列入"优化对象"中的那些规则性知识作为相应业务的既定规范。为强化管理，提高企业竞争力，需要对这些既定规范进行优化。企业管理层要求其研发部门组成若干团队，通过网上调研或其他途径，研究制订关于这些业务规范的《优化方案》。

【工作要求】

（1）在收集、整理和研究最新相关文献资料的基础上，制订所选业务既定规范的《优化方案》。

（2）所制订的《优化方案》具有明显的创新性、优越性和可操作性。

（3）对体现在《优化方案》中的创新不求全责备。

【工作步骤】

（1）将班级同学分成若干组，模拟某企业的不同研发团队，每个团队确定1人负责。各团队从"待优化对象"中任选其一。

（2）各团队进行角色分工，通过网上调研等途径，围绕所选"待优化对象"的相关业务，收集最新研究成果与企业先进管理举措。

（3）各团队整理收集到的资料，分析比较其与所选"待优化对象"的异同及长短。

（4）各团队以扬长避短为宗旨，通过讨论，研究制订所选"待优化对象"的《优化方案》。

（5）在班级交流和修订各团队的《优化方案》，使之各具特色。

（6）在校园网的本课程教学平台上展出经过教师点评的各团队《优化方案》，作为"重点实务"的补充教学资料。

【成果形式】

工作课业：《〈关于旅游市场营销与策划相关业务规范的优化方案〉实训报告》。

课业要求：

（1）"实训课业"的结构、格式与体例参照本教材"课业范例"的范例综-4。

（2）将《关于旅游市场营销与策划相关业务规范的优化方案》以"附件"形式附于《实训报告》之后。

（3）在校园网的本课程平台上展示经过教师点评的班级优秀《实训报告》，供相互借鉴。

单元考核

"考核模式""考核目的""考核种类""考核方式、内容与成绩核定"及考核表等规范要求，见本教材网络教学资源包中的"学生考核手册"。

□ 案例题

▲ 案例分析

泰国洪水渐退 昆明旅行社恢复"新马泰游"

背景与情境：泰国水灾持续多月，旅游业受到严重影响，国家旅游局曾发出"旅游警示"，紧急叫停发往泰国受灾地区的旅游团队。昨日，从昆明多家旅行社了解到，曾经一度暂停的新马泰旅游线路开始重启，目前已经接受报名。

"泰国洪灾只是让曼谷旅游受到了一定的影响，而云南人最喜欢去的普吉基本没有受到影响，所以前往泰国普吉、芭提雅等地的团队依然在发团。反而是新马泰旅游线路受到了一些影响，对于该线路旅行社也暂停了一段时间，但是随着泰国洪水渐退，新马泰旅游线路也正常启动了。"昆明国旅出境游中心总监郝显中说，"一般'新马泰'都是十多日游，但由于新加坡和马来西亚较小，因此这条线路的重头戏基本押在泰国身上。之前曼谷由于洪灾，令旅行社措手不及。因为新马泰这条线在新加坡最多2天就游完了，马来西亚也只能玩2天左右，如果不去泰国，游客会觉得性价比低，对旅行社有怨言，所以泰国洪灾后，新马泰这条线只好暂停"。

据了解，目前启动的新马泰旅游线路为11天，价格在3 800～4 000元之间。此价格比往年稍贵一点，主要是机票和燃油费的提高所致。

目前，云南赴泰国旅游也全面启动，但是报名前往泰国的游客还不是太多，与往年同期相比少了很多。据昆明康辉国旅相关负责人说："赴泰旅游人数减少主要是由于当地洪水等自然灾害和当地环境愈发复杂，造成了市民的顾虑。"

资料来源　佚名. 泰国洪水渐退　昆明旅行社恢复"新马泰游"［EB/OL］.（2011-11-24）. http://news.hexun.com/2011-11-24/135636383.html.

问题：

1）"泰国洪水渐退昆明旅行社恢复'新马泰游'"体现了哪种营销理论？

2）如果你是旅行社经理，如何应对外界环境给旅游业带来的影响？

分析要求：同第1章本题型的"分析要求"。

"泰国洪水渐退　昆明旅行社恢复'新马泰游'"案例分析提纲

（项目组组长：　　　　　　　　　项目组成员：　　　　　　　　　）

1）关于"知识点"分析

（1）小组成员分别分析研究旅游市场的各种营销环境。

（2）小组讨论各成员收集的本案例涉及的知识点，由组长汇总。

（3）小组讨论：本案例"背景与情境"是如何涉及知识点的。

（4）组长汇总讨论，形成阶段性成果。

2）关于"泰国洪水渐退昆明旅行社恢复'新马泰游'"的分析

小组成员应用本案例相关"知识点"知识，逐一分析"泰国洪水渐退昆明旅行社恢复'新马泰游'"的情况。小组讨论各成员分析的"泰国洪水渐退昆明旅行社恢复'新马泰游'"，由组长汇总。

3）关于"如何应对外界环境给旅游业带来的影响"的设计

关于个人设计、小组讨论研究本案例要求的"应对外界环境给旅游业带来的影响方案"。

（1）小组成员模拟本案例中的旅行社经理，应用本案例涉及的营销环境因素，研究设计"应对外界环境给旅游业带来的影响方案"。

（2）小组讨论各成员设计的"应对外界环境给旅游业带来的影响方案"，由组长汇总。

4）撰写、讨论与交流《分析报告》

（1）组长组织组员，综合以上阶段性成果，形成《分析报告》。

（2）在班级讨论、交流各组的《分析报告》。

（3）小组修改《分析报告》，提交教师点评。

"泰国洪水渐退　昆明旅行社恢复'新马泰游'"案例分析报告

案例分析人_____　（_____级_____专业_____班）

指导教师_____　（_____学院_____系）

1）案例综述

本案例从旅行社角度，研究了影响旅行社营销活动的环境因素。在本案例中，营销环境的变化对旅行社的营销活动起到了关键性作用。

2）问题分析

在本案例中，昆明旅行社的新马泰游由于受到泰国洪水影响，曾一度暂停，即使泰国洪灾过后恢复了新马泰游，但是受多种原因的影响，旅游人数不断下降。造成这种状况的根源有以下几个方面的问题：

（1）当地洪水等自然灾害和当地环境越发复杂。

（2）新马泰游报价在3 800～4 000元，此价格比往年稍贵一点，主要是机票和燃油费的提高所致。

（3）一般"新马泰"都是10多日游，由于新加坡和马来西亚较小，因此旅行社把线路的重头戏基本押在泰国身上。

（4）旅行社缺乏线路创新。

3）总结与结论

面对如此问题，旅行社应该做到以下方面：

（1）市场营销环境是一个复杂多变的整体，自然环境的变化不是以人的意志为转移的，自然灾害无法预测，具有不可控性，因此，旅行社应及时采取措施，做好对游客的出游提醒，密切留意灾害的最新动态，随时关注当地情况，确保沟通顺畅，随时启动应急预案。对没有受到任何影响的线路，旅游团活动一切正常；对涉及受影响地区的线路，应及时对行程做出相应的调整，改为其他的游览项目。

（2）由于机票和燃油费的提高致使新马泰旅游报价比以往稍高，针对这个问题，旅行社一方面可以提高旅游线路的附加值，提供更多、更好的服务，让游客感觉到物有所值或物超所值；另一方面可以通过咨询宣传等方式让游客了解到旅行社定价的合理性。

（3）增加在新加坡和马来西亚的旅游项目，均衡安排旅游线路。

（4）旅行社应积极地进行旅游线路的创新，把游客的需求和新马泰的旅游资源进行有效的结合。

（5）旅行社要尽力做好促销宣传，利用传统的人员推销、广告宣传、公共关系、营业推广等方式进行促销宣传活动，同时应注重线上网络宣传，让较多的游客熟知旅行社推广的旅游线路。

总之，旅行社在营销活动过程中，必须考虑各种营销环境因素对它的影响，要具有一定的应变能力，不能因为环境的变化而束手无策。

范例综-2

▲ 善恶研判

奥泰利亚饭店老年人专用客房

背景与情境：如今，世界人口普遍向老龄化发展，老年人市场越来越受到重视。老年人在饭店的相对停留时间较长，消费较高，因此"银发市场"已成为饭店新的竞争点。

在法国戛纳的奥泰利亚饭店，所有客人的平均年龄为83岁，这里的一切设施几乎都是为老人们尤其是80岁以上的老人特别设计的。在这里，信号显示是大号字，沿墙有扶手，电梯里有座椅，床是坐卧两用的，卧室里可以挂家人肖像；卫生间是用防滑玻璃纤维修造的，并设有软垫长椅，在那里可以安全洗浴。无论何时，一按铃就有人来查看；饭店还经常举办各种适合老年人的娱乐活动；饭店无须预订，长住短住都无妨。但有一点必须特别声明，这里接待的不是病人，而是需要关怀、照顾的老年客人。

资料来源 佚名.酒店客房产品的创新策略［EB/OL］.（2010-11-09）.http//www.canyin168.com/glyy/kfgl/kfgl/201011/24986_2.html.

问题：

1）本案例中存在哪些道德伦理问题？

2）试对上述问题做出你的善恶研判。

3）通过网上或图书馆调研等途径搜集你做善恶研判所依据的行业规范。

4）请从相关行业规范的角度对本事件做出评价。

研判要求：同第1章本题型的"研判要求"。

"奥泰利亚饭店老年人专用客房"研判提纲

（项目组组长：   项目组成员：   ）

1）关于"道德伦理问题"分析

（1）小组成员分别分析研究本案例中旅游酒店行业中的伦理问题。

（2）小组讨论各成员收集来的本案例中旅游酒店行业涉及的职业道德伦理问题。

（3）小组讨论：旅游酒店的经营目标——客户利益至上；旅游酒店的职业道德——维护顾客的利益，真诚公道。

（4）组长汇总讨论1）的分析内容，形成阶段性成果。

2）关于"善恶研判"分析

（1）小组成员应用本案例中的职业道德伦理问题，逐一进行"善恶研判"。

（2）小组讨论各成员分析的"善恶研判"，对"奥泰利亚饭店老年人专用客房"案例中的职业道德伦理进行评判。

（3）组长汇总讨论2）的分析内容，形成阶段性成果。

3）关于"做善恶研判所依据的行业规范"分析

（1）小组成员分别通过网络及图书馆查找资料，研究"做道德研判所依据的行业规范"。

（2）小组讨论旅游酒店和营销人员应具有的职业操守。

（3）组长汇总讨论3）的分析内容，形成阶段性成果。

4）关于"对案例做评价"分析

（1）小组成员分别对该案例进行评价。

（2）小组讨论各成员的"评价"。

（3）组长汇总讨论4）的分析内容，形成阶段性成果。

5）撰写、讨论与交流《善恶研判报告》

（1）组长组织组员，综合以上阶段性成果，形成《善恶研判报告》。

（2）在班级讨论、交流各组的《善恶研判报告》。

（3）小组修改《善恶研判报告》，提交教师点评。

"奥泰利亚饭店老年人专用客房"善恶研判报告

1）案例综述

案例反映了由于当今世界人口的老龄化，老年人市场越来越受到各行各业的重视。由于生理、心理等方面的差异性，老年人在衣、食、住、行、用等方面均表现出了明显的消费特征。从案例可以看出，酒店充分体现了以人为本的人性化服务理念，考虑到了老年人的需求特性，为老年人提供满意的服务。

本案例中的行为遵守了最基本的营销道德，即维护顾客的利益，真诚公道。

2）问题研判

（1）酒店的装修必须考虑老年人的生理需求。老年人往往听力不好、视力不好，对颜色的感知减弱，记忆力下降，手脚活动不方便，因此酒店的装修必须考虑到老年人的生理需求，方能使老年客人得到更好的满足。案例中，法国戛纳的奥泰利亚饭店在该方面很好地满足了消费者的这种需求。在这里，信息显示是大号字，沿墙有扶手，电梯里有座椅，床是坐卧两用的，卧室里可以挂家人肖像；卫生间是用防滑玻璃纤维修造的，并设有软垫长椅，在那里可以安全洗浴。奥泰利亚饭店遵守了维护顾客利益的职业道德规范。

（2）保证老年人的身心健康。为了更好地为老年人服务，酒店无论何时，一按铃就有人来查看，可以及时、有效地应对老年人的各种突发状况，将危险系数降到最低；经常举办各种适合老年人的娱乐活动；无须预订，长住短住都无妨。这里接待的不是病人，而是需要关怀、照顾的老年客人。奥泰利亚饭店遵守了真诚公道的职业道德规范。

3）总结与结论

（1）维护顾客的利益、真诚公道，是酒店职业道德的重要规范，也是酒店行业起码的职业道德要求。酒店只有把顾客的利益和需求放在首位，才能吸引广大宾客，保持生意兴隆，从而提高酒店的社会效益和经济效益。

（2）职业道德在工作过程中发挥着重要作用，我们要熟悉并努力地践行，而且要熟练地掌握所需的法律及专业背景知识。

（3）本道德研判对我们有很好的教育启示意义。践行道德规范就要以诚信为本，维护顾客的利益，开展业务需要有职业态度、职业良心、职业守则。

范例综-3

□ 实训题

▲ 实训操练

《燕山大峡谷推广策划方案》实训报告

项目小组成员在2013年9月25日到河北省承德市丰宁满族自治县燕山大峡谷对其旅游资源及其市场现状进行了认真调研，根据调研结果为其撰写了推广策划方案，现将本次实训体验情况说明如下：

1）组织形式

实训项目小组共有6人，设组长1名，根据工作任务情况，分工如下：组长为实训组织人，主要负责安排实训进度、组织研讨、记录、整理资料及实训报告的撰写工作；其余5人负责对燕山大峡谷进行调研、制定营销策略和具体推广方案。

2）实训计划

为了高质量地完成此次实训任务，实训小组特制订《燕山大峡谷推广策划方案》实训计划如下：

（1）实训前期的准备工作。

①实训时间：2013年9月24日至2013年9月28日，共计5天。

②2013年9月24日上午召开实训动员会，明确实训内容，确定实训小组组长和组员分工。

（2）2013年9月24日下午至9月25日，在燕山大峡谷进行实地调研。

调研内容：燕山大峡谷的旅游资源、环境等。

组长负责记录资料、整理资料等工作。

（3）2013年9月26日至9月28日，项目小组成员根据实地调研和网上调研等掌握、收集的资料，按照小组分工，撰写《燕山大峡谷推广策划方案》的部分内容，组长总纂《实训报告》。

3）实训过程

（1）实地调查。

项目小组成员来到燕山大峡谷，对燕山大峡谷的旅游资源、旅游环境等进行了认真调查，调查结果如下：

燕山大峡谷位于河北省承德市丰宁满族自治县西南部，距北京190千米，全长30多千米，是一处集山水森林、奇峰异石、温泉峡谷于一体的自然景观。峡谷内的景观主要是山、石、树、水，这四种景观以不同的姿态融合于一条峡谷之中。这里的山屹立于峡谷两侧，山顶峰林地貌发育典型，顶部以下的植被覆盖率极高，远望去一片黛青色。这里的石奇形怪状者甚多，似人、似兽、如塔、如柱者比比皆是。这里的树有生长在谷地之中的、华北地区面积最大的白榆林（属珍稀树种），很有观赏价值。谷内林地宽广，除白榆林以外，还有面积达数万亩的大平台林区，以及超过300年的古丁香。这里的水有三种：一是河，燕山大峡谷本为汤河谷地，河水清澈，一年四季不断，河中生有珍贵的华鱼；二是潭，山谷中有大小不等的水潭，水色幽蓝，水面如镜，老木倒映，景致极美；三是温泉，这里有著名的洪汤寺温泉，水温50摄氏度，日溢量1 000吨，含锌、锶、镉、硫等多种矿物质，洗后可祛病强身。有了这四种景观的合理搭配，燕山大峡谷显得更加秀丽壮美。

（2）撰写《燕山大峡谷推广策划方案》。

在越来越注重旅游质量的今天，如何为游客提供一种令其满意的旅游产品，如何通过促销手段将产品销售出去，是旅游景区开发者和营销策划者要重点考虑的问题。在对燕山大峡谷进行考察之后，项目小组认真收集燕山大峡谷的有关资料，对燕山大峡谷进行了推广策划（详见附录一）。

（3）研究讨论和撰写《实训报告》。

针对燕山大峡谷的旅游资源、环境等调查内容，进行了资料收集、分析、整理，撰写了《燕山大峡谷推广策划方案》，并独立形成了《实训报告》。

（4）实施"融入性训练"。

项目小组在实施上述训练的过程中，按照"实训要求"，依照"职业核心能力"和"职业道德"的相应选项，进行了相关等级的融入性训练。

4）实训总结

（1）关于"旅游市场营销策略"专业能力的训练。

①通过对燕山大峡谷的调查，实训小组成员加深了对营销策略的理解，掌握了关于营销策略各方面的情况。

②通过撰写《燕山大峡谷推广策划方案》以及《实训报告》等有质量、有效率的旅游实践技能活动，系统体验了旅游市场营销策略的制定及实训报告的撰写技能，达到了建构"旅游市场营销策略"职业能力的目的。

（2）关于"职业核心能力"与"职业道德"选项的融入性训练。

为了很好地完成本次实训任务，实训小组在实训前做了充分的准备工作，如进行实训任务的确定，实地考察，重新温习旅游市场营销策略的有关内容，并利用网络资源进行信息收集、扩大、掌握知识面。此外，项目小组团队对附表1中所列"'知识准备'参照范围"知识进行了自主预习，重温了"职业道德"选项的"参照规范与标准"，这对于我们实施融入性训练是十分必要的，有助于克服实训过程中相关操作的盲目性。

5）附件

燕山大峡谷推广策划方案

　　燕山大峡谷位于河北省承德市丰宁满族自治县西南部，距北京190千米，全长30多千米，是一处集山水森林、奇峰异石、温泉峡谷于一体的自然景观。峡谷内的景观主要是山、石、树、水，这四种景观以不同的姿态融合于一条峡谷之中。这里的山屹立于峡谷两侧，山顶峰林地貌发育典型，顶部以下的植被覆盖率极高，远望去一片黛青色。这里的石奇形怪状者甚多，似人、似兽、如塔、如柱者比比皆是。这里的树有生长在谷地之中的、华北地区面积最大的白榆林（属珍稀树种），很有观赏价值。谷内林地宽广，除白榆林以外，还有面积达数万亩的大平台林区，以及超过300年的古丁香。这里的水有三种：一是河，燕山大峡谷本为汤河谷地，河水清澈，一年四季不断，河中生有珍贵的华鱼；二是潭，山谷中有大小不等的水潭，水色幽蓝，水面如镜，老木倒映，景致极美；三是温泉，这里有著名的洪汤寺温泉，水温50摄氏度，日溢量1 000吨，含锌、锶、镉、硫等多种矿物质，洗后可祛病强身。有了这四种景观的合理搭配，燕山大峡谷显得更加秀丽壮美。

　　（1）策划目的。

　　旅游者到达景区后才会感知旅游产品，旅游产品是旅游者印证头脑中的景区形象的载体与途径，所以，通过本次策划，用立体营销方式将燕山大峡谷景区销售出去，用市场运作方式将旅游产品引进来；构筑旅游品牌总体理念，将燕山大峡谷景区形象信息综合完整地表现出来，呈现在旅游者面前，使旅游者对本景区产生清晰、明确的可感知印象，使旅游者乐于在本景区的旅游活动中深度参与，增加旅游者的停留时间，提高消费程度和对本景区的美誉度、忠诚度。

　　（2）营销策略。

　　①目标市场。

　　第一市场：承德市及周边各县、承德市周边部分地区（如北京、天津、张家口、秦皇岛、唐山等）；

　　第二市场：河北省其他地方（保定、廊坊、石家庄、沧州等）；

　　第三市场：国内其他省市。

　　②市场定位。

　　天然美景、峡谷奇观。

　　③营销组合。

　　第一，产品。

　　山：屹立于峡谷两侧，山顶峰林地貌发育典型，顶部以下的植被覆盖率极高，远望去一片黛青色。

　　石：奇形怪状者甚多，似人、似兽、如塔、如柱者比比皆是。一面面巨大的石壁，上接天，下接地，将宽不足百米的山谷衬托得愈发幽深。

　　树：有生长在谷地之中的、华北面积最大的白榆林，白榆林属珍稀树种，高大挺拔，远观树叶颜色微白，外观秀丽，很有观赏价值。谷内林地宽广，除白榆林以外，还有面积达数万亩的大平台林区，以及超过300年的古丁香，是很好参观景点。

　　水：有三种：一是河，燕山大峡谷本为汤河谷地，汤河中流而过，河水清澈，一年四季不断，河中生有珍贵的华鱼，该鱼为汤河特有，个小无鳞，肉味鲜美；二是潭，在山谷中，河流在地势低凹处形成一个个大小不等的水潭，水色幽蓝，水面如镜，老木倒映，绿藻飘游，景致极美；三是温泉，这里有著名的洪汤寺温泉，水温50摄氏度，日溢量1 000吨，含锌、锶、镉、硫等多种矿物质，洗后可祛病强身。

第二，价格。采取低价定价策略，目的是尽快将其推向市场，以吸引更多的旅游消费者。

第三，渠道。采取间接分销渠道策略，利用旅行社组织游客。可采取旅行社代理制或旅行社协议制的方式。

第四，促销。采取多种促销方式销售旅游产品，具体方式见后面内容。

（3）推广方案。

①推广方式。

第一阶段：蓄势期（2013年11月至2014年4月）。

推广目标：利用媒体的优势，以新闻铺垫为主、公关活动为辅，阶段性地从不同层面进行推介。

建议媒体：《承德晚报》、《燕赵都市报》、承德电视台、河北卫视。

第二阶段：推广高潮期（2014年5月至2014年10月）。

推广目标：该阶段是燕山大峡谷景区充分向广大旅游消费者展示其魅力的阶段。因此，该阶段有着举足轻重的作用，对其后的开发及品牌形象影响深远。在信息密度、媒体组合上应采用高调形式，进行强势宣传，以形成轰动效应。

建议媒体：首选电视广告，进行声情并茂的形象诉求，加深其在旅游消费者脑海中的印象。供参考的媒体：河北卫视、承德电视台的黄金时段。报版广告主要采用软硬结合的方式。

第三阶段：推广持续期（2014年11月至2015年6月）。

推广目标：本阶段主要是对燕山大峡谷景区进行品牌维护，以使在黄金周所获得的良好势头得以继续延伸，获得经营效益。

推广方式：保持电视广告的宣传，在前一阶段的基础上适当降低频率；以报纸的软性诉求为主，诉求对象以具有较强消费实力的人士为主；其他的宣传载体，如户外广告、印刷品、燕山大峡谷的整体形象展示等。

②推广费用预算（略）。

③推广效果测评与监控（略）。

➡ 范例综-4 ➡

▲ 创新工作站

《承德避暑山庄旅游市场营销策划优化方案》实训报告

项目小组成员在2014年4月25日到承德避暑山庄对其旅游市场现状进行了认真调查，分析了其旅游营销策划方案中存在的不足和问题，提出了相应的优化方案，现将本次实训体验情况说明如下：

1）组织形式

实训项目小组共有6人，设组长1名，根据工作任务情况，进行分工如下：组长为实训组织人，主要负责安排实训进度、组织研讨、记录、整理资料及实训报告的撰写工作；其余5人分别负责承德避暑山庄旅游市场状况调研分析、主要竞争对手调研分析、营销策略调研分析、营销组合策略调研分析和具体营销方案调研分析。

2）实训计划

为了高质量地完成此次实训任务，实训小组特制订《承德避暑山庄旅游市场营销策划优化方案》实训计划如下：

（1）实训前期的准备工作。

①2014年4月25日，召开实训动员会，明确实训内容，确定实训小组组长和组员分工。

②根据实训要求，需要对避暑山庄的市场状况、主要竞争对手、营销策略、营销组合策略和具体营销方案共5个方面进行调查。

（2）2014年4月26日至4月28日，每天上午，项目小组成员根据分工进行实地调研和网上调研，每天下午返回学校后进行集体讨论，根据小组分工，组长负责记录讨论内容和资料的整理加工等工作。

（3）2014年4月30日，小组成员分工编写《承德避暑山庄旅游市场营销策划优化方案》的相关部分内容，组长总纂《实训报告》。

3）实训过程

（1）实地调查。

项目小组成员来到承德避暑山庄，对其所做的旅游市场营销策划方案的主要问题进行了认真调查，调查结果如下：

①市场现状分析。

承德旅游市场现状分析：目前承德市拥有一批旅游精品（正式开放的旅游景区有50余处，其中世界文化遗产2处，4A级以上旅游景区5处，国家级风景名胜区1处，国家级森林公园4处，国家级自然保护区2处，省级森林公园10处）；旅游交通条件得到明显改善（京承高速、承秦高速、承唐高速等的修建）；旅游接待能力不断提高（各类旅行社114家）；旅游从业人员队伍日益壮大（直接从事旅游工作的人员达4万人，间接从事旅游工作的人员达20万人，年均增长8%）。

②主要竞争对手分析。

承德避暑山庄的主要竞争对手是北京故宫博物院，距承德仅256千米。北京故宫博物院与承德避暑山庄既同属于文化景观，又同属于国家5A级旅游景区，是清朝的两个政治中心，分别称为"冬宫""夏宫"。所以，北京故宫博物院为承德避暑山庄的主要竞争对手，直接影响到承德避暑山庄的旅游市场。

③营销策略。

第一，目标市场分析。

京津地区：北京、天津两市是全国综合实力排名前十的城市，该地区也是承德最大的客源地之一。根据该地区人们收入高、闲暇时间零散的特点，可以采取散客自驾游策略。

第二，市场定位。

市场定位："避暑山庄·和合承德"。承德避暑山庄既代表了国内最大的皇家园林、世界文化遗产，更代表了承德辉煌的历史和厚重的文化，并渐渐成为承德市的代名词。而"和合承德"之中的"和合"体现了中国传统文化的最高境界，在传统文化中最富生命力。它强调城市、自然与人之间和谐共生的关系，并与当下国际国内倡导的低碳、绿色、可持续发展理念相吻合。

④营销组合。

产品策略：主要体现产品大环境优势、产品区位优势、产品资源优势，并成立承德旅游营销联盟，整合旅游资源，形成完整的旅游产品。

价格策略：采用低价策略，旅游淡季实行折扣定价（如承德避暑山庄淡季90元/人，旅游旺季120元/人）。

分销策略：采取办事处、合作制、代理制三种方式来整合渠道资源。

促销策略：主要包括人员促销和非人员促销两类。具体策略包括展会促销、广告促销、免费媒体、人员促销、联合促销等方式。

⑤行动策划案。

活动一：

主题——"新还珠格格　新避暑山庄"。

活动安排：从丽正门出发，步行到烟雨楼，主要活动是联想当年拍摄情形，对比承德避暑山庄的今昔变化，欣赏荷花；接下来乘船到热河，其间介绍热河的由来及其历史，活动场地可扩大到御瓜圃，请活动人员入瓜园品尝瓜果；然后坐观光车到文津阁，欣赏"日月同辉"奇观、承德十大名山缩影景观，介绍文津阁的历史，赠送每人一部《四库全书》简装本，盖纪晓岚印；最后，坐观光车出避暑山庄，途经水流云在、如意湖畔，活动结束。

活动二：

主题——"皇家文化之旅"。

河北皇家旅游资源丰富，我们联合全国最大的清代皇家寺庙群——外八庙，清代皇家游猎场所——木兰围场，中国现存规模最宏大、体系最完整、保存最完好的帝王陵墓建筑群——遵化清东陵，中国历代帝王陵墓建筑群最高水平建筑——易县清西陵，举办"皇家文化之旅"活动，感受清代皇家文化，领略皇家建筑和园林的风采。

活动时间：2014年6月。

活动地点：承德避暑山庄。

活动预算：35万元。

（2）调查结果分析。

通过对调查情况的分析，发现该策划案中存在如下不足和问题：

①市场现状分析的不足和问题。项目小组经过调查发现，市场现状分析中仅对承德旅游市场的现状进行了分析，没有对国际旅游市场的现状和国内旅游市场的现状进行分析。

②主要竞争对手分析的不足和问题。承德避暑山庄的竞争对手众多，不能仅把北京故宫博物院作为竞争对手分析，还应把北京八达岭长城、沈阳故宫、西安秦始皇陵兵马俑、山东曲阜孔庙、甘肃敦煌莫高窟等列为主要竞争对手进行优劣势的分析。

③营销策略的不足和问题。承德避暑山庄的目标市场不能仅放在京津地区，山

西、内蒙古自治区、辽宁等地也是其主要客源地。

④营销组合策略的不足和问题。项目小组经过调研发现，目前承德避暑山庄旅游产品有待进一步开发，尤其是冬季旅游产品单一，不能更好地吸引游客，价格策略的制定也缺乏灵活性。

⑤行动策划案的不足和问题。行动策划案中的主体活动较少，应结合承德避暑山庄的地脉、人脉和文脉，开展更多的旅游主题活动，以吸引更多的游客。

（3）制订《承德避暑山庄旅游市场营销策划优化方案》。

项目小组根据承德避暑山庄旅游市场营销策划案中存在的问题和不足，制订了《承德避暑山庄旅游市场营销策划优化方案》（详见附录一）。

（4）研究讨论和撰写《实训报告》。

针对承德避暑山庄旅游市场的状况，以承德避暑山庄旅游市场状况调研分析、主要竞争对手调研分析、营销策略调研分析、营销组合策略调研分析和具体营销方案调研分析等为调查内容，进行了资料收集、分析，编写了该实训报告。

（5）实施"融入性训练"。

项目小组在实施上述训练的过程中，按照"实训要求"，依照"职业核心能力"和"职业道德"的相应选项，进行了相关等级的融入性训练。

4）实训总结

（1）关于"旅游市场营销与策划相关业务规范的优化方案"专业能力的训练。

①通过对《承德避暑山庄旅游市场营销策划方案》的调查，实训小组成员加深了对营销策划方案的理解，掌握了关于营销策划方案各方面的情况。

②通过对《承德避暑山庄旅游市场营销策划方案》存在的不足与问题的分析，基于问题分析的《优化方案》的制订，实训报告的撰写等有质量、有效率的活动，系统体验了"旅游市场营销策划案"的撰写技能，达到了建构"旅游市场营销与策划"职业能力的目的。

（2）关于"职业核心能力"与"职业道德"选项的融入性训练。

实训前，项目小组对附表1中所列"'知识准备'参照范围"知识进行了自主预习，重温了"职业道德"选项的"参照规范与标准"，这对于我们实施融入性训练是十分必要的，有助于克服实训过程中相关操作的盲目性。

在实训中，我们在准备和实施"旅游市场营销与策划"相关业务规范的全方位训练的同时，在团队分工与合作中，有意识地融入了"自我学习""与人合作""与人交流""解决问题""革新创新"等"职业核心能力"强化训练和"职业观念""职业良心""职业态度""职业作风""职业守则"等"职业道德"相关训练，培养了我们的"可持续发展能力"，提高了我们的"职业道德素质"。对于"职业胜任力"训练来说，这是必不可少的。

5）附件

承德避暑山庄旅游市场营销策划优化方案

摘要：旅游业作为社会性、综合性很强的第三产业，涵盖了吃、住、行、游、购、娱六大要素，其发展非常迅速，已成为我国国民经济的支柱产业。承德避暑山庄作为一项世界文化遗产，以其"集传统文化之大成"的主题形象展示于人。本策划案在对国内外旅游市场的现状及承德避暑山庄现有营销策略分析的基础上，进一步明确承德避暑山庄的主要竞争对手，并进行有效的STOW分析，然后根据所确定的营销目标，制定了承德避暑山庄的STP策略和4P策略，最后通过两个行动策划案的实施，为把承德避暑山庄打造成国际知名旅游品牌奠定了基础。

（1）策划目的。

借承德市建设国际旅游名城的契机，着力开拓客源市场，树立承德避暑山庄的整体形象，把承德避暑山庄打造成国际知名旅游品牌。

（2）市场现状分析优化。

项目小组认为，进行市场现状分析必须首先分析国际旅游市场的现状。通过调查发现，国际旅游业的增长速度不仅高于世界经济的平均增长速度，还远远高于汽车、石油、钢铁、能源等产业的增长速度，国际旅游业已发展成为全球最大的经济产业。

其次是对国内旅游市场的现状进行分析，在国际旅游市场迅猛增长的同时，我国迅速成为世界主要的客源输出国并保持世界主要旅游接待国的地位，且有望成为世界最大的旅游市场。

最后是对承德旅游市场的现状进行分析，经过项目小组调查，目前承德市拥有一批旅游精品（正式开放的旅游景区有50余处，其中世界文化遗产2处，4A级以上旅游景区5处，国家级风景名胜区1处，国家级森林公园4处，国家级自然保护区2处，省级森林公园10处），旅游交通条件得到明显改善（京承高速、承朝高速等的修建），旅游接待能力不断提高（各类旅行社114家），旅游从业人员队伍日益壮大（直接从事旅游工作的人员达4万人，间接从事旅游工作的人员达20万人，年均增长8%）。

（3）主要竞争对手分析优化。

项目小组发现，在对竞争对手进行分析时，原方案主要针对北京故宫博物院进行分析，如北京故宫博物院与承德避暑山庄既同属于文化景观又同属于5A级景区，是清朝的两个政治中心，分别称为"冬宫""夏宫"。所以北京故宫博物院为承德避暑山庄的主要竞争对手，直接影响到承德避暑山庄的旅游市场。实际上，承德避暑山庄的竞争对手众多，在旅游业竞争日趋激烈的今天，还应把北京八达岭长城、沈阳故宫、西安秦始皇陵兵马俑、山东曲阜孔庙、甘肃敦煌莫高窟等列为主要竞争对手，并进行优劣势的分析，做到知己知彼。

（4）营销策略优化。

①目标市场。

京津地区：北京、天津两市是全国综合实力排名前十的城市，该地区也是承德最大的客源地之一。根据该地区人们收入高、闲暇时间零散的特点，可以采取散客自驾游策略。项目小组在调查的基础上认为，目标市场还应进一步扩大到河北、山西、内蒙古自治区、辽宁等地。

②市场定位。

市场定位："避暑山庄·和合承德"。承德避暑山庄既代表了国内最大的皇家园林、世界文化遗产，更代表了承德辉煌的历史和厚重的文化，并渐渐成为承德市的代名词。而"和合承德"之中的"和合"体现了中国传统文化的最高境界，在传统文化中最富生命力。它强调城市、自然与人之间和谐共生的关系，并与当下国际国内倡导的低碳、绿色、可持续发展理念相吻合。

（5）营销组合策略优化。

产品策略：要体现产品大环境优势、产品区位优势、产品资源优势，成立承德旅游营销联盟，整合旅游资源，形成完整的旅游产品。项目小组认为，承德避暑山庄应该充分利用冬季冰上资源开发旅游项目，做到"淡季不淡"。

价格策略：除采用现行的价格策略（承德避暑山庄淡季90元/人，旅游旺季120元/人）外，也可利用节日进行门票打折促销。

分销策略：采取办事处、合作制、代理制三种方式整合渠道资源。

促销策略：除现有的人员促销、广告促销、展会促销、联合促销等方式之外，还可采用网络营销、微信营销等新的促销方式。

（6）行动策划案优化。

活动一：

主题——"新还珠格格　新避暑山庄"。

活动安排：从丽正门出发，步行到烟雨楼，主要活动是联想当年拍摄情形，对比承德避暑山庄的今昔变化，欣赏荷花；接下来乘船到热河，其间介绍热河的由来及其历史，活动场地可扩大到御瓜圃，请活动人员入瓜园品尝瓜果；然后坐观光车到文津阁，欣赏"日月同辉"奇观、承德十大名山缩影景观，介绍文津阁的历史，赠送每人一部《四库全书》简装本，盖纪晓岚印；最后，坐观光车出避暑山庄，途经水流云在、如意湖畔，活动结束。

活动二：

主题——"皇家文化之旅"。

河北皇家旅游资源丰富，我们联合全国最大的清代皇家寺庙群——外八庙，清代皇家游猎场所——木兰围场，中国现存规模最宏大、体系最完整、保存最好的帝王陵墓建筑群——遵化清东陵，中国历代帝王陵墓建筑群最高水平建筑——易县清西陵，举办"皇家文化之旅"活动，感受清代皇家文化，领略皇家建筑和园林的风采。

活动时间：2014年6月。

活动地点：承德避暑山庄。

活动预算：65万元。

项目小组根据承德避暑山庄的地脉、文脉和人脉策划出多种主题活动方案：端午龙舟大赛、山庄秋季采摘节、九九重阳登山（山庄南山积雪）、九九重阳山庄广场舞大赛、冰上趣味比赛等。

项目小组认为，实施经过优化的方案，承德避暑山庄的旅游市场营销活动定能实现预期目标。

主要参考文献

［1］崔莉，杜学.旅游交通管理［M］.北京：清华大学出版社，2007.

［2］密德尔敦.旅游营销学［M］.向萍，等，译.北京：中国旅游出版社，2001.

［3］任鸣.旅游交通实务［M］.北京：北京大学出版社，2010.

［4］沃恩，莫里森.饭店营销学［M］.程尽能，等，译.北京：中国旅游出版社，2001.

［5］谷慧敏.旅游市场营销［M］.3版.北京：旅游教育出版社，2010.

［6］苏日娜.旅游市场营销［M］.北京：机械工业出版社，2008.

［7］约翰逊.旅游业市场营销［M］.张凌云，马晓秋，译.北京：电子工业出版社，2004.

［8］王纪忠.旅游市场营销［M］.北京：清华大学出版社、北京交通大学出版社，2011.

［9］沈杨.旅游市场营销与管理［M］.北京：人民邮电出版社，2011.

［10］王瑜.旅游景区管理实训教程［M］.北京：机械工业出版社，2009.

［11］吴金林，李丹.旅游市场营销［M］.北京：高等教育出版社，2010.

［12］梁智.旅行社运行与管理［M］.5版.大连：东北财经大学出版社，2014.

［13］陈永发.旅行社经营管理［M］.2版.北京：高等教育出版社，2008.

［14］刘晓杰.旅行社经营与管理［M］.北京：化学工业出版社，2007.

［15］伯罗.市场营销［M］.崔苏卫，等，译.北京：电子工业出版社，2009.

［16］蔡洪胜.旅游市场营销［M］.北京：清华大学出版社，2010.

［17］王琴.旅游市场营销实务［M］.北京：化学工业出版社，2010.

［18］路娟.市场营销理论与实训［M］.北京：北京大学出版社、中国农业大学出版社，2011.

［19］陆朋.旅游市场营销［M］.北京：中国物资出版社，2011.

［20］周晓梅.旅游景区服务与管理［M］.天津：天津大学出版社，2011.

［21］彭淑清.景区服务与管理［M］.北京：电子工业出版社，2010.

［22］马勇，刘名俭.旅游市场营销管理［M］.4版.大连：东北财经大学出版社，2011.

［23］李洪波.旅游景区管理［M］.北京：机械工业出版社，2004.

［24］朱智.旅行社运营管理实务［M］.北京：国防工业出版社，2011.

［25］彭石普.市场营销理论与实训［M］.北京：北京师范大学出版社，2011.

［26］孙庆群，王铁.旅游市场营销学［M］.北京：化学工业出版社，2005.

［27］高杰.酒店营销策划［M］.北京：北京交通大学出版社，2014.

［28］中国旅游报，http：//www.hyssad.com/zglybw.

［29］中国旅游营销网，http：//www.aatrip.com.

［30］中国酒店网，http：//www.97jdian.com.

［31］中国旅游报数字报，http://www.ctnews.com.cn.

［32］环球旅讯，http://www.traveldaily.cn.

［33］承德新闻网，http://www.chengdechina.com.

附 录

附录一　职业核心能力训练"知识准备"参照范围

附表1　　　　　　　　　　　　　职业核心能力训练"知识准备"参照表

领域	等级	技能点	"知识准备"参照范围
自我学习	初级	确定短期学习目标	激发学习动力的方法；学习的基本原理；确定目标的原则和方法；编写学习计划的基本规则；取得他人帮助和支持的方法与技巧
		实施短期学习计划	学习的基本原理；学习的方法和技巧；计划落实、控制和调整的方法和技巧；节约时间的诀窍
		检查学习进度	学习方法与学习效果的关系；检查目标进度的方法和技巧（总结、归纳、测量）；成功学的基本要求
	中级	确定中期学习目标	学习的基本原理；确定目标的原则和方法；编写学习计划的基本规则；取得他人帮助和支持的方法或技巧
		实施中期学习计划	学习的基本原理；学习的方法和技巧；计划落实、控制和调整的方法和技巧；关于方法的知识；时间管理的诀窍
		检查学习进度	成功学的基本要点；项目目标检查、总结、归纳的方法；学习迁移的原理与应用知识；学习的观察、认知记忆及提高效率的规律；养成良好学习习惯的方法
	高级	确定长期学习目标	收集和运用信息的方法；有效资源利用的策略；项目论证和测评的方法；编写计划和检查调控计划执行的方法；团队合作的策略和方法
		实施长期学习计划	学习的方法和技巧；有关学习与实践关系的原理；计划落实、控制和调整的方法和技巧；关于思维方法的知识；目标管理的诀窍
		检查学习进度	成功学的基本要点；项目目标检查、总结、归纳的方法；学习迁移的原理与应用知识；学习的观察、认知记忆及提高效率的规律；养成良好学习习惯的方法
信息处理	初级	获取信息	信息的含义、特征与种类；信息收集的原则、渠道和方式；文献和网络索引法；一般阅读法；计算机和网络相关知识
		整理信息	信息的分类方法与原则；信息筛选方法与要求；信息资料手工存储方法；计算机信息存贮方法；计算机其他相关知识
		传递信息	信息传递的种类与形式；口语和文字符号的信息传递技巧；现代办公自动化技术；计算机和网络相关技术
	中级	获取信息	信息的特征与种类；信息收集的范围、渠道与原则；信息收集方法（观察法、询访法）；计算机相关知识；网络相关知识
		开发信息	信息筛选、存储的方法与原则；信息资料的分析、加工的方法；新信息生成或信息预测的方法
		展示信息	口语和文字符号信息展示的技巧；多媒体制作与使用技术；计算机相关应用技术
	高级	获取信息	调查研究的方法和原理；信息收集的范围、方法（问卷法、检索法、购买法、交换法）和原则；信息收集方案选择；计算机和网络相关技术
		开发信息	信息资料鉴别方法；信息资料核校方法；信息资料分析方法；信息资料编写方法（主题提炼、标题选择、结构安排、语言组织）；信息资料加工方法；计算机信息生成知识
		展示信息	口语和文字符号的信息表达技巧；多媒体制作技术；科学决策知识；信息反馈方式与要求；网页设计与网络使用知识；知识产权知识

领域	等级	技能点	"知识准备"参照范围
数字应用	初级	采集、解读数据信息	获取数据的方法（测量法、调查法、读取法）；数的意义（整数、小数、分数及百分数）；常用测量器具的功能与使用方法，常用单位，单位的换算；近似的概念与精度；图表（数表扇形统计图、条形统计图、示意图）知识
		进行数字计算	计算方法（笔算、口算、珠算、计算器计算）；整数、分数四则运算；近似计算法；验算（逆算法、估算法、奇偶对应法）
		展示和使用数据信息	评价指标；最大值，最小值；平均值；精度
	中级	解读数据信息	获取数据信息的渠道与方法（测量法、调查法、读取法）；数的意义（整数、分数、正数、负数）；总量与分量，比例；误差、精度、估计；复合单位（如速度、速率等）；图表（数表、扇形统计图、条形统计图、折线图、示意图）知识
		进行数据计算	计算方法（笔算、计算器计算、查表、excel等软件）；整式、分式四则运算、乘方、开方；近似计算（误差估计）；验算（逆算法、估算法、奇偶对应法）
		展示和使用数据信息	评价指标；最大值，最小值；平均值，期值，方差；绝对误差，相对误差；图表的制作
	高级	解读数据信息	数据信息源的筛选原则（多样性、代表性、可靠性）；数据的采集方案；图表（数表、坐标、比例尺）；频率、频率稳定性；平均、加权平均；误差分析、估算
		进行数据计算	计算方法（笔算、计算器计算，查表，编程计算，excel等软件）；整式、分式四则计算，乘方、开方；函数（幂函数、指数函数、对数函数、三角函数、反三角函数、复合函数）近似计算（误差分析）；验算（逆算法、估算法）
		展示和使用数据信息	评价指标；最大值，最小值；平均值，期值，方差；绝对误差，相对误差；图表的制作
与人交流	初级	交谈讨论	与人交谈主题相关的信息和知识；正确使用规范语言的基本知识；口语交谈方式和技巧；身体语言运用技巧
		阅读和获取资料	资料查询和搜索的方法；一般阅读的方法；文件资料归类的方法；词典类工具书的功能和使用方法；各种图表的功能；网上阅读的方法
		书面表达	与工作任务相关的知识；实用文体的应用；图表的功能和应用；素材选用的基本方法；写作的基本技法；逻辑和修辞初步技法
	中级	交谈讨论	与交谈主题相关的知识和信息；正确使用规范语言的基本知识；口语交谈的技巧；身体语言运用技巧；掌握交谈心理的方法；交谈的辅助手段或多媒体演示技术；会谈和会议准备基本要点
		简短发言	与发言主题相关的知识和信息；当众讲话的技巧（包括运用身体语言的技巧）；简短发言的辅助手段或多媒体演示技术
		阅读和获取资料	资料查询和搜索方法；快速阅读的原理与方法；文件归类的方法；各种图表的功能
		书面表达	与工作任务相关的知识；实用文体的应用；图表的功能和应用；素材选用的基本方法；文稿排版和编辑的技法；写作的基本技法；逻辑和修辞常用技法
	高级	交谈讨论	与会谈主题相关的知识和信息；语言交流的艺术和技巧；交谈的辅助手段或多媒体演示技术；总结性话语运用的技巧；谈判的心理和技巧；会议准备的基本要点；主持会议的相关程序
		当众讲演	与发言主题相关的知识和信息；演讲的技巧和艺术；演讲辅助手段或多媒体演示技术
		阅读和获取资料	资料查询和搜索方法；快速阅读的技巧；各种图表的功能
		书面表达	与工作任务相关的知识；实用文体的应用；图表的功能和应用；素材选用的基本方法；文稿排版和编辑的技法；写作的基本技法；逻辑和修辞技法

续表

领域	等级	技能点	"知识准备"参照范围
与人合作	初级	理解合作目标	活动要素的群体性与分工合作的关系；职业团队的概念、特征与种类，组织的使命、目标、任务；自身的职业价值，个人在组织中的作用
		执行合作计划	服从的基本概念，指令、命令的含义；求助的意义，人的求助意识；职业生活的互助性，帮助他人的价值
		检查合作效果	工作进度的概念，影响工作进度的因素；工作进程的检查，调整工作程序；工作汇报的程序和要领
	中级	制订合作计划	聚合型团队、松散型团队和内耗型团队的特征；组织内部的冲突情况，剖析内耗型团队的心理根源；合作双方的利益需求和社会心理需求
		完成合作任务	民族、学历、地域、年龄等差异；人的工作和生活习惯、办事规律；宽容的心态，容忍的方法
		改善合作效果	使他人接受自己意见、改变态度的策略；在会议上提出意见和建议的规则；改变自己的态度，接受他人批评指责的心理准备
	高级	调整合作目标	领导科学与管理方法；组织文化的形成与发展；目标管理与时间管理
		控制合作进程	人际交往与沟通的知识和相关能力；有效激励的方法与技巧；批评的途径、方法和注意事项
		达到合作目标	信息的采集与整理，组织经济效益的统计学知识；员工绩效测评的基本方法和程序；合作过程的风险控制意识和防范
解决问题	初级	分析问题提出方案	分析问题的方法；归纳问题的方法；对比选择的方法；判断和决策的方法；关于相关问题本身的专业知识和发展规律的认识
		实施计划解决问题	撰写工作计划的相关知识；信息检索、文献查询的有关方法；逻辑判断、推理的相关知识；解决问题的技巧
		验证方案改进方式	分析和检查问题的方法；跟踪调查的方法；工作总结的规则和写作方法
	中级	分析问题提出方案	分析问题的方法；归纳问题的方法；对比选择的方法；判断和决策的方法；关于相关问题本身的专业知识和变化规律的认识
		实施计划解决问题	应用写作学中关于撰写工作计划的相关知识；信息检索、文献查询的有关方法；逻辑判断、推理的相关知识；解决问题的技巧；与他人合作的知识和方法
		验证方案改进计划	分析和检查问题的方法；跟踪调查的方法；工作总结的规则和写作方法
	高级	分析问题提出对策	决策科学的系统知识；形式逻辑、辩证逻辑思维的系统知识和方法；分析问题的系统知识和技巧；群体创新技法的系统知识；数学建模方法；关于相关问题本身的专业知识和变化规律的认识
		实施方案解决问题	关于撰写工作计划的系统知识；信息检索、文献查询的系统知识和方法；有关价值工程、现场分析和形态分析的知识；解决问题的技巧；有关进度评估的知识；与人合作的系统知识和方法
		验证方案改进计划	分析和检查问题的方法；跟踪调查的方法；工作总结的规则和写作方法；创新技法

续表

领域	等级	技能点	"知识准备"参照范围
革新创新	初级	揭示不足提出改进	关于思维和创造性思维的一般知识；关于思维定式和突破思维障碍的知识；关于相关事物本身的专业知识和发展规律的认识
		做出创新方案	列举类技法和设问类技法的原理、特点、适用范围和具体操作的知识；有关分解类技法、组合类技法、分解组合类技法的原理、特点、适用范围和具体操作方法的知识；收集信息、案例的知识和方法
		评估创新方案	有关创新成果价值评定的知识；可行性分析的知识；撰写可行性报告的知识
	中级	揭示不足提出改进	有关思维障碍形成的知识；横向、逆向、灵感思维的知识；换向、换位思维的知识；逻辑判断和推理知识；关于相关事物本身的专业知识和发展规律的认识
		做出并实施创新方案	有关类比类技法和移植类技法的知识；有关德尔斐法和综摄法的知识；有关还原法、换向思考类技法的知识
		评估创新方案	有关项目可行性测评的技术；有关最佳方案评估的知识；撰写评估报告的知识
	高级	揭示不足提出改进	创新能力构成和提升的知识；有关事物运动、变化和发展的知识；灵活运用各种思维形式的知识；关于相关事物本身的专业知识和发展规律的认识
		做出并实施创新方案	有关价值工程、现场分析和形态分析的知识；针对不同事物运用不同创新方法的知识；综合运用各种创新方法的知识
		评估创新方案	可持续创新的知识；有关创新原理的知识；有关知识产权的知识；技术预测和市场预测知识

资料来源　中华人民共和国劳动和社会保障部职业技能鉴定中心.职业核心能力培训测评标准（试行）［M］.北京：人民出版社，2007.

本表参照"资料来源"所列文献相关内容提炼与编制。

附录二　案例分析训练考核参照指标

附表2　　　　　　　　　案例分析训练与考核指标和规范参照表

考核指标		考核内容	分项成绩
形成性考核 $\sum 50$	个人准备 $\sum 20$	案例概况；讨论主题；问题理解；揭示不足；创新意见；决策标准；可行性方案	
	小组讨论 $\sum 15$	上课出席情况；讨论发言的参与度；言语表达能力；说服力大小；思维是否敏捷	
	班级交流 $\sum 15$	团队协作；与人交流；课堂互动等方面的满意度；讨论参与的深度与广度	
课业考核 $\sum 50$	分析依据 $\sum 8$	分析依据的客观性与充分性	
	分析步骤 $\sum 8$	分析步骤的恰当性与条理性	
	理论思考 $\sum 8$	理论思考的正确性、深刻性与全面性	
	解决问题 $\sum 8$	理解问题与解决问题能力的达标性	
	革新创新 $\sum 10$	揭示不足与提出改进能力的达标性	
	文字表达 $\sum 8$	文字表达能力的强弱性	
总成绩 $\sum 100$			
教师评语	签名： 　　　　20　年　月　日		
学生意见	签名： 　　　　20　年　月　日		

附录三　职业核心能力训练考核参照规范与标准

附表3　　　　　　职业核心能力训练考核规范与标准参照表

领域	等级	基本要求	技能点	参照规范与标准
自我学习	初级	具备学习的基本能力，在常规条件下能运用这些能力适应工作和学习要求	确定短期学习目标	能明确学习动机和目标，并计划时间、寻求指导
			实施短期学习计划	能按照行动要点开展工作、按时完成任务，使用不同方式、选择和运用不同的学习方法实现目标，并能对计划及时做出调整
			检查学习进度	能对学习情况提出看法、改进意见和提高学习能力的设想
	中级	主要用理解式接受法，对有兴趣的任务可以用发现法掌握知识信息；在更广泛的工作范围内灵活运用这些能力以适应工作岗位各方面需要	确定中期学习目标	能明确提出多个学习目标，列出实现各目标的行动要点，确定实现目标的计划，并运筹时间
			实施中期学习计划	能开展学习和活动，通过简单的课程和技能训练，提高工作能力
			检查学习进度	能证明取得的学习成果，并能将学到的东西用于新的工作任务
	高级	能较熟练灵活地运用各种学习法在最短时间内掌握急需知识信息；能广泛地收集、整理、开发和运用信息，善于学习、接受新的事物，以适应复杂工作和终身发展的要求	确定长期学习目标	能根据各种信息和资源确定要实现的多个目标及途径，明确可能影响计划实现的因素，确认实现目标的时限，制订行动要点和时间表，预计困难和变化
			实施长期学习计划	能保证重点、调整落实、处理困难、选择方法，通过复杂的课程和技能训练提高工作能力
			检查学习进度	能汇总学习成果、成功经验和已实现的目标，证明新学到的东西能有效运用于新选择的职业或工作任务
信息处理	初级	具备进入工作岗位最基本的信息处理能力，在常规条件下能收集、整理并传递适应既定工作需要的信息	获取信息	能通过阅读、计算机或网络获取信息
			整理信息	能使用不同方法、从多个资源中选择、收集和综合信息，并通过计算机编辑、生成和保存信息
			传递信息	能通过口语、书面形式，用合适的版面编排、规范的展示方式、电子手段传输信息
	中级	在更广泛的工作范围内获取需要的信息，进行信息开发处理，并根据工作岗位各方面的需要展示组合信息	获取信息	能定义复杂信息任务，确定搜寻范围，列出资源优先顺序，通过询访法和观察法搜寻信息
			开发信息	能对信息进行分类、定量筛选、运算分析、加工整理，用计算机扩展信息
			展示信息	能通过演说传递信息，用文字图表、计算机排版展示组合信息，用多媒体辅助信息传达
	高级	广泛地收集、深入地整理开发、多样地传递、灵活地运用信息，以适应复杂的工作需要；具备信息处理工作的设计与评估能力，并表现出较强的组织与管理能力	获取信息	能分析复杂信息任务，比较不同信息来源的优势和限制条件，选择适当技术、使用各种电子方法发现和搜寻信息
			开发信息	能辨别信息真伪，定性核校、分析综合、解读与验证资料，建立较大规模的数据库，用计算机生成新的信息
			展示信息	能用新闻方式发布、平面方式展示、网络技术传递、利用信息预测趋势、创新设计，收集信息反馈，评估使用效果

续表

领域	等级	基本要求	技能点	参照规范与标准
数字应用	初级	具备进入工作岗位最基的数字应用能力，在常规条件下能运用这些能力适应既定工作的需要	采集、解读数据信息	能按要求测量并记录结果，准确统计数目，解读简单图表，读懂各种数字，并汇总数据
			进行数字计算	能进行简单计算并验算结果
			展示和使用数据信息	能正确使用单位，根据计算结果说明工作任务
	中级	在更广泛的工作范围内，灵活地运用数字应用能力以适应工作岗位各方面的需要	解读数据信息	能从不同信息源获取信息，读懂、归纳、汇总数据，编制图表
			进行数据计算	能从事多步骤、较复杂的计算，使用公式计算结果
			展示和使用数据信息	能使用适当方法展示数据信息和计算结果，设计并使用图表，根据结果准确说明工作任务
	高级	具备熟练把握数字和通过数字运算来解决实际工作中的问题的能力，适应更复杂的工作需要	解读数据信息	能组织大型数据采集活动，通过调查和实验获取、整理与加工数据
			进行数据计算	能从事多步骤的复杂计算，并统计与分析数据
			展示和使用数据信息	能选择合适的方法阐明和比较计算结果，检查并论证其合理性，设计并绘制图表，根据结果做出推论，说明和指导工作
与人交流	初级	具备进入工作岗位最基本的与人交流能力，在常规条件下能运用这些能力适应既定工作的需要	交谈讨论	能围绕主题，把握讲话的时机、内容与长短，倾听他人讲话，多种形式回应；使用规范易懂的语言、恰当的语调和连贯的语句清楚地表达意思
			阅读和获取资料	能通过有效途径找到所需资料，识别有效信息，归纳内容要点，整理确认内容，会做简单笔记
			书面表达	能选择基本文体，利用图表、资料撰写简单文稿，并掌握基本写作技巧
	中级	在更广泛的工作范围内，灵活运用这些能力以适应工作岗位各方面的需要	交谈讨论	能始终围绕主题参与，主动把握讲话时机、方式和内容，理解对方谈话内容，推动讨论进行，全面准确传达一个信息或观点
			简短发言	能为发言做准备，当众讲话并把握讲话内容、方式，借助各种手段说明主题
			阅读和获取资料	能根据工作要求从多种资料筛选有用信息，看懂资料的观点、思路和要点，并整理汇总资料
			书面表达	能掌握应用文体，注意行文格式；组织利用材料，充实内容要点；掌握写作技巧，清楚表达主题；注意文章风格，提高说服力

续表

领域	等级	基本要求	技能点	参照规范与标准
与人交流	高级	在工作岗位上表现出更强的组织和管理能力，通过运用与人交流的能力适应更复杂的工作需要	交谈讨论	始终把握会议主题，听懂他人讲话内容并做出反应，主持会议或会谈，全面准确表述复杂事件或观点
			当众讲演	能为讲演作准备，把握讲演的内容、方式，借助各种手段强化主题
			阅读和获取资料	能为一个问题或课题找到相关资料，看懂资料的思路、要点、价值和问题，分析、筛选和利用资料表达主题
			书面表达	能熟悉专业文书，把握基本要求；有机利用素材，说明内容要点；掌握写作技巧，清楚恰当表达主题；采用适当风格，增强说服力
与人合作	初级	理解个人与他人、群体的合作目标，有效地接受上级指令；准确、顺利地执行合作计划；调整工作进度，改进工作方式；检查工作效果	理解合作目标	能确定合作的基础和利益共同点，掌握合作目标要点和本单位人事组织结构，明确个人在团队中的职责和任务
			执行合作计划	能接受上级指令，准确、顺利地执行合作计划
			检查合作效果	能通过检查工作进展情况，改进工作方式，促进合作目标实现
	中级	与本部门同事、内部横向部门、外部相关部门共同制订合作计划；协调合作过程中的矛盾关系，按照计划完成任务；在合作过程中遇到障碍时提出改进意见，推进合作进程	制订合作计划	能与本部门同事、组织内部横向部门、组织外部相关部门共同制订合作计划
			完成合作任务	能与他人协同工作，处理合作过程中的矛盾
			改善合作效果	能判断合作障碍，表达不同意见，接受批评建议，弥补双方的失误
	高级	根据情况变化和合作各方的需要，调整合作目标；在变动的工作环境中，控制合作进程；预测和评价合作效果，达成合作目的	调整合作目标	能发现各方问题，协调利益关系，进行有效沟通，调整合作计划与工作顺序
			控制合作进程	能整合协调各方资源，妥善处理矛盾，排除消极因素，激发工作热情
			达到合作目标	能及时全面检查工作成效，不断改善合作方式
解决问题	初级	具备进入工作岗位最基本的解决问题能力，在常规条件下能根据工作的需要，解决一般简单和熟悉的问题	分析问题提出方案	能用几种常用的办法理解问题，确立目标，提出对策或方案
			实施计划解决问题	能准备、制订和实施被人认可并具有一定可行性的计划
			验证方案改进方式	能寻找方法，实施检查，鉴定结果，提出改进方式
	中级	在有限的资源条件下，根据工作岗位的需要，解决较复杂的问题	分析问题提出方案	能描述问题，确定目标，提出并选择较佳方案
			实施计划解决问题	能准备、制订和实施获得支持的较具体计划，并充分利用相关资源
			验证方案改进计划	能确定方法，实施检查，说明结果，利用经验解决新问题
	高级	在工作岗位上表现出更强的解决问题能力，在多种资源条件下，根据工作需要解决复杂和综合性问题	分析问题提出对策	在提出解决问题的对策时，能分析探讨问题的实质，提出解决问题的最优方案，并证明这种方案的合理性
			实施方案解决问题	在制订计划、实施解决办法时，能制订并实施获得认可的详细计划与方案，并能在实施中寻求信息反馈，评估进度
			验证方案改进计划	在检查问题、分析结果时，能优选方法，分析总结，提出解决同类问题的建议与方案

续表

领域	等级	基本要求	技能点	参照规范与标准
革新创新	初级	在常规工作条件下，能根据工作需要，初步揭示事物的不足，运用创新思维和创新技法进行创新活动	揭示不足提出改进	能揭示事物不足，提出改进意见
			做出创新方案	能在采纳各方意见的基础上，确定创新方案的目标、方法、步骤、难点和对策，指出创新方案需要的资源和条件
			评估创新方案	能进行自我检查，正确地对待反馈信息和他人意见，对创新方案及实施做出客观评估，并根据实际条件加以调整
	中级	根据工作发展需要，在更广泛的工作范围内揭示事物的不足，较熟练地运用创新思维和创新技法进行创新活动，并对创新成果进行分析总结	揭示不足提出改进	能在新需求条件下揭示事物的不足，提出改进事物的创新点和具体方案
			做出并实施创新方案	能从多种选择中确认最佳方案，并利用外界信息、资源和条件实施创新活动
			评估创新方案	能按常规方式和专业要求，对创新改进方法和结果的价值进行评估，根据实际条件进行调整，并指导他人的创新活动
	高级	在工作岗位上表现出更强的创新能力，在复杂的工作领域，能根据工作需要揭示事物的不足，熟练运用创新思维和创新技法进行创新活动，对创新成果进行理论分析、论证、总结和评估，并指导他人的创新活动	揭示不足提出改进	能通过客观分析事物发展与需求之间的矛盾揭示事物的不足，提出首创性的改进意见和方法
			做出并实施创新方案	能根据实际需要，设计并实施创新工作方案，并在条件变化时坚持创新活动
			评估创新方案	能按常规方式和专业要求，对创新方法和结果进行检测和预测风险；针对问题调整工作方案，总结经验，指导他人，提出进一步创新改进的方法

资料来源　中华人民共和国劳动和社会保障部职业技能鉴定中心.职业核心能力培训测评标准（试行）（共7册）及其《训练手册》（共6册）［M］.北京：人民出版社，2007.

本表参照"资料来源"所列文献相关内容提炼与编制。

附录四　职业道德训练考核参照规范与标准

附表4　　　　　　　　　　　　**职业道德训练考核规范与标准参照表**

领域	参照规范与标准
职业观念	对职业、职业选择、职业工作、营销人员职业道德和企业营销伦理等问题具有正确的看法
职业情感	对职业或职业模拟有愉快的主观体验、稳定的情绪表现、健康的心态、良好的心境，具有强烈的职业认同感、职业荣誉感和职业敬业感
职业理想	对将要从事的职业种类、职业方向与事业成就有积极的向往和执着的追求
职业态度	对职业选择或模拟选择有充分的认知和积极的倾向与行动
职业良心	在履行职业义务时具有强烈的道德责任感和较高的自我评价能力
职业作风	在职业模拟、职业实践或职业生活的自觉行动中，具有体现职业道德内涵的一贯表现
职业守则	爱国爱企，自尊自强；遵纪守法，敬业爱岗；公私分明，诚实善良；克勤克俭，宾客至上；热情大度，清洁端庄；一视同仁，不卑不亢；耐心细致，文明礼貌；团结服从，不忘大局；优质服务，好学向上

附录五　能力训练考核参照采分系数

附表5　　　　　　　　　　能力训练考核采分系数参照表

参照系数	达标程度
90%~100%	能依照全部考核要求，圆满、高质地完成此种能力所属各项技能操作，其效率与稳定性俱佳
80%~89%	能依照多数考核要求，圆满、高质地完成此种能力所属各项技能操作，其效率与稳定性较佳
70%~79%	能依照多数考核要求，较圆满、高质地完成此种能力所属各项技能操作，其效率与稳定性一般
60%~69%	能依照多数考核要求，基本完成此种能力所属各项技能操作，其效率与稳定性一般
60%以下	只能依照少数考核要求，基本完成此种能力所属各项技能操作，其效率与稳定性较低